비전공자가 파이썬을 업무에 활용하는 방법

6개월 치 업무를
하루 만에 끝내는

업무 자동화

생능출판

6개월 치 업무를
하루 만에 끝내는
업무 자동화

초판 1쇄 발행 | 2020년 12월 18일
초판 5쇄 발행 | 2024년 11월 15일

지은이 | 반병현
펴낸이 | 김승기
펴낸곳 | ㈜생능출판사 / **주소** 경기도 파주시 광인사길 143
출판사 등록일 | 2005년 1월 21일 / **신고번호** 제406-2005-000002호
대표전화 | (031) 955-0761 / **팩스** (031) 955-0768
홈페이지 | www.booksr.co.kr

책임편집 | 최동진 / **편집** 신성민, 이종무
영업 | 최복락, 김민수, 심수경, 차종필, 송성환, 최태웅, 김민정
마케팅 | 백수정, 명하나

ISBN 978-89-7050-474-2 13000
값 28,000원

비전공자가 파이썬을 업무에 활용하는 방법

6개월 치 업무를
하루 만에 끝내는

업무 자동화

머리말

사회복무요원으로 복무하던 시절, 업무 자동화 건으로 청와대에 불려 갔을 때 행정관님께서 이런 말씀을 하셨다.

"업무 자동화가 도입되면 일자리도 많이 사라지겠죠?"

그때 필자는 별 망설임 없이 고개를 끄덕였다. "그만큼의 기회는 업무 자동화를 할 줄 아는 사람들에게 돌아갈 것입니다"라는 뒷말을 삼킨 채 말이다.

최근 인공지능이 산업 현장에 널리 보급됨에 따라 지능형 소프트웨어를 활용한 자동화 시스템에 관한 관심이 고조되고 있다. 최신 기술을 적극적으로 활용하는 IT 기업뿐 아니라 O2O 서비스기업은 물론, 각종 공공기관과 정부 부처에서도 업무 자동화 시스템을 도입하여 투입 인력 대비 업무 효율을 향상하고자 하는 적극적인 움직임을 보이고 있다.

4차 산업혁명 시대의 자동화 트렌드는 많은 부분에서 인공지능 기술에 의존하고 있지만, 실제로 다양한 사무 현장에서 자동화될 수 있는 업무들은 대부분 AI를 활용하지 않고서도 정복이 가능한 영역이다. 따라서 기초적인 프로그래밍 지식과 업무 자동화에 활용할 수 있는 도구들의 사용법을 숙지한다면 누구든지 차근차근 시간을 들여 업무를 자동화할 수 있다. 마치 레고블록을 조립하듯 말이다.

이 책에서는 업무 자동화에 활용할 수 있는 다양한 도구들을 소개하며, 그 사용 방법을 실습형 예제로써 제공하고 있다. 프로그래밍에 대한 지식이 없는 분들께서도, 자동화의 원리를 모두 이해하지는 못한 분들께서도 편안한 마음으로 업무 자동화를 하나씩 체험해볼 수 있기를 바라며 책을 만들었다. 책에서 소개되는 코드를 화면에 그대로 따라 적기만 하면 컴퓨터가 업무를 자동으로 처리하는 과정을 체험할 수 있다. 아울러 보다 코드의 가독성을 높여 학습의 장벽을 낮추기 위해 모든 코드에 일일이 한글로 주석을 달아두었다. 부디 이런 장치들이 조금이나마 공부의 난도를 낮추는 데 도움이 되기를 바란다.

집필 과정 내내 큰 힘이 되어주신 부모님과 여자친구, 소중한 친구들, 생능출판사의 유제훈 과장님께 깊은 감사의 인사를 전한다. 아울러 출판 두 달 전부터 이 책을 믿고 업무 자동화 강좌를 개설해주신 패스트캠퍼스 일동께도 감사를 표한다.

글을 참 많이 쓴 한 해였고, 이 책이 올해의 마지막 책이 될 예정이다. 모쪼록 단 한 명의 독자에게라도 이 책이 도움이 되길 바란다. 그렇게 된다면 그간 한 모든 노력을 보상받는 기분을 느낄 것 같다.

2020년 12월
저자 드림

이 책의 활용 방법

1. 〈README.md〉

예제별로 구성된 소스파일에 대한 설명을 확인합니다.

> '5_10_3_매크로 없이 트위터 로그인 구현하기' 폴더로 이동해 〈README.md〉 파일을
> 열어보자.
>
> | 매크로 없이 로그인 구현하기 |
> | --- |
> | 책의 예제에서는 트위터 로그인을 시도합니다. 코드를 수정하면 여러 사이트의 로그인을 구현할 수 있습니다. |
>
> **사용 방법**
> ```
> $ python main.py <ID> <PS>
> ```
>
> 〈ID〉에는 아이디를, 〈PS〉에는 비밀번호를 입력하세요.

2. 코드 실행하기

소스파일을 실행하는 방법을 확인합니다.

> '5_10_3_매크로 없이 트위터 로그인 구현하기' 폴더에 크롬 드라이버를 복사한 다음, 예
> 제를 참고해 코드를 실행해보자.
>
> ```
> $ python main.py <아이디> <비밀번호>
> ```

일부 자동화 예제 파일의 경우 특정 웹사이트의 화면이 변경되면서 실행이 어려울 수 있습니다. 해당 예제를 실행할
수 있도록 수정된 내용을 정오표로 작성하여 홈페이지에서 제공하고 있습니다.

* 생능출판사 홈페이지(https://booksr.co.kr/)에서 '업무 자동화'로 검색 → 해당 도서명을 찾아 클릭 → [정오표]에서 다운로드

3. 코드 실행 과정

예제에 따라 QR코드나 링크를 통해 소스파일의 실행 과정을 동영상으로 확인할 수 있습니다.

> 아래 QR코드나 링크를 통해 코드의 실행 과정을 동영상으로 확인할 수 있다.
>
>   https://youtu.be/UsYrvkL8z34

4. 업무 자동화 코드 설계 과정

① **목표 정하기** : 소스파일이 작성된 목적을 확인합니다.

② **목표를 달성하는 데 필요한 작업 쪼개기** : 그 목표를 달성하기 위해 어떤 작업들이 필요한지 확인합니다.

③ **쪼개진 작업들을 해결하기 위한 방법 생각하기** : 그 작업들을 위한 코드가 어떤 방식으로 동작하는지 확인합니다.

> **목표 정하기**
> ① 매크로 없이 데이터 입력하기
> ② 아이디 입력창에 아이디 입력하기
> ③ 비밀번호 입력창에 비밀번호 입력하기
> ④ 엔터키 누르기
>
> **목표를 달성하는 데 필요한 작업 쪼개기**
> ① 아이디 입력창의 요소를 뽑아오기
> ② 비밀번호 입력창의 요소를 뽑아오기
> ③ 셀레늄으로 글자 입력하기
> ④ 셀레늄으로 키 입력하기
>
> **쪼개진 작업들을 해결하기 위한 방법 생각하기**
> ① 아이디 입력창의 요소를 뽑아오기
> 이번에는 파이참의 기능을 적극적으로 활용해보겠다. 파이참을 활용하면 어떤 라이브러리의 내부 기능을 세세하게 뜯어볼 수 있다.

5. 알고리즘 순서도

위 4번에 따라 설계를 위해 작성된 순서도를 확인합니다.

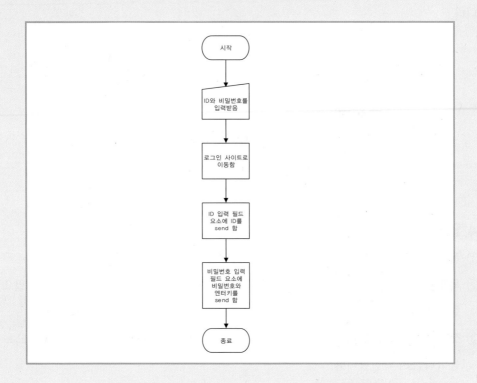

6. 코드 살펴보기

```
7    from selenium import webdriver
8    from selenium.webdriver.chrome.options import Options
9    from selenium.webdriver.common.keys import Keys
10   import time
11
12
13   class LoginBot:
14       def __init__(self):
15           # 셀레늄 웹드라이버에 입력할 옵션을 지정합니다.
16           self.options = Options()
17           # 옵션에 해상도를 입력합니다.
18           self.options.add_argument("--window-size=1024,768")
19           # 옵션에 헤드리스를 명시합니다. 주석을 해제하면 헤드리스로 작업이 수행됩
     니다.
20           # self.options.add_argument("headless")
21           # 옵션을 입력해서 크롬 웹드라이버를 불러옵니다.
22           self.driver = webdriver.Chrome(executable_path=
```

차 례

Part **5**

매크로는 잊어라! 헤드리스 자동화를 향하여!　　　　469

CHAPTER **10**
인터넷 자동화 중급 –
HTML을 몰라도 할 수 있는 HTML 크롤링　　470

CHAPTER **11**
인터넷 자동화 고급 –
비즈니스에 바로 투입 가능한 자동화　　　576

업무 자동화를 위한 꿀팁   **639**

6개월 치 업무를
하루 만에 끝내는
업무 자동화

업무 자동화 첫걸음

CHAPTER

업무 자동화를
시작하며

새롭고 낯선 영역으로 내딛는 첫발은 언제나 용기가 필요하다. 그렇기에 낭만이 있다. 부디 이 책이 훌륭한
여행 길잡이가 되기를 바란다. 여러분의 도전을 응원한다!

01

책 한 권으로 자동화를 배우는 게 가능할까?

코딩을 진지하게 공부하는 것은 낭만적인 일이다. 눈을 잠시 감고 생각해보자. 카페에서 노트북을 두드리며 일하는 나. 회사 업무에 필요한 프로그램을 직접 만드는 나. 퇴근후 짬짬이 만든 앱으로 부수입을 올리는 나. 시간을 많이 쓰지 못한 터라 높은 수익을 올리고 있지는 않지만 그래도 1년에 2천만 원가량 들어오는 수입. 나를 의지하는 직장 동료들. 아, 행복하다.

자, 이제 현실로 돌아오자. 유클리드는 기하학에 왕도가 없다고 말했다. 코딩도 마찬가지다. 인터넷 강의 한 코스를 수강하거나 책을 한 권 읽는 것으로는 전공자를 따라잡을 정도의 실력을 쌓는 것이 불가능하다. 컴퓨터공학을 전공한 사람들은 알고리즘과 자료구조는 물론, 굉장히 오랜 시간을 투자해 지식의 탑을 쌓아올린 사람들이다. 이 책의 저자 또한 이 사실을 누구보다도 잘 알고 있다. 한 권의 책으로 여러분을 코딩 전문가로 만들어드리는 것은 불가능하다.

하지만 회식 자리에서 삼겹살을 굽다가 이 생각이 바뀌게 되었다. 생삼겹살을 숯불 위에 올려두면 서서히 색이 바뀌면서 노릇노릇 맛있게 변한다. 고기를 가열하면 맛있게 변하는 과학적 이유를 아는 사람은 극소수지만 고기를 잘 굽는 사람은 매우 많다. 어느 회식 자리를 가도 고기 굽기의 달인이 한 테이블에 한 명씩은 있기 마련이다. 생각해보면 정말 신기한 현상이다.

어쩌면 과학적인 작동 원리를 모르더라도 코딩 혹은 업무 자동화를 잘할 수 있지 않을까? 고기가 왜 익는지, 익어가는 과정에서 어떤 물리적·화학적 현상이 발생하는지 이해하지 못하더라도 노릇노릇 맛있는 삼겹살을 구워먹는 데는 전혀 지장이 없는 것처럼 말이다. 상당히 오랫동안 이 고민을 마음속에 품고 지냈다. 그리고 나름의 정답을 찾았다고 생각한다.

코딩을 배워본 적 없는 사람들은 이 책의 예제를 따라 하기만 해도 충분하다. 원리는 몰라도 온갖 마법 같은 업무 자동화가 여러분의 손끝에서 펼쳐질 것이다. 삼겹살을 떠올리기 바란다. 원리가 중요한가? 맛있게 구워 먹을 줄만 알면 충분하지.

코딩을 어느 정도 배운 분들, 특히 컴퓨터공학과 2학년 학생들이 이 책을 접한다면 가장 많은 것을 얻어갈 수 있을 것이다. 지금까지 배워온 개념들을 활용해 실전 업무에 도움이 되는 프로그램을 설계하는 과정을 직접 체험해보기 바란다. 이 책의 코드는 대부분 객체지향을 추구하며 설계되었다. 생계형 개발자의 실전 객체지향 프로그래밍을 만나보라. 앞으로 학교에서, 직장에서 프로젝트를 수행할 때 도움이 될 것이다.

마지막으로 코딩을 잘하는 독자들은 비전공자와 소통하는 방법을 얻어가기를 기대한다. 이 책은 문제의 정의부터 설계 과정이 비전공자의 눈높이에서 기술되어 있다. 많은 조직에서 자동화를 도입하고 싶어도 무엇을 자동화하면 좋을지, 무엇이 자동화가 가능한지 몰라서 예산과 시간만 흘려보내고 있다. 이 책이 여러분께 기획자의 의사결정에 도움이 되는 정보를 제공해드리는 역할을 충실히 수행할 수 있기를 기대한다.

02

쉬운 자동화, 정말 가능할까?

코딩 실력을 떠나서 업무 자동화는 그 사체로 어려운 문제다. 자동화를 도입하고자 하는 의지도 있고 예산도 있지만 무엇을 자동화하면 좋을지 모르는 정부 기관과 기업들을 많이 만나봤다. 아마 자동화에 관심이 있어 이 책을 구매한 여러분들도 막상 어떤 업무를 자동화하면 여러분의 삶이 윤택해질지 감이 오지 않을 수도 있다. 이 책은 여러분의 고민을 덜어드리기 위해 47개의 예제를 제공한다. 주변의 직장인들과 공무원들을 집요하게 괴롭히며 자동화하면 좋을 업무를 취재했다.

또한 예제 코드는 최대한 손쉽게 실행해볼 수 있도록 설계되었다. 클릭 한 번, 타이핑 조금, 엔터키 한 번. 이게 예제 코드를 실행하는 데 필요한 작업 전부다. 가볍게 따라 하기만 해도 컴퓨터가 저절로 움직이며, 눈앞에서 무언가 놀라운 일이 벌어질 것이다.

이 책으로 공부하는 여러분들은 이런 생각을 하기를 바란다.

"와, 아직 진도 조금밖에 안 나갔는데 이런 것도 자동화가 되는구나?"

원리를 모르는 채로 업무 자동화를 잘하려면 좋은 도구가 필요하다. 독자 여러분이 직접 자동화 방법을 설계하고 코딩해볼 수 있도록, 최대한 쉽게 사용할 수 있는 〈매크로〉를 저자가 직접 제작하였다. 이 책의 Part 3에서 매크로의 설치 방법과 사용 방법을 소개하겠다. 키보드와 마우스를 활용한 업무는 모두 자동화할 수 있다.

03

업무 자동화가 현실에서 도움이 될까?

여러분이 현실에서 마주칠 대부분 업무는 자동화가 가능할 것이다. 코딩을 잘하는 사람이 아니라, 생활 속에서 불편함을 잘 짚어내는 사람이 업무 자동화를 잘한다. 경험에서 우러난 근거 있는 상상력을 마음껏 발휘해보기 바란다. 업무 자동화는 일상을 의심하는 것에서부터 시작한다.

컴퓨터는 굉장히 빠른 속도로 계산을 처리할 수 있는 도구다. 여러분이 사용하는 컴퓨터는 일반적으로 1초에 30억 번의 연산을 처리할 수 있다. 어떤가? 사람보다 컴퓨터가 빠른 것은 당연하지 않겠는가?

이 책의 최종 목표는 헤드리스(Headless) 자동화를 자유자재로 사용하는 것이다. 화면을 자동으로 인식하고, 키보드와 마우스를 자동으로 조작하는 업무 자동화 소프트웨어는 무척이나 유용하지만 문제가 있다. 컴퓨터의 화면과 상호작용 하며 자동화가 진행되므로, 자동화 실행 중에는 컴퓨터를 다른 용도로 사용할 수 없다는 점이다.

헤드리스 기법은 이와 반대로 컴퓨터의 스크린을 활용하지 않고 소프트웨어를 구동하는 것을 지칭하는 용어다. "머리가 없다"라는 뜻으로 해석할 수 있으며, 컴퓨터의 모니터는 사람으로 치면 얼굴에 해당하는 부위이므로 모니터가 없는 실행기법을 헤드리스라고 부른다. 별도의 그래픽 창 없이 인터넷을 탐색하는 브라우저는 헤드리스 브라우저라고 부르고, 모니터 없이 구동되는 서버를 헤드리스 서버라고 부르는 식이다. 헤드리스 자동화는 별도의 그래픽 창 없이 구동 가능한 자동화 기법을 의미한다.

헤드리스 자동화를 할 줄 알게 되면 직장 동료와 여러분 사이의 격차가 더욱 벌어질 것이다. 헤드리스 자동화를 하면 업무 자동화 프로그램이 돌아가는 중에도 컴퓨터를 다른 용도로 사용할 수 있다. 쉬운 업무는 자동화 프로그램을 두세 개가 동시에 처리하도록 하고, 어려운 업무는 사람이 직접 처리하면 어떨까? 개인이 팀 하나의 실적을 만들 수도 있다.

팀 하나 수준의 실적을 컴퓨터가 자동으로 만들어오면 그동안 독자 여러분은 뭘 하면 좋을까? 즐거운 상상을 품으며 다음 장(chapter)을 펼쳐보기 바란다.

6개월 치 업무를
하루 만에 끝내는
업무 자동화

업무 자동화를
위한 컴퓨터 세팅

업무 자동화에 활용할 수 있는 유용한 도구들을 알아보고, 컴퓨터에 설치하는 과정을 안내하겠다.

⋯⋯ 01 ⋯⋯

일단 그대로 따라 하기

1. 몇 비트 운영체제인지 확인하기 (건너뛰어도 됩니다)

컴퓨터가 몇 비트 운영체제인지 확인한다. 번거로우면 건너뛰어도 좋다.

시작 버튼을 누르고 '제어판'을 입력해 실행한다.

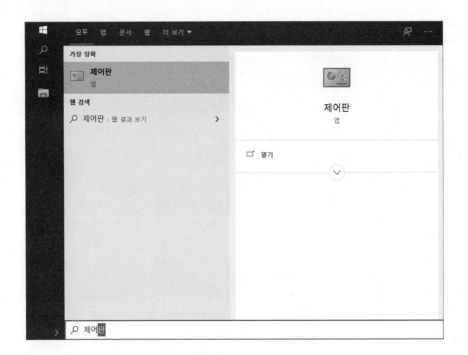

'시스템 및 보안'을 클릭한다.

'시스템'을 클릭한다.

'시스템' 탭의 '시스템 종류'에서 몇 비트 운영체제인지 확인한다.

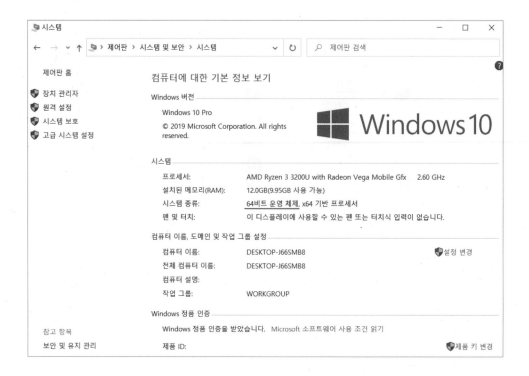

32비트 또는 64비트 운영체제라고 기재되어 있을 것이다. 이 과정이 번거롭다면 일단 건너뛰고, 추후 설치할 프로그램을 32비트용으로 설치하면 된다. 단, 64비트용 운영체제에서 제 성능을 모두 누리고 싶다면 64비트용 프로그램을 설치하는 것이 좋다.

조금 더 나은 성능이냐, 귀찮음이냐. 선택은 여러분의 판단에 맡기겠다.

2. 파이썬 설치 파일 다운로드

파이썬(Python) 설치 페이지로 이동한다.

http://python.org

메인화면에 있는 메뉴 중 〈Downloads〉 메뉴를 클릭하고, 상자로 표시된 버튼을 클릭하여 파이썬 설치 파일을 다운로드한다. 다운로드가 완료되면 설치 파일을 실행한다.

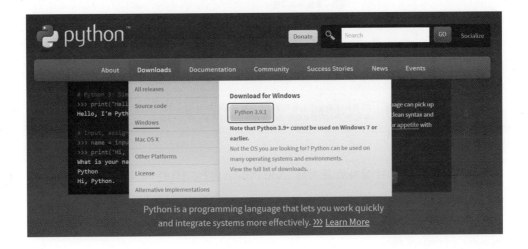

위의 경우는 64비트 운영체제일 경우이고 32비트 운영체제를 사용 중이라면 위 그림에 밑줄로 표시된 Windows를 클릭하여 32비트용 설치 파일을 다운로드하여 설치한다.

3. 파이썬 설치

파일을 실행하면 보안 경고가 발생하는 경우가 있다. 〈실행(R)〉 버튼을 클릭하여 설치를 진행한다.

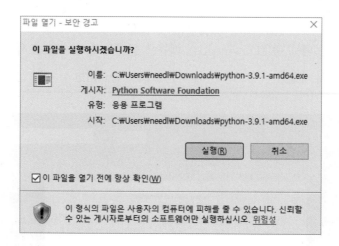

설치 페이지에서 반드시 상자로 표시된 〈Add Python to PATH〉를 체크하고 〈Install Now〉를 클릭하여 설치를 진행한다.

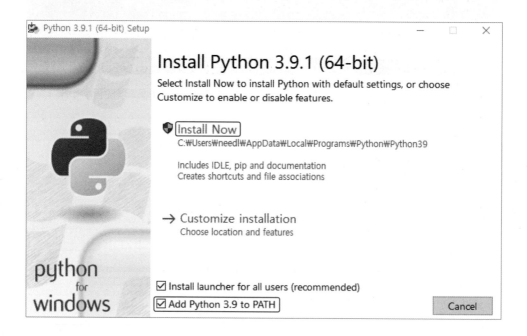

4. 파이썬이 잘 설치되었나 확인하기

윈도우 키와 R 키를 동시에 누르고 'cmd'를 입력한다. 그리고 엔터키를 누른다.

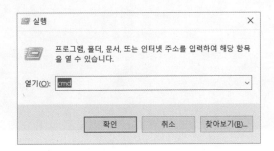

낯설고 무섭게 생긴 검은색 창이 뜰 것이다. 침착하게 여기에 'python'이라고 입력하고
엔터키를 누른다.

```
$ python
```

```
C:\Windows\system32\cmd.exe - python
Microsoft Windows [Version 10.0.18363.778]
(c) 2019 Microsoft Corporation. All rights reserved.

C:\Users\need|>python
Python 3.8.2 (tags/v3.8.2:7b3ab59, Feb 25 2020, 23:03:10) [MSC v.1916 64 bit (AMD64)] on win32
Type "help", "copyright", "credits" or "license" for more information.
>>>
```

위 그림과 같이 'python'으로 시작하는 글자가 화면에 뜨고 >>> 가 화면에 적혀 있다면
파이썬 설치에 성공한 것이다. 기념으로 아래 글자를 그대로 옮겨 적어보자.

```
>>> Hello, World!
```

헬로 월드는 C언어를 만든 위대한 인물인 '데니스 리치'가 쓴 교과서에서 나온 첫 번째
예제로, 전 세계적으로 유명해졌다. 컴퓨터에 "안녕, 세상아!"라고 이야기하게 만드는
것이다. 이제 엔터키를 쳐보자.

```
C:\Windows\system32\cmd.exe - python
Microsoft Windows [Version 10.0.18363.778]
(c) 2019 Microsoft Corporation. All rights reserved.

C:\Users\needl>python
Python 3.8.2 (tags/v3.8.2:7b3ab59, Feb 25 2020, 23:03:10) [MSC v.1916 64 bit (AMD64)] on win32
Type "help", "copyright", "credits" or "license" for more information.
>>> Hello, World!
  File "<stdin>", line 1
    Hello, World!

SyntaxError: invalid syntax
>>>
```

화면에 이상한 글자가 뜰 것이다. 축하한다. 당신의 첫 코딩이고, 첫 Syntax Error다. 그
유명한 '버그'의 일종이다.

이번에는 아래 문자를 그대로 따라 해보자. 따옴표까지 잘 따라 적어야 한다.

>>> "Hello, World!"

엔터키를 쳐보자. 이번에는 잘 작동할 것이다. 축하한다. 당신의 첫 디버깅이다. 어떤
가? 이렇게 코딩과 디버깅을 해 봤다. 생각보다 너무 간단해 맥이 빠지지는 않는가?

이번에는 숫자 계산을 해보자. 적당히 큰 숫자를 더하는 계산을 컴퓨터에 시켜보자. 사
람이 하면 한참 걸릴 만한 것이다.

>>> 82634753 + 8474672
>>> 42753 - 4243241

이 복잡한 계산을 컴퓨터는 순식간에 수행한다. 이번에는 곱셈과 나눗셈도 해보자.

>>> 1111111 * 2222222
>>> 34234234 / 13123.3212

파이썬에서 곱셈은 *로 표시하고 나눗셈은 /로 표시한다. 소수점도 표현할 수 있다. 파
이썬을 이용한 계산 연습을 조금 더 해보자. 익숙해지면 앞으로 컴퓨터를 사용하다가
숫자 계산을 할 일이 생길 때마다 cmd 창을 켜고 있는 자신을 발견하게 될 것이다.

5. 과정 4.가 실행되지 않는다면?

한 명의 IT 전문가로서 진지하게 권장한다. 제어판에서 파이썬을 삭제하고 다시 설치하라. 저자도 같은 상황에서 이렇게 행동할 것이다. 하지만 혹시 파이썬을 재설치하고 싶지 않은 사람들을 위하여 환경 변수를 수정해 이 난관을 벗어나는 방법을 소개하겠다. 먼저 파이썬 설치 경로를 파악해야 한다. 시작 버튼을 누르고 python을 입력하자.

설치된 파이썬 앱을 오른쪽 마우스로 클릭하고, 〈파일 위치 열기〉 버튼을 클릭한다.

주소창을 클릭하고 Ctrl + C를 눌러 폴더의 주소를 복사한다.

시작 버튼을 누르고 〈환경 변수〉를 입력한다. '시스템 환경 변수 편집'이라는 항목을 클릭한다.

〈환경 변수(N)〉 버튼을 클릭한다.

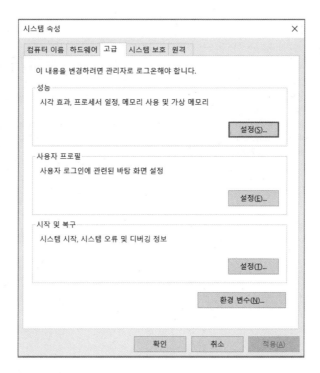

〈시스템 변수(S)〉 목록에서 〈Path〉를 찾아 클릭하고, 〈편집(I)〉 버튼을 클릭한다.

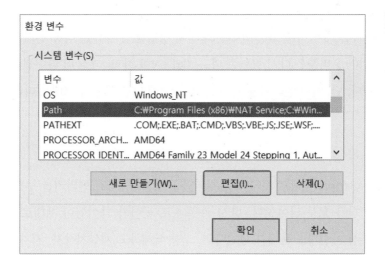

〈새로 만들기(N)〉 버튼을 클릭한다.

그리고 Ctrl + V를 해 아까 복사한 파이썬의 설치 경로를 붙여 넣은 다음 엔터키를 누른다. 〈새로 만들기(N)〉 버튼을 다시 클릭한 다음, Ctrl + V를 한 번 더 눌러 파이썬의 설치 경로를 붙여 넣는다. 단, 이때 엔터키를 치지 않고 그 뒤에 다음 문구를 그대로 따라 적는다.

\Scripts

〈설치 경로〉\Scripts 형태로 문자가 기재되었을 것이다. 이제 엔터키를 누르고 확인 버튼을 연타해 창을 모두 닫아준다. 다시 과정 4.로 돌아가 파이썬이 제대로 설치되었나 확인하자. 혹시 이번에도 문제가 생긴다면, 그냥 삭제하고 재설치하자. 저자가 간곡하게 부탁한다.

6. 파이참(PyCharm) 설치하기

인터넷 창에서 아래 주소를 입력해 파이참 설치 페이지로 이동한다.

https://www.jetbrains.com/ko-kr/pycharm/download/

Community 버전의 다운로드 버튼을 누른다. 혹시 개인이 아닌 기업에서 사용할 계획이라면 좌측 Professional 버전의 다운로드 버튼을 눌러야 한다. 이 경우 일정 요금을 납부해야 파이참을 사용할 수 있다.

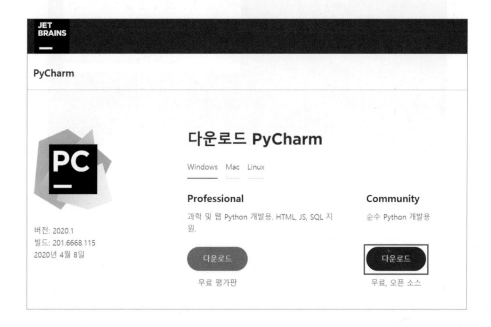

파이참 설치 파일이 다운로드 완료되었다면 모두 예스를 누르며 설치를 완료하자. 설치가 완료되었다면 파이참을 실행해본다.

여기에서부터 선택의 기로에 놓이게 되었다. 독자 여러분은 빛의 프로그래머와 어둠의 프로그래머 중 무엇이 되고 싶은가? 취향에 따라 밝은 테마와 어두운 테마 중 하나를 골라주자. 코딩을 직업으로 하는 개발자들은 오랫동안 화면을 쳐다보면 눈이 쉽게 피로해지므로, 좀 더 어두운 테마를 사용하는 경우가 많다.

7. Git for Windows 설치하기

Git for windows는 말 그대로 윈도우를 위한 깃(Git)이다. Git은 일종의 소프트웨어 버전 관리 시스템으로, 여기에 대해서 너무 깊게 공부할 필요는 없다. 딱 두 가지만 알면된다.

GitHub

GitHub는 Git을 무료로 공유할 수 있는 저장소다. 복잡하게 생각할 필요 없다. 여러 사람이 서로 코드를 공유하기 위해 사용하는 서비스라고 생각하면 충분하다. 깃허브를 잘사용하면 남들이 만들어둔 훌륭한 코드들을 쉽게 가져와 사용할 수 있고, 여러분이 만든 코드도 대중과 깔끔한 형태로 공유할 수 있다.

이 책의 예제 코드 또한 깃허브를 통해서 제공한다. 여러분은 직접 만든 업무 자동화 소프트웨어를 깃허브를 통해 공유할 것이다. 상세한 내용은 뒤에서 배워보자.

Git Bash

Git Bash는 Git for windows라는 프로젝트에서 제공하는 것으로, 말 그대로 Git을 위한 Bash다. 여러 명령어를 입력할 수 있는 까만색 창을 제공해준다. 이 창에서는 파이썬 실행이 가능하다. 즉, Git Bash는 파이썬을 조금 더 쉽게 사용하기 위해 설치하는 것이다. Git for Windows 사이트에 접속하자. 주소는 아래와 같다.

https://gitforwindows.org/

홈페이지의 메인 화면에 떡 하니 위치한 〈Download〉 버튼을 누르자. 역시 모두 〈예〉를 누르고 설치하면 된다.

8. 파이참과 Git Bash 설치 확인

바탕화면에서 마우스 오른쪽 버튼을 클릭한다. 그림의 밑줄 친 부분과 같이 〈Git Bash Here〉 버튼과 〈Open Folder as Pycharm Community Edition Project〉 버튼이 새로 생겼다면 설치에 성공한 것이다. 혹시 버튼이 보이지 않는다면 컴퓨터를 재부팅해보자. 그래도 문제가 있다면 안타깝지만 프로그램을 삭제하고 다시 설치해야 한다.

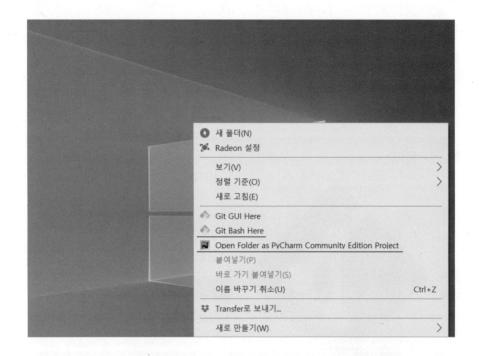

무사히 여기까지 따라왔다면 업무 자동화를 하기 위한 준비는 모두 끝났다. 고생 많았다.

02

무료로 온라인 작업실 마련하기

1. GitHub 계정 만들기

1절에서 설명한 GitHub를 활용해 온라인 작업실을 무료로 마련해 보도록 하겠다. 인터넷 창에 아래 주소를 입력한다.

https://github.com

첫 화면부터 대문짝 만하게 회원가입 안내가 제공된다.

Username에 깃허브에서 사용할 닉네임을 입력하자. 영어만 가능하며, 전 세계 사람들에게 공개되는 데다가 앞으로 여러분이 코드를 남에게 공개할 때마다 노출될 것이므로 조금 점잖게 정하는 것을 추천한다.

이메일과 비밀번호를 입력한 뒤, 〈Sign up for GitHub〉 버튼을 눌러 회원가입을 완료하자. 회원가입이 완료되었다면 여러분의 온라인 작업실이 완성된 것이다. 축하한다. 앞으로 이곳은 여러분의 코딩 블로그가 될 것이고, 작업 공간이 될 것이며, 여러분의 이직 시 연봉협상을 도와줄 요술 보따리 및 포트폴리오가 될 것이다.

2. 리포지토리(Repository)의 간단한 사용 방법

리포지토리란 코드를 올려두는 작업 공간을 의미한다. 이 책의 예제 코드가 저장된 리포지토리에 방문해보자. 아래 주소를 인터넷 창에 입력한다.

https://github.com/needleworm/bhban_RPA

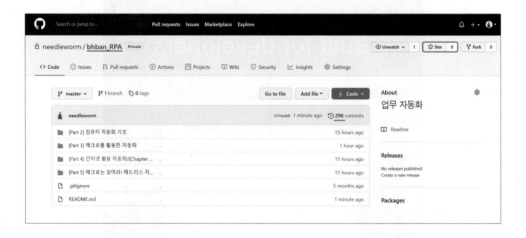

맨 위에 밑줄로 표시된 부분은 리포지토리의 이름이 기재된 곳이다. 이 리포지토리의 이름은 〈bhban_RPA〉이다. 그 아래쪽에 밑줄로 그어진 '296 Commits'라는 표기는 이 프로그램이 지금까지 총 296회 업데이트되었다는 뜻이다. 마지막으로 상단에 사각형으로 표시된 〈Star〉 버튼은 일종의 '좋아요' 버튼이라고 생각하면 된다. Star가 많은 리포지토리는 그만큼 많은 사람이 좋게 봐준 리포지토리라는 뜻이다. 기념으로 한 번씩 눌러주자.

한 번 단원명들을 클릭해보자. 굉장히 많은 예제가 준비되어 있다. 45개가 넘는 것은 확실한데, 책을 저술하는 과정에서 아이디어가 떠오를 때마다 예제를 추가하다 보니 정확하게 몇 개인지 저자도 헷갈린다. 모쪼록 여러분께 유용한 정보를 하나라도 더 전해드리고 싶었던 저자의 정성을 받아주기를 바란다.

앞으로 여러분이 짠 코드도 이렇게 깔끔하게 깃허브에 정리하는 것이 좋을 것이다. 깃허브에 리포지토리를 만들고 여러분의 코드를 올리는 방법은 뒤에서 설명하겠다.

03

예제 코드 다운로드

아래 url로 접속하여 이 책의 예제 코드 리포지토리에 접속하자.

https://github.com/needleworm/bhban_rpa

로그인 후 우측 상단의 〈Fork〉 버튼을 클릭한다.

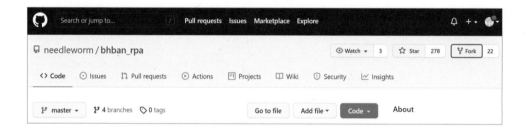

혹시 아래 그림과 같은 팝업창이 발생한다면 자신의 아이디를 클릭한다. 이로서 예제 코드가 여러분의 깃허브에 복제되었다. 본 코드의 라이선스 조건상, 코드를 포크한 독자분께는 코드의 자유로운 활용 권리가 보장된다. 코드를 마음대로 수정하거나 활용해도 좋고, 상업적 목적으로 사용해도 좋다.

이어서 아래 그림처럼 우측의 〈Code▼〉 버튼을 클릭하면 코드를 다운받을 수 있다. 〈Download ZIP〉 버튼을 클릭하여 직접 압축파일을 내려받아도 좋고, 아래 명령어처럼 주소창의 주소를 복사하여 Git Bash를 통해 클론(clone)해도 좋다.

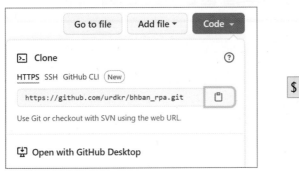

```
$ git clone <복사한 주소>
```

압축파일을 다운받았다면 압축을 풀고, 리포지토리를 클론했다면 폴더 내부로 들어가자. bhban_rpa라는 폴더가 정상적으로 설치되었다면 모든 준비가 끝났다.

04

컴퓨터에서 코드를 실행하는 방법

1. IPython 설치(생략 가능)

Git Bash에 아래 명령어를 입력하자.

```
$ pip install ipython
```

무언가 다운로드가 시작된다. 다운로드가 완료되면 Git Bash에 아래 명령어를 입력하자.

```
$ ipython
```

```
need1@DESKTOP-J66SMB8 MINGW64 ~/Desktop
$ ipython
Python 3.8.2 (tags/v3.8.2:7b3ab59, Feb 25 2020, 23:03:10) [MSC v.1916 64 bit (AM
D64)]
Type 'copyright', 'credits' or 'license' for more information
IPython 7.13.0 -- An enhanced Interactive Python. Type '?' for help.

In [1]: for i in range(25):
   ...:     print("Hello, World!")
   ...:
Hello, World!
Hello, World!
Hello, World!
Hello, World!
```

파이썬이 실행될 텐데, 화면이 조금 알록달록할 것이다. IPython은 파이썬을 좀 더 쉽게 사용할 수 있도록 도와주는 도구다. 굳이 필요 없다면 설치를 생략해도 되지만, 한번 설치해두면 굉장히 유용할 것이다.

2. Git Bash를 이용한 파이썬 코드 실행

자, 이제 Git Bash를 종료하자. 그리고 앞서 설치된 예제 코드 폴더로 들어가 아래 폴더로 이동한다.

'2_3_1_회원 개인정보 파일 1천 개, 1초 만에 만들기'

여기에서 마우스 오른쪽 버튼을 클릭하고, Git Bash를 실행해준다.

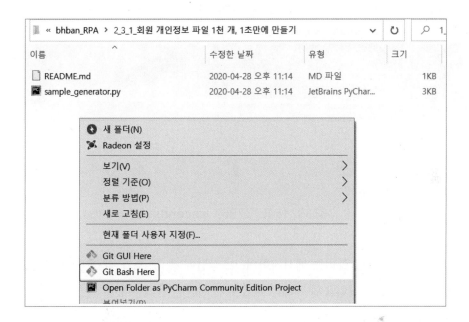

Git Bash가 실행되었다면 아래 명령어를 입력한다.

```
$ python sample_generator.py
```

이때, "python s"까지만 입력하고 ⇥(tab) 키를 눌러도 된다. 그러면 뒷부분이 자동으로 완성된다. 엔터키를 입력하면 몇 가지 변화가 생길 것이다.

축하한다. 여러분은 처음으로 파이썬 스크립트를 실행했다.

폴더 안에 'personal_info'라는 폴더가 새로 생겨났고, 검은 창에는 영어가 출력될 것이다.

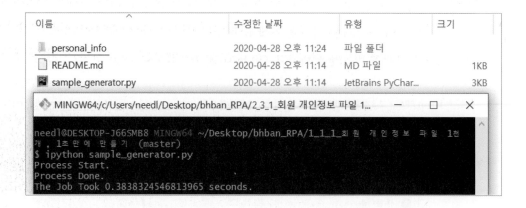

```
$ "Process Start."
$ "Process Done."
$ "The Job Took 0.3838324546713965 seconds."
```

작업의 시작과 종료를 알리는 메시지이며, 이 작업에 총 몇 초가 걸렸는지가 출력된다.
이 책의 모든 예제는 작업을 수행하는 데 소요된 시간을 알려준다.

여러분은 방금 위조된 개인정보 1천 건을 만들어냈다. 위조 개인정보 1천 개를 만드는
데 0.38초밖에 걸리지 않는다니. 정말이지 컴퓨터는 대단하다.

이제 모든 준비가 끝났다. 업무 자동화를 할 수 있도록 컴퓨터도 세팅했고, 예제 코드도
다운받았으며 그걸 실행해보기까지 했다. 축하한다. 업무 자동화를 반쯤은 마스터한 것
이나 다름없다. 다음 단원에서는 방금 실행한 코드가 어떤 역할을 수행하는지, 그리고
이런 코드는 어떻게 제작하는지 살펴보도록 하겠다.

Part

2

컴퓨터 자동화 기초

CHAPTER

컴퓨터!
커피 한 잔 마시고 올게,
전부 정리해놔!

이번 장에서는 파이썬의 기초적인 핵심 문법과 파일 입출력에 대한 기초를 익혀볼 것이다. 실무에서 사용하기 좋은 업무 자동화는 대부분 문서 파일을 활용하는 업무이므로 파일을 읽고, 수정하고, 다시 저장하는 작업은 굉장히 중요한 기초 과정이다. 텍스트 파일과 CSV, 엑셀 파일을 다루어볼 것이다.

파이썬에 익숙하더라도 가능하면 각 절의 앞부분에 있는 코드 실행 결과까지는 읽어보고 넘어가도록 하자. 이 책에서는 앞 절 예제 코드에서 만든 파일을 뒷 절에서 활용하는 경우가 굉장히 많다. 특히 이번 장의 4절의 예제 코드 결과물은 정말로 쓰임새가 다양하며, 심지어 5장에서도 활용되므로 지우지 않고 그대로 두기를 바란다.

이 책에서는 처음 등장한 개념에 대해서는 최대한 상세하게 다루지만 앞에서 한 번 다룬 적 있는 내용이 뒤에서 다시 등장했을 경우에는 설명을 생략하거나 최대한 단순하게 줄이겠다. 이 책 한 권에서 다루는 지식이 굉장히 폭넓고 다양하기 때문이다. 이 점에 유의하여, 책을 읽다가 모르는 개념이 등장했는데 설명이 부실하다면 앞 절로 돌아가 관련된 설명을 찾아보기 바란다.

파이썬을 능숙하게 사용할 수 있는 사람이거나 자동화를 얕게 배우고 싶으신 분들은 각 절의 앞부분만 읽고 넘어가도 좋다. 반면 깊은 이해를 원하거나, 실력을 더욱 키우고 싶은 분들은 각 절의 후반부에 있는 코드 설명과 코드 자체까지도 정독하기를 추천한다.

······ 01 ······

회원 개인정보 파일 1천 개, 1초 만에 만들기

1. 코드 실행하기

앞 장에서 우리는 이미 이 코드를 실행해봤다. Git Bash를 열고 아래 명령어를 입력하면 예제 코드가 실행된다. 오타만 없으면 즉시 실행된다. 간단하다.

```
$ python sample_generator.py
```

2. 결과물 파일 열어보기

폴더 안에 'Personal_info'라는 폴더가 새로 생겼을 것이다. 이 폴더에 들어가서 아무 파일이나 열어보자.

사람의 인적 사항이 기재된 파일들이 1천 개나 생성되어 있다. 놀라지 말자. 진짜 개인정보가 아니라 컴퓨터가 위조해 만들어낸 가상 인물의 가짜 인적 사항이다. 위조임에도 불구하고 상당히 그럴싸해 보인다. 방금 실행한 코드는 회원 개인정보 파일 1천 개를 1초 만에 생성한다. 이번 장과 다음 장에서 이 파일들을 활용하여 정말 유용한 업무 자동화를 배워볼 것이다.

현실에서는 보안을 위해 이런 프로그램을 사용할 수 있다. 진짜 회원 데이터 사이에 가짜 데이터를 섞어두면 해킹을 당해 정보가 유출되더라도 해커가 가짜 개인정보에 속아 시간을 낭비하도록 할 수 있다. 회사 쇼핑몰이나 홈페이지의 회원 정보의 보안을 강화하고 싶은 독자라면 활용해보자.

3. 업무 자동화 코드 설계 과정

업무 자동화 코드를 짜는 과정을 건물을 짓는 과정에 빗대어보자. 건물을 지으려면 먼저 부지를 확인해야 한다. 그 다음에는 건물의 용도와 대략적인 형태를 결정할 것이다. 건물의 기초적인 설계가 끝난 다음에야 엘리베이터나 인테리어 등 세부적인 과정을 고민하기 시작할 것이고. 실제 착공은 설계가 모두 끝난 뒤에 이루어진다.

코딩도 마찬가지다. 먼저 어떤 목적을 달성하고 싶은지 명확히 결정해야 한다. 큰 틀에서부터 작은 틀로 내려오면서 세세하게 계획을 세우고, 코드를 설계해야 한다. 설계가 모두 끝나면 코딩을 시작하면 된다.

목표 정하기

먼저 목표를 명확하게 정해야 한다. 이렇게 말이다.

① 1천 개의 개인정보 파일을 만들어보자.

② 그 안에는 위조된 이름, 나이, 이메일, 부서, 전화번호, 성별이 기재되어야 한다.

③ 이왕이면 예쁘게 기재하고 싶다.

목표를 달성하는 데 필요한 작업 쪼개기

위에서 정한 목표를 달성하기 위해 필요한 작업을 쪼개 본다.

① 작업 한 번에 파일을 하나씩만 생성하자.

② 이름, 나이, 이메일, 부서, 전화번호, 성별을 위조하기 위한 방법이 필요하다.

③ 위조된 정보를 예쁘게 기재하자.

④ 위 작업을 1천 번 반복하자.

쪼개진 작업들을 해결하기 위한 방법 생각하기

필요한 작업을 4단계로 쪼개봤다. 각 단계를 어떤 방법으로 성취할 수 있을지 고민할 필요가 있다. 이 중에서 가장 간단한 것은 '작업을 1천 번 반복하기'이다.

① 같은 작업을 1천 번 반복하는 방법

파이썬에서 같은 작업을 반복하는 것은 굉장히 쉽다. 그 유명한 for문을 소개한다. 바탕화면에서 마우스 오른쪽 버튼을 클릭하고, Git Bash를 실행하자. 그리고 아래 명령어를 따라 해 IPython을 구동한다.

```
$ ipython
```

파이썬이 실행되었을 것이다. 이제 다음 코드를 따라 적는다.

```
>>> for i in range(25):
>>>     print("Hello, world")
```

```
needl@DESKTOP-J66SMB8 MINGW64 ~/Desktop
$ ipython
Python 3.8.2 (tags/v3.8.2:7b3ab59, Feb 25 2020, 23:03:10) [MSC v.1916 64 bit (AM
D64)]
Type 'copyright', 'credits' or 'license' for more information
IPython 7.13.0 -- An enhanced Interactive Python. Type '?' for help.

In [1]: for i in range(25):
   ...:     print("Hello, WOrld!")
   ...:
Hello, WOrld!
Hello, WOrld!
Hello, WOrld!
```

두 번째 줄의 공백은 **스페이스 네 칸**이다. 화면에 "Hello, World!" 라는 글자가 총 25번 나타났을 것이다. 이번에는 25 대신 7을 입력해보자. 화면에 "Hello, World"가 몇 번 나타났는가? 감이 좀 올 것이다. 첫 번째 줄 맨 뒤에 있는 괄호 속의 숫자를 바꿔주면 같은 작업을 여러 번 할 수 있다. 이곳에 숫자 100을 적으면 100번, 1000을 적으면 1000번이 반복된다. 이 기능을 활용하면 결과물 1000개가 만들어질 것이다.

우리가 원하는 작업을 코드로 옮기고, 그 코드를 for문을 이용해 1000번 반복해주면 간단히 목표를 달성할 수 있다. 이렇게 큰 틀에서부터 방향을 잡고, 점점 더 세세한 작업을 설계해 내려가면 된다.

② 결과물 파일을 저장하는 방법

바탕화면에서 Git Bash를 실행하고 ipython을 입력한 후 엔터키를 누른다. 파이썬이 구동되면 아래 코드를 입력해보자.

```
>>> file = open("test.txt", 'w')
```

바탕화면을 자세히 살펴보자. 못 보던 파일이 하나 생겼을 것이다.

축하한다. 방금 여러분은 코딩으로 파일을 생성했다. 파이썬에서는 'open'이라는 명령어로 파일을 생성할 수 있다. 파일을 열어보자. 아무것도 기록되어 있지 않을 것이다. 열었던 파일을 다시 닫고, 파이썬 콘솔에 아래 명령어를 입력해보자.

```
>>> file.write("Hello, World!")
>>> file.close()
```

짜잔! 파일에 "Hello World!"라는 글자가 추가되었다.

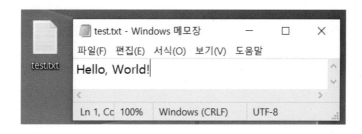

파이썬에서는 write()라는 명령어를 활용해 파일에 내용물을 기록할 수 있다. 여러분, 워드 프로세서에서 문서를 작성한 뒤에 **저장**하고 **종료**하지 않는가? 그 기능을 수행하는 것이 바로 파이썬의 close() 명령어다. 여러분이 입력한 세 줄의 코드를 인간의 언어로 해독해 보면 이런 뜻이 된다.

```
>>> file = open("test.txt", 'w')
>>> file.write("Hello, World!")
>>> file.close()
```

```
>>> 컴퓨터야, test.txt라는 이름의 파일을 '쓰기' 모드로 하나 생성해 줘.
>>> 그 파일에 "Hello, World!"라는 문자를 기록해 줄래?
>>> 이제 그 파일을 종료해 줘. 수고했어.
```

이 방법을 이용해 결과물 파일을 저장할 것이다. 재미있지 않나? 코딩은 컴퓨터와 대화하는 과정이다. 컴퓨터에 얼마나 똑똑하게 업무를 지시할 수 있는지가 바로 코딩 실력이 된다. 파이썬은 컴퓨터와 대화하기 위한 언어다. 코딩을 배운다는 것은 컴퓨터와 의사소통할 수 있는 언어를 습득하고, 이를 통해 컴퓨터에 영리하게 명령을 내리는 과정을 공부하는 것을 의미한다.

③ 개인정보를 위조하기 위한 방법

이메일은 알파벳을 무작위로 몇 개 뽑아서 이어 붙이는 방식으로 위조하면 적절할 것 같다. 성별은 남성과 여성 둘 중 하나를 무작위로 고르면 될 것이고, 나이는 두 자리 숫자를 무작위로 기재하면 될 것이다. 파이썬에는 여러 항목 중에서 일부를 무작위로 뽑아주는 기능이 있다. 이걸 사용해보자. 아래 코드를 실행해보자.

```
>>> import random
>>> chars = "abcdefghijklmnopqrstuvwxyz"
>>> random.choice(chars)
```

어떤가? 랜덤으로 하나의 알파벳이 튀어나왔을 것이다. 그러면 그 상태에서 위쪽 방향 방향키를 눌러 보자. 이렇게 하면 방금 친 코드가 다시 뜬다. 엔터키를 눌러보자. 또다시 랜덤으로 뽑힌 알파벳이 나올 것이다. ⬆ 키와 엔터키를 몇 번 연타해보자. 위 코드를 번역하면 아래와 같다.

```
>>> 컴퓨터야, 'random'이라는 기능을 불러와줄래? 내가 이거 좀 사용하려고.
>>> 'abcdefghijklmfopqrstuvwxyz'라는 문자열을 메모리에 저장해줘. 'chars'라는 이름으로.
>>> chars의 내부 항목 중 하나를 무작위로 선택해 줄래?
```

이런 일련의 과정을 거치면서 정보를 위조할 것이다. 여기에서 주목할 부분은 첫 번째 문장이다. 아래 코드를 실행해보자.

```
>>> import antigravity
```

파이썬의 철학과 관련된 만화가 나올 것이다. 아주 짧은 만화지만 '원리는 모르겠지만 import를 하니 작동한다'라는 파이썬의 장점을 깊게 함축하고 있다.

파이썬에서는 기능을 수행하는 데 필요한 모든 기능을 직접 코딩해서 만드는 것보다는 누군가가 미리 만들어 둔 도구를 불러와 편하게 사용하는 것을 추구한다. 코딩하는 데 오랜 시간을 투자하기보다는 문제의 해결 방법을 고민하는 데 많은 시간을 소모하자는 전략이다. 덕분에 번뜩이는 아이디어만 있다면 초보자도 멋진 프로그램을 만들 수 있다. 코딩은 쉽게, 파급력은 크게. 적게 배우고 많이 얻어가기에 이보다 더 효율적인 것이 있을까? 기하학에는 왕도가 없지만, 일반인의 업무 자동화에는 왕도가 있다. 그 왕도의 이름이 바로 파이썬이다.

4. 알고리즘 순서도

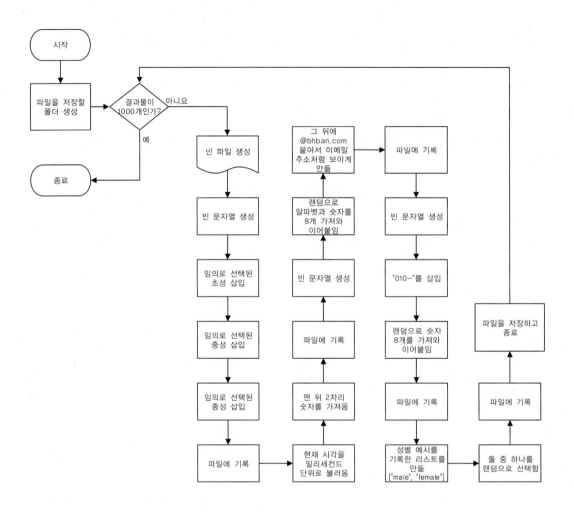

코드의 전반적인 문제 해결 방법을 순서도로 그려보면 위와 같다. 단계가 길고 복잡해서 한눈에 들어오지 않는다. 이걸 여러 단계로 쪼개서 그려보면 어떻게 될까?

다음 그림들은 같은 코드를 설명하고 있다. 상단 좌측의 순서도를 살펴보자. 굉장히 짧고 간단하지 않은가? 인적 사항을 파일에 저장하기 위해 필요한 과정들은 별도의 순서도로 떼놓았다.

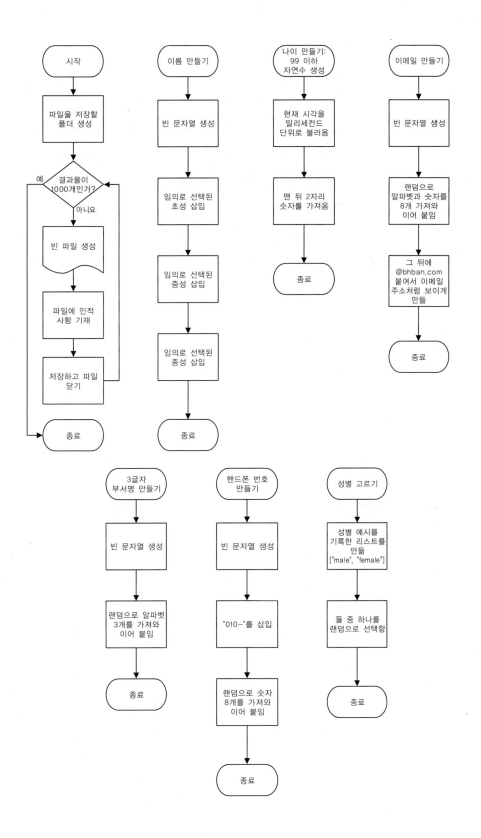

코드를 설계할 때는 두 가지 방법의 접근이 가능하다. 첫 번째는 1번 순서도와 같이 하나의 틀 안에 모든 과정을 차곡차곡 쌓아올리며 설계를 하는 방법이고, 두 번째 방법은 2번 순서도와 같이 우선 큰 틀만 설계한 뒤 세부 항목은 별도로 설계를 하는 방법이다. 어려운 말로 하면 '절차지향'이나 '객체지향'이라는 용어가 등장하지만 이런 것은 신경 쓰지 말자. 그냥 어떤 방식이 더 간단하고 쉬운지 독자 여러분이 잠시 고민해보면 좋겠다. 이 책에서는 큰 틀을 먼저 짜고 세부 사항을 고민하는 방식 위주로 프로그램을 설계할 것이다.

5. 코드 살펴보기 (소스 코드 : sample_generator.py)

회원 개인정보 1,000개를 생성하기 위한 업무 자동화 코드는 총 92줄이다. 이 코드 중 모든 내용이 개인정보 생성 업무를 수행하지는 않는다.

```
1   #-*-coding:euc-kr
2   """
3   Author : Byunghyun Ban
4   GitHub : https://github.com/needleworm
5   Book : 6개월 치 업무를 하루 만에 끝내는 업무 자동화
6   Last Modification : 2020.02.12.
7   """
8   import time
9   import random
10  import os
11
12
13  # 작업 시작 메시지를 출력합니다.
14  print("Process Start.")
15
16  # 시작 시점의 시간을 기록합니다.
17  start_time = time.time()
18
19  # 생성할 개인정보 파일 개수를 정의합니다.
20  NUM_SAMPLES = 1000
21
22  # 이메일 생성에 사용할 샘플 글자들을 정의합니다.
23  alphabet_samples = "abcdefghizklmnopqrstuvwxyz1234567890"
24
```

```python
25
26    # 무작위로 선택된 영어 글자를 생성하는 함수입니다.
27    def random_string(length):
28        result = ""
29        for i in range(length):
30            result += random.choice(alphabet_samples)
31        return result
32
33
34    # 이름 생성에 사용할 샘플 글자들을 정의합니다.
35    first_name_samples = "김이박최정강조윤장임"
36    middle_name_samples = "민서예지도하주윤채현지"
37    last_name_samples = "준윤우원호후서연아은진"
38
39
40    # 무작위로 사람 이름을 생성하는 함수입니다.
41    def random_name():
42        result = ""
43        result += random.choice(first_name_samples)
44        result += random.choice(middle_name_samples)
45        result += random.choice(last_name_samples)
46        return result
47
48
49    # 결과물을 저장할 폴더를 생성합니다.
50    os.mkdir("personal_info")
51
52    # 개인정보 파일을 자동으로 생성하는 부분입니다.
53    # NUM_SAMPLES 횟수만큼 반복합니다.
54    # 이를테면, NUM_SAMPLES가 100이면 무작위 개인정보 생성을 100회 반복합니다.
55    for i in range(NUM_SAMPLES):
56        # 무작위로 사람 이름을 생성합니다.
57        name = random_name()
58
59        # 결과물 파일의 이름을 정의합니다.
60        filename = "personal_info/" + str(i) + "_" + name + ".txt"
61
62        # 결과물 파일을 생성합니다. 텅 빈 파일이 생성됩니다.
63        outfile = open(filename, 'w')
64
65        # 결과물 파일에 이름을 기재합니다.
66        outfile.write("name : " + name + "\n")
```

```
67
68          # 결과물 파일에 무작위로 생성된 나이를 기재합니다.
69          outfile.write("age : " + str(time.time())[-2:] + "\n")
70
71          # 결과물 파일에 무작위로 생성된 이메일을 기재합니다.
72          outfile.write("e-mail : " + random_string(8) + "@bhban.
    com\n")
73
74          # 결과물 파일에 무작위로 생성된 부서명을 기재합니다.
75          outfile.write("division : " + random_string(3) + "\n")
76
77          # 결과물 파일에 무작위로 생성된 핸드폰 번호를 기재합니다.
78          outfile.write("telephone : 010-" + str(time.time())[-4:] +
    "-" + str(time.time())[-6:-2] + '\n')
79
80          # 결과물 파일에 무작위로 선정된 성별을 기재합니다.
81          outfile.write("sex : " + random.choice(["male", "female"]))
82
83          # 결과물 파일 수정을 마무리합니다.
84          outfile.close()
85
86
87   # 작업 종료 메시지를 출력합니다.
88   print("Process Done.")
89
90   # 작업에 총 몇 초가 걸렸는지 출력합니다.
91   end_time = time.time()
92   print("The Job Took " + str(end_time - start_time) + " seconds.")
```

업무 자동화를 쉽게 하기 위한 보조적인 부분 (인코딩)

여기서 설명할 코드들은 업무 자동화에 직접적인 역할을 수행하는 부분은 아니다. 하지만 코딩 효율을 높여주고 자동화의 효용성을 파악하는 데 큰 도움을 주는 코드다. 업무 자동화 코드를 코딩할 때도 다음 세 가지 항목은 반드시 포함시키는 것을 권장한다.

① 한글 표현을 위한 코드

컴퓨터는 1과 0만을 사용한다. 그런데 어떻게 복잡한 한글을 화면에 표현할 수 있는 것일까? 이를 위해 '인코딩'이라는 이름의 약속이 생겼다. 예를 들어 '안녕'이라는 한국어를 컴퓨터가 인코딩하는 형태로 변환하면 어떻게 될까?

"안녕"

```
utf-8  인코딩   b'\xec\x95\x88\xeb\x85\x95'
utf-16 인코딩 b'\xff\xfeH\xc5U\xb1'
euc-kr 인코딩 b'\xbe\xc8\xb3\xe7'
```

똑같은 한국어도 인코딩 방식에 따라 완전히 다른 형태로 가공된다. 여기서 문제가 발생한다. 대부분의 독자 여러분들이 사용하고 있는 윈도우 OS는 euc-kr 포맷을 선호한다. 하지만 컴퓨터에 따라 파이썬이 한글을 인코딩하는 방식이 euc-kr이 아닐 수도 있다. 이럴 때 아래와 같은 문제가 발생한다.

마이크로소프트 오피스로 파일을 실행할 경우 영어와 숫자는 정상적으로 표현되지만, 한글이 모두 깨져서 나온다. 사람 이름이 이상하게 표현된 것을 볼 수 있을 것이다. 이런 문제를 방지하기 위해 코드의 맨 위에 아래 문구를 삽입한다.

```
>>> #-*-coding:euc-kr
```

이런 문구를 삽입하면 파이썬이 한글을 euc-kr 방식으로 인코딩하게 되므로, 결과물에서 한글이 깨지지 않고 정상적으로 표현된다.

② 컴퓨터가 아니라 사람을 위한 코드

코딩은 컴퓨터와 사람이 대화하는 과정이라 설명했다. 하지만 예외가 있는데 바로 주석이다. 주석은 컴퓨터가 아니라 사람이 읽으라고 적어둔 것이다. 이를테면 2~7번째 줄에 있는 코드 작성자 정보와 13, 16번째 줄에 있는 코드 설명이 바로 주석이다. 파이썬은 주석을 무시하고, 주석이 아닌 부분의 코드만 실행한다.

한 줄짜리 주석은 #를 입력하고 그 뒤에 메시지를 적으면 된다. 여러 줄짜리 주석을 삽입하고 싶다면 코드의 2~7번째 줄처럼 따옴표 세 개를 붙여 쓰면 된다.

주석이 잘 삽입된 코드는 타인이 읽기에도 쉬우므로 협업을 할 때는 정말 필수다. 간혹 코드보다 주석이 두 배 이상 더 길어지는 경우도 있을 정도다. 본인이 짠 코드도 며칠 지나면 헷갈리고 읽기가 힘들어진다. 한 번 쓰고 버릴 코드가 아니라 장기간 활용할 필요가 있는 코드에는 반드시 주석을 작성하는 습관을 들이도록 하자.

③ 작업 시간 측정 (time.time() 활용)

업무 자동화에 시간이 몇 초나 걸렸는지 계산하기 위한 코드다. 코드만 따로 모아두면 왼쪽과 같다. 위에서부터 한 줄씩 사람의 언어로 번역해 보면 오른쪽과 같다.

```
>>> import time                          >>> time 모듈을 불러와.
>>> print("Process Start.")              >>> 작업을 시작하겠다는 메시지를 출력해.
>>> start_time = time.time()             >>> 현재 시각을 기록해서 start_time이라
                                         고 이름 붙여둬.

>>> print("Process Done")                >>> 작업이 끝났다는 메시지를 출력해.
>>> end_time = time.time()               >>> 현재 시각을 기록해서 end_time이라고
                                         이름 붙여둬.
>>> print("The Job took" + str(end_      >>> end_time에서 start_time을 빼면
time - start_time) + "seconds.")         작업에 몇 초가 걸렸는지 알 수 있지? 그걸
                                         화면에 출력해줘.
```

요약하자면 작업을 시작하는 시점의 시간을 기록해두었다가 작업이 끝난 시점의 시간에서 빼 주는 것이다. 이런 방식으로 작업에 총 몇 초가 소요되었는지 알 수 있다. 업무자동화 코드가 얼마나 빨리 명령을 완수할 수 있는지 보여주기 위한 장치이다.

무작위로 영어 글자를 생성하기 위한 코드

무작위로 데이터를 추출하기 위해 random 모듈을 사용한다. 이 모듈을 사용하기 위해 코드의 9번째 줄에서 random 모듈을 import하고 있다.

```
>>> import random
```

코드의 23번째 줄부터 31번째 줄까지의 코드는 이메일 주소에 들어갈 알파벳을 무작위로 추출하기 위한 부분이다. 23번째 줄에서 알파벳과 숫자 샘플을 미리 정리해두고, 필요할 때마다 이 중에서 하나씩 임의로 추출하는 방식으로 코드가 실행된다.

27번째 줄부터 31번째 줄은 함수를 정의하기 위한 곳이다. 함수란 무언가 입력을 받아 내부에서 작업을 처리하고, 결과물을 출력하는 도구다. 자판기를 생각하면 된다. 자판기는 동전과 버튼 신호를 입력받고, 입력받은 버튼에 해당하는 음료수를 출력하는 장치다.

27번째 줄에서 정의한 함수는 숫자를 입력받는다. 그리고 글자를 출력한다. 이때 입력받은 숫자가 3이면 랜덤으로 만들어진 3글자짜리 문자열을 출력하고, 입력받은 숫자가 10이면 10글자짜리 문자열을 출력한다. 입력이 있고 그에 따른 출력이 있다. 자판기와 똑같지 않나?

def는 '지금부터 함수를 만들겠습니다'라는 뜻이다. def 뒤에는 함수의 이름을 적어 준다. 이 코드에서는 random_string이 함수의 이름에 해당한다. 함수의 이름 뒤에는 괄호를 기재한다. 괄호는 '외부로부터 입력을 받겠습니다'라는 뜻이다. **괄호가 있으면 함수겠거니 생각하면 대부분 맞다.** 함수의 맨 밑에 있는 return은 결과물을 출력하기 위한 곳이다. 괄호로 입력을 정의하고 return으로 출력을 정의한다.

함수는 코드를 짧게 줄이기 위해서 사용한다. 무삭위 분자열을 뽑으려면 코드를 3줄 작성해야 한다. 그런데 무작위 문자열이 필요한 상황마다 매번 코드를 3줄씩 적어야 한다면 너무 번거롭다. 그래서 함수라는 이름으로 이 3줄의 코드를 하나로 묶어버리는 것이다. 이렇게 한 번 가공해두면, 다음에 이 작업을 수행하고 싶을 때 아래와 같이 한 줄짜리 코드로 처리해버릴 수 있다.

3줄짜리 원래 코드	한 줄로 압축된 코드

``
>>> result = ""
>>> for i in range(8):
>>>   result += random.
choice(alphabet_samples)
``
	``
	>>> random_string(8)
	``

함수를 잘 사용하면 경우에 따라 수백 줄짜리 코드를 한 줄로 압축하는 경험을 하게 될 때도 있다.

무작위로 사람 이름을 생성하기 위한 코드

코드의 34번째 줄부터 46번째 줄은 무작위로 사람 이름을 생성하기 위한 코드이다. 초성, 중성, 종성에 사용할 글자들을 미리 정리해두고, 각각 한 글자씩을 무작위로 뽑아와 합치는 방식으로 3글자 이름을 생성한다.

그럴싸한 위조 결과를 만들기 위해 초성은 대한민국에서 가장 인구가 많은 성씨 10개를 뽑아 골랐다. 중성과 종성 역시 흔히 쓰는 이름에서 따왔다.

41번째 줄 역시 함수다. 이번에 주목할 점은 괄호 내부가 비어 있다는 점이다. 이 함수는 입력값을 요구하지 않지만 출력값은 제공한다. 함수가 실행되면 아래 작업이 수행된다.

>>> result라는 이름의 빈 문자열을 생성한다.

>>> 초성 샘플에서 하나를 무작위로 뽑아와 result에 적는다.

>>> 중성 샘플에서 하나를 무작위로 뽑아와 result에 적는다.

>>> 종성 샘플에서 하나를 무작위로 뽑아와 result에 적는다.

>>> result를 리턴한다.

결과적으로 우리는 그럴싸해 보이는 3글자 한글 이름을 전달받을 수 있게 된다. 초성이 10종, 중성과 종성이 각각 11종이므로 총 random_name() 함수를 이용하면 1,210종류의 가짜 이름을 생성할 수 있다.

결과물 파일을 저장하기 위한 폴더 생성하기

파이썬의 os 모듈은 컴퓨터의 OS(운영체제)와의 의사소통을 중개해준다. os 모듈을 이용하면 컴퓨터로부터 여러 가지 정보를 읽어오거나 명령을 내릴 수 있다. 50번째 줄에서는 os 모듈을 이용하여 폴더를 생성하고 있다.

```
>>> import os
>>> os.mkdir("personal_info")
```

여기서 사용된 mkdir은 make a directory의 줄임말로 폴더를 생성하는 명령어다. 괄호 안에 새로 만들고 싶은 폴더의 이름을 기재하면 된다. 위 코드를 실행하면 personal_info라는 폴더가 새로이 생성된다.

작업을 1000번 반복하기 위한 부분 (반복문, 디자인 패턴)

코드의 20번째 줄과 55번째 줄을 주목하자.

```
>>> NUM_SAMPLES = 1000
>>> for i in range(NUM_SAMPLES):
```

앞서 for문 뒤의 괄호에 숫자를 입력하면 거기 적힌 횟수만큼 작업을 반복 실행한다고 설명했다. 여기서는 괄호 안에 NUM_SAMPLES가 입력되어 있다. NUM_SAMPLES라는 변수에는 20번째 줄에서 숫자 1000을 입력해 두었으므로 위 경우 코드가 1000번 반복 실행된다.

굳이 NUM_SAMPLES를 for문보다 훨씬 윗부분에 따로 정의한 이유가 있다. 추후 이 업무 자동화 코드를 실행하여 1000개가 아니라 다른 개수의 개인정보를 생성하고 싶을 수도 있지 않은가? 그런 경우 코드를 아랫부분까지 확인하며 '어느 부분을 수정해야 하지?' 하고 고민하는 것은 비효율적이다. 따라서 이렇게 사용자가 자주 바꿔 가면서 사용할 부분은 아예 잘 보이도록 위쪽에 기재해두는 것이다.

개인정보 파일을 만들어 저장하기 (파일 입출력)

코드의 57번째 줄부터 84번째 줄에 해당하는 내용이다. 여기에서의 과정은 55번째 줄의 for문으로 인해 1,000번 반복된다. 한 번 코드의 주석을 따라 천천히 읽어보자.

60번째 줄에서는 파일 이름 앞에 폴더 이름을 함께 적어준다. 이렇게 할 경우, 파이썬은 폴더가 존재하는지 확인하고 폴더 내부에 파일을 저장해준다.

open()을 이용한 파일 생성과 write()를 이용한 내용 기재는 앞서 설명하였다.
여기서는 나이를 무작위로 생성하는 방식을 조금 상세하게 살펴보겠다.

무작위로 나이를 생성하는 방법 (타입캐스팅, 슬라이싱)

파이썬 창을 켜서 time 모듈을 불러오자.

```
>>> import time
```

이제 아래 코드를 입력해보기 바란다. 결과물을 확인했다면, ⬆ 키를 누르고 엔터키를 다시 누르자. 이 과정을 몇 번 반복하자.

```
>>> time.time()
```

화면에 매번 다른 숫자가 표기될 것이다. 이게 컴퓨터가 내부에서 사용하는 현재 시각을 의미한다. 시간은 계속해서 흘러갈 것이므로 현재 시각은 계속해서 바뀐다. 그래서 time.time() 명령어는 실행할 때마다 다른 숫자가 생성된다. 이번에는 아래 명령어를 쳐 보자.

```
>>> str(time.time())
```

무엇이 달라졌는지 눈치챌 수 있겠는가? 이번에는 출력되는 결과물이 따옴표로 감싸져 있다. 숫자가 아니라 문자열 형태로 변환된 것이다. 문자열은 영어로 string이며, 파이썬에서는 이를 간단히 줄여 str이라고 표기한다. str() 함수는 입력받은 값을 문자열 형태로 변환해주는 장치다. 따라서 위 코드는 아래와 같은 의미가 있다.

```
>>> 현재 시각을 불러오고, 이걸 문자열로 변환해 줘.
```

위 작업을 통해 '숫자' 데이터가 '문자열' 데이터로 변환되었다. 이와 같이 데이터의 타입을 변경하는 작업을 '타입캐스팅'이라고 부른다. 이번에는 아래 명령어를 입력해보자.

```
>>> str(time.time())[-2:]
```

몇 번 더 입력해보자. 매번 다른 두 자리 숫자가 출력된다. 원리가 궁금한 분이 있다면 맨 우측에 있는 −2 대신에 −10을 입력해보기 바란다.

```
>>> str(time.time())[-10:]
```

몇 번 해 봤다면 −8, −6, −4도 입력해보라. 조금 감이 오는가? 여기에 −2를 입력하면 '뒤에서 두 글자만 떼 오시오'라는 의미가 되고, −10을 입력하면 '뒤에서 10글자를 떼 오시오'라는 의미가 된다. 위와 같이 순서가 중요한 데이터의 일부분을 떼 내는 과정을 "슬라이싱"이라고 부른다. 조금 더 상세한 개념은 잠시 뒤에 설명하겠다.

위에서 살펴본 원리로 코드의 69번째 줄에 있는 str(time.time())[-2:]는 매번 무작위로 2자리 숫자를 받아와 문자열로 변환해준다.

무작위로 성별을 선택하는 방법 (리스트, 인덱싱, 슬라이싱)

앞서 문자열에서부터 한 글자를 임의로 뽑아오는 방법을 살펴보았다. 그런데 81번째 줄을 보면 random.choice()의 형태가 약간 다르다. 아래 코드를 실행해보자.

```
>>> my_list = ["a", "b", "c", "d"]
```

축하한다. 여러분의 첫 파이썬 리스트 제작이다. 리스트를 생성하고 싶다면 내용물들을 대괄호 [ ] 내부에 나열하면 된다. 아래 코드들도 실행해보자.

```
>>> my_list[0]
>>> my_list[1]
>>> my_list[2]
>>> my_list[3]
>>> my_list[-1]
>>> my_list[-2]
>>> my_list[-3]
>>> my_list[-4]
```

약간 감이 오는가? 컴퓨터는 숫자를 1이 아니라 0부터 센다. 리스트 뒤에 있는 대괄호 안에 0을 입력하면 0번째 원소를 보여주고 3을 입력하면 3번째 원소를 보여준다. 이 안에 −1을 입력하면 뒤에서 첫 번째 원소를 보여주며 −4를 입력하면 뒤에서 네 번째 원소를 보여준다. 그렇다면 이번에는 아래 코드들도 실행해보자.

```
>>> my_list[4]
```

에러가 날 것이다. 리스트 안의 내용물이 4개뿐이기 때문이다. 0번째, 1번째, 2번째, 3번째 원소만 존재하므로 4번째 원소가 존재하지 않는다. 그래서 에러가 발생한 것이다. 아래 코드도 실행해보자.

```
>>> my_list[-5]
```

마찬가지로 리스트의 내용물이 4개뿐이기 때문에 발생한 에러다. 뒤에서부터 첫 번째, 두 번째, 세 번째, 네 번째 원소는 있지만, 뒤에서부터 다섯 번째 원소는 존재하지 않기 때문에 에러가 발생한 것이다.
리스트를 활용하면 대량의 데이터를 한 덩어리로 묶어서 관리할 수 있다. 리스트의 내용물에는 위와 같이 대괄호를 입력하여 접근할 수 있다. 아래 코드도 한번 입력해보기 바란다.

```
>>> my_list[0:2]
```

대괄호 안에 콜론(:)을 입력하고 좌우에 숫자를 입력하면 한 번에 여러 개의 원소를 뽑아 올 수도 있다. 숫자를 이리저리 바꿔 가면서 간단하게 연습을 해 보기를 바란다.

대괄호를 이용해 리스트의 원소 하나에 접근하는 것을 인덱싱(indexing)이라고 하며, 대괄호와 콜론을 이용해 리스트의 원소 여러 개에 접근하는 것을 슬라이싱(slicing)이라고 한다. 앞서 살펴보았던, 코드 69번째 줄에서 무작위로 2자리 숫자를 생성했던 것 또한 슬라이싱을 이용한 것이다.

리스트에도 random.choice() 명령을 실행할 수 있다. 리스트를 대상으로 이 명령을 실행할 경우, 리스트의 내용물 중 하나가 무작위로 추출된다. 코드 81번째 줄에서는 이 방법을 활용하여 무작위로 성별을 결정했다.

무작위로 핸드폰 번호를 생성하는 방법 (타입캐스팅, 슬라이싱)

코드의 78번째 줄에는 이런 내용이 기재되어 있다.

```
>>> str(time.time())[-4:]
>>> str(time.time())[-6:-2]
```

간단한 슬라이싱을 응용해 무작위 숫자 4개를 출력한 것이다. 위의 내용은 '뒤에서 4번째 원소부터 시작해 끝까지'를 잘라 오라는 명령이며, 두 번째 명령은 '뒤에서 6번째 원소에서부터 시작해서 뒤에서 2번째 원소 앞까지' 잘라 오라는 명령이다. 한번 내부 숫자를 이리저리 바꿔가면서 실행해보길 바란다. 이렇게 무작위로 뽑아온 숫자 앞에 010을 붙여서 가짜 핸드폰 번호를 생성했다.

회원 개인정보 파일 1천 개, 텍스트 파일 하나로 합치기

1. 코드 실행하기

1절에서 생성한 개인정보 1천 건을 활용해야 한다. 'personal_info' 폴더를 그대로 복사해 이번 예제 코드가 들어 있는 '2_3_2_회원 개인정보 파일 1천 개, 텍스트 파일 하나로 합치기' 폴더에 붙여 넣자.

bhban_RPA › 2_3_2_회원 개인정보 파일 1천 개, 텍스트 파일 하나로 합치기			˅
이름 ^	수정한 날짜	유형	크기
personal_info	2020-05-01 오전 11:54	파일 폴더	
merge_text_files.py	2020-05-01 오전 11:55	JetBrains PyChar...	2KB
README.md	2020-04-28 오후 11:14	MD 파일	1KB

'personal_info' 폴더 복사가 완료되었다면 이제 코드를 실행할 준비가 모두 끝났다. 마우스 오른쪽 버튼을 클릭해 Git Bash를 열고 아래 명령어를 입력하자.

```
$ python merge_text_files.py
```

"python m"까지만 치고 탭 키를 눌러도 된다. 그러면 나머지가 모두 자동 완성된다. 엔터키를 누르면 순식간에 폴더 안에 'merged_ID.txt'라는 파일이 생성되어 있을 것이다. 한번 열어보자.

2. 결과물 파일 열어보기

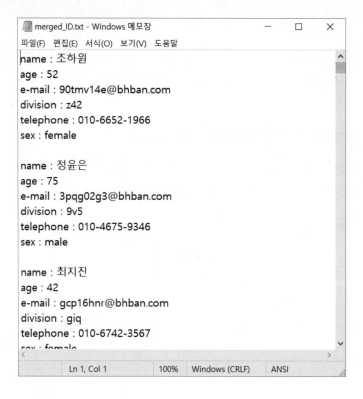

텍스트 파일 1000개가 이렇게 하나의 텍스트 파일로 합쳐졌다. 사람이 직접 했다면 얼마나 오랜 시간이 걸렸을까? 그런데 다 좋은데 내용물이 한눈에 들어오지 않는다. 이걸 조금 더 보기 좋고 예쁘게 합치는 방법은 다음 절에서 알아보겠다.

3. 업무 자동화 코드 설계 과정

목표 정하기

① 결과물을 저장할 빈 파일을 생성한다.

② personal_info 폴더 내부의 내용물을 하나씩 읽어온다.

③ 결과물을 저장할 파일에 내용물을 옮겨 적는다.

④ 내용물 작성이 완료되었다면 파일을 종료한다.

목표를 달성하는 데 필요한 작업 쪼개기

① personal_info 폴더 안의 내용물을 목록으로 만들기

② 목록 안의 내용물을 처음부터 끝까지 훑으며, 한 개씩 파일을 읽어오기

③ 읽어온 파일에서 내용물을 뽑아내기

④ 파일에 내용을 기록하고 저장하기

쪼개진 작업들을 해결하기 위한 방법 생각하기

필요한 작업을 4단계로 쪼개봤다. 이 중 '파일에 내용을 기록하고 저장하기'는 어떻게 수행하면 좋을지 1절에서 상세하게 살펴보았다. 나머지 작업을 수행하기 위한 방법들을 알아보겠다.

① personal_info 폴더 안의 내용물을 목록으로 만드는 방법

이번 예제 폴더에서 Git Bash를 불러오고 아래 명령어를 실행해 IPython을 구동한다.

```
$ ipython
```

예쁘고 사랑스러운 파이썬이 실행되었다. 여기에 아래 코드를 입력한다.

```
>>> import os
>>> os.listdir()
```

1절에서 os 모듈의 기능을 살짝 소개했다. listdir()은 운영체제로부터 폴더(directory)의 내용물을 제공받아 리스트(list) 형태로 가공해주는 함수다. 이 코드를 실행하면 폴더의 내용물을 확인할 수 있다. 이번에는 아래 코드를 입력해보자.

```
>>> os.listdir("personal_info")
```

이번에는 personal_info 폴더 내부의 내용물을 목록으로 만나볼 수 있다. 소목표 달성이다.

② 목록 안의 내용물을 처음부터 끝까지 훑으며, 한 개씩 파일을 읽어오기

이번에도 for문을 이용하면 쉽게 해결할 수 있다. 우선 인덱싱을 활용하는 방법을 알려주겠다. 아래 코드를 실행해보자.

```
>>> files = os.listdir()
>>> for i in range(len(files)):
>>>     print(i)
>>>     print(files[i])
```

위 코드를 실행하면 폴더의 내용물이 모두 출력된다. for문의 range 안에 있는 len(files)에 주목하자. len은 길이(length)의 줄임말이다. 한번 아래의 코드를 실행해보자.

```
>>> len("abcdefg")
>>> len("abc")
>>> len([1, 2, 3])
>>> len([1, 2, 3, 4, 5])
```

len 함수는 입력받은 데이터의 길이를 출력한다. len(files)는 files라는 이름의 리스트의 내용물이 몇 개인지를 알려준다. 즉, 위 for문은 리스트의 내용물 개수와 같은 횟수만큼 반복된다.

for문이 한 번씩 돌면서 i가 하나씩 커지고 있다. 이를 이용해 네 번째 줄에서 인덱싱하면서 리스트의 내용물에 접근하고 있다. 직접 코드를 조금씩 변형하면서 살펴보면 이해가 될 것이다. 위와 같이 인덱싱을 활용하면 리스트의 내용물에 접근할 수 있다. 그러면 이번에는 인덱싱 없이 바로 내용물에 접근하는 방법을 알려주겠다. 아래 코드를 실행해보자.

```
>>> for filename in files:
>>>     print(filename)
```

어떤가? 위와 같이 for문의 in 뒷부분에는 리스트를 바로 적을 수도 있다. 이렇게 하면 리스트의 내용물을 앞에서부터 하나씩 가져와 in 왼쪽에 있는 변수에 지정할 수 있게 된다.

③ 읽어온 파일에서 내용물을 뽑아내기

파일을 하나 읽어와 봐야겠다. 아래 코드를 실행해 personal_info 폴더 내부의 내용물을 하나 가져오자.

```
>>> files = os.listdir("personal_info")
>>> test_file = open("personal_info/" + files[0])
```

상세한 작동 원리는 몰라도 좋다. 여러분은 파일을 읽어오는 데 성공했고, 이제 이 파일의 내용물을 마음대로 읽어올 수 있다. 파일의 내용물을 한 번에 불러오려면 read() 명령어를 활용하면 빠르다.

```
>>> contents = test_file.read()
>>> print(contents)
```

이 외에 파일을 한 줄씩 읽어오는 방법도 있지만, 다음 기회에 설명해 주도록 하겠다. 이번 예제에서는 read()만 사용해도 충분하다. 파일을 읽어와 하고 싶은 작업을 모두 마쳤다면 파일을 다시 닫아주자.

```
>>> test_file.close()
```

4. 알고리즘 순서도

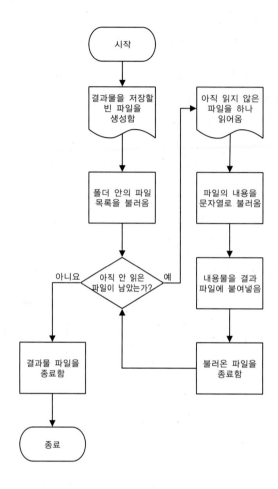

이번 예제는 알고리즘의 순서도도 짧고 간단하다. 손가락으로 화살표를 따라 이동하면서 한번 꼼꼼하게 읽어보자. 이 순서도대로 작업을 수행하도록 컴퓨터에 명령을 내릴 것이다.

5. 코드 살펴보기 (소스 코드 : merge_text_files.py)

이번 예제 코드에서도 1절의 코드와 마찬가지로 인코딩 관련 코드와 주석이 삽입되어 있다.

```
8    import time
9    import os
10
11   # 작업 시작 메시지를 출력합니다.
12   print("Process Start")
13
14   # 시작 시점의 시간을 기록합니다.
15   start_time = time.time()
16
17   # 하나로 합칠 파일들이 저장된 폴더 이름을 적어주세요.
18   directory = "personal_info"
19
20   # 결과물 파일의 이름을 정의합니다.
21   outfile_name = "merged_ID.txt"
22
23   # 결과물 파일을 생성합니다. 텅 빈 텍스트 파일이 생성됩니다.
24   out_file = open(outfile_name, 'w')
25
26   # 폴더의 내용물을 열람해 목록을 생성합니다.
27   input_files = os.listdir(directory)
28
29   # 폴더의 내용물을 하나하나 불러와 합치는 작업을 수행합니다.
30   # input_files에 저장된 파일 이름을 한 번에 하나씩 불러옵니다.
31   for filename in input_files:
32       # 간혹 텍스트 파일이 아닌 파일이 섞여 있을 수 있습니다. 이걸 걸러냅니다.
33       if ".txt" not in filename:
34           continue
35
36       # 텍스트 파일이 맞는다면, 파일을 읽어옵니다.
37       file = open(directory + "/" + filename)
38
39       # 파일의 내용물을 문자열로 불러옵니다.
40       content = file.read()
41
42       # 파일의 내용물을 결과물 파일에 기재합니다.
43       out_file.write(content + "\n\n")
44
45       # 읽어온 파일을 종료합니다.
46       file.close()
47
48   # 결과물 파일을 종료합니다.
49   out_file.close()
```

```
50
51    # 작업 종료 메시지를 출력합니다.
52    print("Process Done.")
53
54    # 작업에 총 몇 초가 걸렸는지 출력합니다.
55    end_time = time.time()
56    print("The Job Took " + str(end_time - start_time) + " seconds.")
```

외부 모듈 (import)

8~9번째 줄에서 import를 통하여 time 모듈과 os 모듈을 불러왔다. 이번 예제에서 time 모듈은 작업을 수행하는 데 걸린 시간을 계산하는 용도로만 활용되었다. os 모듈은 27번째 줄에서 os.listdir() 함수를 사용해 폴더의 내용물을 불러오도록 import되었다.

결과물을 저장할 파일 생성

21번째 줄과 24번째 줄에서 결과물을 저장할 파일을 생성하고 있다. open을 'w' 모드로 불러와 새로운 파일을 생성하는 기법은 1절의 예제와 동일한 방식이다.

for문을 이용한 반복 작업

31번 이하 코드를 살펴보면 작업이 굉장히 단순하다. 텍스트 파일을 불러오고, 내용물을 문자열로 불러온 다음, write()를 이용해 결과 파일에 기록하고 있다. 작업이 끝났다면 close()를 이용해 파일을 종료하는 과정까지 코드에 표현되어 있을 것이다. 이 for문 안에서 "personal_info"의 내용물 파일이 모두 처리된다.

텍스트 파일이 아닌 파일을 걸러내는 방법 (조건문)

33번째 줄을 보면 'if'로 시작하는 코드가 있다. 이를 조건문이라고 한다. 다음 코드를 실행해보자.

```
>>> if 3 > 2:
>>>     print(True)
```

```
>>> if 3 < 2:
>>>     print(True)
```

if 뒤에는 참과 거짓을 가릴 수 있는 명제가 등장한다. 이 명제가 참일 경우에는 if문 아래에 적힌 코드가 실행되며, 거짓일 경우에는 코드가 실행되지 않고 생략된다.

34줄에 적힌 continue는 반복문에서 쓰이는 문구로, '이번 차례에는 아무것도 하지 않고 다음 단계로 넘어갑시다'라는 의미다. 이제 33~34번째 줄을 한국말로 해석해보겠다.

```
>>> 파일 이름에 'txt'가 포함되어 있지 않다면
>>>     for문의 이번 차례는 건너뛰고 다음 차례를 실행해주세요.
```

간혹 텍스트 파일이 아닌 다른 이상한 파일이 섞여 들어와 에러를 일으킬 수 있는데, 이를 예방하기 위한 조치다. if문을 잘 쓰면 더욱 어렵고 화려한 업무 자동화를 자유자재로 할 수 있다. 뒤에서 상세하게 다루겠다.

03

회원 개인정보 파일 1천 개, CSV 파일 하나로 합치기

1. CSV 파일에 대한 설명

CSV는 Comma-Separated Values의 줄임 말로, 말 그대로 콤마로 값을 분리해둔 문서 양식을 의미한다. 더 쉽게 말하면 엑셀 파일처럼 생긴 포맷이다. 좌우 칸은 콤마로 구분하고, 위아래 칸은 엔터키로 구분한다.

	A	B	C	D
1	이름	나이	성별	몸무게
2	김철수	27	남자	72
3	황윤정	24	여자	55
4	권민수	22	여자	50
5	이민우	28	남자	90

예를 들어 위의 엑셀 표를 csv 형식으로 표현한다면 아래와 같을 것이다.

이름, 나이, 성별, 몸무게

김철수, 27, 남자, 72

황윤정, 24, 여자, 55

권민수, 22, 여자, 50

이민우, 28, 남자, 90

시험 삼아 메모장을 켜서 위 내용을 그대로 기입하고 파일 확장자를 ".csv"로 저장해보자. 엑셀에서 그대로 열린다. 엑셀 파일과 관련된 자동화를 가장 쉽게 하는 방법은 csv를 활용하는 것이다.

2절 예제 코드는 텍스트 파일들을 단순히 모아서 하나의 텍스트 파일로 이어 붙인 것이었다. 그래서 예쁘지가 않았다. 그렇다면, 이를 텍스트 파일이 아니라 CSV 파일로 저장할 수 있다면 모양도 예쁘고 엑셀이나 한셀에서 열어볼 수도 있어 편리하지 않을까?

2. 코드 실행하기

1절에서 생성한 개인정보 1천 건을 활용해야 한다. 이번에도 'personal_info' 폴더를 복사하고, 예제 코드가 들어 있는 '2_3_3_회원 개인정보 파일 1천 개, CSV 파일 하나로 합치기' 폴더 안에 복사한다.

Chapter 3. 컴퓨터! 커피 한 잔 마시고 올게, 전부 정리해놔! > 2_3_3_회원 개인정보 파일 1천 개, CSV 파일 하나로 합치기			
이름	수정한 날짜	유형	크기
personal_info	2020-05-01 오후 6:51	파일 폴더	
README.md	2020-05-01 오후 6:46	MD 파일	1KB
simple_merge_into_csv.py	2020-04-28 오후 11:14	JetBrains PyChar...	2KB

'personal_info' 폴더 복사가 완료되었다면 Git Bash를 열고 아래 명령어를 입력하자.

```
$ python simple_merge_into_csv.py
```

"python s"까지만 치고 탭 키를 눌러도 된다. 코드를 실행했다면 순식간에 폴더 안에 'simple_merged_ID.csv'가 생겼을 것이다. 한번 열어보자.

3. 결과물 파일 열어보기

◢	A	B	C	D
1	name : 조하원			
2	age : 52			
3	e-mail : 90tmv14e@bhban.com			
4	division : z42			
5	telephone : 010-6652-1966			
6	sex : female			
7				
8	name : 정윤은			
9	age : 75			
10	e-mail : 3pqg02g3@bhban.com			
11	division : 9v5			
12	telephone : 010-4675-9346			
13	sex : male			
14				
15	name : 최지진			

짜잔! 엑셀에서 실행이 된다. 그런데 우리가 기대했던 모습과는 조금 다르다. 양식이 예쁘게 자리잡힐 줄 알았는데 그냥 똑같지 않은가? 그래도 일단 자동화 코드를 실행은 했으니 코드에 대해서 살펴보겠다.

4. 업무 자동화 코드 설계 과정

목표 정하기
2절의 자동화 결과물을 CSV 파일 형태로 바꿔서 저장하자.

목표를 달성하는 데 필요한 작업
".txt" 형태로 출력되는 파일의 형식을 ".csv"로 바꾸자.

문제를 해결하기 위한 방법 생각하기
파이썬은 출력하고자 하는 파일의 확장자 이름을 ".csv"라고 지정받으면 ".csv" 파일을 출력한다. 그저 출력하려는 파일의 이름을 ".csv" 파일로 적어주면 된다.

5. 알고리즘 순서도

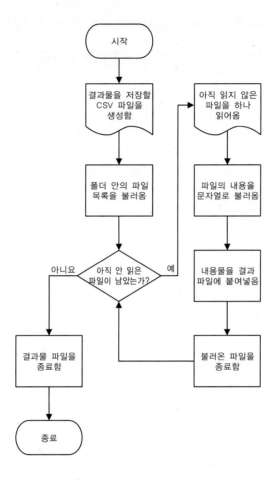

2절의 알고리즘 순서도와 비교해보자.

6. 코드 살펴보기 (소스 코드 : simple_merge_into_csv.py)

굉장히 간단하다. simple_merge_into_csv.py의 16번째 줄을 보자. 저장할 파일 이름을 잘 살펴보면 확장자가 ".csv"라고 적혀 있다. 이게 끝이다. 그 외에는 2절의 코드와 동일하다.

04

개인정보 파일 1천 개, CSV 파일로 예쁘게 합치기

1. 코드 실행하기

1절에서 생성한 'personal_info' 폴더를 복사해 '2_3_4_개인정보 파일 1천 개, CSV 파일로 예쁘게 합치기' 폴더 안에 붙여 넣는다.

Chapter 3. 컴퓨터! 커피 한 잔 마시고 올게, 전부 정리해놔! > 2_3_4_개인정보 파일 1천 개, CSV 파일로 예쁘게 합치기			
이름 ^	수정한 날짜	유형	크기
personal_info	2020-05-01 오후 6:43	파일 폴더	
merge_into_csv.py	2020-04-28 오후 11:14	JetBrains PyChar...	3KB
README.md	2020-05-01 오후 6:47	MD 파일	1KB

'personal_info' 폴더 복사가 완료되었다면 Git Bash를 열고 아래 명령어를 입력하자.

```
$ python merge_into_csv.py
```

"python m"까지만 입력하고 탭 키를 눌러도 된다. 코드를 실행했다면 순식간에 폴더 안에 'merged_ID.csv' 파일이 생겨났을 것이다. 이 파일을 실행해보자.

2. 결과물 파일 열어보기

엑셀에서 파일을 열어볼 수 있다. 우리가 의도했던 대로 인적 사항이 깔끔하게 정리되었다.

3. 업무 자동화 코드 설계 과정

목표 정하기

① 결과물을 저장할 빈 CSV 파일을 생성한다.

② CSV 파일에 헤더(header)를 삽입한다.

③ personal_info 폴더 내부의 내용물을 하나씩 읽어온다.

④ 읽어온 내용물을 보기 좋게 다듬는다.

⑤ 다듬은 내용물을 결과 파일에 옮겨 적는다.

⑥ 내용물 작성이 완료되었다면 파일을 종료한다.

목표를 달성하는 데 필요한 작업 쪼개기

① personal_info 폴더 안의 내용물을 목록으로 만들기

② 목록 안의 내용물을 처음부터 끝까지 훑으며, 한 개씩 파일을 읽어오기

③ 읽어온 파일에서 내용물 뽑아내기

④ 파일에 내용물을 기록하고 저장하기

⑤ 파일을 읽어와 헤더와 콘텐츠를 분리하기

⑥ 첫 줄에만 헤더를 삽입하고 그 다음 줄부터는 콘텐츠만 삽입하기

쪼개진 작업들을 해결하기 위한 방법 생각하기

위 항목들 중 ①~④는 앞서 설명한 것과 동일한 방법으로 해결할 수 있다. 여기에서는 헤더가 무엇인지와, 헤더를 어떻게 분리하면 좋을지를 살펴보겠다.

① 헤더 (Header)

헤더는 머리(head) 쪽에 오는 정보라고 해서 헤더라고 부른다. 헤더는 IT 분야에서 데이터를 다룰 때 데이터의 맨 앞에 삽입하는 보충적인 데이터를 의미한다. 이를테면 이번 절에서 만든 CSV 파일을 살펴보자. 사람의 이름과 나이 등 정보에 해당하는 값은 2번째 줄부터 시작한다. 첫 번째 줄에는 정보가 아니라 앞으로 이어질 정보들에 대한 보충설명이 들어 있다. 이때 첫 번째 줄이 헤더에 해당한다.

② 헤더를 분리하는 방법 (텍스트 스플릿)

헤더를 분리하기에 앞서 1절에서 제작한 위조 개인정보 파일을 다시 한번 잘 살펴보자.

```
📄 0_조하원.txt - Windows 메모장
파일(F)  편집(E)  서식(O)  보기(V)  도움말
name : 조하원
age : 52
e-mail : 90tmv14e@bhban.com
division : z42
telephone : 010-6652-1966
sex : female
```

무언가 공통되는 패턴이 있다. 각 줄에는 한 종류의 정보만 기재되어 있다. 그리고 그 정보의 종류는 콜론(:)을 기준으로 분할되어 있다. 콜론의 왼쪽 영역은 정보의 종류를 지칭하고 있으며, 콜론의 오른쪽 영역은 데이터에 해당한다. 왼쪽 영역이 헤더 역할을 수행하고 있다.

자, Git Bash를 실행하고 아래 명령어를 실행해 IPython을 불러오자.

```
$ ipython
```

그리고 아래 코드를 실행해보자.

```
>>> temp = "abcd : efgh"
```

이제 temp를 두 조각으로 쪼개고 싶다. 어떻게 하면 좋겠는가? 앞에서 설명했던 슬라이싱으로 이 문제를 해결할 수도 있다.

```
>>> temp[:4]
>>> temp[-4:]
```

각각 temp에서 '앞에서부터 4개' 글자와 '뒤에서부터 4개' 글자를 슬라이싱으로 뽑아내는 코드다. 슬라이싱을 활용하면 확실히 temp로부터 콜론 좌우의 정보를 각각 분리하여 추출하는 것이 가능하다. 하지만 이 방법으로 이번 절의 문제를 해결하기란 쉽지 않다. 콜론 왼쪽에 있는 글자들의 길이가 모두 다르기 때문이다. 여기서는 문자열의 스플릿을 사용할 차례다. 아래 코드를 실행해보자.

```
>>> temp.split(":")
```

결과물로 리스트가 하나 리턴된다. 이 리스트를 자세히 살펴보면 temp의 내용물이 콜론을 기준으로 잘 쪼개진 것을 확인할 수 있다. 단, 자세히 보면 "abcd", "efgh"로 공백이 함께 살아 있다는 점이 문제다.

아래와 같이 코드를 수정하면 해결할 수 있다.

```
>>> temp.split(" : ")
```

위의 예시와 같이 쪼개려고 하는 문자 좌우로 공백이 있을 경우 공백도 함께 split() 안에 입력해주면 깔끔하게 쪼갤 수 있다. 이번에는 아래 코드를 실행해보자.

```
>>> "abc2def2ghi2jk2lm2n2o".split("2")
```

split() 안에 넣어준 문자가 스트링 안에 여러 개 존재한다면 모두 찾아서 쪼개준다. 상당히 편리한 기능이다. 아래와 같은 코드도 작동한다.

```
>>> "abchhhabfhhhherthhhhqqq".split("hhhh")
```

split() 안에 여러 글자를 넣으면 그 글자들을 한 덩어리로 인식해 문자열을 쪼개준다. 자주 애용하도록 하자. 텍스트 스플릿을 활용하면 헤더와 데이터를 분리해낼 수 있다.

③ 헤더를 맨 첫 줄에만 삽입하고 그 다음부터는 삽입하지 않는 방법
여러 가지 해결 방법이 있겠다. for문이 시작하기 전에 미리 헤더를 삽입해 두고, for문 안에서는 데이터만 삽입하는 방법이 가능하다. 혹은 헤더가 삽입했는지 아닌지를 따로 기록해 두는 것이다. 아직 헤더가 삽입되지 않았다고 적혀 있다면 헤더를 삽입하고, 헤더가 이미 삽입되었다고 적혀 있다면 건너뛰어 버리는 것이다. 본 예제에서는 두 번째 방법을 활용한다.

4. 알고리즘 순서도

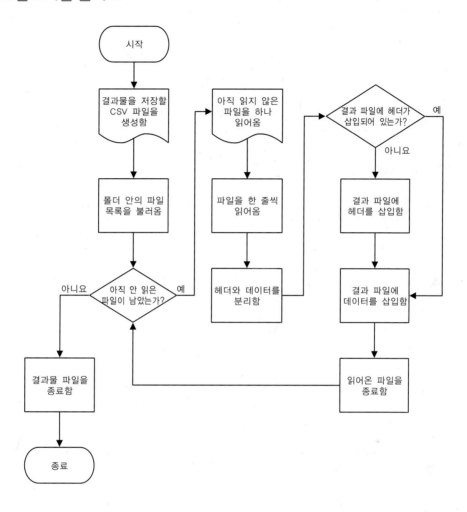

순서도의 화살표를 손가락으로 따라가면서 읽어보자. 생각보다 간단하다.

5. 코드 살펴보기 (소스 코드 : merge_into_csv.py)

for문이 시작하기 전까지의 코드는 앞 절들과 큰 차이가 없다.

```
 8   import time
 9   import os
10
11   # 작업 시작 메시지를 출력합니다.
12   print("Process Start")
13
14   # 시작 시점의 시간을 기록합니다.
15   start_time = time.time()
16
17   # 하나로 합칠 파일들이 저장된 폴더 이름을 적어주세요.
18   directory = "personal_info"
19
20   # 결과물 파일의 이름을 정의합니다.
21   outfile_name = "merged_ID.csv"
22
23   # 결과물 파일을 생성합니다. 텅 빈 CSV 파일이 생성됩니다.
24   out_file = open(outfile_name, 'w')
25
26   # 폴더의 내용물을 열람해 목록을 생성합니다.
27   input_files = os.listdir(directory)
28
29   # 헤더와 관련된 변수를 정의합니다. 헤더는 엑셀의 양식이라 생각하면 됩니다.
30   headers = []
31   outfile_has_header = False
32
33   # 폴더의 내용물을 하나하나 불러와 합치는 작업을 수행합니다.
34   # input_files에 저장된 파일 이름을 한 번에 하나씩 불러옵니다.
35   for filename in input_files:
36       # 간혹 텍스트 파일이 아닌 파일이 섞여 있을 수 있습니다. 이걸 걸러냅니다.
37       if ".txt" not in filename:
38           continue
39
40       # 텍스트 파일이 맞는다면, 파일을 읽어옵니다.
41       file = open(directory + "/" + filename)
42
43       # 파일의 내용물을 저장할 리스트를 정의합니다.
44       contents = []
45
46       # 파일의 내용물을 한 줄씩 읽어오면서 작업을 수행합니다.
47       for line in file:
48           # 엑셀 파일의 양식과 내용물을 분리합니다.
49           if ":" in line:
```

```
50          splits = line.split(":")
51          contents.append(splits[-1].strip())
52
53          # 헤더를 정리합니다. 최초 1회만 실행됩니다.
54          if len(contents) > len(headers):
55              headers.append(splits[0].strip())
56
57      # 헤더를 파일에 입력합니다. 최초 1회만 실행됩니다.
58      if not outfile_has_header:
59          header = ", ".join(headers)
60          out_file.write(header)
61          outfile_has_header = True
62
63      # 결과물 파일에 내용물을 입력합니다.
64      new_line = ", ".join(contents)
65      out_file.write("\n" + new_line)
66
67      # 읽어온 파일을 종료합니다.
68      file.close()
69
70  # 결과물 파일을 종료합니다.
71  out_file.close()
72
73  # 작업 종료 메시지를 출력합니다.
74  print("Process Done.")
75
76  # 작업에 총 몇 초가 걸렸는지 출력합니다.
77  end_time = time.time()
78  print("The Job Took " + str(end_time - start_time) + " seconds.")
```

29번째 줄에서 헤더 삽입을 위한 준비를 한다. 텅 빈 리스트를 만들고, 불리언 변수도 하나 만들었다. 불리언(Boolean) 변수는 참(True) 혹은 거짓(False)을 저장하는 변수를 뜻한다. 불리언 변수에 먼저 집중해보자.

헤더의 삽입 유무를 기록해둘 변수 (불리언 변수)

31번째 줄에서 아래와 같이 outfile_has_header에 '거짓'을 할당한다.

```
>>> outfile_has_header = False
```

for문 내부를 살펴보자. 57번째 줄부터 61번째 줄에서 헤더 삽입을 담당한다. 58번째 줄을 보면 아래와 같은 조건문이 등장한다.

```
>>> if not outfile_has_header:
```

if문 뒤의 명제는 outfile_has_header가 False면 참이 된다. 아직 outfile에 헤더가 없을 경우에만 if문의 조건이 달성되어 아래에 있는 코드가 실행된다. 만약 아직 헤더가 없다면 아래 명령어가 실행된다.

```
>>> header = ", ".join(headers)
>>> out_file.write(header)
>>> outfile_has_heaer = True
```

헤더를 파일에 기록하고, outfile_has_header를 참으로 변경해 이미 헤더가 삽입되어 있음을 기록하는 것이다. 그런데 맨 윗줄의 코드가 낯설 것이다. 아래 코드를 실행해보자.

```
>>> my_list = ["a", "b", "c", "d", "e", "f"]
>>> ", ".join(my_list)
'a, b, c, d, e, f'
>>> "A".join(my_list)
'aAbAcAdAeAf'
>>> "thanks".join(my_list)
'athanksbthankscthanksdthanksethanksf'
>>> "".join(my_list)
'abcdef'
```

감이 올 것이다. join() 함수를 이용하면 리스트의 내용물을 스트링으로 합칠 수 있다. 이때 합치면서 사이사이에 무슨 값을 끼워 넣고 싶은지를 앞에 지정해줄 수 있다. 위 코드 예시의 맨 앞 따옴표 안에 있는 내용물을 이리저리 바꾸면서 몇 번 테스트를 해보기를 바란다. 그러면 59번째 줄 코드의 의미가 이해가 될 것이다. headers라는 리스트의 내용물들을 ", "를 사이에 끼워 넣으면서 하나로 이어 붙인 결과가 만들어진다.

파일을 한 줄씩 읽으며 데이터를 뽑아내 다듬기 위한 방법 (readline(), strip(), append())

코드의 44번째 줄을 보자.

```
>>> contents = []
```

이곳에는 헤더가 아니라 이름, 나이 등 사용자 데이터에 해당하는 정보를 기록할 것이다. 조금 더 내려와 47번째 줄을 보자.

```
>>> for line in file:
```

for문에서 바로 file을 입력받고 있다. 이렇게 하면 for문이 한 바퀴 돌 때마다 파일을 한 줄씩 읽어온다.

49번째 줄에서는 읽어온 줄에 ":"가 포함되어 있는지를 검사한다. 제대로 값이 기재되어 있는 줄에는 콜론이 삽입되어 있을 것이므로, 값이 기재되지 않은 빈 줄을 건너뛰기 위해 49번째 줄에 조건문이 사용되었다.

50번째 줄에서는 split을 이용해 헤더와 데이터를 분리하고 있다. split()에 대해서는 앞서 상세히 다루었다.

51번째 줄에서는 처음 보는 문법이 두 종류나 등장한다. 각각을 분리해서 다루어 보겠다. 우선 append()를 살펴보겠다. 아래 코드를 실행해보자.

```
>>> my_list
```

```
>>> my_list.append("Q")
>>> my_list
>>> my_list.append("K")
>>> my_list
```

append() 함수를 사용하면 보는 바와 같이 리스트에 원소를 삽입할 수 있다. append라는 영어 단어는 한국어로 하면 '덧붙이다, 첨부하다'라는 뜻이다. 이 말 그대로 리스트의 맨 뒤에 새로운 값을 덧붙이라는 뜻의 명령어다. 51번째 줄에서는 contents 리스트에 새로운 값을 추가하라는 명령을 컴퓨터에 하고 있는 것이다.

이번에는 다음 코드를 실행해보자.

```
>>> "test   ".strip()
>>> "   test".strip()
>>> "test".strip()
```

strip() 함수는 문자열의 앞뒤에 있는 공백을 벗겨내는 역할을 수행한다. strip을 한국어로 번역하면 '벗기다'라는 뜻이 된다.

51번째 줄에서는 splits의 두 번째 원소를 가져와, 앞뒤의 공백을 제거하고, contents 리스트에 삽입하는 작업을 수행한다.

이때 54번째 줄에 주목하자. 30번째 줄에서 아래와 같이 headers를 빈 리스트로 정의했다.

```
>>> headers = []
```

이제 순서를 잘 생각해보자. 파일을 처음 불러오면 line이 아래와 같은 상태일 것이다.

```
>>> line
 "name : 이지우"
```

여기에서 "\n"이라는 문자에 주목하자. 여기의 n은 new line의 줄임말로, 쉽게 말하면 줄 바꿈이다. 워드 프로세서에서 엔터키를 치면 줄이 바뀌지 않는가? 사실 엔터키를 치면 "\n"이 입력되고 있는 것이다. 컴퓨터는 "\n"을 인식해서 줄을 바꿔주는 것이고, \n도 strip() 함수를 만나면 벗겨진다. 여하튼 51번째 줄의 코드가 실행되면 아래와 같은 상태가 된다.

```
>>> contents
  ["이지우"]
```

이때 54번의 조건문은 어떻게 되는가? contents의 길이는 1이고 headers의 길이는 0이다. 따라서 54번의 조건문은 참이 되고, 55번 코드가 실행된다. 여기에서 바로 헤더가 headers에 삽입된다.

```
>>> headers
  ["name"]
```

이 작업이 끝나면 파일의 다음 줄을 읽어올 것이다. 이름을 추출했으니 이번에는 나이를 추출할 차례다.

```
>>> line
  "age : 11"
```

51번째 줄의 코드가 실행되면 contents의 내부는 아래와 같은 상태가 될 것이다.

```
>>> contents
  ["이지우", "11"]
```

이번에도 contents의 길이는 2이지만 headers의 길이는 1이므로 54번 조건문은 참이 된다. 따라서 55번 코드가 실행되어 headers에 "age"가 삽입된다.

```
>>> headers
 ["name", "age"]
```

한번 개인정보 파일을 위에서부터 아래로 한 줄씩 따라 읽어 가면서 종이에 메모하거나 머릿속으로 생각을 해보기 바란다. 파일을 하나 끝까지 다 읽으면 파일 안에 기록되어 있던 개인정보는 contents 리스트에 차곡차곡 쌓이게 되고, 파일의 헤더는 headers에 쌓이게 된다.

아울러 한 번 headers에 값이 저장되면 그 내용물이 삭제되지 않지만, contents의 내용물은 44번째 줄에 의해 매번 삭제된다. 따라서 최초 1회를 제외하면 54번째 줄의 조건문은 항상 거짓이 되어 55번째 줄의 코드가 실행되지 않는다.

이런 방법을 사용하면 헤더를 추출하면서 데이터도 분리해 낼 수 있게 된다.

리스트의 내용물을 CSV에 어울리는 형태로 다듬기

이미 앞서 살펴본 59번째 줄과 같은 방식으로 내용물을 다듬을 수 있다. 64번째 줄을 실행하면 contents의 내용물들 사이에 ", "를 삽입하면서 한 줄짜리 문자열로 만들 수 있게 된다.

한 번에 한 줄씩 데이터 기록하기

64번째 줄에서 다듬어진 코드를 write() 함수를 이용해 출력 파일에 저장해준다. 이때 65번째 줄을 자세히 보면 아래와 같이 개행 문자 "\n"을 삽입하고 있다.

```
>>> out_file.write("\n" + new_line)
```

줄 바꿈을 하고 데이터를 입력하라는 뜻이다. 64번째 줄에서 CSV 파일의 가로줄 형태가 완성되고 65번째 줄의 개행 문자가 CSV 파일의 세로줄 형태를 완성한다.

작업이 완료되었으니 파일을 종료하기

05

개인정보 CSV 파일, xlsx 엑셀 파일로 변환하기

1. 라이브러리 설치하기

이번 절에서는 pyexcel(파이엑셀) 라이브러리를 설치해 사용하겠다. 파이썬의 기본 철학은 남들이 만들어둔 도구를 최대한 가져다 사용하면서 내 노력을 줄이는 데 있다. Git Bash에서 아래 코드를 실행한다.

```
$ pip install pyexcel pyexcel-xlsx
```

Pip은 파이썬에서 패키지를 설치할 때 사용하는 툴이다. pip install 뒤에 설치하고 싶은 패키지 이름을 입력하면 저절로 다운로드된다. 잠시 기다리면 설치가 완료될 것이다. pyexcel은 파이썬에서 엑셀 파일을 다룰 수 있도록 도와주는 도구다.

> **⋯ 혹시 예제를 따라하는 데 오류가 발생한다면?** ⋯⋯⋯⋯⋯⋯⋯⋯⋯⋯⋯⋯
>
> 최근, pyexcel 라이브러리가 업데이트되며 다음과 같은 오류가 발생하는 경우가 있다.
>
> ```
> TypeError: 'set' object is not subscriptable
> ```
>
> 개발자가 실수로 오류가 있는 패치 버전을 퍼블리시한 것으로 파악된다. 혹시 이와 같은 오류가 발생한다면 다음 세 줄의 코드를 Bash에 입력하여 해결할 수 있다.
>
> ```
> >>> pip uninstall pyexcel pyexcel-xlsx
> >>> pip install pyexcel==0.7.0
> >>> pip install pyexcel-xlsx==0.6.0
> ```

2. 코드 실행해보기

4절에서 완성된 CSV 파일을 '2_3_5_개인정보 CSV 파일, 엑셀로 변환하기' 폴더에 복사한다. 그리고 이 폴더에서 Git Bash를 실행한다. 이제 아래 코드를 실행해보자.

```
$ python csv_to_xlsx.py merged_ID.csv test.xlsx
```

조금 길다. p 입력 후 탭 누르고, c 입력 후 탭 누르고, m 입력 후 탭 누른 다음 test.xlsx 만 수동으로 입력해도 된다. 이제 엔터키를 누르면 에러가 나면서 코드가 강제로 종료 될 것이다. 에러 메시지의 마지막 부분을 잘 살펴보자.

```
$ UnicodeDecodeError: 'utf-8' codec can't decode byte 0xc1 in
position 45: invalid start byte
```

이게 바로 1절에서 이야기한 인코딩 문제다. pyexcel은 utf-8 인코딩을 사용하는데, 윈 도우는 euc-kr 인코딩을 주로 사용하기 때문에 오류가 발생한다. Euc-kr 인코딩은 엑 셀이나 워드에서는 정상적으로 한글을 출력하지만 pyexcel에서는 작동하지 않는다. 이 문제를 해결하기 위해 우리는 우선 CSV 파일의 인코딩을 utf로 변환해줄 필요가 있다. Git Bash에서 아래 코드를 실행한다.

```
$ python euc_to_utf.py merged_ID.csv
```

폴더 안에 'utf8_merged_ID.csv'라는 파일이 생성되어 있을 것이다. 원본에 비해 용량 이 약간 큰 파일일 것이다. 이 파일을 엑셀로 실행해보자.

3. 결과물 파일 열어보기

엑셀로 실행해 보면 한글이 다 깨진다. 당황하지 말자. pyexcel은 utf-8 인코딩을 사용하고 엑셀은 euc-kr 인코딩을 사용한다. 'utf8_merged_ID.csv'는 utf-8로 인코딩되어 있으므로 엑셀로 불러오면 깨지는 것이 정상이다.

4. 업무 자동화 코드 설계 과정

목표 정하기
① euc-kr로 인코딩된 csv 파일을 불러온다.
② utf-8로 저장할 새로운 파일을 생성한다.
③ euc-kr 파일의 내용물을 모두 불러와 utf-8 파일에 저장한다.
④ 파일을 모두 종료한다.

목표를 달성하는 데 필요한 작업 쪼개기
① 파일을 읽어올 때 그 파일의 인코딩을 euc-kr로 지정하면서 불러오기
② 저장할 파일을 만들 때 그 파일의 인코딩을 utf-8로 지정하면서 파일을 생성하기
③ 파일의 내용물을 옮겨 적기

쪼개진 작업들을 해결하기 위한 방법 생각하기
위 작업 중 파일의 내용물을 옮겨 적는 것은 앞 절들에서 다룬 read() 함수와 write() 함수로 쉽게 구현할 수 있다. 여기에서는 파일을 읽거나 쓸 때 인코딩을 지정하는 방식에 대해서 살펴보겠다.

① 파일을 읽어오면서 인코딩을 지정하기
앞 절에서는 파일을 읽어올 때 아래와 같은 코드를 사용했다.

```
>>> my_file = open("test.txt")
```

여기서 open 뒤에 encoding이라는 파라미터를 지정해두면 된다. 아래와 같은 방법으로 인코딩을 지정하여 파일을 열 수 있다.

```
>>> euc_kr_file = open(filename, encoding="euc-kr")
>>> utf_8_file = open(filename, encoding="utf-8")
```

괄호 안에 추가한 encoding 필드에 주목하면 된다.

② 파일을 쓰기 모드로 생성하면서 인코딩을 지정하기
파일을 읽어올 때와 마찬가지로 encoding 필드를 삽입하면 된다. 예시는 아래와 같다.

```
>>> euc_kr_file = open(filename, 'w', encoding="euc-kr")
>>> utf_8_file = open(filename, 'w', encoding="utf-8")
```

5. 알고리즘 순서도

굉장히 간단하다.

6. 코드 살펴보기 (소스 코드 : euc_to_utf.py)

```
 7   import sys
 8
 9   # 파일 이름을 입력받습니다.
10   filename = sys.argv[1]
11
12   # euc-kr로 인코딩된 파일을 실행합니다.
13   in_file = open(filename, encoding="euc-kr")
14
15   # utf-8로 저장할 파일을 실행합니다.
16   out_file = open("utf8_" + filename, 'w', encoding="utf-8")
17
18   content = in_file.read()
19
20   out_file.write(content)
21
22   in_file.close()
23   out_file.close()
```

코드를 실행할 때 앞 절들과 달라진 부분이 있다. 이 코드를 실행할 때는 아래와 같이 실행했다.

```
$ python euc_to_utf.py merged_ID.csv
```

파이썬을 실행할 때에 파일명을 따로 기재해준 것이다. 지금까지의 코드는 실행의 편의를 위해 자동화의 대상이 되는 파일명을 코드 내부에 기재했다. 하지만 이렇게 외부에서부터 파일명을 입력받을 수 있도록 코드를 짜는 게 더 유리하다. 하나의 코드로, 수정 없이 여러 상황에서 대응할 수 있기 때문이다. 더 범용적인 프로그램을 만들기 위해 이렇게 만든 것이다.

자동화할 파일 이름을 외부로부터 입력받기 (Argv)

코드를 살펴보자. 이렇게 파이썬을 실행하는 단계에서 외부로부터 입력받으려면 sys 모듈을 사용해야 한다.

```
>>> import sys
>>> filename = sys.argv[1]
```

sys.argv는 파이썬을 실행하기 위해 까만 창에 입력한 문자를 분석한다. 그런데 대괄호가 있지 않은가? 맞다. 리스트 형태다.

```
$ python euc_to_utf.py merged_ID.csv
```

위와 같은 형태로 코드를 실행할 때, python을 제외하고 그 뒤에 오는 문자들을 순서대로 뽑아와 리스트 형태로 만든 것이 sys.argv이다. 참고로 sys.argv[0]은 "euc_to_utf.py"가 된다. 앞으로 이 책에서 sys.argv를 굉장히 자주 사용할 것이므로 다른 사용례는 나중에 설명하겠다.

인코딩을 지정해 파일을 열기
13번째 줄에서는 euc-kr로 인코딩된 파일을 불러오기 위해 open 안에 encoding="euc-k"을 입력했으며, 16번째 줄에서는 utf-8로 인코딩된 파일을 생성하기 위해 open 안에 encoding="utf-8"을 입력했다.

내용을 옮겨 적기
18번째 줄에서 read()로 읽어온 파일의 내용물을 모두 불러왔고, 20번째 줄에서 write로 파일의 내용을 모두 out_file에 기재했다. 이로써 모든 작업이 끝났다.

7. 업무 자동화 코드 다시 실행해 보기
Git Bash에서 아래 명령어를 다시 입력해 코드 실행을 다시 시도해보자.

```
$ python csv_to_xlsx.py utf8_merged_ID.csv test.xlsx
```

이때 파일명을 직접 하나씩 타이핑하기보다는 앞 글자 한두 개만 입력하고 탭 키를 누르는 것을 추천한다. 자동완성 기능이 있어 빠른 타이핑이 가능해진다. 시간이 잠시 지나면 폴더 안에 test.xlsx라는 파일이 생성되어 있을 것이다. 이 파일을 열어보자.

8. 결과물 파일 다시 열어보기

아주 깔끔하게 잘 작성되었고 인코딩도 깨지지 않았다. 서식도 정상적으로 적용할 수 있는 멀쩡한 엑셀 파일이다.

9. 업무 자동화 코드 설계 과정

목표 정하기

① CSV 파일을 엑셀 파일로 변환해주는 라이브러리가 있는지 검색해보기

② 그걸 사용해서 문제 해결하기

목표를 달성하는 데 필요한 작업

이번 절의 예제는 딱히 쪼갤 만한 작업이 없다. 그저 검색만 잘하면 된다. 구글에 아래 키워드들을 검색해봤다.

- 파이썬 엑셀
- python csv to xlsx

결과들을 찾아보니 pyexcel(파이엑셀)이라는 라이브러리가 사용하기가 편하게 되어 있는 것 같았다. 그래서 pyexcel을 설치했고, 이 라이브러리의 설명서에 나와 있는 방법을 그대로 활용했다.

문제를 해결하기 위한 방법 생각하기

pyexcel에서는 아래와 같은 방법으로 CSV 파일을 엑셀 파일 하나로 변환할 수 있다.

```
>>> import pyexcel.cookbook as pc
>>> pc.merge_all_to_a_book(input_file_list, result_file)
```

input_file_list에는 읽어오려는 CSV 파일들의 이름이 기재된 리스트를 넣어주면 되며 result_file은 저장하고자 하는 파일의 이름을 적어주면 된다. 이게 전부다.

10. 알고리즘 순서도

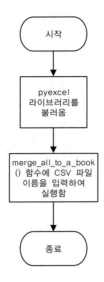

괭장히 간단하다.

11. 코드 살펴보기 (소스 코드 : csv_to_xlsx.py)

```
 9   import pyexcel.cookbook as pc
10   import sys
11   import time
12
13
14   # 작업 시작 메시지를 출력합니다.
15   print("Process Start")
16
17   # 시작 시점의 시간을 기록합니다.
18   start_time = time.time()
19
20   # 터미널에서 인자를 입력받기 위한 코드입니다.
21   # 엑셀로 변환하고자 하는 CSV 파일의 이름을 입력합니다.
22   input_file = sys.argv[1]
23   # 합쳐진 결과물 파일을 어떤 이름으로 저장할지 입력받습니다.
```

```
24   result_file = sys.argv[2]
25
26   # 엑셀 파일 하나로 합쳐주는 함수입니다.
27   # 라이브러리가 기본적으로 제공해 주는 함수입니다.
28   pc.merge_all_to_a_book([input_file], result_file)
29
30   # 작업 종료 메시지를 출력합니다.
31   print("Process Done.")
32
33   # 작업에 총 몇 초가 걸렸는지 출력합니다.
34   end_time = time.time()
35   print("The Job Took " + str(end_time - start_time) + " seconds.")
```

외부 모듈 (import)

pyexcel을 활용하기 위해 pyexcel.cookbook을 불러오고 있고, argv를 받기 위해 sys를 불러오고 있다. time은 작업에 걸리는 시간을 측정하기 위해 불러온 것이다.

Argv

이번에는 argv[1]과 argv[2] 두 개가 모두 등장한다. 코드 실행 시 두 개의 문자열을 추가로 받는다. 첫 번째 문자열은 읽어올 CSV 파일이고, 두 번째 문자열은 출력할 엑셀 파일의 이름이다.

변환

28번째 줄 단 한 줄로 끝났다. 외부 라이브러리를 잘 가져와서 쓰면 코드가 아주 짧아진다. 어려운 구현은 IT를 전공한 실력자들이 알아서 해줄 테니 우리는 생각을 하는 데 더많은 시간을 투자하자.

작업이 완료되었으니 파일을 종료하기

······ 06 ······

회원 개인정보 파일 1천 개, CSV를 거쳐 xlsx 엑셀 파일로 합치기

1. 코드 실행하기

1절에서 생성한 'personal_info' 폴더를 '2_3_6_회원 개인정보 파일 1천 개, CSV를 거쳐 xlsx 엑셀 파일로 합치기' 폴더 안으로 이동시키고 Git Bash를 실행한다. 그리고 아래 명령어를 실행해보자.

```
$ python merge.py personal_info
```

몇 초가 지나면 xlsx 파일이 생성되었을 것이다.

2. 결과물 파일 열어보기

결과 파일을 열어보자. 내용물이 깔끔하게 합쳐졌다. 4절과 5절을 거쳐 완성된 결과물과 동일한 것이다.

	A	B	C	D	E	F
1	name	age	e-mail	division	telephone	sex
2	조하원	52	90tmv14e@bhban.com	z42	010-6652-1966	female
3	정윤은	75	3pqg02g3@bhban.com	9v5	010-4675-9346	male
4	최지진	42	gcp16hnr@bhban.com	giq	010-6742-3567	female
5	강지은	74	6zou688k@bhban.com	qhr	010-6674-9366	male
6	강서준	52	ig0wvozc@bhban.com	3p4	010-6752-3767	male
7	이지서	44	au5cz42z@bhban.com	hsk	010-6744-3867	female
8	임채호	41	xpq2ns9o@bhban.com	y7z	010-6741-3967	male
9	박도호	43	wwwe4z0s@bhban.com	xvh	010-6743-4067	male
10	정윤준	47	x58p4kox@bhban.com	yac	010-6747-4167	female
11	조지원	46	knyebzoz@bhban.com	0oz	010-6746-4267	male
12	박하아	46	4gpt62iz@bhban.com	ytz	010-6746-4367	female
13	이현우	66	21cfzpm5@bhban.com	5vf	010-3667-8336	male
14	장지우	56	he3vlz1s@bhban.com	szl	010-6756-4567	male
15	임지후	46	ip4dw6e0@bhban.com	dmh	010-6746-4667	female
16	장서윤	45	bgz8qeba@bhban.com	vn1	010-6745-4767	female
17	임현원	52	k49bkvkw@bhban.com	fpa	010-6752-4867	male

3. 업무 자동화 코드 설계 과정

목표 정하기

① 1천 개의 txt 파일을 xlsx 엑셀 파일로 변환하고 싶다.

목표를 달성하는 데 필요한 작업 쪼개기

① 1천 개의 txt 파일을 하나씩 열어오기
② 예쁘게 다듬어 xlsx 파일로 저장하기

쪼개진 작업들을 해결하기 위한 방법 생각하기

모로 가도 서울로 가기만 하면 되지 않나. 업무 자동화 코드를 만들 때는 이런 마음가짐이 중요하다. 학술적인 가치가 있고 예쁜 코드를 짜는 게 중요한 것은 아니다. 여러분이 최대한 적은 시간을 투입해 최대한 많은 업무를 자동화할 수 있으면 그게 잘 만든 코드다.

어려운 방법을 고민하지 말고, 그냥 4절의 코드와 5절의 코드를 합쳐버리자. 이렇게 하면 텍스트 파일 → CSV 파일 → xlsx 파일 3단계를 거치게 되는데, 어차피 이 작업을 전부 수행해도 3초밖에 걸리지 않는다. xlsx 변환이 끝난 뒤 슬그머니 CSV 파일을 삭제해버려도 겉으로는 전혀 티가 나지 않는다. 겉보기에는 텍스트 파일이 xlsx로 변환된 것으로 보일 테니 문제가 전혀 없다.

4. 알고리즘 순서도

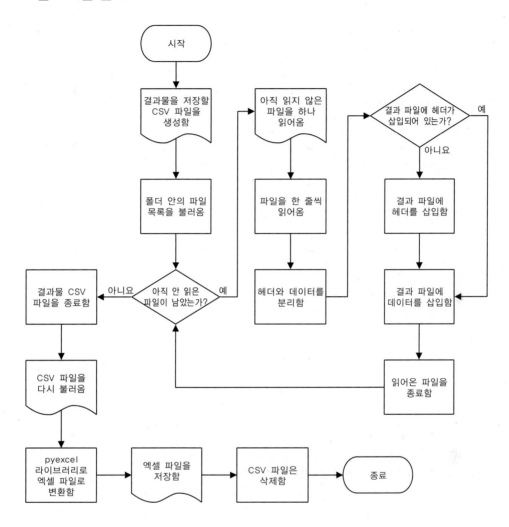

이렇게 모아놓고 보니 굉장히 복잡해 보인다. 손가락으로 화살표를 따라가 보면서 순서
도를 읽어보자. 복잡해 보이지만 기존의 코드를 합치는 것에 불과하므로 작업은 전혀
어렵지 않다.

5. 코드 살펴보기 (소스코드 : merge.py)

4절의 코드가 기본 뼈대다.

```python
8    import time
9    import os
10   import pyexcel as px
11   import sys
12
13   # 작업 시작 메시지를 출력합니다.
14   print("Process Start")
15
16   # 시작 시점의 시간을 기록합니다.
17   start_time = time.time()
18
19   # 하나로 합칠 파일들이 저장된 폴더 이름을 시스템으로부터 입력받습니다.
20   directory = sys.argv[1]
21
22   # 임시로 생성할 결과물 파일의 이름을 정의합니다.
23   temp_file_name = "temp.csv"
24
25   # 최종 결과물 파일 이름을 정의합니다.
26   outfile_name = "merged_ID.xlsx"
27
28   # 결과물 파일을 생성합니다. 텅 빈 텍스트 파일이 생성됩니다.
29   # 인코딩을 utf-8으로 지정한 것에 주목하세요.
30   temp_file = open(temp_file_name, 'w', encoding="utf-8")
31
32   # 폴더의 내용물을 열람해 목록을 생성합니다.
33   input_files = os.listdir(directory)
34
35   # 헤더와 관련된 변수를 정의합니다. 헤더는 엑셀의 양식이라 생각하면 됩니다.
36   headers = []
37   outfile_has_header = False
38
39   # 폴더의 내용물을 하나하나 불러와 합치는 작업을 수행합니다.
40   # input_files에 저장된 파일 이름을 한 번에 하나씩 불러옵니다.
41   for filename in input_files:
42       # 간혹 텍스트 파일이 아닌 파일이 썩어 있을 수 있습니다. 이걸 걸러냅니다.
43       if ".txt" not in filename:
44           continue
45
46       # 텍스트 파일이 맞는다면, 파일을 읽어옵니다.
47       file = open(directory + "/" + filename)
```

```
48
49    # 파일의 내용물을 저장할 리스트를 정의합니다.
50    contents = []
51
52    # 파일의 내용물을 한 줄씩 읽어오면서 작업을 수행합니다.
53    for line in file:
54        # 엑셀 파일의 양식과 내용물을 분리합니다.
55        if ":" in line:
56            splits = line.split(":")
57            contents.append(splits[-1].strip())
58
59            # 헤더를 정리합니다. 최초 1회만 실행됩니다.
60            if len(contents) > len(headers):
61                headers.append(splits[0].strip())
62
63    # 헤더를 파일에 입력합니다. 최초 1회만 실행됩니다.
64    if not outfile_has_header:
65        header = ", ".join(headers)
66        temp_file.write(header)
67        outfile_has_header = True
68
69    # 결과물 파일에 내용물을 입력합니다.
70    new_line = ", ".join(contents)
71    temp_file.write("\n" + new_line)
72
73    # 읽어온 파일을 종료합니다.
74    file.close()
75
76 # 임시 결과물 파일을 종료합니다.
77 temp_file.close()
78
79 # 임시로 저장된 결과물 파일을 엑셀 형태로 변환합니다.
80 PC.merge_all_to_a_book([temp_file_name], outfile_name)
81
82 # 임시로 저장된 결과물을 삭제합니다.
83 os.remove(temp_file_name)
84
85 # 작업 종료 메시지를 출력합니다.
86 print("Process Done.")
87
88 # 작업에 총 몇 초가 걸렸는지 출력합니다.
89 end_time = time.time()
90 print("The Job Took " + str(end_time - start_time) + " seconds.")
```

기본 작동 원리

4절의 코드를 한 차례 실행한 다음, 80번째 줄에서 5절의 코드를 그대로 갖다 적었다. 결과적으로 텍스트 파일이 CSV 파일로 변환되고, 이 CSV 파일이 xlsx 엑셀 파일로 변환이 되는 것이다. 작업이 끝나면 슬그머니 CSV 파일을 지우자.

CSV 파일을 UTF-8으로 인코딩

어차피 작업이 끝나면 바로 삭제할 것이므로 마이크로소프트 오피스 파일과의 호환성을 고려할 필요가 없다. pyexcel이 UTF-8에서 작동하므로 처음부터 UTF-8으로 파일을 저장하자.

파일 삭제하기 (os.remove())

os 모듈의 기능을 또 하나 소개한다. os 모듈은 OS와 소통하기 위한 도구이므로, 당연히 파일 삭제 기능도 제공한다. 파이썬에서 파일을 삭제하고자 한다면 아래와 같이 코드를 입력하면 된다.

```
>>> import os
>>> os.remove(filename)
```

os.remove()의 괄호 안에 파일 이름을 기재하면 그 이름을 가진 파일이 삭제된다.

회원 개인정보 파일 1천 개, xlsx 엑셀 파일 하나로 바로 합치기

1. 코드 실행하기

1절에서 생성한 'personal_info' 폴더를 '2_3_7_회원 개인정보 파일 1천 개, xlsx 엑셀 파일로 바로 합치기' 폴더 안으로 이동시키고 Git Bash를 실행한다. 그리고 아래 명령어를 실행해보자.

```
$ python merge.py personal_info
```

폴더 안에 merged_ID.xlsx 파일이 새로이 생겼을 것이다. 이 파일을 살펴보자.

2. 결과물 파일 열어보기

눈썰미가 좋은 독자님들은 이 파일이 5절이나 6절의 결과물에 비해 용량이 약간 작다는 사실을 발견했을 것이다. 무슨 차이가 있을까? 파일을 실행해보자.

	A	B	C	D	E	F
1	name	age	e-mail	division	telephone	sex
2	조하원	52	90tmv14e@bhban.com	z42	010-6652-1966	female
3	정윤은	75	3pqg02g3@bhban.com	9v5	010-4675-9346	male
4	최지진	42	gcp16hnr@bhban.com	giq	010-6742-3567	female
5	강지은	74	6zou688k@bhban.com	qhr	010-6674-9366	male
6	강서준	52	ig0wvozc@bhban.com	3p4	010-6752-3767	male
7	이지서	44	au5cz42z@bhban.com	hsk	010-6744-3867	female
8	임채호	41	xpq2ns9o@bhban.com	y7z	010-6741-3967	male
9	박도호	43	wwwe4z0s@bhban.com	xvh	010-6743-4067	female
10	정윤준	47	x58p4kox@bhban.com	yac	010-6747-4167	female
11	조지원	46	knyebzoz@bhban.com	0oz	010-6746-4267	male
12	박하아	46	4gpt62iz@bhban.com	ytz	010-6746-4367	female
13	이현우	66	21cfzpm5@bhban.com	5vf	010-3667-8336	male
14	장지우	56	he3vlz1s@bhban.com	szl	010-6756-4567	male
15	임지후	46	ip4dw6e0@bhban.com	dmh	010-6746-4667	female
16	장서윤	45	bgz8qeba@bhban.com	vn1	010-6745-4767	female
17	임현원	52	k49bkvkw@bhban.com	fpa	010-6752-4867	male
18	최하윤	75	5u4dfg9y@bhban.com	iie	010-9675-9496	male
19	이도윤	52	n5zzfyx2@bhban.com	zkv	010-6752-5067	male

나이에 해당하는 열들을 살펴보면 숫자의 좌측 상단에 삼각형이 붙어 있다. 이것은 숫자를 글자 형태로 저장한 경우에 발생하는 에러다. 4절이나 5절의 경우 이런 에러가 뜨지 않았던 것으로 미루어 보아, 7절의 코드는 숫자도 문자 형태로 저장하고, 그 덕분에 결과물의 용량도 작아졌다고 추측할 수 있다.

3. 업무 자동화 코드 설계 과정

목표 정하기

① 개인정보 파일 1000개를 불러오기

② 하나로 합치기

③ 데이터를 CSV 파일로 저장했다가 변환하는 것이 아니라 컴퓨터의 메모리상에 저장하고 한 번에 엑셀 파일로 저장하기

목표를 달성하는 데 필요한 작업

① 파일을 편하고 예쁘게 가공하기 위한 방법을 검색하기

문제를 해결하기 위한 방법 생각하기

pyexcel의 설명서를 읽어보니 CSV 파일을 엑셀로 변환하는 것뿐 아니라 배열(array)을 한 번에 엑셀 파일로 변환하는 방법이 제공되고 있었다. 배열은 리스트를 리스트에 집어 넣은 것으로 생각하면 된다. 예를 들면 아래 좌측과 같은 csv를 배열로 표현하면 우측과 같다.

1, 2, 3 4, 5, 6 7, 8, 9 10, 11, 12	[[1, 2, 3], [4, 5, 6], [7, 8, 9], [10, 11, 12]]

배열을 엑셀 파일로 출력하는 방법은 아래와 같다.

```
>>> import pyexcel as px
>>> my_array = [[1, 2, 3], [4, 5, 6], [7, 8, 9], [10, 11, 12]]
>>> px.save_as(array=my_array, dest_file_name="test.xlsx")
```

위 코드를 실행하면 아래와 같은 엑셀 파일이 생긴다. 파일의 이름은 "test.xlsx"가 된다.

생각보다 굉장히 직관적인 방법이었다. 4절의 코드를 살짝 수정하면 될 것 같다. write()로 출력 파일에 내용물을 기재하는 대신, 리스트로 만들어서 차곡차곡 쌓아두면 되는 것 아닌가?

4. 알고리즘 순서도

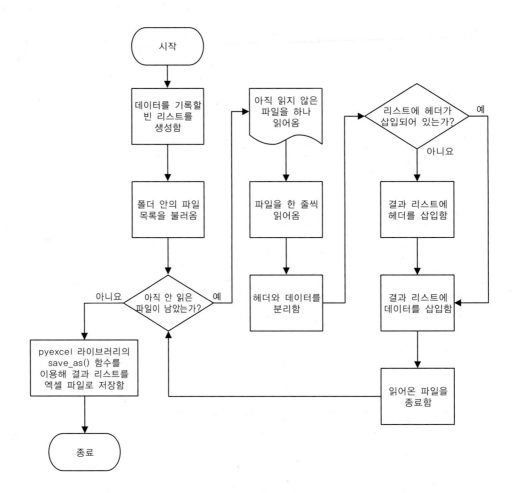

5. 코드 살펴보기 (소스코드 : merge.py)

```
 8   import time
 9   import os
10   import pyexcel as px
11   import sys
12
13   # 작업 시작 메시지를 출력합니다.
14   print("Process Start")
15
16   # 시작 시점의 시간을 기록합니다.
17   start_time = time.time()
18
19   # 하나로 합칠 파일들이 저장된 폴더 이름을 시스템으로부터 입력받습니다.
20   directory = sys.argv[1]
21
22   # 최종 결과물 파일 이름을 정의합니다.
23   outfile_name = "merged_ID.xlsx"
24
25   # 폴더의 내용물을 열람해 목록을 생성합니다.
26   input_files = os.listdir(directory)
27
28   # 데이터가 저장될 리스트를 만듭니다.
29   CONTENTS = []
30
31   # 헤더를 저장할 리스트를 만듭니다.
32   HEADERS = []
33
34   # 헤더 입력을 위한 불리언 변수를 만듭니다.
35   contents_has_header = False
36
37   # 폴더의 내용물을 하나하나 불러와 합치는 작업을 수행합니다.
38   # input_files에 저장된 파일 이름을 한 번에 하나씩 불러옵니다.
39   for filename in input_files:
40       # 간혹 텍스트 파일이 아닌 파일이 섞어 있을 수 있습니다. 이걸 걸러냅니다.
41       if ".txt" not in filename:
42           continue
43
44       # 텍스트 파일이 맞다면, 파일을 읽어옵니다.
45       file = open(directory + "/" + filename)
```

```
46
47          # 내용을 저장할 리스트를 만듭니다.
48          contents = []
49
50          # 파일의 내용물을 한 줄씩 읽어오면서 작업을 수행합니다.
51          for line in file:
52              # 양식이 잘못된 라인을 버립니다.
53              if " : " not in line:
54                  continue
55
56              # 텍스트 파일의 헤더와 내용물을 분리합니다.
57              header, content = line.strip().split(" : ")
58
59              # 아직 헤더가 입력되지 않았다면 헤더를 만듭니다.
60              # 이 코드는 처음 한 개의 파일에서만 실행됩니다.
61              if not contents_has_header:
62                  HEADERS.append(header)
63
64              # 읽어온 데이터를 정리합니다.
65              contents.append(content)
66
67          # 아직 헤더가 입력되지 않았다면 헤더를 입력합니다.
68          # 이 코드는 한 번만 실행됩니다.
69          if not contents_has_header:
70              CONTENTS.append(HEADERS)
71              contents_has_header = True
72
73          # CONTENTS에 헤더와 내용물을 입력합니다.
74          CONTENTS.append(contents)
75
76          # 읽어온 파일을 종료합니다.
77          file.close()
78
79  # CONTENTS에 저장된 자료를 엑셀 파일로 출력합니다.
80  px.save_as(array=CONTENTS, dest_file_name=outfile_name)
81
82  # 작업종료 메시지를 출력합니다.
83  print("Process Done.")
84
85  # 작업에 총 몇초가 걸렸는지 출력합니다.
86  end_time = time.time()
87  print("The Job Took " + str(end_time - start_time) + " seconds.")
```

출력 대신 리스트에 저장

차이가 나는 것은 출력 파일을 'w' 모드로 open하는 것이 아니라 29번째 줄에서 리스트로 만드는 부분이다. 이후 for문을 돌리는데, 3절에서는 write() 함수를 사용했던 부분을 아래와 같이 리스트에 리스트를 삽입하는 것으로 대체했다.

```
>>> CONTENT.append(content)
```

for문이 돌아가면서 CONTENT에 데이터가 차곡차곡 저장된다.

어레이를 엑셀 파일로 출력하기

80번째 줄에서 어레이를 엑셀 파일로 출력하고 있다. 이게 전부다. 작업이 끝났다. 6절에 비해 작업 소요 시간도 3~40%가량 줄어들었다.

CHAPTER

4

컴퓨터!
엑셀 정리 좀 해놔,
10초 안에!

이번 장에서는 마이크로소프트 오피스의 엑셀 파일(xlsx)과 관련된 자동화를 다루겠다. 엑셀 파일의 병합, 서식 검증, 분류, 삭제, 데이터 수정, 제거, 복제, 추가, 변조 등 엑셀 자동화에 필요한 거의 모든 기법을 다룰 예정이다. 실무에서 사용할 필요성이 있는 자동화 기능은 거의 모두 다루고자 노력했으니 부디 독자 여러분의 업무에 이번 장이 도움이 되기를 바란다.

그런데 엑셀은 그 자체로 굉장히 훌륭하고 위대한 자동화 소프트웨어다. 코딩으로 엑셀 파일을 자동화하기에 앞서 엑셀에서 혹시 관련 기능을 제공하고 있지는 않나 구글에 검색을 먼저 해보기 바란다.

코딩으로 업무 자동화를 하는 것이 스마트한 게 아니다. 가장 적은 노력으로 쉽게 일을 해낼 수 있다면, 그게 스마트한 것이다.

아울러 이번 장에서는 대량의 데이터를 순식간에 파괴할 수 있는 데이터 변조 기법을 소개하겠다. 민형사상의 책임이 발생할 수 있으니 이 코드를 활용해 회사 또는 관공서의 데이터를 파괴하는 일은 제발 하지 않기를 바란다.

······ 01 ······

예제용 CSV 파일 1천 개, 1초 만에 만들기

1. 코드 실행하기

예제 코드가 저장된 '2_4_1_예제용 CSV 파일 1천 개, 1초 만에 만들기' 폴더로 이동해 Git Bash를 실행하자. 그리고 아래 코드를 실행해보자.

```
$ python sample_csv_generator.py
```

폴더 안에 personal_info라는 폴더가 새로이 생겼다. 폴더를 열어보면 가짜 개인정보 파일 1천 개가 저장되어 있다. 이 파일을 열어보자.

2. 결과물 파일 열어보기

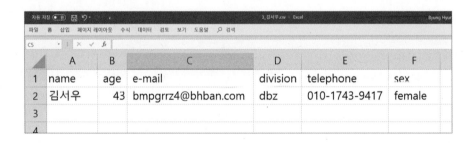

짜잔! 깔끔한 CSV 파일이다. 3장에서 사용한 예제 코드와 비교해보자. 어떤 차이가 있는 가?

3. 업무 자동화 코드 설계 과정

목표 정하기
① 개인정보 파일 1천 개를 만들기
② 그런데 이왕이면 예쁜 양식으로 정리된 CSV 파일로 만들기

목표를 달성하는 데 필요한 작업 쪼개기
① 헤더 만들기
② 개인정보 내용물 사이사이에 콤마(", ")를 넣어서 CSV에 맞는 형태로 정리하기

쪼개진 작업들을 해결하기 위한 방법 생각하기
3장 1절에서 사용한 예제 코드를 살짝만 수정해보자. 이미 만들어둔 코드를 최대한 재활용하는 것이 좋다. 그래야 여러분이 코딩에 쏟는 시간을 줄일 수 있다. 3장에서 우리는 CSV 파일을 다루어 보았다. 그 방법들을 이용해 내용물을 만들어보자. 아래와 같은 문자열 두 줄이면 앞서 살펴본 결과 파일과 동일한 파일을 만들 수 있다.

```
"name, age, e-mail, division, telephon, sex"
"김서우, 43, bmpgrrz4@bhban.com, dbz, 010-1743-9417, female"
```

첫 번째 줄을 헤더로 삼아 계속 재활용을 하자. 그리고 가짜 개인정보를 하나씩 생성해 쭉쭉 이어 붙여 두 번째 줄을 만들어보자.

4. 알고리즘 순서도

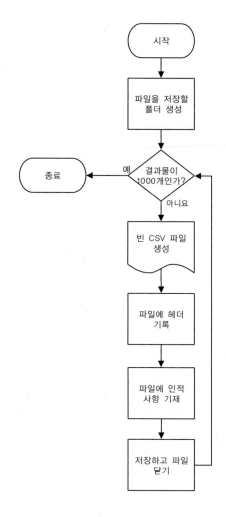

손가락으로 화살표를 따라 움직이며 코드를 따라가보자. 생각보다 간단하지 않은가?

5. 코드 살펴보기 (소스 코드 : sample_csv_generator.py)

대부분 코드가 3장 1절의 예제와 동일하다. 달라진 부분만 가볍게 살펴보자.

```
 8   import time
 9   import random
10   import os
11
12
13   # 작업 시작 메시지를 출력합니다.
14   print("Process Start.")
15
16   # 시작 시점의 시간을 기록합니다.
17   start_time = time.time()
18
19   # 생성할 개인정보 파일 개수를 정의합니다.
20   NUM_SAMPLES = 1000
21
22   # 이메일 생성에 사용할 샘플 글자들을 정의합니다.
23   alphabet_samples = "abcdefghizklmnopqrstuvwxyz1234567890"
24
25
26   # 무작위로 선택된 영어 글자를 생성하는 함수입니다.
27   def random_string(length):
28       result = ""
29       for i in range(length):
30           result += random.choice(alphabet_samples)
31       return result
32
33
34   # 이름 생성에 사용할 샘플 글자들을 정의합니다.
35   first_name_samples = "김이박최정강조윤장임"
36   middle_name_samples = "민서예지도하주윤채현지"
37   last_name_samples = "준윤우원호후서연아은진"
38
39
40   # 무작위로 사람 이름을 생성하는 함수입니다.
41   def random_name():
42       result = ""
43       result += random.choice(first_name_samples)
44       result += random.choice(middle_name_samples)
45       result += random.choice(last_name_samples)
46       return result
47
48
49   # 결과물을 저장할 폴더를 생성합니다.
```

```
50    os.mkdir("personal_info")
51
52    # 헤더를 정의합니다.
53    header = ", ".join(["name", "age", "e-mail", "division",
      "telephone", "sex"])+ "\n"
54
55    # 개인정보 파일을 자동으로 생성하는 부분입니다.
56    # NUM_SAMPLES 횟수만큼 반복합니다.
57    # 이를테면, NUM_SAMPLES가 100이면 무작위 개인정보 생성을 100회 반복합니다.
58    for i in range(NUM_SAMPLES):
59        # 무작위로 사람 이름을 생성합니다.
60        name = random_name()
61
62        # 결과물 파일의 이름을 정의합니다.
63        filename = "personal_info/" + str(i) + "_" + name + ".csv"
64
65        # 결과물 파일을 생성합니다. 텅 빈 파일이 생성됩니다.
66        outfile = open(filename, 'w')
67
68        # 결과물 파일에 헤더를 기재합니다.
69        outfile.write(header)
70
71        # 결과물 파일에 이름을 기재합니다.
72        outfile.write(name + ", ")
73
74        # 결과물 파일에 무작위로 생성된 나이를 기재합니다.
75        outfile.write(str(time.time())[-2:] + ", ")
76
77        # 결과물 파일에 무작위로 생성된 이메일을 기재합니다.
78        outfile.write(random_string(8) + "@bhban.com, ")
79
80        # 결과물 파일에 무작위로 생성된 부서명을 기재합니다.
81        outfile.write(random_string(3) + ", ")
82
83        # 결과물 파일에 무작위로 생성된 핸드폰 번호를 기재합니다.
84        outfile.write("010-" + str(time.time())[-4:] + "-" +
      str(time.time())[-6:-2] + ', ')
85
86        # 결과물 파일에 무작위로 선정된 성별을 기재합니다.
87        outfile.write(random.choice(["male", "female"]) )
88
89        # 결과물 파일 수정을 마무리합니다.
90        outfile.close()
91
```

```
92
93    # 작업 종료 메시지를 출력합니다.
94    print("Process Done.")
95
96    # 작업에 총 몇 초가 걸렸는지 출력합니다.
97    end_time = time.time()
98    print("The Job Took " + str(end_time - start_time) + " seconds.")
```

헤더 생성하기

코드 53번째 줄에서 헤더를 for문 바깥에서 정의하고 있다. for문 내부에 기재하면 헤더를 정의하는 행위 또한 1천 번이 반복되기 때문이다. 똑같은 일을 굳이 여러 번 반복할 필요는 없다.

여기서는 join() 함수를 사용하고 있다. join()은 3장의 4절에서 살펴본 함수다. 53번째 줄을 실행하면 header의 값은 아래와 같다.

```
>>> print(header)
  "name, age, e-mail, division, telephone, sex"
```

헤더 기록하기

69번째 줄에서 헤더를 파일 첫 번째 줄에 기록하고 있다.

내용물 기록하기

굳이 화려한 함수를 새로 만들면 번거로울 뿐이다. 72번째 줄부터 87번째 줄에 걸쳐, join() 같은 함수를 사용하지 않고 개인정보를 하나씩 기재하고 있다. 어차피 기존에 있던 코드를 재활용하기로 마음먹었으므로 새로운 기능을 최대한 추가하지 않고 재활용하는 것이 좋다.

리스트에 저장된 문자열을 다듬어 이어 붙여주는 함수 CSV를 제작할 때 잘 활용하면 매우 유용하다.

02

CSV 파일 1천 개, 1초 만에 합치기

1. 코드 실행하기

1절에서 생성한 'personal_info' 폴더를 '2_4_2_CSV 파일 1천 개, 1초 만에 합치기' 폴더로 이동시킨다. 그리고 Git Bash를 열어 아래 명령어를 입력하자.

```
$ python simple_merge.py personal_info
```

"python s"까지만 입력하고 ⇥(tab)키를 누른 뒤, p를 추가로 입력하고 탭 키를 누르면 코드가 자동 완성된다. 한 번씩 연습해보자. 탭을 화려하게 사용할 수 있으면 코딩에 걸리는 시간이 줄어든다.

코드가 실행되면 'simple_merged_ID.csv'라는 파일이 생성되어 있다. 이 파일을 열어보자.

2. 결과물 파일 열어보기

1천 개의 파일이 하나로 합쳐지기는 했는데 뭔가 이상하다. 헤더가 매번 반복되고 있다. 3장의 2절 코드의 실행 결과와 유사하다. 그런데 급할 때는 이런 코드라도 돌려서 사용해야 한다. 엑셀에서는 '정렬'이라는 기능을 제공하기 때문이다. 위 그림과 같이 엑셀창 우측 상단의 '정렬 및 필터'를 클릭하자. 그리고 '텍스트 오름차순 정렬'을 클릭한다.

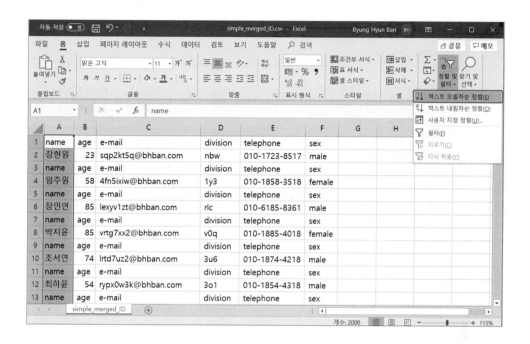

팝업창이 뜨는데 여기서 '선택 영역 확장(E)'를 체크하고 '정렬(S)'을 누른다.

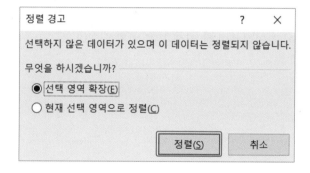

그러면 헤더에 해당하는 부분만 위로 올라오고, 회원의 개인정보에 해당하는 내용은 아래로 가라앉아버린다.

	A	B	C	D	E	F
1	name	age	e-mail	division	telephone	sex
2	name	age	e-mail	division	telephone	sex
3	name	age	e-mail	division	telephone	sex
4	name	age	e-mail	division	telephone	sex
5	name	age	e-mail	division	telephone	sex
6	name	age	e-mail	division	telephone	sex
7	name	age	e-mail	division	telephone	sex
8	name	age	e-mail	division	telephone	sex
9	name	age	e-mail	division	telephone	sex
10	name	age	e-mail	division	telephone	sex
11	name	age	e-mail	division	telephone	sex
12	name	age	e-mail	division	telephone	sex
13	name	age	e-mail	division	telephone	sex

이 상태에서 스크롤을 내리며 헤더에 해당하는 내용을 드래그하자. 모두 지워버리기 위해서다. 이때 헤더 한 줄은 살려두자. 조금 더 쉽게 하려면 999번째 줄의 'name'을 클릭하고, 밑에 소개된 키를 입력하면 한 번에 블록 지정이 된다.

Ctrl + Shift + ↑ 키

블록 지정이 완료되었다면 엑셀 우측 상단 메뉴에서 '삭제'를 누르고, '시트 행 삭제(R)'를 눌러보자.

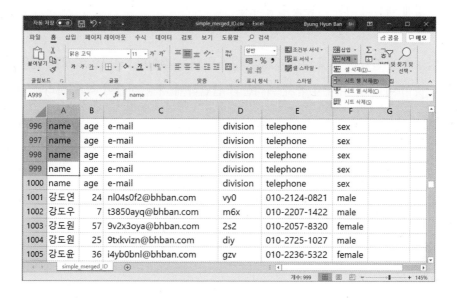

어떤가, 깔끔하게 정리되지 않았나?

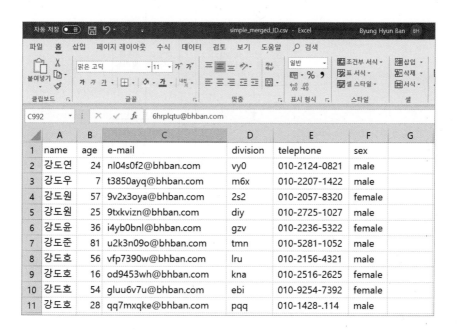

여러 번 수행해야 하는 작업이라면 코드를 제대로 짜두고 계속 재활용하는 편이 효율적이다. 하지만, 만약 작업을 자주 수행할 필요가 없다면 코딩으로 데이터를 정렬하기보다는 이렇게 엑셀의 기본 기능을 활용하자.

업무 자동화의 철학은 적게 일하고 많은 성과를 내는 것이다. 코딩으로 모든 일을 대신하라는 뜻이 아니다. 따라서 독자 여러분의 판단하에 가장 시간이 적게 걸리는 방법을 선택하면 족하다.

3. 알고리즘 순서도
파일을 하나씩 읽어와 내용물을 복제하는 것이 핵심이다.

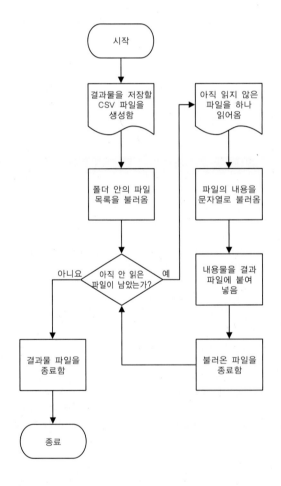

4. 코드 살펴보기 (소스 코드 : simple_merge.py)

코드 파일을 유심히 보자. 3장 2절의 코드와 사실상 동일한 코드다. 읽어오는 파일과 출력하는 파일의 확장자만 txt에서 CSV로 바뀌었다.

```
15    # 결과물 파일의 이름을 정의합니다.
16    outfile_name = "simple_merged_ID.csv"
```

CSV 파일이 이래서 좋다. 엑셀에서는 깔끔한 표로 읽어올 수 있으며, 코딩할 때는 텍스트 파일과 다를 바 없다. 사용 난이도는 낮고, 활용도는 높다. 엑셀 자동화는 CSV 파일을 사용하는 것이 최고다.

03

CSV 파일 1천 개, 양식을 유지하며 하나로 합치기

1. 코드 실행하기

1절에서 생성한 'personal_info' 폴더를 '2_4_3_CSV 파일 1천 개, 양식을 유지하며 하나로 합치기' 폴더로 이동시킨다. 그리고 Git Bash를 열어 아래 명령어를 입력하자.

```
$ python merge.py personal_info
```

"python m"까지만 입력하고 ⇆(tab)키를 누른 뒤, p를 추가로 입력하고 탭 키를 누르면 코드가 자동 완성된다.

코드가 실행되면 'merged_ID.csv'라는 파일이 생성되어 있을 것이다. 이 파일을 열어보자.

2. 결과물 파일 열어보기

데이터가 다음과 같이 깔끔하게 정리되어 있다.

	A	B	C	D	E	F
1	name	age	e-mail	division	telephone	sex
2	장현원	23	sqp2kt5q@bhban.com	nbw	010-1723-8517	male
3	임주원	58	4fn5ixiw@bhban.com	1y3	010-1858-3518	female
4	장민연	85	lexyv1zt@bhban.com	rlc	010-6185-8361	male
5	박지윤	85	vrtg7xx2@bhban.com	v0q	010-1885-4018	female
6	조서연	74	lrtd7uz2@bhban.com	3u6	010-1874-4218	male
7	최하윤	54	rypx0w3k@bhban.com	3o1	010-1854-4318	male
8	최현준	54	6n6cboh8@bhban.com	wvc	010-4188-8441	female
9	정하호	67	bk3dia09@bhban.com	qzz	010-1867-4518	female
10	윤민우	62	arzb6ocz@bhban.com	r5z	010-1862-4618	female
11	장예연	86	7yfzu78t@bhban.com	pfu	010-7186-8471	male
12	조서은	91	r8qhlrtz@bhban.com	x6p	010-9191-8491	female
13	조채아	34	d9ms39ey@bhban.com	4yv	010-1734-0617	male

3. 업무 자동화 코드 설계 과정

목표 정하기
① 파일들을 하나로 합치기
② 합쳐지는 과정에서 양식을 유지하기

목표를 달성하는 데 필요한 작업 쪼개기
① 헤더와 데이터를 분리하기
② 헤더는 파일에 한 번만 기록하고, 데이터는 하나씩 모두 기록하기

쪼개진 작업들을 해결하기 위한 방법 생각하기
CSV 파일을 특징을 이용한다. 총 두 줄짜리 파일인데 첫 번째 줄이 헤더다. 첫 번째 줄과 두 번째 줄을 쪼개면 헤더와 데이터를 분리할 수 있다. 처음 한 번은 헤더를 파일에 출력하고, 두 번째부터는 헤더를 버리고 데이터만 입력하는 식으로 반복문을 설계하면 쉽게 목표를 달성할 수 있다.

4. 알고리즘 순서도

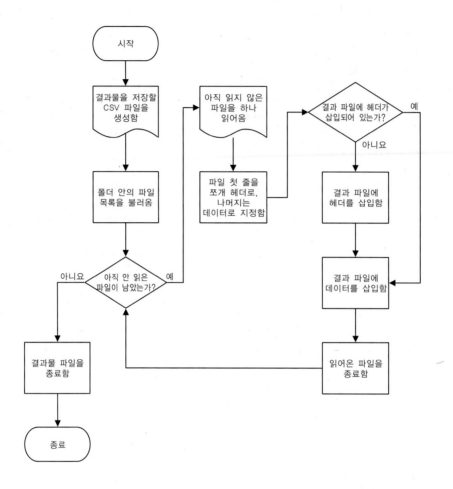

손가락으로 화살표를 따라가며 천천히 순서도를 읽어보자. 복잡해 보이지만 생각보다 간단하다. 순서도만 보고 알고리즘의 난이도를 예측할 수 있는 손쉬운 방법이 있다. 하나의 상자에서 여러 갈래로 화살표가 발사되고 있다면 어려운 알고리즘이다. 이것만 명심하자.

5. 코드 살펴보기 (소스 코드 : merge.py)

```python
import time
import os
import sys

# 작업 시작 메시지를 출력합니다.
print("Process Start")

# 시작 시점의 시간을 기록합니다.
start_time = time.time()

# 하나로 합칠 파일들이 저장된 폴더 이름을 시스템으로부터 입력받습니다.
directory = sys.argv[1]

# 결과물 파일의 이름을 정의합니다.
outfile_name = "merged_ID.csv"

# 결과물 파일을 생성합니다. 텅 빈 텍스트 파일이 생성됩니다.
out_file = open(outfile_name, 'w')

# 폴더의 내용물을 열람해 목록을 생성합니다.
input_files = os.listdir(directory)

# 헤더와 관련된 불리언 변수를 정의합니다. 헤더는 엑셀의 양식이라고 생각하면 됩니다.
outfile_has_header = False

# 폴더의 내용물을 하나하나 불러와 합치는 작업을 수행합니다.
# input_files에 저장된 파일 이름을 한 번에 하나씩 불러옵니다.
for filename in input_files:
    # 간혹 CSV 파일이 아닌 파일이 섞여 있을 수 있습니다. 이걸 걸러냅니다.
    if ".csv" not in filename:
        continue

    # csv 파일이 맞는다면, 파일을 읽어옵니다.
    file = open(directory + "/" + filename)

    # 헤더를 분리합니다.
    header = file.readline()

    # 헤더를 파일에 입력합니다. 최초 1회만 실행됩니다.
    if not outfile_has_header:
```

```
48          out_file.write(header.strip())
49          outfile_has_header = True
50
51      # 결과물 파일에 내용물을 입력합니다.
52      out_file.write("\n" + file.read())
53
54      # 읽어온 파일을 종료합니다.
55      file.close()
56
57  # 결과물 파일을 종료합니다.
58  out_file.close()
59
60  # 작업 종료 메시지를 출력합니다.
61  print("Process Done.")
62
63  # 작업에 총 몇 초가 걸렸는지 출력합니다.
64  end_time = time.time()
65  print("The Job Took " + str(end_time - start_time) + " seconds.")
```

헤더 분리

44번째 줄에서 헤더를 분리하고 있다. 앞서 살펴본 적이 있는데, readline() 함수를 이용하면 파일을 한 줄씩 읽어올 수 있다. 파일을 open으로 불러온 다음, readline()을 한 번 실행하면 첫 번째 줄을 뽑아내 다른 데 저장할 수 있다. 나중에 다시 readline()을 실행하면 다음 줄의 데이터가 추출된다.

헤더를 단 한 번만 입력하는 방법

31번째 줄에서 불리언 변수 하나를 정의하고 있다. 이 변수는 '파일에 헤더가 기록되었는가?'를 기록하는 변수다. For문이 실행되어 47번째 줄에 도달한 상황을 상상해보자.

맨 처음에는 outfile_has_header가 그대로 False이므로 'not outfile_has_header'는 True가 된다. not이 붙으면 True와 False가 뒤바뀌기 때문이다. 따라서 아직 파일에 헤더가 삽입되어 있지 않았다면 48번째 줄과 49번째 줄의 코드가 실행된다.

48번째 줄에서는 파일에 헤더가 입력되고, 49번째 줄에서는 outfile_has_header의 값이
True로 바뀌게 된다. 결과적으로 그 다음부터는 if문의 조건이 항상 False가 되어, 이 if
문은 단 한 번만 실행된다.

데이터를 파일에 기록하는 방법

앞서 readline()으로 파일을 한 줄 읽어와 헤더를 날려버렸으므로 다시 한번 readline()
을 실행하면 두 번째 줄의 데이터만 뽑아올 수 있다. 아래 코드를 실행하면 데이터가 입
력된다.

```
>>> out_file.write("\n" + file.readline())
```

그런데 코드의 52번째 줄에서는 file.readline() 대신 file.read()를 사용하고 있다. 무슨
차이가 있을까?

file.readline()은 파일을 한 줄씩 읽어오지만 file.read()는 파일 전체를 하나의 문자열로
읽어온다. 만약 합치고자 하는 CSV 파일에 데이터가 1인분씩만 입력되어 있다면 CSV
파일은 헤더 한 줄, 데이터 한 줄로 구성되어 있으므로 readline()으로 한 줄만 불러와도
충분하다.

하지만 만약에 CSV 파일 내부에 헤더가 한 줄, 데이터가 10줄 입력되어 있다면 어떨까?
readline()을 한 번만 실행할 경우 9줄의 데이터가 날아가게 된다. 혹시 CSV 파일 안의
데이터가 여러 줄일 수도 있으므로 readline() 대신 read()를 사용해 조금 더 코드의 범
용성을 높인 것이다.

업무 자동화 코드를 설계할 때는 허드렛일에 가까운 작업일수록 범용성이 높게 코드를
작성하는 것이 유리하다. 단 한 번의 코딩으로 최대한 많은 작업을 처리해낼 가능성이
높아지기 때문이다.

04

예제용 엑셀 파일 1천 개, 엔터키 한 번에 만들기

1. 코드 실행에 앞선 주의 사항

이번 예제에서는 3장의 5절에서 설치한 pyexcel 라이브러리를 사용한다. 해당 예제에서 pyexcel을 설치했다면 아래 예제 코드가 정상적으로 실행된다. 혹시 3장 5절을 건너뛰었거나 이번 절의 예제 코드가 정상적으로 실행되지 않는다면 Git Bash에서 아래 명령어를 입력하여 라이브러리를 설치하자.

```
$ pip install pyexcel pyexcel-xlsx
```

3장 5절 예제를 정상적으로 수행했다면 이 과정은 건너뛰어도 좋다.[*]

2. 코드 실행하기

'2_4_4_예제용 엑셀 파일 1천 개, 엔터키 한 번에 만들기' 폴더에서 Git Bash를 실행한다. 그리고 아래 명령어를 실행해보자.

```
$ python sample_xlsx_generator.py
```

'personal_info' 폴더가 새로 생겼다. 이 안에는 개인정보가 적힌 엑셀 파일이 저장되어 있다. 주목할 점은 3절에 비해 30배가량 오랜 시간이 소요된다는 점이다. 엑셀 파일은 CSV 파일보다 더 많은 정보가 기록되어 있기 때문에 용량도 크고 작업 속도도 오래 걸린다.

하지만 직장에서는 CSV 파일을 다룰 일이 거의 없으므로 지금부터 엑셀 파일을 자동화하는 방법을 본격적으로 공부해 보겠다. 결과 파일을 열어보자.

---

* 혹시 예제 수행 과정에서 〈TypeError〉가 발생한다면 99페이지에서 소개하는 오류 해결 코드를 실행하라.

3. 결과물 파일 열어보기

데이터가 예쁜 엑셀 파일 형태로 저장되어 있다. 그런데 age 탭의 숫자를 보면 좌측 상단에 다른 색의 삼각형이 표기되어 있다. 데이터를 문자열(스트링)로 저장해서 생기는 현상이다. 별다른 문제는 없으나 숫자로 저장한 경우와 용량이 조금 다를 수 있다.

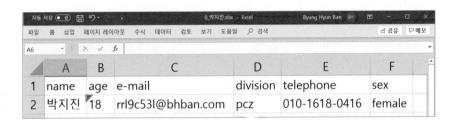

여러분이 컴퓨터공학을 전공했거나 고객을 위해 완벽한 자동화 소프트웨어를 제작해야 하는 경우가 아니라면 이런 현상은 그냥 무시하고 넘어가면 된다. 기술에 대해 완벽하게 이해하고 자동화를 달성하는 것은 비전공자에게는 비효율적이다.

"왜 되는지는 모르겠는데 되네?"

이게 자동화에서 가장 중요한 철학이다. 이런 경험이 쌓이다 보면 어느샌가 실력이 몰라보게 향상되어 있을 것이다.

업무 자동화 입문에서는 전문성보다는 효율성이다. 명심하자.

4. 업무 자동화 코드 설계 과정

예전에 짠 코드에서 재활용할 수 있는 부분
① 1절에서 짠 코드를 최대한 활용하자.
② 포맷만 CSV가 아니라 xlsx로 저장하자.

문제를 해결하기 위한 방법 생각하기

① 데이터를 ", "로 구분된 문자열이 아니라, 리스트 형태로 가공한다.

② 가공된 리스트를 save_as() 함수를 이용해 엑셀로 저장한다.

5. 알고리즘 순서도

save_as() 함수 덕분에 과정이 굉장히 단순해졌다.

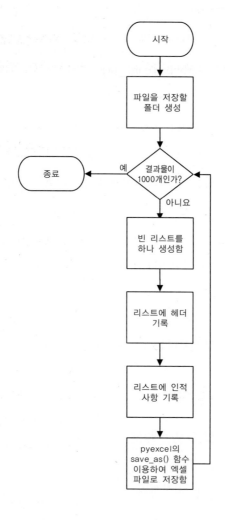

6. 코드 살펴보기 (소스 코드 : sample_xlxs_generator.py)

```
8   import time
9   import random
10  import os
11  import pyexcel as px
12
13
14  # 작업 시작 메시지를 출력합니다.
15  print("Process Start.")
16
17  # 시작 시점의 시간을 기록합니다.
18  start_time = time.time()
19
20  # 생성할 개인정보 파일 개수를 정의합니다.
21  NUM_SAMPLES = 1000
22
23  # 이메일 생성에 사용할 샘플 글자들을 정의합니다.
24  alphabet_samples = "abcdefghizklmnopqrstuvwxyz1234567890"
25
26
27  # 무작위로 선택된 영어 글자를 생성하는 함수입니다.
28  def random_string(length):
29      result = ""
30      for i in range(length):
31          result += random.choice(alphabet_samples)
32      return result
33
34
35  # 이름 생성에 사용할 샘플 글자들을 정의합니다.
36  first_name_samples = "김이박최정강조윤장임"
37  middle_name_samples = "민서예지도하주윤채현지"
38  last_name_samples = "준윤우원호후서연아은진"
39
40
41  # 무작위로 사람 이름을 생성하는 함수입니다.
42  def random_name():
43      result = ""
44      result += random.choice(first_name_samples)
45      result += random.choice(middle_name_samples)
46      result += random.choice(last_name_samples)
47      return result
```

```
48
49
50    # 결과물을 저장할 폴더를 생성합니다.
51    os.mkdir("personal_info")
52
53    # 헤더를 정의합니다.
54    HEADER = ["name", "age", "e-mail", "division", "telephone",
      "sex"]
55
56
57    # 개인정보 파일을 자동으로 생성하는 부분입니다.
58    # NUM_SAMPLES 회수만큼 반복합니다.
59    # 이를테면, NUM_SAMPLES가 100이면 무작위 개인정보 생성을 100회 반복합니다.
60    for i in range(NUM_SAMPLES):
61        # 무작위로 사람 이름을 생성합니다.
62        name = random_name()
63
64        # 결과물 파일의 이름을 정의합니다.
65        filename = "personal_info/" + str(i) + "_" + name + ".xlsx"
66
67        # 엑셀 파일로 저장할 데이터를 담아 둘 리스트를 만듭니다.
68        contents = []
69
70        # 이름을 기재합니다.
71        contents.append(name)
72
73        # 무작위로 생성된 나이를 기재합니다.
74        contents.append(str(time.time())[-2:])
75
76        # 무작위로 생성된 이메일을 기재합니다.
77        contents.append(random_string(8) + "@bhban.com")
78
79        # 무작위로 생성된 부서명을 기재합니다.
80        contents.append(random_string(3))
81
82        # 무작위로 생성된 핸드폰 번호를 기재합니다.
83        contents.append("010-" + str(time.time())[-4:] + "-" +
      str(time.time())[-6:-2])
84
85        # 무작위로 선정된 성별을 기재합니다.
86        contents.append(random.choice(["male", "female"]))
87
88        # 헤더와 데이터를 합쳐서 저장할 데이터를 완성합니다.
```

```
89      RESULT = [HEADER, contents]
90
91      # 완성된 엑셀 파일을 저장합니다.
92      px.save_as(array=RESULT, dest_file_name=filename)
93
94  # 작업 종료 메시지를 출력합니다.
95  print("Process Done.")
96
97  # 작업에 총 몇 초가 걸렸는지 출력합니다.
98  end_time = time.time()
99  print("The Job Took " + str(end_time - start_time) + " seconds.")
```

라이브러리 import

코드 11번째 줄에서 pyexcel 라이브러리를 불러오고 있다. 'as'를 이용해 라이브러리 이름을 px라고 지정했으므로, px라고 줄여 불러도 코드가 정상적으로 작동한다.

헤더 정의

54번째 줄에서 헤더를 평범한 리스트 형태로 정의하고 있다. 3절에서는 이 리스트에 join() 함수를 적용해 문자열로 이어 붙였다. save_as() 함수는 문자열이 아니라 리스트를 입력받기 때문에 이번 예제에서는 그대로 뒀다.

데이터를 기록할 리스트 만들기

68번째 줄에서 빈 리스트를 만들고 있다. 이 리스트 내부에 내용물을 차곡차곡 쌓을 것이다.

리스트에 데이터 삽입하기

71번째 줄부터 86번째 줄에서 append() 함수를 이용해 데이터를 리스트에 삽입하고 있다. 74번째 줄을 주목하자. 우리는 지금까지 현재 시각을 불러와 맨 뒤의 2글자를 취하는 방식으로 나이를 생성하고 있었다.

```
>>> str(time.time())[-2:]
```

현재 시각을 일단 스트링으로 변환했다. 슬라이싱을 이용해 맨 뒤 두 글자만 취하기 위해서다. 이 부분에서 나이가 숫자 형태가 아니라 문자열 형태로 저장되기 때문에, 마이크로소프트 엑셀에서 불러오면 녹색 화살표 표시와 함께 '문자로 저장된 숫자' 메시지가 뜨는 것이다. 사실 별로 신경 쓸 필요는 없는 부분이다. 만약 이게 신경 쓰인다면 74번 코드를 아래와 같이 수정하면 된다.

```
>>> contents.append(int(str(time.time())[-2:]))
```

그런데 굳이 이런 디테일까지는 신경 쓰지 말자. 업무 자동화 코드는 간단한 게 최고다.

엑셀 저장하기

89번째 줄에서 헤더와 데이터를 묶어서 RESULT에 저장하고 있다. 두 개의 리스트를 이런 형태로 묶으면 어떻게 될까? 한 번 아래 코드를 실행해보자.

```
>>> a = [1, 2, 3]
>>> b = [4, 5, 6]
>>> c = [a, b]
>>> c
[[1, 2, 3], [4, 5, 6]]
```

두 개의 리스트를 각각의 원소로 하는 새로운 리스트가 생겼다. 이번에는 아래 코드를 실행해보자.

```
>>> d = a + b
>>> d
[1, 2, 3, 4, 5, 6]
```

이번에는 a와 b의 내용물이 하나로 합쳐진 리스트 하나가 생겼다. 여러 개의 리스트를 하나로 합치는 방법은 일단 이렇게 두 가지를 기억해두면 충분하다.

코드 89번째 줄에서는 첫 번째 방법을 사용했다. 이렇게 만들어진 RESULT를 92번째 줄에서 저장한다.

······ 05 ······

엑셀 파일 1천 개, 순식간에 하나로 합치기

1. 코드 실행하기

4절에서 생성한 'personal_info' 폴더를 '2_4_5_엑셀 파일 1천 개, 순식간에 하나로 합치기' 폴더로 이동시킨다. 그리고 Git Bash를 열어 아래 명령어를 입력하자.

```
$ python merge.py personal_info
```

폴더 안에 엑셀 파일이 하나 생겨 있을 것이다. 이 엑셀 파일을 가지고 앞으로 여러 예제를 수행해볼 것이다. 파일을 열어보자.

2. 결과물 파일 열어보기

데이터가 예쁜 엑셀로 정리되어 있다. 앞 절과 마찬가지로 "age" 행의 숫자 부분은 좌측 상단에 삼각형 표시가 떠 있다. 텍스트 형태로 저장된 숫자이기 때문이다. 이건 무시해도 좋다.

	A	B	C	D	E	F
1	name	age	e-mail	division	telephone	sex
2	박지진	18	rrl9c53l@bhban.com	pcz	010-1618-0416	female
3	윤지호	16	8x8ix9u6@bhban.com	sdz	010-5616-3456	female
4	강지아	69	wlkfz5tn@bhban.com	bkv	010-6169-6461	male
5	최지준	03	2dxnxiz3@bhban.com	qu0	010-6195-8361	male
6	장예원	96	4et8w29v@bhban.com	3k5	010-8696-0086	female
7	박예우	04	v0wtvhqk@bhban.com	zya	010-8704-1987	female
8	이지은	72	m73ac8uh@bhban.com	sk1	010-1872-4418	male
9	박예호	68	csngf8pp@bhban.com	8m1	010-8768-5887	male
10	윤도아	52	kunvesm7@bhban.com	vqn	010-8752-8487	female
11	정지진	86	n2u7qyap@bhban.com	byk	010-8786-1687	male
12	이예연	22	30g6mxfk@bhban.com	i28	010-8822-4588	female
13	임하원	95	3m38sfc9@bhban.com	zpt	010-7495-0574	male
14	정예아	17	r2du7etq@bhban.com	v2i	010-8817-6288	female
15	조서윤	83	4467w3wd@bhban.com	op4	010-0883-5808	male
16	임지원	84	zfn3khdg@bhban.com	rz5	010-2884-6028	male

3. 업무 자동화 코드 설계 과정

목표 정하기

① 엑셀 파일을 불러온다.

② 헤더는 떼어내고 데이터만 추출한다.

③ 새로운 엑셀 파일을 생성한다.

④ 헤더를 한 번만 적고 데이터를 모두 옮겨 적는다.

목표를 달성하는 데 필요한 작업 쪼개기

① xlsx 파일을 파이썬에서 열어보기

② 열어온 파일에서 헤더를 분리하기

쪼개진 작업들을 해결하기 위한 방법 생각하기

우리는 앞 절에서 pyexcel 라이브러리를 이용해 리스트를 엑셀 파일로 저장해보았다. 그렇다면 반대로 엑셀 파일을 리스트로 바꾸는 기능도 있지 않을까?

pyexcel이 제공하는 get_array() 함수가 바로 이 기능을 수행한다.

```
>>> import pyexcel as px
>>> array = px.get_array(filename="파일 이름.xlsx")
```

문법은 아주 간단하다. pyexcel을 import하고, 파일 이름을 지정해서 코드를 실행하면 된다. 이를테면 앞 절에서 만들었던 아래 엑셀 파일을 불러오자.

```
>>> array = px.get_array("personal_info/0_박지진.xlsx")
>>> array
[["name", "age", "e-mail", "division", "telephone", "sex"], ["박지
진", "18", "rrl9c53l@bhban.com", "pcz", "010-1618-0416", "female"]]
```

엑셀 파일이 리스트로 변환되었다. 우선 엑셀 파일을 위에서부터 한 줄씩 읽어와 리스트로 만들고, 그 리스트들을 묶어놓은 리스트가 하나 더 있는 형태다. 4절에서 엑셀을 출력하는 부분과 비교해보자.

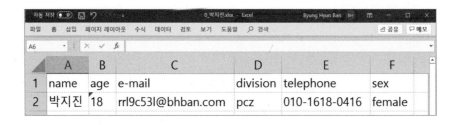

4. 알고리즘 순서도

3절과 거의 동일하다. 데이터를 파일에 직접 기재하는지 혹은 리스트에 쌓아두는지에
만 차이가 있다.

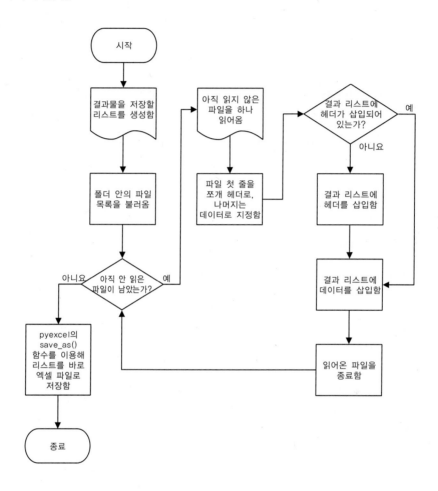

5. 코드 살펴보기 (소스코드 : merge.py)

```
 8    import time
 9    import os
10    import pyexcel as px
11    import sys
12
13    # 작업 시작 메시지를 출력합니다.
14    print("Process Start")
15
16    # 시작 시점의 시간을 기록합니다.
17    start_time = time.time()
18
19    # 하나로 합칠 파일들이 저장된 폴더 이름을 시스템으로부터 입력받습니다.
20    directory = sys.argv[1]
21
22    # 결과물 파일의 이름을 정의합니다.
23    outfile_name = "merged_ID.xlsx"
24
25    # 폴더의 내용물을 열람해 목록을 생성합니다.
26    input_files = os.listdir(directory)
27
28    # 엑셀파일에 들어갈 내용물을 기록할 리스트를 만듭니다.
29    CONTENTS = []
30
31    # 폴더의 내용물을 하나하나 불러와 합치는 작업을 수행합니다.
32    # input_files에 저장된 파일 이름을 한 번에 하나씩 불러옵니다.
33    for filename in input_files:
34        # 간혹 xlsx 파일이 아닌 파일이 섞여 있을 수 있습니다. 이걸 걸러냅니다.
35        if ".xlsx" not in filename:
36            continue
37
38        # 엑셀 파일이 맞는다면, 파일을 리스트 형태로 읽어옵니다.
39        data_array = px.get_array(file_name=directory + "/" +
      filename)
40
41        # 헤더를 분리합니다.
42        header = data_array[0]
43        data_array = data_array[1:]
44
45        # 헤더를 입력합니다. 최초 1회만 실행됩니다.
```

```
46        if len(CONTENTS) == 0:
47            CONTENTS.append(header)
48
49        # 결과물에 내용물을 입력합니다.
50        CONTENTS += data_array
51
52    # 완성된 엑셀 파일을 저장합니다.
53    px.save_as(array=CONTENTS, dest_file_name=outfile_name)
54
55    # 작업 종료 메시지를 출력합니다.
56    print("Process Done.")
57
58    # 작업에 총 몇 초가 걸렸는지 출력합니다.
59    end_time = time.time()
60    print("The Job Took " + str(end_time - start_time) + " seconds.")
```

내용물을 저장할 공간

29번째 줄에서 빈 리스트를 만들었다. 이 리스트에 헤더도 넣고 데이터도 넣을 것이다.

헤더 분리

39번째 줄에서 파일을 불러왔다. 이 파일은 아래와 같은 구조의 리스트다.

[[엑셀 파일의 첫 번째 줄], [엑셀 파일의 두 번째 줄]]

인덱싱을 통해서 42번째 줄에서 헤더를 분리하고 있고, 43번째 줄에서는 내용물을 분리하고 있다. 그런데 43번째 줄에서는 콜론(:)을 하나 더 찍어 인덱싱이 아니라 슬라이싱을 하고 있다. 혹시 엑셀 파일의 내용물이 한 줄이 아니라 여러 줄일 수도 있기 때문에 슬라이싱을 해둔 것이다. 예제에 사용한 파일은 개인정보가 1인분씩만 적혀 있지만, 이렇게 처리하면 개인정보가 10인분씩 적힌 엑셀 파일을 합쳐야 할 일이 생겼을 때도 코드를 수정할 필요가 없다.

헤더의 입력

지금까지 사용한 헤더 입력 방법 중에서 가장 간단하다. CONTENTS 리스트의 길이를 받아온다. 길이가 0이면 아무 내용물이 없다는 이야기이므로 헤더를 삽입하고, 리스트에 이미 내용물이 들어 있다면 헤더를 삽입하지 않고 건너뛴다. 결과적으로 if문 내부의 코드는 최초 1회만 실행하게 되어 있다.

콘텐츠를 리스트에 추가하는 방법

47번째 줄에서는 append()를 사용해 리스트에 새로운 원소를 추가하고 있다. 하지만 50번째 줄에서는 += 라는 연산을 사용하고 있다. 이건 또 무슨 연산일까? 아래 코드를 실행해보자.

```
>>> a = 1
>>> a = a + 3
>>> b = 1
>>> b += 3
>>> a
4
>>> b
4
```

b에 += 연산을 수행했더니 b 값이 1에서 4로 증가했다. += 연산은 '3을 더한 값으로 갱신해준다'라는 뜻이다. 이 외에도 -=, *=, /= 등도 가능하다. 사칙연산은 모두 가능한 셈이다.

```
>>> b -= 3
>>> b
1
>>> b *= 8
```

```
>>> b
8
>>> b /= 2
>>> b
4
```

리스트의 덧셈 연산은 앞서 살펴본 바와 같이 두 리스트를 이어 붙이는 연산이다. 43번째 줄에서 우리는 콘텐츠를 슬라이싱으로 가져왔다. 따라서 data_array라는 리스트에는 '데이터들이 기록된 리스트'들이 원소로 삽입되어 있다. 아래 코드를 실행해보자.

```
>>> f = [1, 2, 3, 4]
>>> g = f[1:]
>>> g
[2, 3, 4]
>>> h = [1, 2]
>>> g = h[1:]
>>> g
[2]
```

g에는 2가 저장된 것이 아니라 [2]가 저장되어 있다. 슬라이싱으로 쪼갠 값은 항상 리스트다. 따라서 데이터를 CONTENTS에 추가할 때도 append() 대신 덧셈 연산을 사용하고 있다. 50번째 줄에서 덧셈 연산이 실행되면 파일에 기재된 데이터들이 리스트에 더해지게 된다.

파일 저장하기

pyexcel의 save_as() 기능을 활용하여 53번째 줄에서 간단하게 처리하고 있다.

06

무작위 엑셀 파일의 서식을 망가뜨리기

1. <README.md>를 읽기 위한 준비

연결 프로그램 설정하기

'2_4_6_무작위 엑셀 파일의 서식을 망가뜨리자' 폴더로 이동한다. 두 개의 파일이 있을 것이다. 이 중 〈README.md〉 파일을 살펴볼 것이다. 'README'는 'read me'라는 뜻이다. '저를 읽어주세요!'라는 간곡한 부탁이 담겨 있는 파일이다. 사실 독자 여러분들이 다운로드해 사용하는 프로그램에는 대부분 'README' 파일이 포함되어 있다. 아무도 안 읽어서 모를 뿐이다.

'README'에는 생각보다 많은 정보가 담겨 있다. 이 책의 모든 예제에는 〈README.md〉 파일이 제공된다. 예제 코드와 〈README.md〉 파일을 읽어본다면 코드의 내용을 충분히 이해할 수 있다.

```
>>> # column 서식을 망가뜨리는 게 가장 쉽습니다. column이 몇 개인지 알아냅시다.
>>> num_columns = len(data_array[0])
>>> # 무작위 열을 하나 망가뜨리기 위해 무작위(랜덤) 숫자를 생성합니다.
>>> victim = random.randint(0, num_columns - 1)
```

위와 같이 예제 코드의 모든 줄 하나하나에 주석이 달려 있다. 코드 파일만 열어보아도 무슨 일이 일어나고 있는지 충분히 파악할 수 있다. 그리고 〈README.md〉에는 예제 코드를 실행하는 방법이 기재되어 있다. 한번 이번 예제 폴더 내부의 〈README.md〉를 살펴보도록 하자. 그런데 파일을 열어 살펴보기에 앞서 해야 할 작업이 있다. 〈README.md〉 파일을 마우스 오른쪽 버튼으로 클릭하고 속성(R)을 클릭하자.

속성 창의 연결 프로그램 탭에서 '변경(C)'을 클릭한다.

팝업창이 뜨면 여기서 파이참(PyCharm)을 선택하자. 혹시 목록에 파이참이 없다면 아래에 있는 〈추가 앱↓〉 버튼을 눌러서 파이참을 찾아 선택한다. 2장에서 파이참을 정상적으로 설치했다면 이 목록에 등재되어 있을 것이다.

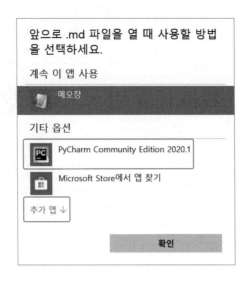

혹시 이 목록에서 파이참이 발견되지 않는다면 파이참을 제어판에서 삭제했다가 다시 설치하기 바란다. 사실 재설치하지 않고도 등록할 방법이 있지만, 설치 중에 다른 곳에서도 무언가 잘못되었을 가능성이 있으므로 재설치하는 것을 추천한다.

여기까지 작업을 마쳤다면 폴더 안에 있던 〈README.md〉 파일의 아이콘이 변경되었을 것이다. 알록달록 귀여운 파이참 아이콘으로 말이다. 이제 〈README.md〉 파일을 더블 클릭해 실행하자.

anarchist.py

README.md

〈.md〉 파일이란?

지금까지와는 달리 파이참 화면이 둘로 쪼개져서 나올 것이다. 이건 〈.md〉 파일의 특성 때문이다. 〈.md〉는 마크다운(mark down)의 줄임말이다. 마크다운은 문서를 예쁘게 만들기 위해 사용하는 언어다. 홈페이지나 앱을 만들 때 사용하는 HTML 역시 마크다운 언어의 일종이다.

여하튼 〈.md〉 파일을 파이참에서 불러오면 편리하다. 좌측 화면에서 마크다운 언어로 코딩을 하면 오른쪽 화면에서 예쁜 문서 형태로 바로 표현되기 때문이다.
예제 코드를 실행하는 방법을 공부할 때는 오른쪽 화면을 읽으면 된다. 훗날 여러분들이 직접 만든 프로그램의 설명서를 작성해야 할 때는 왼쪽 화면을 보면서 설명을 수정하면 된다.
왼쪽 화면에 있는 글자를 이리저리 수정해보면서 오른쪽 화면이 어떻게 바뀌는지 살펴보자.

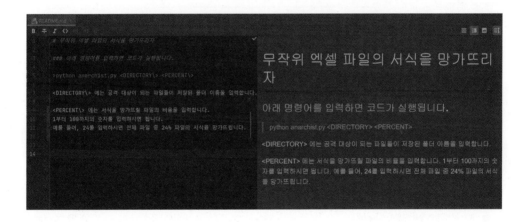

〈README.md〉는 깃허브에 코드를 올릴 때 거의 필수적으로 포함되는 요소다. 한 번 아래 주소를 입력해 이 책의 예제 코드 깃허브 리포지토리로 이동해보자.

https://github.com/needleworm/bhban_RPA/

스크롤을 내리면 장황한 설명서가 기재되어 있을 것이다.

4. Dependencies

(1) 자동화를 위한 기본 도구

Python 3

> https://python.org

PyCharm

> https://www.jetbrains.com/ko-kr/pycharm/

Git Bash

> https://gitforwindows.org/

(2) 엑셀 관련 예제를 위해 필요한 도구

PyExcel

> pip install pyexcel pyexcel-xlsx

설명서 일부

이 설명서 또한 〈README.md〉 파일에 작성되어 있다. 스크롤을 위로 올려서 파일 목록을 살펴보자.

🐛 needleworm .		600202f 9 days ago	⏱ 297 commits
📁 [Part 2] 컴퓨터 자동화 기초	.		10 days ago
📁 [Part 3] 매크로를 활용한 자동화	.		9 days ago
📁 [Part 4] 인터넷 활용 자동화/[Chapter ...	.		9 days ago
📁 [Part 5] 매크로는 잊어라! 헤드리스 자...	.		10 days ago
📄 .gitignore	.		5 months ago
📄 README.md	.		9 days ago

네모 박스로 표시된 〈README.md〉가 이 페이지의 설명을 담당하고 있다. 앞으로 여러분이 만든 업무 자동화 코드를 깃허브를 통해 공개할 때도 항상 〈README.md〉를 작성해 함께 업로드하도록 하자. 설명서를 잘 써두면 코드 재활용도 쉬워지고, 더 전문적으로 보인다.

예제 코드의 〈README.md〉 읽어보기

다시 파이참 화면으로 돌아와 오른쪽에 기재된 설명을 읽어보자. 코드를 실행하는 방법이 적혀 있다. 앞으로는 코드의 실행 방법이 조금씩 복잡해지므로 여기에 기재된 설명을 참조하며 코드를 실행할 것이다.

2. <README.md>

무작위 엑셀 파일의 서식을 망가뜨리자

아래 명령어를 입력하면 코드가 실행됩니다.
$ python anarchist.py 〈DIRECTORY〉 〈PERCENT〉

〈DIRECTORY〉에는 공격 대상이 되는 파일들이 저장된 폴더 이름을 입력합니다.
〈PERCENT〉에는 서식을 망가뜨릴 파일의 비율을 입력합니다. 1부터 100까지의 숫자를 입력하면 됩니다. 예를 들어, 24를 입력하시면 전체 파일 중 24% 파일의 서식을 망가뜨립니다.
이 책의 예제는 아래와 같습니다.

$ python anarchist.py personal_info 30

---

3. 코드 실행하기

〈README.md〉가 지시하는 대로 코드를 실행해볼 것이다. 그에 앞서 4절 예제에서 생성한 'personal_info' 폴더를 이번 예제 코드가 저장된 '2_4_6_무작위 엑셀 파일의 서식을 망가뜨리자'로 복사하자. 혹시 'personal_info' 폴더가 없다고 해도 걱정하지 말자. 이 책의 4절을 펼쳐 맨 위에 기재된 방법대로 예제를 실행하면 1초 만에 'personal_info' 폴더를 만들 수 있기 때문이다.

몇 퍼센트나 되는 파일을 파괴하고 싶은지는 독자 여러분들께서 직접 결정해보기 바란다. 이 책에서는 30%의 파일을 파괴하는 예제를 보여드리겠다. Git Bash를 실행해 아래 명령을 실행하자.

```
$ python anarchist.py personal_info 30
```

엔터키를 치고 몇 초가 지나면 작업이 종료되었다는 메시지가 뜰 것이다. 이렇게 간단하게 폴더 안에 있는 파일들을 파괴해버렸다. 한 번 어떤 식으로 파일이 파괴되었는지 살펴보자.

4. 결과 파일 살펴보기

이 예제 코드는 파일을 총 세 가지 방식으로 파괴한다. 회사에서 엑셀 파일에 저장된 정보를 연동해 구동되는 시스템이 있다면 이 코드 한 방으로 시스템을 통째로 먹통으로 만들 수 있다.

노파심에 한마디 하자면 이 예제 코드를 실전에서 사용해 타인 또는 회사의 데이터를 파괴하는 행위는 영업방해에 해당하며, 형사처분과는 별도로 민법 제750조에 의한 민사 배상책임이 성립하므로 절대 이 예제 코드를 악용하지 말자. 타인의 데이터는 타인의 재산이다.

personal_info 폴더로 들어가 결과물을 하나씩 살펴보자.

파괴되지 않은 원본 파일

이름, 나이, 이메일, 부서, 전화번호, 성별이 기재되어 있는 모습이다.

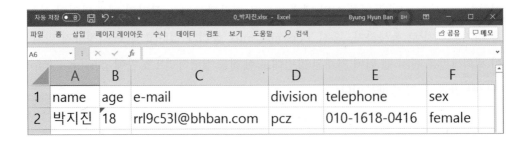

무작위 열이 하나 사라짐

이름이 사라졌다!

이름만 사라지는 게 아니다. 어떤 파일은 나이가, 또 다른 파일은 전화번호가 없을 것이다. 파일에서 무작위 열을 지워버리는 방식으로 파일을 파괴했다. 엑셀 파일의 양식이 달라지므로 굉장히 다양한 애로사항을 꽃피울 수 있다.

무작위 열이 복제됨

이메일이 두 번 기재되었다!

파일을 불러와 무작위 열을 선택하고 복제하는 방식으로 파일을 파괴했다. 어떤 파일은 이름이 두 번 등장했을 것이고, 찾아보면 나이나 성별이 두 번씩 기재된 파일도 있을 것이다. 마찬가지로 엑셀 파일의 양식 자체가 바뀌므로 연동된 시스템에 오작동이 일어날 수 있다.

무작위 열의 값이 조작됨

파일의 무작위 열이 '고양이'로 바뀌었다. 왜 하필 고양이냐면 고양이는 귀엽기 때문이다.

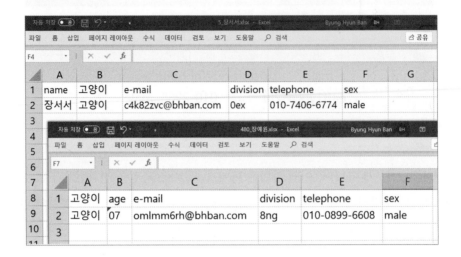

파일을 열어 무작위 열의 데이터를 조작하는 파괴 방식이다. 이 방식이 가장 까다롭다. 앞서 살펴본 두 가지 방법은 엑셀의 양식 자체가 변경되므로 오류가 발생하는 것으로 끝난다. 반면, 이 방식은 양식이 변경되지 않으므로 오류가 나지 않아 잘못된 데이터가 시스템을 통해서 전파될 여지가 있다.

어느 날 쇼핑을 하기 위해 쇼핑몰에 로그인했는데 잔액이 '고양이'라고 표기되어 있고, 상품 목록 일부가 '고양이'로 바뀌어 있다고 상상해보라. 끔찍하지 않은가?
따라서 온라인 서비스를 설계하는 사람은 이런 형태의 공격에도 대비할 수 있는 보안시스템을 마련해야 한다.

5. 업무 자동화 코드 설계 과정

목표 정하기
① 몇 퍼센트의 파일을 파괴할 것인지 입력받기

② 무작위 열을 선택하여 삭제하기

③ 무작위 열을 선택하여 복제하기

④ 무작위 열을 선택하여 내용물을 조작하기

목표를 달성하는 데 필요한 작업 쪼개기

① 코드를 실행할 때 사용자에게 숫자(퍼센트)를 입력받아야 한다.

② 입력받은 만큼의 파일만 파괴해야 한다. 더 많거나 더 적으면 안 된다.

③ 엑셀 파일을 읽어와 하나의 열을 무작위로 선택해야 한다.

④ 엑셀 파일의 열을 삭제한다.

⑤ 엑셀 파일에 열을 추가한다.

⑥ 엑셀 파일의 열을 선택해 내용물을 조작한다.

쪼개진 작업들을 해결하기 위한 방법 생각하기

① 코드를 실행할 때 사용자에게 숫자(퍼센트)를 입력받아야 한다.

우리는 이미 코드를 실행하는 과정에서 사용자로부터 추가적인 명령을 입력받는 방법을 알고 있다. sys 모듈의 argv를 사용할 것이다. sys.argv를 이용하면 사용자로부터 데이터를 입력받을 수 있다. 단, argv로 입력받은 데이터는 문자(스트링) 형태이므로 int() 함수를 이용해 숫자로 변환해야 한다.

② 입력받은 만큼의 파일만 파괴해야 한다. 더 많거나 더 적으면 안 된다.

여러 가지 방법이 있을 것이다. 당장 생각나는 방법들만 나열해보겠다.

- 폴더 안에 파일이 몇 개가 있는지를 먼저 알아낸 다음, 퍼센트를 곱해 몇 개의 파일을 파괴해야 하는지 계산한다. 그리고 그 개수만큼만 for문을 실행해 파일을 추출한다.
- for문을 돌려 모든 파일을 하나씩 불러온 다음 확률 계산을 한다. 예를 들면 2자리 숫자를 랜덤으로 불러온 다음, 이 숫자가 입력받은 퍼센트보다 낮으면 파일을 파괴하고, 그렇지 않으면 건너뛴다.
- 폴더 안에 있는 파일을 목록으로 불러온 다음 순서를 섞어준다. 그리고 전체 파일 개

수에 퍼센트를 곱해 몇 개의 파일을 파괴해야 하는지 계산한다. 그 다음 슬라이싱을 통해 파괴할 개수만큼의 파일만 불러와 작업을 수행한다.

이 책에서는 3번째 방법을 이용해 보도록 하겠다.

③ 엑셀 파일을 읽어와 하나의 열을 무작위로 선택해야 한다.

파이썬의 random 모듈을 활용하자. 예를 들어 총 6개의 열이 있는 엑셀 파일을 파괴해야 하는 상황이라면, 아래와 같은 방식으로 0부터 5 사이의 숫자를 임의로 받아올 수 있다.

```
>>> random.randint(0, 5)
```

만약 파일에 몇 개의 열이 있는지 잘 모른다면 어떻게 하면 좋을까? 5절에서 우리는 엑셀 파일을 리스트 형태로 읽어올 수 있다는 사실을 공부했다. 이 리스트의 첫 번째 원소를 뽑아내면 그게 헤더가 된다는 사실도 알고 있다. 그렇다면, 헤더의 길이를 알아내면 되지 않을까? 엑셀 파일 리스트를 저장한 변수 이름이 data_array라고 한다면 아래와 같은 코드로 문제를 해결할 수 있다.

```
>>> num_columns = len(data_array[0])
>>> random.randint(0, num_columns - 1)
```

④ 엑셀 파일의 열을 삭제하기

pyexcel에서 제공하는 delete_column() 함수를 사용하자. 예를 들어, 어떤 엑셀 파일을 불러와 1, 3, 5번 열을 삭제하는 코드는 아래처럼 구현할 수 있다.

```>>> import pyexcel as px```
 ```>>> file = px.get_array(file_name="input.xlsx")```
 ```>>> file.delete_columns([1, 3, 5])```
 ```>>> px.save_as(array=file.array, dest_file_name="output.xlsx")```
	```>>> pyexcel 라이브러리를 불러온다.```
	 ```>>> "input.xlsx" 파일을 읽어온다.```
	 ```>>> 파일에서 1, 3, 5번 열을 삭제한다.```
	 ```>>> 결과물을 "output.xlsx"라는 이름으로 저장한다.```

다른 열을 삭제하고 싶다면 대괄호 안에 있는 숫자만 바꾸면 된다. 하나의 열만 삭제하고 싶다면 아래와 같이 대괄호 안에 숫자를 단 하나만 적으면 된다.

```
>>> file.delete_columns([3])
```

⑤ 무작위 열을 선택해 삭제하는 방법
과정 ③과 ④를 섞으면 된다. 아래와 같이 말이다.

```
>>> victim = random.randint(0, num_columns -1)
>>> file.delete_column([victim])
```

첫 번째 줄에서 임의의 열이 하나 선택되고, 두 번째 줄에서 이 열이 삭제된다.

⑥ 엑셀 파일의 열을 복제하기 (리스트 복제)
pyexcel 라이브러리에서는 데이터의 열을 리스트 형태로 제공하기도 한다. 이렇게 열을 하나 받아와 복제해보자. 파이썬에서 리스트를 복제할 때는 아래와 같은 문법을 사용한다.

```
>>> a = [1, 2, 3]
>>> b = a.copy()
>>> b
[1, 2, 3]
```

리스트 a 뒤에 점을 찍고 copy()를 입력하면 리스트가 복제된다. 이 방법을 그대로 사용해보자. pyexcel에서 특정 열에 접근하는 방법은 아래와 같다.

```
>>> first_column = file.column[0]
```

특정 행에 접근하고 싶다면 'file.row'로 가능하지 않겠는가? 이런 의문이 생길 때마다 구글에서 검색해보자. 코딩 실력은 검색 실력과 비례한다. 특정 열 복제는 아래와 같이 실행하면 된다.

```
>>> duplicated_column = file.column[0].copy()
```

⑦ 엑셀 파일에 열을 추가하기

바로 위에서 pyexcel은 column을 리스트 형태로 제공한다고 언급했다. 리스트에 새로운 원소를 추가하는 방법은 몇 차례 소개한 바 있다. 아래 코드를 실행하면 엑셀 파일에 새로운 열을 추가할 수 있다.

```
>>> file.column += duplicated_column
```

⑧ 무작위 열을 복제하여 추가하는 방법

과정 ③, ⑥, ⑦을 함께 사용하면 된다. 아래와 같이 말이다.

```
>>> random_column = random.randint(0, num_columns - 1)
>>> file.column += file.column[random_column].copy()
```

아래와 같이 한 줄의 코드로 압축할 수도 있다.

```
>>> file.column += file.column[random.randint(0, num_columns - 1)].copy()
```

⑨ 무작위 열의 내용을 조작하는 방법

임의의 열을 불러와 내용을 수정하면 된다. 일단 임의의 열을 불러와보자.

```
>>> random_column = file.column[random.randint(0, num_columns - 1)]
```

과정 ⑧과 달리 이번에는 copy() 함수를 사용하지 않는다. 복제품의 내용물을 조작하는
게 아니라 원본의 내용물을 직접 조작하고 싶기 때문이다. 이제 선택된 열의 데이터를
조작하면 된다.

⑩ 열의 내용물을 모두 같은 값으로 변경하기 (리스트 내용물 변경)

이럴 때는 for문을 활용하면 편리하다. 한 번 리스트의 내용물을 모두 "고양이"로 바꾸
는 코드를 만들어 보겠다.

```
>>> a = [1, 2, 3, 4, 5]
>>> for i in range(len(a)):
>>>     a[i] = "고양이"
>>>
>>> a
['고양이', '고양이', '고양이', '고양이', '고양이']
```

위 코드를 직접 실행해보자. 그런데 for문을 한 줄로 줄여버릴 수도 있다. 아래와 같이
말이다.

```
>>> a = [1, 2, 3, 4, 5]
>>> CAT = ["고양이" for i in range(len(a))]
>>> CAT
['고양이', '고양이', '고양이', '고양이', '고양이']
```

둘 중 더 편한 방법을 택하기 바란다. 이런 방법도 있다는 점을 알리기 위해 이 책에서는
두 번째 방법을 사용했지만, 첫 번째 방법을 사용하는 것을 더욱 권장한다. 코딩에 갓 입
문했을 때는 화려한 코딩 기법을 사용하기보다는 읽고 쓰기 쉬운 방법을 택하는 것이 더
욱 바람직하다.

6. 알고리즘 순서도

복잡해 보이지만 겁먹지 말자. 그림에 포함된 블록들의 개수가 많기는 하지만, 하나씩 읽어보면 각각의 내용물은 어렵지 않다. 이렇게 복잡해 보이는 코드들도 자세히 들여다 보면 복잡한 게 아니라 단계가 많은 것에 지나지 않은 경우가 많다.

겁먹지 말고, 손가락으로 화살표를 따라 움직여 보면서 차근차근 순서도를 읽어보자.

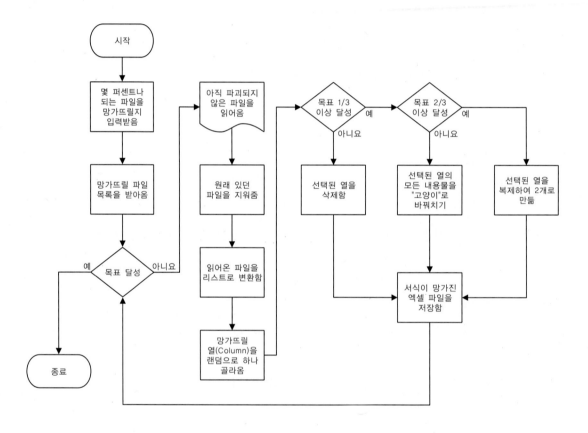

7. 코드 살펴보기 (소스코드 : anarchist.py)

```python
8    import time
9    import os
10   import pyexcel as px
11   import sys
12   import random
13
14   # 작업 시작 메시지를 출력합니다.
15   print("Process Start")
16
17   # 시작 시점의 시간을 기록합니다.
18   start_time = time.time()
19
20   # 서식을 망가뜨릴 파일들이 저장된 폴더 이름을 시스템으로부터 입력받습니다.
21   directory = sys.argv[1]
22
23   # 몇 퍼센트나 되는 파일의 서식을 망가뜨릴지 비율을 시스템으로부터 입력받습니다.
24   percent = float(sys.argv[2]) / 100
25
26   # 폴더의 내용물을 열람해 목록을 생성합니다.
27   input_files = os.listdir(directory)
28
29   # 서식을 망가뜨릴 총 파일 개수를 계산합니다.
30   DESTROY_COUNT = int(len(input_files) * percent)
31
32   # 파일 순서를 섞어버립니다.
33   random.shuffle(input_files)
34
35   # 파괴 대상이 된 불쌍한 파일 목록을 만듭니다.
36   destroy_them = input_files[:DESTROY_COUNT]
37
38   # 총 3가지 재앙을 준비했습니다. 재앙을 일으키기 위한 카운트를 정합니다.
39   # 카운트다운을 하다가 shift_1, shift_2가 되면 재앙의 종류가 바뀝니다.
40   shift_1 = DESTROY_COUNT/3*2
41   shift_2 = DESTROY_COUNT/3
42
43   # 서식을 파괴할 파일들을 하나씩 읽어와 작업을 수행합니다.
44   # destroy_them에 저장된 파일 이름을 한 번에 하나씩 불러옵니다.
45   for filename in destroy_them:
46       # 간혹 xlsx 파일이 아닌 파일이 섞여 있을 수 있습니다. 이걸 걸러냅니다.
47       if ".xlsx" not in filename:
48           continue
```

```
49
50        # 엑셀 파일이 맞는다면, 파일을 읽어옵니다.
51        file = px.get_sheet(file_name=directory + "/" + filename)
52
53        # 원래 있던 파일은 지워버립시다. 파일의 명복을 빕니다.
54        os.remove(directory + "/" + filename)
55
56        # 엑셀 파일을 리스트로 변환합니다.
57        data_array = file.array
58
59        # column 서식을 망가뜨리는게 가장 쉽습니다. column이 몇 개인지 알아냅니다.
60        num_columns = len(data_array[0])
61        # 무작위 열을 하나 망가뜨리기 위해 랜덤 숫자를 생성합니다.
62        victim = random.randint(0, num_columns - 1)
63
64        # 첫 번째 재앙입니다.
65        if DESTROY_COUNT > shift_1:
66            # 무작위 열을 하나 지워버립니다.
67            file.delete_columns([victim])
68
69        # 두 번째 재앙입니다.
70        elif DESTROY_COUNT > shift_2:
71            # 선택된 열을 복제해 붙여넣어 버립니다.
72            file.column += file.column[victim].copy()
73
74        # 세 번째 재앙입니다.
75        else:
76            # 바꿔치기할 열을 만듭니다. 내용물을 모두 '고양이'로 채워버립니다. 야옹~.
77            CAT = ["고양이" for i in range(file.number_of_rows())]
78
79            # 원래 엑셀 파일의 내용물과 고양이를 바꿔치기합니다. 야옹~.
80            file.column[victim] = CAT
81
82        # 서식이 망가진 불쌍한 엑셀파일을 저장합니다.
83        px.save_as(array=data_array, dest_file_name=directory + "/" +
filename)
84
85        # 카운트다운을 한 개씩 합니다.
86        DESTROY_COUNT -= 1
87
88  # 작업 종료 메시지를 출력합니다.
89  print("Process Done.")
```

```
90
91    # 작업에 총 몇 초가 걸렸는지 출력합니다.
92    end_time = time.time()
93    print("The Job Took " + str(end_time - start_time) + " seconds.")
```

라이브러리 import

8번째 줄부터 12번째 줄을 살펴보자. 엑셀을 다루기 위한 pyexcel, argv를 활용하기 위한 sys뿐 아니라 임의로 데이터를 선택하기 위해 random 모듈을 불러오고 있다.

퍼센트 입력받기

24번째 줄에서 argv를 이용해 퍼센트를 입력받고 있다. 사용자가 입력한 퍼센트는 문자(스트링) 형태로 argv를 통해 파이썬 코드 내부로 전달된다. 이걸 숫자로 바꾸기 위해 float() 함수를 사용했다. 파이썬에서는 숫자도 다 같은 숫자가 아니라 여러 가지 종류로 나뉜다. 빅데이터를 다루는 사람들은 오만 가지 숫자 종류를 다 알아야 하지만, 업무 자동화를 하는 데는 딱 두 개만 알면 충분하다.

1, 2, 3, 4와 같은 정수는 int라고 부른다. 정수를 뜻하는 영어 단어 integer의 줄임말이다. 반면 2.3, 3.14, 0.7과 같은 소수를 표현하는 데이터는 float이라고 부른다. 소수점인 '.'이 이리저리 떠다닌다고 float이라고 부르는데, 솔직히 한국인으로서 별로 와닿는 표현은 아니다. 여하튼 정수는 int, 소수는 float, 이 두 가지 사실만 기억하면 된다.

어떤 문자열을 정수로 바꿀 때는 int() 함수를 사용하면 된다. 반면 어떤 문자열을 소수로 바꿀 때는 float() 함수를 사용하면 된다. 문자열을 숫자로 바꾸는 코드는 아래와 같다.

```
>>> a = "3"
>>> int(a)
3
>>> float(a)
3.0
```

반면 아래와 같이 소수점이 있는 문자를 숫자로 변환할 때는 주의할 점이 있다.

```
>>> b = "3.141592"
>>> float(b)
3.141592
>>> int(b)
Traceback (most recent call last)
```

소수점 형태의 문자를 float()로 변환 시도할 때는 정상적으로 작동되지만, int()를 사용하면 에러가 난다. 반면 아래와 같은 시도는 가능하다.

```
>>> c = 3.141592
>>> int(c)
3
```

숫자에 int()를 씌우면 소수점이 날아가고 정수만 남는다. 예제 코드 24번째 줄에서는 사용자가 입력한 퍼센트를 일단 float로 바꾸고 100으로 나누어 퍼센트로 변환했다.

파괴할 파일 개수 계산

30번째 줄에서는 파일 목록의 길이에 퍼센트를 곱해 파괴할 파일 개수를 계산하고 있다. 예를 들어 파일 목록의 내용물이 100개고 입력받은 퍼센트가 30이면, 100에 30%를 곱한다. 결과적으로 30개의 파일이 만들어진다.

그런데 만약 파일의 개수가 어정쩡하게 27개인데 10%를 입력받으면 어떻게 될까? 27에 10%를 곱하면 2.7개가 된다. 파일 개수는 소수점일 수 없으므로 여기에 int를 씌워 정수화하고 있다. 따라서 27개의 파일이 있는데 10%를 입력받게 되면 총 2개의 파일만 파괴하는 식이다.

파일 목록의 순서를 섞기

33번째 줄에서 random.shuffle() 함수를 이용해 리스트의 내용물을 섞고 있다. random.shuffle() 함수에 리스트를 입력하면 리스트의 내용물을 섞어준다.

```
>>> a = [1, 2, 3, 4]
>>> random.shuffle(a)
>>> a
>>> [4, 2, 3, 1]
```

파괴할 파일들만 뽑아내기

33번째 줄에서 파일 목록을 섞었다. 36번째 줄에서 이 목록을 슬라이싱해 파괴하고자 하는 개수만큼의 파일을 뽑아냈다.

3가지 방식으로 파일을 파괴하기 위한 분기점

파일을 하나씩 파괴하다가, 분기점에 도달할 때마다 파일을 파괴하는 방식을 변경할 것이다. 예를 들어 1번 파일부터 파괴를 시작하다가 1/3 작업이 완료되면 2번 방식으로 바꾸고, 2번 방식으로 파일을 파괴해 나가다가 전체 목표의 2/3가 완료되면 3번 방식으로 변경할 것이다.

이렇게 방식을 변경하는 시점을 코드의 40번째 줄과 41번째 줄에 기록해두었다. 파괴할 파일 개수는 앞서 구했으므로 여기에 1/3과 2/3를 각각 곱한 것이다.

작업이 끝난 파일 개수를 체크하기

코드의 65번째 줄과 70번째 줄에서 작업이 끝난 파일의 개수를 체크하고 있다. for문이 한 바퀴 끝날 때마다 86번째 줄에서 DESTROY_COUNT를 하나씩 줄여나가고 있다. 0 에서부터 시작해서 작업이 하나 끝날 때마다 값을 1씩 증가시켜도 될 텐데 군이 왜 여기서는 값을 줄이면서 작업하고 있을까?

정답은 메모리(RAM) 소모를 줄이기 위해서다. 새로운 변수를 만들어 0을 저장하기보다는 30번째 줄에서 만들어 둔 변수를 그대로 활용하고 싶었다.

파이썬에서 새로운 변수를 하나 만들 때마다 메모리의 용량을 차지한다. 이미 만들어 둔 변수를 재활용하면 메모리를 절약할 수 있다. 단, 이 예제 코드에서는 교육적인 목적으로 재활용한 것이다. 실제로 숫자 한두 개 정도 재활용한다고 해서 메모리 효율성이 크게 증가하지는 않는다. 다음 장에서부터 이미지 같은 용량이 큰 데이터를 다룰 것이다. 여러분들이 앞으로 용량이 큰 데이터를 자동화할 일이 생길지도 모르기 때문이다. 이런 큰 데이터를 다룰 때는 재활용을 해서 메모리 효율성을 높이는 방안을 고려하자.

무작위 열 선택

이번 예제의 데이터 파괴 방식 3가지는 모두 임의의 열을 하나 선택하는 것에서 시작한다. 임의의 열을 선택하기 위한 코드가 60번째 줄과 62번째 줄에 삽입되어 있다.

무작위 열 삭제

처음 작업을 시작하면 DESTORY_COUNT가 최댓값을 가진다. 따라서 65번의 if문의 조건이 참이 되므로 67번 코드가 실행된다. 67번째 줄에서는 delete_columns() 함수를 이용해 열을 하나 삭제하고 있다.

if문이 실행되면 그 뒤에 오는 elif와 else는 모두 생략된다. 바로 83번째 줄로 건너뛰어 조작이 끝난 데이터를 파일로 저장하고 있다. 참고로 조작되지 않은 원본 파일은 54번째 줄에서 이미 삭제했다.

무작위 열 복제

작업이 진행될수록 DESTROY_COUNT가 감소한다. 이 값이 전체 목표의 2/3지점에 다다르면 65번째 줄의 if문의 조건이 거짓이 된다. 그러면 바로 밑의 elif 문이 실행된다. elif문 내부의 조건문은 일단 여기에서는 참이다. 따라서 elif 안의 코드가 실행되며 else의 내용물은 생략된다. 작업이 어느 정도 진행되어 DESTROY_COUNT가 목표의 1/3지점까지 줄어들면 elif의 조건마저도 거짓이 될 것이고, 그때 비로소 else문 내부의 코드가 실행된다.

elif문이 실행되면 72번째 줄이 실행되어 임의의 열 중 하나가 복제된다.

고양이

작업이 무르익어 DESTROY_COUNT가 1/3 지점까지 감소하면 비로소 else문 내부의 코드가 실행된다. 77번째 줄에서 CAT이라는 리스트를 만들었다. 이 리스트는 엑셀 파일의 열과 같은 규격을 가진다. 그리고 88번째 줄에서 임의의 열을 선택해 CAT과 바꿔치기했다. 결과적으로 임의의 열 중 하나가 내용물이 모두 '고양이'로 바뀌게 된다.

······ 07 ······

섞여 있는 엑셀 파일 1천 개, 서식이 몇 종류인지 분석하기

1. <README.md>

'2_4_7_섞여 있는 엑셀 파일 1천 개, 서식이 몇 종류인지 분석하기' 폴더로 이동해 〈README.md〉 파일을 열어보자.

섞여 있는 엑셀 파일 1천 개, 서식이 몇 종류인지 분석하기

아래 명령어를 입력하시면 코드를 실행할 수 있습니다.

```
$ python analyst.py <DIRECTORY> <REPORT>
```

〈DIRECTORY〉에는 분석하고자 하는 파일들이 저장된 폴더를 입력해주세요.
〈REPORT〉에는 분석 결과 보고서 파일 이름을 적어주세요.
이 책의 예제는 아래와 같습니다.

```
$ python analyst.py personal_info report.txt
```

---

2. 코드 실행하기

〈README.md〉의 설명을 따라 코드를 실행해보자. 실행에 앞서 6절 예제의 결과로 탄생한, 파괴된 데이터들이 포함된 폴더를 이번 예제 폴더에 복사하자.

```
$ python analyst.py personal_info report.txt
```

'report.txt'라는 파일이 생성되었다. 이 파일을 실행해보자.

3. 결과 파일 살펴보기

다음은 폴더 내에 존재하는 엑셀 파일들을 분석해 얼마나 다양한 종류의 헤더가 있는지를 분석해 헤더별로 몇 개씩 파일이 존재하는지를 정리한 보고서다.

report.txt - Windows 메모장	report.txt - Windows 메모장
파일(F) 편집(E) 서식(O) 보기(V) 도움말	파일(F) 편집(E) 서식(O) 보기(V) 도움말
Header : ['name', 'age', 'e-mail', 'division', 'telephone', 'sex'] Count : 700	Header : ['고양이', 'age', 'e-mail', 'division', 'telephone', 'sex'] Count : 18
Header : ['age', 'e-mail', 'division', 'telephone', 'sex'] Count : 17	Header : ['name', 'age', 'e-mail', 'division', 'telephone', 'sex', 'name'] Count : 20
Header : ['name', 'age', 'e-mail', 'division', 'telephone'] Count : 17	Header : ['name', '고양이', 'e-mail', 'division', 'telephone', 'sex'] Count : 18
Header : ['name', 'age', '고양이', 'division', 'telephone', 'sex'] Count : 16	Header : ['name', 'age', 'e-mail', 'division', 'telephone', 'sex', 'e-mail'] Count : 21
Header : ['name', 'age', 'division', 'telephone', 'sex'] Count : 16	Header : ['name', 'age', 'e-mail', 'division', 'telephone', 'sex', 'telephone'] Count : 25
Header : ['name', 'e-mail', 'division', 'telephone', 'sex'] Count : 17	Header : ['name', 'age', 'e-mail', 'division', 'telephone', 'sex', 'sex'] Count : 11
Header : ['name', 'age', 'e-mail', '고양이', 'telephone', 'sex'] Count : 13	Header : ['name', 'age', 'e-mail', 'division', 'telephone', 'sex', 'age'] Count : 13
Header : ['name', 'age', 'e-mail', 'telephone', 'sex'] Count : 18	Header : ['name', 'age', 'e-mail', 'division', 'telephone', '고양이'] Count : 15
Header : ['name', 'age', 'e-mail', 'division', '고양이', 'sex'] Count : 20	Header : ['name', 'age', 'e-mail', 'division', 'telephone', 'sex', 'division'] Count : 10

파일을 살펴보면 원본에 해당하는 첫 번째 헤더가 700개 존재한다고 한다. 6절에서 1천 개의 파일 중 30%의 파일을 파괴했기 때문이다. 중간중간 '고양이'도 눈에 띈다.

폴더 안에 총 몇 종류의 헤더가 있는지, 그 헤더들을 가진 파일들은 총 몇 개 있는지를 알 수 있으니, 6절의 예제가 아니더라도 사무 업무를 보면서 이번 코드를 활용할 경우가 생각보다 많을 것이다.

4. 업무 자동화 코드 설계 과정

목표 정하기

① 보고서 파일 이름 입력받기

② 파일을 하나씩 읽어 헤더를 분석하기

③ 헤더가 몇 종류인지 분석하기

④ 각 헤더를 가진 파일이 몇 개인지 분석하기

목표를 달성하는 데 필요한 작업 쪼개기

① 헤더 쪼개기

② 헤더 종류를 저장해둘 변수를 만들기

③ 헤더 개수를 저장해둘 변수 만들기

쪼개진 작업들을 해결하기 위한 방법 생각하기

① 헤더 쪼개기

pyexcel의 get_array() 함수로 파일을 리스트로 불러온 다음, 첫 번째 원소만 뽑아낼 것이다. 첫 번째 원소는 엑셀 파일의 맨 첫 번째 줄에 해당하기 때문에 손쉽게 헤더를 추출할 수 있다. 앞 절들에서 여러 번 했던 방식이다.

② 헤더 종류와 개수를 저장해 둘 변수를 만들기 (딕셔너리)

빈 리스트를 만들어서 새로운 종류의 헤더가 등장할 때마다 리스트에 삽입한다면 헤더의 종류를 기록해 둘 수는 있을 것이다. 하지만 개수를 기록하는 것이 곤란하다.

이럴 때 사용할 수 있는 자료형을 소개한다. 그 이름은 딕셔너리(dictionary)다. '사전'이라는 뜻이다. 사전을 한 번 생각해보자. 사전에 단어를 검색하면 단어의 뜻이 튀어나온다. 입력값이 있고, 그에 해당하는 출력값이 있는 형태다. 파이썬의 딕셔너리도 비슷하다. 딕셔너리를 한번 만들어보자.

```
>>> dictionary = {'a': 1, 'b': 2}
```

딕셔너리는 중괄호 { }를 이용해 정의한다. 위 코드를 아무런 배경 지식이 없는 상태에서 한번 보자. 'a'를 1로, 'b'를 2로 사상시키라는 뜻인데, 직관적으로 이해가 되지 않는가? 사상이라는 단어의 뜻을 몰라도 위 코드를 이해할 수 있다. 딕셔너리에 저장된 값을 검색할 때는 리스트의 원소를 참조하듯 대괄호를 사용한다.

```
>>> dictionary['a']
1
>>> dictionary['b']
2
```

딕셔너리에 없는 값을 검색하면 에러가 발생한다.

```
>>> dictionary['c']
Traceback
KeyError: 'c'
```

에러의 이름을 자세히 보자. 키 에러. 키를 잘못 적었다는 뜻이다. 여기에서 우리는 한 가지를 알 수 있다. 딕셔너리에 저장된 값을 '키'라고 부른다. 딕셔너리에 새로운 키를 추가하고 싶다면 아래와 같은 코드를 사용한다.

```
>>> dictionary['c'] = 3
>>> dictionary
{'a': 1, 'b': 2, 'c': 3}
```

딕셔너리에 키로 접근해 바로 값을 변경할 수도 있다. 아래 코드를 잘 살펴보자.

```
>>> dictionary['a'] += 1
>>> dictionary['a']
2
```

```
>>> dictionary['a'] += 1
>>> dictionary['a']
3
```

위와 같이 딕셔너리의 키에 접근하면 값을 하나씩 증가시킬 수 있다. 우리는 이걸 이용해 헤더의 종류와 빈도를 찾아볼 것이다.

③ 딕셔너리를 사용해 헤더 기록하기
for문이 돌아가는 동안 아래 작업을 반복한다.

```
>>> 헤더 쪼개기
>>> if 헤더가 딕셔너리에 삽입되어 있지 않다면:
>>>     딕셔너리에 헤더 삽입하고 값을 1로 세팅
>>> else:
>>>     헤더에 해당하는 값을 검색해 1을 증가시킴
```

이렇게 하면 새로운 헤더는 차곡차곡 딕셔너리에 쌓이게 되고, 이미 딕셔너리에 있는 헤더는 사상된 숫자가 하나씩 증가한다. 결국 코드가 다 돌아가게 되면 딕셔너리에는 모든 종류의 헤더와 각 헤더가 몇 번 등장했는지에 대한 정보가 전부 수집된다.

5. 알고리즘 순서도

알고리즘 순서도에 마름모꼴이 많으면 어려운 코드다. 이 알고리즘에는 마름모가 세 개나 등장하므로 비교적 어려운 코드에 속한다.

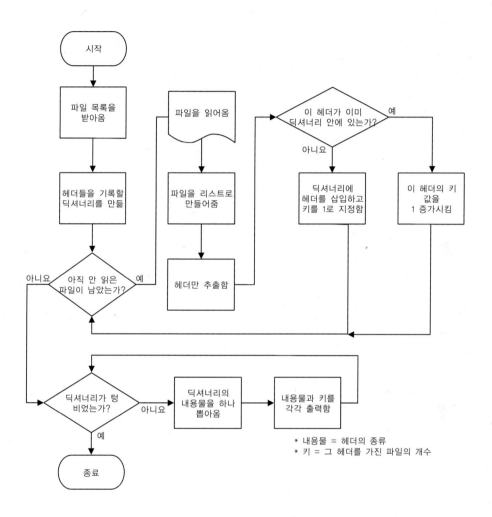

6. 코드 살펴보기 (소스코드 : analyst.py)

```python
import time
import os
import pyexcel as px
import sys

# 작업 시작 메시지를 출력합니다.
print("Process Start")

# 시작 시점의 시간을 기록합니다.
start_time = time.time()

# 파일들이 저장된 폴더 이름을 시스템으로부터 입력받습니다.
directory = sys.argv[1]

# 분석 결과 보고서 이름을 시스템으로부터 입력받습니다.
report_filename = sys.argv[2]

# 폴더의 내용물을 열람해 목록을 생성합니다.
input_files = os.listdir(directory)

# 헤더들을 저장할 딕셔너리를 만듭니다.
HEADERS = {}

# input_files에 저장된 파일 이름을 한 번에 하나씩 불러옵니다.
# 양식이 몇 종류인지 분석합니다.
for filename in input_files:
    # 간혹 xlsx 파일이 아닌 파일이 섞여 있을 수 있습니다. 이걸 걸러냅니다.
    if ".xlsx" not in filename:
        continue

    # 엑셀 파일이 맞는다면, 파일을 리스트 형태로 읽어옵니다.
    file = px.get_array(file_name=directory + "/" + filename)

    # 엑셀 파일의 첫 번째 열, 그러니까 헤더만 불러와 스트링으로 변환합니다.
    header = str(file[0])

    # 딕셔너리에 헤더가 삽입되어 있는지 확인합니다.
    if header in HEADERS:
        # 이미 삽입되어 있다면 값을 1개 증가시킵니다.
        HEADERS[header] += 1
```

```
48        else:
49            HEADERS[header] = 1
50
51  # 결과물 리포트를 작성하기 위한 스트링을 생성합니다.
52  REPORT = ""
53
54  # 리포트에 내용물을 자동으로 작성합니다.
55  for key in HEADERS:
56      REPORT += "Header : " + key + "\n"
57      REPORT += "Count : " + str(HEADERS[key]) + "\n\n"
58
59  # 리포트를 화면에 출력합니다.
60  print(REPORT)
61
62  # 리포트 파일에 리포트를 저장합니다.
63  report_file = open(report_filename, 'w')
64  report_file.write(REPORT)
65  report_file.close()
66
67  # 작업 종료 메시지를 출력합니다.
68  print("Process Done.")
69
70  # 작업에 총 몇 초가 걸렸는지 출력합니다.
71  end_time = time.time()
72  print("The Job Took " + str(end_time - start_time) + " seconds.")
```

출력할 보고서 파일 이름 입력받기

23번째 줄에서 sys.argv를 이용하여 파일 이름을 입력받고 있다.

헤더를 저장할 딕셔너리 만들기

29번째 줄에서 텅 빈 딕셔너리를 하나 만들었다. for문이 돌아가는 동안 여기에 헤더를 추가할 것이다.

헤더 정보 기록하기

코드의 45~49번째 줄이 이번 코드의 핵심이다. 이미 헤더가 딕셔너리에 삽입된 경우 45번째 줄 if문의 조건이 참이 되므로 47번째 줄의 코드가 실행되어, 값이 1 증가한다.

헤더가 딕셔너리에 삽입되어 있지 않다면 49번째 줄의 코드가 실행되어 헤더가 딕셔너리에 삽입되고, 값이 '1'로 세팅된다.

결과물 리포트 출력하기

빈 스트링에 내용물을 차곡차곡 채워 넣고 나서 저장할 것이다. 이 정보를 기록할 빈 스트링이 52번째 줄에서 생성되고 있다. 주목할 점은 55번째 줄이다. 딕셔너리의 내용물을 for문으로 접근할 수 있다. 55번째 줄의 for문에서는 딕셔너리에 들어 있는 키(헤더)가 하나씩 뽑혀 나오게 된다.

56번째 줄에서 헤더를 스트링에 기록하고, 57번째 줄에서 딕셔너리에 저장된 값을 스트링에 기록한다.

이 for문이 종료된 다음 파일을 저장하면 작업이 종료된다. 파일을 저장하는 과정은 63~65번째 줄에서 실시되고 있다. 3장에서 다루었던 방식을 그대로 사용한다.

····· 08 ·····

서식이 잘못된 엑셀 파일을 찾아내고, 처리해라!

1. <README.md>

'2_4_8_서식이 잘못된 엑셀 파일을 찾아내고, 처리해라!' 폴더로 이동해 〈README. md〉 파일을 열어보자.

서식이 잘못된 엑셀 파일을 찾아내고, 처리해라!

아래 명령어를 입력하시면 코드가 실행됩니다.

```
$ python sorter.py <TEMPLATE> <DIRECTORY> <MODE>
```

〈TEMPLATE〉에는 양식 견본이 될 엑셀 파일 이름을 적어줍니다.
〈DIRECTORY〉에는 분석 대상 폴더를 입력합니다.
〈MODE〉에는 어떤 모드로 작동시킬 것인지 적어줍니다.

delete : 서식이 잘못된 파일 삭제
report : 서식이 잘못된 파일 파일명 보고
separate : 서식이 잘못된 파일을 다른 폴더로 이동

---

2. 코드 실행하기

〈README.md〉의 설명을 따라 코드를 실행해보자. 실행에 앞서 6절 예제의 결과로 탄생한, 파괴된 데이터들이 포함된 폴더를 이번 예제 폴더에 복사하자. 그리고 서식이 올바른 파일을 하나 샘플로 제공해야 하는데, 5절에서 제작한 〈merged_ID.xlsx〉 파일을 이용하면 좋을 것 같다. 이 파일을 복사해 이번 예제 코드 폴더에 붙여 넣자.

이번 코드는 총 3가지 모드로 작동한다. 차례대로 실행해보자.

삭제 모드

```
$ python sorter.py merged_ID.xlsx personal_info delete
```

코드 실행이 완료되었다면 'personal_info' 폴더로 들어가보자.

이름	수정한 날짜	유형	크기
55_박민호.xlsx	2020-05-16 오전 9:42	Microsoft Excel 워...	5KB
56_강서서.xlsx	2020-05-16 오전 9:42	Microsoft Excel 워...	5KB
59_이지우.xlsx	2020-05-16 오전 9:42	Microsoft Excel 워...	5KB
60_임하윤.xlsx	2020-05-16 오전 9:42	Microsoft Excel 워...	5KB
61_강채연.xlsx	2020-05-16 오전 9:42	Microsoft Excel 워...	5KB
63_임하후.xlsx	2020-05-16 오전 9:42	Microsoft Excel 워...	5KB
65_김지서.xlsx	2020-05-16 오전 9:42	Microsoft Excel 워...	5KB
69_강윤은.xlsx	2020-05-16 오전 9:42	Microsoft Excel 워...	5KB
70_정주은.xlsx	2020-05-16 오전 9:42	Microsoft Excel 워...	5KB

숫자가 듬성듬성 비어 있다. 결번에 해당하는 파일이 바로 서식이 잘못되었던 파일들이다. 삭제 모드로 코드를 실행할 경우 템플릿과 서식이 다른 파일을 모두 삭제한다.

자, 결과를 확인했으니 personal_info 폴더를 삭제하자. 그리고 6절 폴더에서 다시 복사해 오자. 다른 모드로도 코드를 실행해봐야 하기 때문이다.

보고 모드

```
$ python sorter.py merged_ID.xlsx personal_info report
```

코드 실행이 완료되었다면 〈report.txt〉라는 파일이 새로이 생겨 있을 것이다. 이 파일을 한번 실행해보자.

서식이 잘못된 파일 이름들이 기록되어 있다.

만약 다양한 사람들이 제출한 과제에 점수를 매겨야 하는 상황이라면 보고 모드로 코드를 실행한 다음, 〈report.txt〉에 이름이 기재된 사람들에게 0점을 줘버리자. 채점에 걸리는 시간을 획기적으로 단축할 수 있다.

분리 모드

```
$ python sorter.py merged_ID.xlsx personal_info separat
```

코드 실행이 완료되었다면 〈wrong_files〉라는 폴더가 하나 새로 생겼을 것이다. 이 폴더를 열어보자.

이름	수정한 날짜	유형	크기
5_장서서.xlsx	2020-05-16 오후 12:53	Microsoft Excel 워...	5KB
12_정윤윤.xlsx	2020-05-16 오후 12:53	Microsoft Excel 워...	5KB
22_이채서.xlsx	2020-05-16 오후 12:53	Microsoft Excel 워...	5KB
23_윤현호.xlsx	2020-05-16 오후 12:53	Microsoft Excel 워...	5KB
24_정지호.xlsx	2020-05-16 오후 12:53	Microsoft Excel 워...	5KB
26_조현연.xlsx	2020-05-16 오후 12:53	Microsoft Excel 워...	5KB
35_이윤진.xlsx	2020-05-16 오후 12:53	MIcrosoft Excel 워...	5KB
40_이하은.xlsx	2020-05-16 오후 12:53	Microsoft Excel 워...	5KB
41_장민원.xlsx	2020-05-16 오후 12:53	Microsoft Excel 워...	5KB
45_조하후.xlsx	2020-05-16 오후 12:53	Microsoft Excel 워...	5KB
49_장서원.xlsx	2020-05-16 오후 12:53	Microsoft Excel 워...	5KB
57_박민원.xlsx	2020-05-16 오후 12:53	Microsoft Excel 워...	5KB
58_강예은.xlsx	2020-05-16 오후 12:53	Microsoft Excel 워...	5KB
62_장지준.xlsx	2020-05-16 오후 12:53	Microsoft Excel 워...	5KB
64_이윤호.xlsx	2020-05-16 오후 12:53	Microsoft Excel 워...	5KB

양식이 잘못된 파일들이 이곳으로 이동되어 있다. 'personal_info' 폴더에는 양식이 올바른 파일들만 남아 있게 된다.

3. 업무 자동화 코드 설계 과정

목표 정하기

① 하나의 코드를 여러 모드로 작동시키기

② 파일의 서식을 검사하기

③ (삭제 모드) 파이썬에서 파일을 삭제하기

④ (보고 모드) 보고서 작성하기

⑤ (분리 모드) 파이썬에서 파일을 이동시키기

목표를 달성하는 데 필요한 작업 쪼개기

① 하나의 코드를 여러 모드로 작동시키기

② 파일의 서식을 검사하기

③ (삭제 모드) 파이썬에서 파일을 삭제하기

④ (보고 모드) 보고서 작성하기

⑤ (분리 모드) 파이썬에서 파일을 이동시키기

쪼개진 작업들을 해결하기 위한 방법 생각하기

① 하나의 코드를 여러 모드로 작동시키기

사용자로부터 모드를 입력받는 것은 sys.argv로 손쉽게 할 수 있다. 그 외의 작업을 처리하는 방법은 간단하다. 코드 안에서 if문을 사용하면 된다. 자주 사용하면 된다. 이게 끝이다.

② 파일의 서식을 검사하기

헤더만 읽어와 비교하면 충분하다.

③ (삭제 모드) 파이썬에서 파일을 삭제하기

3장 6절에서 사용해본 os.remove() 함수를 사용한다.

④ (보고 모드) 보고서 작성하기

간단하다. for문을 돌리면서 파일명을 매번 기록하면 된다.

⑤ (분리 모드) 파이썬에서 파일을 이동시키기

이번에는 shutil이라는 라이브러리를 사용해볼 것이다. 파이썬을 설치할 때 기본적으로 제공되는 라이브러리로, 다양한 기능을 제공하는 훌륭한 녀석이다. 이번 예제에서 우리는 move() 함수를 이용할 것이다. A라는 파일을 B로 이동하고 싶다면 아래와 같은 코드를 작성하면 된다.

```
>>> shutil.move(A, B)
```

끝이다. 굉장히 간단하지 않은가?

4. 알고리즘 순서도

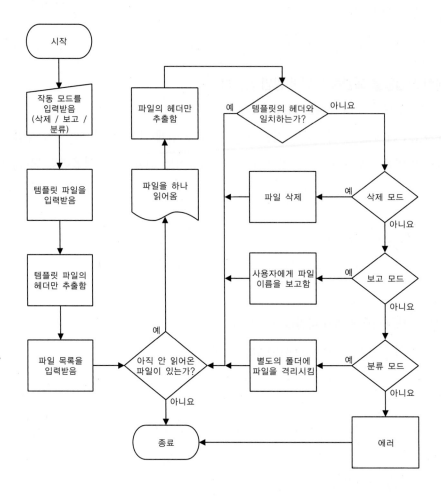

마름모꼴 박스가 많을수록 어려운 코드다. 이 알고리즘에서는 마름모 박스를 5개나 사용한다. 헷갈리지 않도록 손가락을 따라 화살표를 이동하며 한번 정독해 보기 바란다. 막상 읽어보면 생각보다 간단하다고 느낄 것이다.

5. 코드 살펴보기 (소스코드 : sorter.py)

```
8   import time
9   import os
10  import pyexcel as px
11  import sys
12
13  # 작업 시작 메시지를 출력합니다.
14  print("Process Start")
15
16  # 시작 시점의 시간을 기록합니다.
17  start_time = time.time()
18
19  # 서식 예시로 사용할 파일 이름을 시스템으로부터 입력받습니다.
20  template = sys.argv[1]
21
22  # 파일들이 저장된 폴더 이름을 시스템으로부터 입력받습니다.
23  directory = sys.argv[2]
24
25  # 작동 모드를 시스템으로부터 입력받습니다.
26  MODE = sys.argv[3]
27
28  # 폴더의 내용물을 열람해 목록을 생성합니다.
29  input_files = os.listdir(directory)
30
31  # 템플릿 파일을 읽어와 헤더를 분리합니다.
32  HEADER = px.get_array(file_name=template)[0]
33
34  # 삭제 모드인 경우 총 몇 개의 파일이 삭제되었는지 세기 위해 카운터를 만듭니다.
35  if MODE in "DELETEdelete":
36      count = 0
37  # 보고 모드일 경우 보고서 작성을 위한 파일을 생성합니다.
38  elif MODE in "REPORTreport":
39      REPORT = open("report.txt", 'w')
40  # 분류 모드일 경우 분류된 파일을 저장하기 위한 폴더를 생성합니다.
41  elif MODE in "SEPARATEseparate":
42      os.mkdir("wrong_files")
43      # 파일 이동을 수행하기 위한 라이브러리도 불러옵니다.
44      import shutil
45
46  # input_files에 저장된 파일 이름을 한 번에 하나씩 불러옵니다.
```

```
47   for filename in input_files:
48       # 간혹 xlsx 파일이 아닌 파일이 섞여 있을 수 있습니다. 이걸 걸러냅니다.
49       if ".xlsx" not in filename:
50           continue
51
52       # 엑셀 파일이 맞는다면, 파일을 리스트 형태로 읽어옵니다.
53       file = px.get_array(file_name=directory + "/" + filename)
54
55       # 엑셀 파일의 첫 번째 열, 그러니까 헤더만 불러옵니다.
56       header = file[0]
57
58       # 불러온 파일의 헤더가 템플릿과 일치하는지 분석합니다.
59       if HEADER == header:
60           # 일치한다면 살려둡시다.
61           continue
62
63       # 일치하지 않는다면 아랫부분의 코드가 작동됩니다.
64       if MODE in "DELETEdelete":
65           # 삭제 모드인 경우 삭제합니다.
66           os.remove(directory + "/" + filename)
67           count += 1
68       elif MODE in "REPORTreport":
69           # 보고 모드인 경우 보고서에 파일 이름을 기재합니다.
70           REPORT.write(filename + "\n")
71       elif MODE in "SEPARATEseparate":
72           # 분류 모드일 경우 별도의 폴더로 파일을 이동시킵니다.
73           shutil.move(directory + "/" + filename, "wrong_files/" +
     filename)
74
75   # 삭제 모드인 경우 총 몇 개의 파일이 삭제되었는지 출력합니다.
76   if MODE in "DELETEdelete":
77       print("Total " + str(count) + " files were removed.")
78
79   # 보고 모드인 경우 보고서를 종료합니다.
80   if MODE in "REPORTreport":
81       REPORT.close()
82
83   # 작업 종료 메시지를 출력합니다.
84   print("Process Done.")
85
86   # 작업에 총 몇 초가 걸렸는지 출력합니다.
87   end_time = time.time()
88   print("The Job Took " + str(end_time - start_time) + " seconds.")
```

모드 입력받기

코드의 23번째 줄에서 sys.argv를 이용해 모드를 입력받고 있다.

모드 구분하기

코드의 35번째 줄부터 44번째 줄까지를 살펴보면 조건문을 활용하여 모드를 구분하고 있다. 그런데 모드를 분석하는 과정에서 in이라는 명령어를 사용하고 있다.

영어 단어 in은 한국말로는 '~의 안'이라는 의미다. 파이썬에서도 비슷한데, 조금 더 유용하다. 예시 코드를 준비해보았다.

```
>>> 1 in [1, 2, 3]
True
>>> 4 in [1, 2, 3]
False
>>> "a" in ["a", "b", "c"]
True
>>> "a" in ["abc", "def"]
False
>>> "a" in "abc"
True
```

어떤가? in 연산자는 왼쪽에 있는 값이 오른쪽에 있는지를 분석하고, 결과를 참 또는 거짓으로 알려준다. 굉장히 편리하다. 아래와 같이 모드 분석을 in을 통해 구현하면 장점이 하나 있다.

```
>>> "delete" in "DELETEdelete"
True
>>> "DELETE" in "DELETEdelete"
True
```

사용자가 모드를 소문자 "delete"로 입력하건 대문자 "DELETE"로 입력하건 인식할 수 있다는 점이 굉장한 장점이다. 하지만 약점도 있다.

```
>>> "ETEdel" in "DELETEdelete"
True
>>>"D" in "DELETEdelete"
True
```

위와 같은 예기치 못한 데이터 입력에 적절하지 못하게 대응할 수도 있다. "ETEdel"이나 "D"를 입력받는다면, 삭제 모드를 수행하기보다는 오류 메시지를 출력하고 코드를 종료하는 것이 올바를 것이다. 따라서 in을 사용한 텍스트 비교 방식은 편리하지만, 약점이 있다.

어쨌든 삭제 모드인 경우에는 코드의 36번째 줄이 실행된다. 여기에서는 총 몇 개의 파일이 삭제되었는지 숫자를 세기 위한 변수를 생성하고 있다.

보고 모드일 경우 보고서 작성을 위한 새로운 파일을 39번째 줄에서 생성하고 있다. 분류 모드일 경우 분류된 파일을 저장하기 위해 os.mkdir() 함수를 이용해 42번째 줄에서 폴더를 하나 생성하고 있으며, 파일 이동에 사용할 shutil을 import하고 있다.
우리기 파이썬에서 라이브러리를 불러오면, 그 라이브러리에 저장된 코드를 메모리에 함께 불러오는 것이다. 용량이 큰 라이브러리를 여러 개 불러오면 그만큼 메모리 공간을 많이 차지하게 된다. 특정한 조건이 성립할 때에만 활용하는 라이브러리는 이렇게 조건문 내부에 넣어두는 것이 메모리 활용 측면에서 유리하다.

헤더 분석
여느 예제와 다름없이 59번째 줄에서 헤더를 분석하고 있다. 헤더가 템플릿과 일치할 경우, continue를 이용해 다음 순서의 파일로 건너뛴다.

삭제 모드 작업 수행

삭제 모드일 경우 64번째 줄의 if문 조건이 참이 되므로 66번째 줄의 코드가 실행된다. 66번째 줄에서는 os.remove() 함수를 이용해 원본 파일을 삭제한다.

파일을 삭제한 뒤 67번째 줄에서 count를 1개 증가시키고 있다. 작업이 모두 끝나면 총 몇 개의 파일이 삭제되었는지 화면을 통해 사용자에게 보여주기 위한 것이다(76~77번째 줄).

보고 모드 작업 수행

보고 모드에서는 68번째 줄의 elif 문 조건이 참이 되므로 70번째 줄의 코드가 실행된다. 보고서 파일에 서식이 틀린 파일의 이름을 기재한다. 작업이 모두 끝나면 파일을 저장하고 종료한다(80~81번째 줄).

분리 모드 작업 수행

분리 모드에서는 71번째 줄의 elif문 조건이 참이 되므로 73번째 줄의 코드가 실행된다. 여기에서는 shutil.move() 함수를 이용해 파일을 이동시키고 있다. 여기서 주목할 점은, 파일명을 기재할 때 정말로 파일의 이름만 기재해서는 안 되고, 파일의 저장 경로까지 함께 기재해야 정확한 작업을 수행할 수 있다는 점이다.

잘못된 모드를 입력받았을 경우

이 경우 아무 일도 일어나지 않는다.

······ 09 ······

서식이 올바른 엑셀 파일, 순식간에 합치기

1. <README.md>

'2_4_9_서식이 올바른 엑셀 파일, 순식간에 합치기' 폴더로 이동하여 〈README.md〉
파일을 열어보자.

서식이 올바른 엑셀 파일, 순식간에 합치기

아래 명령어를 입력하시면 코드가 실행됩니다.

```
$python merge_correct_xlxs.py <TEMPLATE> <DIRECTORY>
```

〈TEMPLATE〉에는 양식 견본이 될 엑셀 파일 이름을 적어줍니다.
〈DIRECTORY〉에는 분석 대상 폴더를 입력합니다.

---

2. 코드 실행하기

〈README.md〉의 설명을 따라 코드를 실행해보자. 실행에 앞서 6절 예제의 결과로 탄
생한 파괴된 데이터들이 포함된 폴더를 이번 예제 폴더에 복사하자. 그리고 5절 예제의
결과로 탄생한 〈merged_ID.xlsx〉 파일도 이번 예제 코드 폴더에 복사하자. 샘플 양식
으로 사용하기 위해서다. 4절 예제에서 만들었던 파일을 하나 가져와서 사용해도 좋다.

```
$ python merge_correct_xlsx.py merged_ID.xlsx personal_info
```

〈merged_FILE.xlsx〉라는 파일이 새로 생겨났다. 이 파일을 실행해보자.

3. 결과 파일 확인하기

파일이 깔끔하게 정리되었다.

4. 업무 자동화 코드 설계 과정

목표 정하기

① 파일을 읽어와 헤더를 비교하기

② 헤더가 템플릿과 같으면 내용물만 뽑아오기

목표를 달성하는 데 필요한 작업 쪼개기

① 엑셀 파일을 하나씩 읽어오기

② 헤더 추출하기

③ 여러 개의 엑셀 파일을 한 개로 합치기

쪼개진 작업들을 해결하기 위한 방법 생각하기

① 엑셀 파일을 하나씩 읽어오기

pyexcel의 get_array() 함수를 활용한다.

```
>>> import pyexcel as px
>>> xls_file = px.get_array(파일이름)
```

② 헤더 추출하기

pyexcel로 불러온 엑셀 파일은 리스트 형태로 가공된다. 리스트의 첫 번째 원소만 인덱싱으로 추출하면 엑셀 파일의 맨 윗줄에 해당하는 헤더를 뽑아낼 수 있다.

```
>>> header = xls_file[0]
```

③ 여러 개의 엑셀 파일을 한 개로 합치기

하나의 리스트를 만들어 두고, 여기에 반복문을 통해 불러온 엑셀 파일들의 내용물을 차곡차곡 저장하는 것으로 합쳐질 엑셀 파일의 리스트를 제작할 수 있다. 이 리스트를 pyexcel의 save_as() 함수로 저장하면 합쳐진 하나의 엑셀 파일을 가공할 수 있다.

5. 알고리즘 순서도

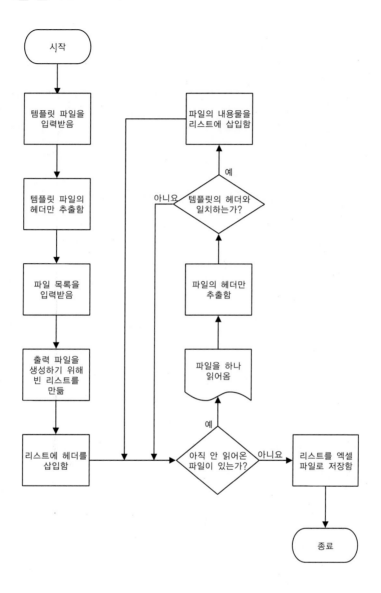

위아래로 길쭉길쭉해서 복잡해 보일 수 있는데, 한번 화살표를 따라가며 천천히 읽어보기 바란다. 생각보다 어렵지 않으니 안심하자.

6. 코드 살펴보기 (소스코드 : merge_correct_xlsx.py)

```
 8   import time
 9   import os
10   import pyexcel as px
11   import sys
12
13   # 작업 시작 메시지를 출력합니다.
14   print("Process Start")
15
16   # 시작 시점의 시간을 기록합니다.
17   start_time = time.time()
18
19   # 서식 예시로 사용할 파일 이름을 시스템으로부터 입력받습니다.
20   template = sys.argv[1]
21
22   # 파일들이 저장된 폴더 이름을 시스템으로부터 입력받습니다.
23   directory = sys.argv[2]
24
25   # 폴더의 내용물을 열람해 목록을 생성합니다.
26   input_files = os.listdir(directory)
27
28   # 템플릿 파일을 읽어와 헤더를 분리합니다.
29   HEADER = px.get_array(file_name=template)[0]
30
31   # 데이터를 저장할 리스트를 만듭니다. 헤더도 넣어줍니다.
32   CONTENTS = [HEADER]
33
34   # input_files에 저장된 파일 이름을 한 번에 하나씩 불러옵니다.
35   for filename in input_files:
36       # 간혹 xlsx 파일이 아닌 파일이 섞여 있을 수 있습니다. 이걸 걸러냅니다.
37       if ".xlsx" not in filename:
38           continue
39
40       # 엑셀 파일이 맞는다면, 파일을 리스트 형태로 읽어옵니다.
41       file = px.get_array(file_name=directory + "/" + filename)
42
43       # 엑셀 파일의 첫 번째 열, 그러니까 헤더만 불러옵니다.
44       header = file[0]
45
46       # 불러온 파일의 헤더가 템플릿과 일치하는지 분석합니다.
47       if HEADER != header:
```

```
48          # 일치하지 않는다면 건너뜁니다
49          continue
50
51      # CONTENTS 리스트에 엑셀 파일의 내용물을 입력합니다.
52      CONTENTS += file[1:]
53
54  # 합쳐진 엑셀 파일을 저장합니다.
55  px.save_as(array=CONTENTS, dest_file_name="merged_FILE.xlsx")
56
57  # 총 몇 개의 파일이 합쳐졌는지를 출력합니다.
58  print("Total " + str(len(CONTENTS) - 1) + " files were merged.")
59
60  # 작업 종료 메시지를 출력합니다.
61  print("Process Done.")
62
63  # 작업에 총 몇 초가 걸렸는지 출력합니다.
64  end_time = time.time()
65  print("The Job Took " + str(end_time - start_time) + " seconds.")
```

주석을 참고하며 코드를 한 줄씩 읽어보자. 앞 절들에서 설명했던 기법들을 그대로 가져다 쓴 것에 불과하다 보니, 이번 절의 코드는 상당히 쉬운 편이다.

주목할 만한 부분은 52번째 줄이다. 인덱싱이 아니라 슬라이싱을 활용하고 있다는 점이다. 실전 업무에서 사용할 엑셀 파일은 한 줄짜리 파일이 아닐 가능성이 훨씬 크기 때문에, 슬라이싱으로 구현해 엑셀 파일의 크기에 상관없이 코드가 범용적으로 작동하도록 설계하는 편이 좋다.

...... 10 ......

서식이 서로 일치하는 엑셀 파일끼리 합치기

1. <README.md>

'2_4_10_서식이 서로 일치하는 엑셀 파일끼리 합쳐버리기' 폴더로 이동해 〈README. md〉 파일을 열어보자.

서식이 서로 일치하는 엑셀 파일끼리 합치기

아래 명령어를 입력하면 코드가 실행됩니다.

```
$ python merge_same_xlsx_files.py <DIRECTORY>
```

〈DIRECTORY〉에는 엑셀 파일들이 저장된 폴더를 입력합니다.

---

2. 코드 실행하기

〈README.md〉의 설명을 따라 코드를 실행해보자. 실행에 앞서 6절 예제의 결과로 탄생한, 파괴된 데이터들이 포함된 폴더를 이번 예제 폴더에 복사하자.

```
$ python merge_same_xlsx_files.py personal_info
```

코드의 실행이 완료되면 'merged_personal_info'라는 폴더가 새로이 생겨났을 것이다. 이 폴더를 열어보자.

3. 결과 파일 열어보기

폴더 안에 새로운 엑셀 파일들이 여러 개 있을 것이다. 이 파일들을 열어보자.

이 서로 일치하는 엑셀파일끼리 합쳐버리기 > merged_personal_info

이름 ^	수정한 날짜	유형	크기
0_merged_File.xlsx	2020-05-16 오후 1:12	Microsoft Excel 워...	36KB
1_merged_File.xlsx	2020-05-16 오후 1:12	Microsoft Excel 워...	6KB
2_merged_File.xlsx	2020-05-16 오후 1:12	Microsoft Excel 워...	6KB
3_merged_File.xlsx	2020-05-16 오후 1:12	Microsoft Excel 워...	6KB
4_merged_File.xlsx	2020-05-16 오후 1:12	Microsoft Excel 워...	6KB
5_merged_File.xlsx	2020-05-16 오후 1:12	Microsoft Excel 워...	6KB
6_merged_File.xlsx	2020-05-16 오후 1:12	Microsoft Excel 워...	6KB
7_merged_File.xlsx	2020-05-16 오후 1:12	Microsoft Excel 워...	6KB
8_merged_File.xlsx	2020-05-16 오후 1:12	Microsoft Excel 워...	6KB
9_merged_File.xlsx	2020-05-16 오후 1:12	Microsoft Excel 워...	6KB
10_merged_File.xlsx	2020-05-16 오후 1:12	Microsoft Excel 워...	6KB
11_merged_File.xlsx	2020-05-16 오후 1:12	Microsoft Excel 워...	6KB
12_merged_File.xlsx	2020-05-16 오후 1:12	Microsoft Excel 워...	6KB
13_merged_File.xlsx	2020-05-16 오후 1:12	Microsoft Excel 워...	6KB
14_merged_File.xlsx	2020-05-16 오후 1:12	Microsoft Excel 워...	6KB
15_merged_File.xlsx	2020-05-16 오후 1:12	Microsoft Excel 워...	6KB
16_merged_File.xlsx	2020-05-16 오후 1:12	Microsoft Excel 워...	6KB
17_merged_File.xlsx	2020-05-16 오후 1:12	Microsoft Excel 워...	6KB
18_merged_File.xlsx	2020-05-16 오후 1:12	Microsoft Excel 워...	6KB

파일 중 하나를 열어보았다. 이 파일은 5번째 열이 '고양이'로 변조된 파일들을 모아놓은 것이다.

이번 예제 코드는 폴더 안에 있는 엑셀 파일들을 검사하여, 서식이 동일한 엑셀 파일들만 모아서 하나로 합쳐주는 코드다.

4. 이번 코드에 대한 사족

이번 코드는 저자가 노동청에서 사회복무요원(공익근무요원)으로 복무 중이던 시절 만들었던 코드다. 당시 담당 공무원이 엑셀 파일을 합쳐오라는 일을 시켰는데 이걸 하기 싫어서 코드를 짜서 자동으로 일을 처리했다. 이 자동화 코드를 공무원에게 이메일로 보내줬다가 큰일이 발생했다. 국가정보자원관리원에서 바이러스 공격으로 오인해 노동청 IP를 국가가 차단시킨 것이다. 이와 관련된 상세한 이야기는 아래 링크를 통해 열람해볼 수 있다. 이 사건 덕분에 언론에도 제보되고 이 책을 집필할 기회도 얻게 되었다.

5. 업무 자동화 코드 설계 과정

목표 정하기

① 폴더 안에는 다양한 종류의 파일들이 존재할 텐데, 이들을 메모리상에서 구분하기

② 출력될 파일들의 내용물이 섞이지 않게 격리하기

목표를 달성하는 데 필요한 작업 쪼개기

① 헤더 리스트를 정리할 리스트 만들기

② 엑셀 파일의 내용물을 저장할 리스트를 저장할 리스트를 만들기

쪼개진 작업들을 해결하기 위한 방법 생각하기

① 헤더 리스트를 정리할 리스트 만들기

빈 리스트를 만들고 헤더들을 여기에 삽입하는 것으로 문제를 해결할 수 있다.

② 엑셀 파일의 내용물을 저장할 리스트를 저장할 리스트를 만들기

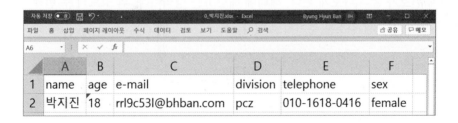

위 그림과 같은 엑셀 파일을 리스트로 만들면 아래와 같은 형태가 된다.

```
>>> file1 = [['name', 'age', 'e-mail', 'division', 'telephone',
'sex'], ['박지진', '18', 'rrl9c53l@bhban.com', 'pcz', '010-1618-
0416', 'female']]
```

이런 식으로 리스트로 다듬어진 파일들이 여러 개 있다고 생각해보자. 그러면 이런 파일들을 모아둔 리스트도 생각해볼 수 있지 않을까?

```
>>> files = [file1, file2, file3, file4]
>>> file1
[['name', 'age', 'e-mail', 'division', 'telephone', 'sex'], ['박지진', '18', 'rr19c53l@bhban.com', 'pcz', '010-1618-0416', 'female']]
```

엑셀 파일의 각 행은 리스트다. 그리고 엑셀 파일은 리스트의 리스트다. 그러면 리스트의 리스트를 저장할 더 큰 리스트를 만들어 파일들을 저장한다면, 파일의 내용물이 섞이지 않게 만들 수 있다. 예를 들어 file2의 내용물을 수정하려면 아래와 같은 방법을 사용할 수 있겠다.

```
>>> new_header = files[1][0]
>>> files[1].append(new_header)
```

위 코드의 첫 번째 줄에서는 files[1]에 접근했다. 앞에서부터 두 번째 원소이니 file2에 해당한다. 그리고 그 뒤에 있는 대괄호에서 또다시 인덱싱을 시도했다. 그러면 file2의 첫 번째 원소가 뽑혀 나오게 된다. 헤더에 해당하는 영역이다. 위 코드의 두 번째 줄에서는 files[1]에 접근해 원소를 추가하고 있다.

인덱스만 안 섞이면 충분히 우리의 목표를 달성할 수 있다.

6. 알고리즘 순서도

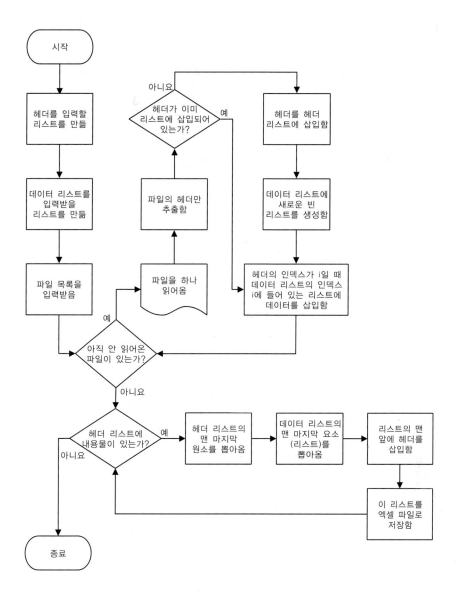

굉장히 복잡해 보인다. 이렇게 복잡한 알고리즘을 분석하는 방법이 있다. 병목을 찾는 것이다. 자세히 살펴보면 위 그림은 크게 두 덩어리로 쪼갤 수 있다. 윗부분과 아랫부분으로 말이다. 각각을 쪼개놓고 살펴보면 그렇게 어렵지 않다. 윗부분은 마름모가 두 개 있는 알고리즘이고 아랫부분은 하나밖에 없는 알고리즘이다.

이렇게 복잡해 보이는 알고리즘 순서도를 만났을 때는 일단 진정하고 여러 부분을 쪼개 보자. 마름모를 기준으로 쪼개면 대부분은 얼추 말이 된다.

7. 코드 살펴보기 (소스코드 : merge_same_xlsx_files.py)

```python
 8  import time
 9  import os
10  import pyexcel as px
11  import sys
12
13  # 작업 시작 메시지를 출력합니다.
14  print("Process Start")
15
16  # 시작 시점의 시간을 기록합니다.
17  start_time = time.time()
18
19  # 서식을 분석해 합칠 파일들이 저장된 폴더 이름을 시스템으로부터 입력받습니다.
20  directory = sys.argv[1]
21
22  # 결과물을 저장할 폴더를 생성합니다.
23  out_dir ="merged_" + directory
24  if out_dir not in os.listdir():
25      os.mkdir(out_dir)
26
27  # 폴더의 내용물을 열람해 목록을 생성합니다.
28  input_files = os.listdir(directory)
29
30  # 헤너늘을 저장할 리스트를 만듭니다.
31  HEADERS = []
32
33  # 엑셀 파일의 내용을 저장할 리스트를 만듭니다.
34  CONTENTS = []
35
36  # input_files에 저장된 파일 이름을 한 번에 하나씩 불러옵니다.
37  for filename in input_files:
38      # 간혹 xlsx 파일이 아닌 파일이 섞여 있을 수 있습니다. 이걸 걸러냅니다.
39      if ".xlsx" not in filename:
40          continue
```

```
41
42         # 엑셀 파일이 맞다면, 파일을 리스트 형태로 읽어옵니다.
43         file = px.get_array(file_name=directory + "/" + filename)
44
45         # 엑셀 파일의 첫 번째 열, 그러니까 헤더만 불러옵니다.
46         header = file[0]
47         content = file[1:]
48
49         # 불러온 파일의 헤더가 이미 읽어왔던 파일과 일치하는지 분석합니다.
50         # 아래 코드는 새로운 헤더가 발견될 때에만 작동합니다.
51         if header not in HEADERS:
52             # 처음 발견된 헤더라면 기록해 둡니다.
53             HEADERS.append(header)
54             # 출력할 파일 템플릿 리스트를 제작하여 저장해둡니다.
55             CONTENTS.append([header])
56
57         # 저장할 파일 리스트를 불러옵니다.
58         index = HEADERS.index(header)
59
60         # 리스트에 데이터 값을 입력합니다.
61         CONTENTS[index] += content
62
63 # 합쳐진 데이터들을 각각 엑셀 파일로 저장합니다.
64 for i in range(len(CONTENTS)):
65     px.save_as(array=CONTENTS[i], dest_file_name=out_dir + "/" +
str(i) + "_merged_File.xlsx")
66
67 # 작업 종료 메시지를 출력합니다.
68 print("Process Done.")
69
70 # 작업에 총 몇 초가 걸렸는지 출력합니다.
71 end_time = time.time()
72 print("The Job Took " + str(end_time - start_time) + " seconds.")
```

헤더와 내용물들을 저장할 리스트 만들기

코드의 31번째 줄에서는 헤더를 저장하기 위한 빈 리스트를 만들고 있으며 34번째 줄에서는 내용물들을 저장하기 위한 빈 리스트를 만들고 있다. 앞으로 이 리스트에 어떤 식으로 파일을 저장하게 될까? 다음 그림을 살펴보자.

파일의 순서가 섞이지 않도록 차곡차곡 데이터를 쌓아 나갈 것이다. 이렇게 하면 동일한 인덱스는 동일한 파일의 정보가 된다. HEADERS[3]과 CONTENTS[3]은 같은 파일의 데이터고, HEADERS[7]과 CONTENTS[7]도 같은 파일의 데이터가 된다는 이야기다.

엑셀 파일을 불러와 헤더와 데이터 분리

46번째 줄에서 헤더를, 47번째 줄에서 데이터를 분리하고 있다.

헤더 분석

51번째 줄에서 헤더가 이미 발견된 적 있는 종류인지 구분짓고 있다. HEADER 안에 삽입된 적이 있는 헤더라면 건너뛴다. 이미 발견된 적 있는 헤더라면 HEADERS에 추가한다. 55번째 줄을 보면 CONTENTS에도 헤더를 삽입하고 있다. 새로운 파일의 내용물을 입력하기 위해 초기 세팅을 해주는 것이다.

데이터 삽입

코드의 58번째 줄에서는 index 함수를 사용하고 있다. 리스트의 원소가 몇 번째 위치에 있는지 알려주는 함수다. 예시를 들어 살펴보자.

```
>>> a = ["a", "b", "c", "d"]
>>> a.index("b")
2
>>> a.index("d")
3
```

인덱스 함수는 리스트뿐 아니라 문자열에도 사용할 수 있다. 아래 예시를 살펴보자.

```
>>> a = "abcdefghi"
>>> a.index("b")
1
>>> a.index("f")
5
```

58번째 줄의 코드는 "HEADERS라는 리스트에서 header가 몇 번째 위치에 있는지"를 찾아내는 역할을 수행한다. 이렇게 index를 알아낸 뒤, 61번째 줄에서 인덱싱을 통해 해당 위치에 엑셀 파일의 내용물을 삽입하고 있다.

완성된 파일 저장하기

64번째 줄에서 for문을 돌리고 있다. 이 for문은 CONTENTS의 길이 만큼 반복된다. 65번째 줄에서 CONTENT[i] 인덱싱을 통해 i번째 파일의 내용물에 접근하고 있다. 그걸 그대로 save_as() 함수를 이용해 엑셀 파일로 저장하고 있는 코드다. 55번째 줄에서 이미 헤더를 하나씩 삽입했으므로 헤더를 삽입하기 위한 별도의 명령은 수행하지 않는다.

······ 11 ······

엑셀 파일의 내용을 엉망으로 만들어버리는 자동화

1. 들어가기에 앞서

이번 절의 예제 코드는 정말로 강력한 코드이다. 엑셀 파일이 몇 개가 있든, 양식이 어떻든 상관없이 이 코드가 내용을 모두 파괴해버릴 수 있다. 이 코드로 타인이나 회사, 관공서의 데이터를 파괴하는 행위는 재산권의 침해, 영업 방해 또는 공무집행 방해가 성립할 수 있으므로 주의를 요망한다.

이 코드는 현실에서는 보안 목적으로 사용하기 바란다. 이 코드로 개인정보가 기재된 엑셀 파일을 한 차례 파괴한 다음 삭제하면 복구가 어려워지게 된다. 혹은 이 코드로 제작한 위조된 파일을 개인정보를 관리하는 파일 사이에 섞어두는 식으로 보안을 강화하는 방법도 가능하다.

제발 부탁이니 퇴사 전에 이 코드를 돌려 회사의 데이터를 파괴하고 퇴사하는 등의 시도는 하지 말기 바란다. 모든 민형사상 책임은 사용자에게 있다.

이 책의 예제에서는 실제 데이터가 기재된 엑셀 파일이 아니라, 앞 절들의 예제를 거쳐 제작된 위조 개인정보가 기재된 엑셀 파일을 활용해 실습을 진행하겠다.

2. <README.md>

'2_4_11_엑셀 파일의 내용을 엉망으로 만들어버리는 자동화' 폴더로 이동해 〈README. md〉 파일을 열어보자.

아래 명령어를 입력하면 코드가 실행됩니다.

```
$ python terrorist.py <DIRECTORY> <PERCENT>
```

〈DIRECTORY〉에는 대상 폴더를 입력합니다.
〈PERCENT〉에는 몇 퍼센트의 데이터를 파괴할 것인지 기재합니다.
책의 예제는 아래와 같습니다.

```
$ python terrorist.py merged_personal_info 30
```

3. 코드 실행하기

경고문을 모두 숙지했기를 기대한다. 이제 화끈하게 모두 파괴해보자. 실제 사용 중
인 엑셀 파일을 파괴할 수는 없으니 10절에서 제작한 엑셀 파일들을 이용하겠다. 10
절에서 생성된 〈merged_personal_info〉 폴더를 이번 예제 폴더로 복사하자. 그리고
〈README.md〉를 참조해 코드를 실행하자.

```
$ python terrorist.py merged_personal_info 30
```

코드 실행이 완료되었다면 〈merged_personal_info〉 폴더로 들어가 파일을 확인해보
자. 아무 파일이나 열어보자.

4. 결과 파일 열어보기

	A	B	C	D	E	F
1	name	야옹	e-mail	division	telephone	sex
2	박지진	야옹	rrl9c53l@bhban.com	pcz	010-1618-0416	female
3	윤지호	16	8x8ix9u6@bhban.com	sdz	야옹이	미야옹
4	강지아	고양이	wlkfz5tn@bhban.com	팀장님사랑해요	010-6169-6461	male
5	최지준	03	2dxnxiz3@bhban.com	팀장님사랑해요	팀장님사랑해요	male
6	장예원	야옹이	4et8w29v@bhban.com	3k5	010-8696-0086	female
7	박예우	04	v0wtvhqk@bhban.com	zya	야옹이	팀장님사랑해요
8	야옹이	72	고양이	sk1	팀장님사랑해요	male
9	고양이	68	고양이	8m1	010-8768-5887	야옹
10	윤도아	52	야옹이	vqn	010-8752-8487	미야옹
11	정지진	86	n2u7qyap@bhban.com	byk	010-8786-1687	야옹
12	이예연	미야옹	30g6mxfk@bhban.com	i28	010-8822-4588	female
13	임하원	95	야옹이	zpt	010-7495-0574	고양이
14	정예아	야옹	r2du7etq@bhban.com	팀장님사랑해요	010-8817-6288	female
15	조서윤	83	팀장님사랑해요	op4	010-0883-5808	male
16	임지원	야옹이	고양이	rz5	010-2884-6028	male
17	정주아	82	야옹	cap	010-8882-3788	female
18	야옹이	16	t2zhs2yh@bhban.com	1eh	010-8916-5989	팀장님사랑해요

끔찍하다. 내용물들이 무작위로 변해버렸다. 코드를 실행할 때 30%의 데이터를 파괴하라고 명령했었다. 이 코드는 30%의 파일을 파괴하는 게 아니라, 모든 파일을 열어 30%의 내용물을 파괴해버린다. 패턴도 일정치 않다. 열, 행 상관없이 임의로 선택된 데이터가 임의의 방식으로 변조되어 버린다.

그러므로 보안 용도로 사용하기 쉽다. 이 코드를 돌린 다음 삭제한 파일은 복구해도 이 상태 그대로 복구된다. 기껏 파일을 복구했는데 내용물에 '야옹' 따위가 적혀 있다면 해커도 의욕을 잃어버리지 않을까?

5. 업무 자동화 코드 설계 과정

목표 정하기
① 폴더 안의 파일을 불러오기
② 데이터를 다양한 형태로 변조하기
③ 데이터를 일부만 파괴하기

목표를 달성하는 데 필요한 작업 쪼개기
① 데이터를 변조하기 위한 규칙을 마련하기
② 변조할 데이터를 선택하는 방법을 마련하기

쪼개진 작업들을 해결하기 위한 방법 생각하기
① 데이터를 변조하기 위한 규칙을 마련하기
미리 리스트에 가짜 데이터들을 모아두고, 이 데이터를 진짜 데이터와 바꿔치기하면 쉽게 달성할 수 있다.

② 변조할 데이터를 선택하는 방법을 마련하기
확률 게임을 통해 쉽게 구현할 수 있다. 예를 들어 사용자가 30%의 데이터를 파괴하라고 명령을 내렸다고 가정해보자. 그러면 모든 데이터를 한 번씩 살펴보면서 일종의 확률 게임을 하는 것이다.

확률을 계산하기 위해 random 모듈을 불러온다. 우리는 randint() 함수를 여러 번 사용해 봤다. 이번에는 정수가 아니라 소수를 리턴하는 함수를 사용해볼 것이다.

```
>>> import random
>>> random.random()
0.8056758761188113
```

0.8 근처의 숫자가 나왔다. random.random()은 0부터 1 사이의 숫자를 임의로 출력해 준다. 자, 데이터를 한 개 검토할 때마다 random.random()을 실행해 무작위 숫자를 받아온 다음 이 숫자가 30%보다 작으면 데이터를 파괴하면 어떨까? 통계적으로 봤을 때, 이렇게 하면 30%의 데이터를 파괴할 수 있다.

6. 알고리즘 순서도

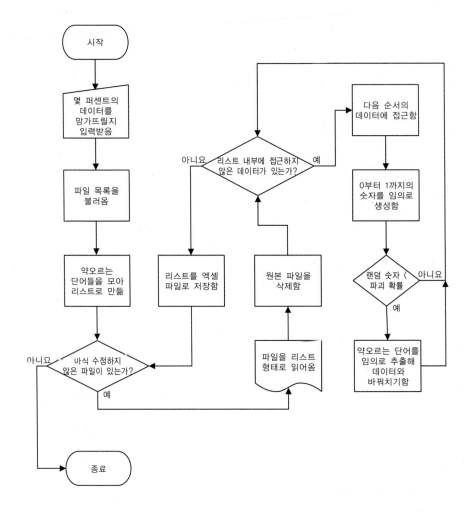

이번 도표도 복잡해 보이지만 자세히 살펴보자. 세 단계로 쪼갤 수 있다. 왼쪽, 가운데, 오른쪽으로 말이다. 겁먹지 말고 작은 덩어리들 위주로 살펴보기 바란다.

이렇게 복잡해 보이는 도표를 빠르게 이해하려면 손가락으로 화살표를 따라 움직이면서 정독하는 것이 큰 도움이 된다.

7. 코드 살펴보기 (소스 코드 : terrorist.py)

```
8    import time
9    import os
10   import pyexcel as px
11   import sys
12   import random
13
14   # 작업 시작 메시지를 출력합니다.
15   print("Process Start")
16
17   # 시작 시점의 시간을 기록합니다.
18   start_time = time.time()
19
20   # 서식을 망가뜨릴 파일들이 저장된 폴더 이름을 시스템으로부터 입력받습니다.
21   directory = sys.argv[1]
22
23   # 몇 퍼센트의 데이터를 망가뜨릴 것인지 시스템으로부터 입력받습니다.
24   percent = float(sys.argv[2])/100
25
26   # 폴더의 내용물을 열람해 목록을 생성합니다.
27   input_files = os.listdir(directory)
28
29   # 원래 있던 자료 대신 집어 넣을 약오르는 단어들을 모아줍니다.
30   TERROR = ["고양이", "야옹", "야옹이", "미야옹", "팀장님사랑해요"]
31
32   # input_files에 저장된 파일 이름을 한 번에 하나씩 불러옵니다.
33   for filename in input_files:
34       # 간혹 xlsx 파일이 아닌 파일이 섞여 있을 수 있습니다. 이걸 걸러냅니다.
35       if ".xlsx" not in filename:
36           continue
37
38       # 엑셀 파일이 맞는다면, 파일을 리스트 형태로 읽어옵니다.
```

```
39      data = px.get_array(file_name=directory + "/" + filename)
40
41      # 원본 파일을 삭제합니다.
42      os.remove(directory + "/" + filename)
43
44      # 2중 for문으로 데이터에 접근합니다.
45      for i in range(len(data)):
46          for j in range(len(data[i])):
47              # 파괴 확률을 적용합니다.
48              if random.random() < percent:
49                  # 확률상 당첨이 되었다면 데이터를 파괴합니다.
50                  data[i][j] = random.choice(TERROR)
51
52      # 수정이 완료된 파일로 바꿔치기합니다.
53      px.save_as(array=data, dest_file_name=directory + "/" +
        filename)
54
55  # 작업 종료 메시지를 출력합니다.
56  print("Process Done.")
57
58  # 작업에 총 몇 초가 걸렸는지 출력합니다.
59  end_time = time.time()
60  print("The Job Took " + str(end_time - start_time) + " seconds.")
```

라이브러리 import

8번째 줄에서부터 12번째 줄까지 라이브러리를 불러오고 있다. 이번 예제에서는 확률 계산을 위해 random 모듈을 불러왔다.

퍼센트 계산

코드의 24번째 줄에서 6절 예제와 같은 방법으로 퍼센트를 입력받고 있다.

변조할 데이터 정리

코드의 30번째 줄에서 변조할 데이터를 미리 지정해주고 있다. 이 중에서 하나를 임의로 선택하고, 그 값을 원본 데이터와 바꿔치기하는 식으로 데이터를 위조할 것이다. 예제 코드에서는 편의상 5개의 샘플만 기재해두었는데, 여기서 많은 데이터를 입력할 수록 코드의 보안이 강력해진다.

또한 이 책의 예제에서는 재미를 추구하고자, 그리고 고양이의 귀여움을 널리 알리고자 예시를 이렇게 만들었지만, 실제 데이터와 유사한 형태로 교묘하게 위조 데이터를 만든다면 더욱 효과가 좋을 것이다. 예를 들어서 TERROR 리스트에 숫자 위주의 원소를 삽입한 다음, 코드를 돌려 숫자 위주로 작성된 엑셀 파일을 변조한다면 겉보기에는 엑셀 파일이 매우 멀쩡해 보일 것이다. 숫자가 다른 숫자로 바뀌었기 때문이다. 거기 기재된 내용물을 꼼꼼하게 점검할 때가 되어서야 비로소 무언가 잘못되었다는 사실을 깨달을 수 있게 된다.

자고로 무언가 파일을 변조하거나 파괴할 때는 당했는지도 모르는 채로 당하게 만드는 것이 가장 효과적이다.

모든 데이터에 접근하기

모든 데이터에 접근하기 위해 방법을 고민해보자. 엑셀 파일은 리스트 형태이므로 for문을 사용하면 각각의 행에 쉽게 접근할 수 있다. 각각의 행은 리스트 형태이므로 for문을 사용하면 내부 원소에 접근할 수 있다. 결과적으로 for문 두 개만 있으면 모든 원소에 접근할 수 있다.

코드의 45~50번째 줄에서 for문을 두 개 사용하고 있다. 이렇게 겹쳐진 for문을 2중 for문이라고 부른다. 첫 번째 for문은 엑셀 파일의 열을 탐색한다. 엑셀 표의 데이터를 위에서부터 아래로 한 칸씩 내려가는 것이다. 두 번째 데이터는 엑셀 파일의 행을 탐색한다. 엑셀 표의 데이터를 왼쪽에서부터 오른쪽으로 탐색하는 셈이다.

확률 게임

48번째 줄에서 확률을 계산하고 있다. random.random()의 결과물이 percent보다 낮으면 파괴되고 그렇지 않으면 파괴되지 않는다. 만약 당첨이 된다면 if문의 조건이 참이 되어 50번째 줄의 코드가 실행된다.

데이터의 파괴

50번째 줄에서는 인덱싱을 통해 파괴하고자 하는 데이터에 접근하고 있고, random. choice() 함수를 이용해 TERROR 리스트에서 한 개의 값을 꺼내고 있다. 선택 된 값이 데이터에 삽입된다. 이런 과정을 통해 일부 데이터들이 '야옹이' 또는 '고양이'로 변조된 것이다.

6개월 치 업무를
하루 만에 끝내는
업무 자동화

CHAPTER

5

컴퓨터!
디자인 작업도 자신 있지?
1분 안에 모두 처리해!

이번 장에서는 이미지 편집 작업을 자동화하는 방법을 다루고 있다. 저자가 자문을 의뢰받은 적 있거나, 직접 회사를 운영하면서 불편함을 느껴 개발한 소프트웨어들이기도 하다. 예제로 활용할 수 있게 어려운 코드를 쉽게 풀어서 적어보았는데, 낯선 내용에 어려움을 느끼셨을 것 같아 죄송한 마음이다.

이번 장에서 주된 관심사는 PIL을 이용한 이미지 자동화 기법이다. 이미지 자동화를 통해 SNS의 활용성을 높일 수도 있고, 한 달짜리 밤샘 작업을 1분만에 처리할 수도 있다.

PIL에는 이 책에 소개된 기법 외에도 훌륭한 이미지 처리 함수들이 탑재되어 있으므로, 혹여 이미지 자동화를 하고 싶어진다면 구글에 검색을 해보도록 하자. 여러분에게 필요한 기능은 아마 지구 반대편에 있는 사람도 필요성을 느꼈을 것이다. 분명히 누군가 코드로 만들어 무료로 공개했을 것이니 그걸 찾아내는 연습을 열심히 해보자.

·····01·····

사진 1천 장, 한 번에 만들기

1. <README.md>

'2_5_1_사진 1천 장, 한 번에 만들기' 폴더로 이동해 ⟨README.md⟩ 파일을 열어보자.

사진 1천 장, 한 번에 만들기

아래 명령어를 입력하면 코드가 실행됩니다.

```
$ python noise.py
```

numpy 모듈과 PIL 모듈이 필요합니다.

```
$ pip install numpy
$ pip install pillow
```

---

2. 코드 실행하기

⟨README.md⟩의 설명을 따라 코드를 실행해볼 것이다. 그런데 설명을 살펴보니 numpy 모듈과 PIL 모듈이 필요하다고 한다. 지시하는 대로 pip을 이용해 설치해보자.

```
$ pip install numpy
$ pip install pillow
```

설치가 완료되었다면 아래와 같이 코드를 실행해보자.

```
$ python noise.py
```

코드가 다 돌아갔다면 'random_image'라는 폴더가 생겼을 것이다. 폴더를 열어보자.

3. 결과 파일 열어보기

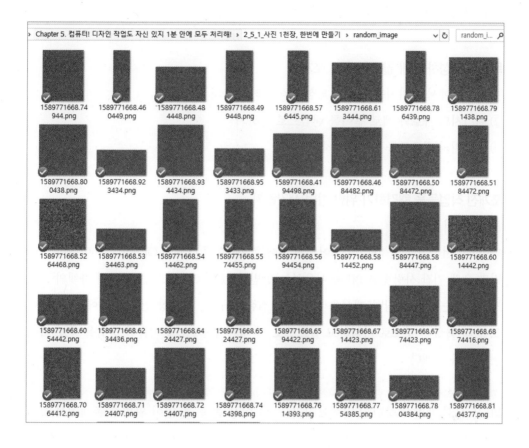

폴더 안에 크기도 모양도, 파일의 이름도 다른 이미지가 1천 개 들어 있다. 이번 장에서는 이미지를 활용한 예제를 주로 다룰 것이다. 1절의 예제 코드 결과물을 이용해 이런저런 이미지 자동화를 달성해볼 것이다. 자, 일단 랜덤 이미지를 어떻게 생성했는지 살펴보도록 하겠다.

4. 업무 자동화 코드 설계 과정

목표 정하기
① 가로와 세로의 길이, 내용물이 모두 랜덤으로 만들어진 이미지 생성
② 이미지 저장

목표를 달성하는 데 필요한 작업 쪼개기
① 파이썬에서 이미지를 만들기 위한 라이브러리 설치
② 이미지의 가로와 세로 길이를 랜덤으로 정하기
③ 이미지의 내용물을 랜덤으로 칠하기

쪼개진 작업들을 해결하기 위한 방법 생각하기
① PIL 설치

파이썬에서 이미지를 다루려면 어떻게 해야 할까? 요즘 대세인 OpenCV를 이용하는 방법과 오랜 기간 사랑받은 PIL을 이용하는 방법이 있다. OpenCV는 이미지 자체의 크기 조절보다는 더욱 복잡한 계산을 하기에 적절한 도구다. 경험상 입문 단계에서는 PIL이 조금 더 쉬웠던 것으로 기억하고 있으므로 이 책에서는 PIL을 이용한 방법을 주로 다루어 보도록 하겠다.

PIL은 사실 개발이 중단된 라이브러리다. 더 이상 손볼 곳 없이 완벽한 존재여서 그랬을까? 당시 전 세계에 이미 PIL이 없으면 살아갈 수 없는 몸이 되어버린 개발자들이 많이 있었기 때문에 PIL을 계승한 PILLOW라는 프로젝트가 생겨났다. 그래서 이 절의 〈README.md〉에서도 PIL을 설치할 때에 PIL이 아니라 pillow라고 적었다.

```
$ pip install pillow
```

반면 파이썬에서 불러올 때는 PIL이라고 적는다.

```
>>> import PIL
```

PIL에서 여러분이 알아두어야 할 기능이 몇 개 있는데, 이건 numpy를 설명하고 나서 설명하겠다.

② numpy(넘파이) 설치

드디어 numpy 설치를 다룬다. 저자는 지금 굉장히 감개무량하고 가슴이 벅차오른다. numpy는 현대 빅데이터와 AI 분야의 근간이 된 기술이라고 봐도 무방하다. '텐서(tensor)'라는 데이터를 다루는 데 numpy만큼 효율이 좋은 도구는 잘 없기 때문이다. 지금도 전 세계의 과학자, 공학자, AI 연구자 그리고 데이터 분석가들이 numpy를 사용하고 있거나 numpy에서 파생된 도구를 사용하고 있다!

이렇게 훌륭한 도구를 단 한 줄의 코드로 방구석에서도 받아볼 수 있는 시대가 되었으니 세상이 정말로 좋아졌다. Git Bash에 아래 코드를 입력해 위대하신 numpy를 영접하자.

```
$ pip install numpy
```

끝났다. numpy의 가장 큰 장점은 텐서를 빠르게 다룰 수 있도록 도와준다는 점이다. 텐서란 무엇인지 간단하게만 설명해보겠다.

③ 텐서와 이미지

독자 여러분, 혹시 행렬에 대해서는 알고 있는가? 정규교육 과정에 포함되었다 빠졌다 하는 녀석인지라 모르는 분들도 계실 것 같아 간단하게 설명하겠다. 행렬은 숫자를 2차원으로 배열해 놓은 것이다. 그러니 표 형태로 정리된 데이터는 행렬이라고 생각하면 된다. 지금까지 우리가 다루었던 csv나 xlsx 파일들도 모두 행렬이라 생각하면 얼추 맞다.

그런데 이미지 파일은 2차원 행렬로 표시하기가 곤란하다. 사진에는 가로와 세로가 있고, 그 가로세로를 한 칸씩 쪼개어 놓은 것을 픽셀이라고 부른다. 픽셀을 눈으로 봤을 때 어떻게 보이는지 한번 확인해보자.

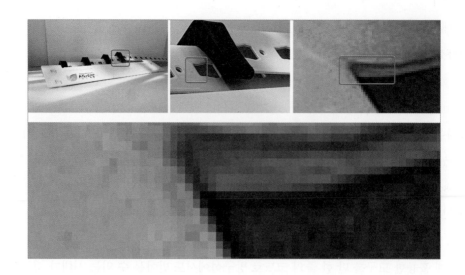

사진 한 장을 끊임없이 확대하다 보면 조금씩 이미지가 계단 형태로 깨지는 것을 볼 수 있다. 여기서 사진을 더 확대해 보면 위 사진의 아랫부분과 같이 작은 정사각형들을 발견할 수 있다. 이 정사각형 하나하나를 우리는 픽셀(pixel)이라고 부른다. 사진은 픽셀들이 가로세로로 모여서 만들어지는 데이터이며, 하나의 픽셀은 하나의 색깔만 가진다.

그러면 사진은 픽셀이 가로세로로 네모 반듯하게 정렬해 있는 것이므로 행렬일까? 사실은 그렇지 않다. 사진은 2차원 데이터가 아니라 3차원 데이터다.

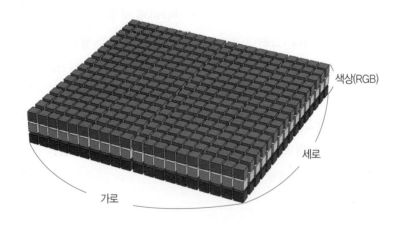

사진은 가로와 세로로 데이터가 나열해 있지만, 색상 또한 기재되어 있다. 컴퓨터는 색상을 세 가지 색상의 조합으로 표현한다. R(Red, 빨강), G(Green, 녹색) B(Blue, 파랑) 세 가지 색상으로 말이다. 이 세 가지 색은 빛의 삼원색에 해당하기도 한다. R, G, B는 각각 독립적인 값을 가진다. 그리고 그 값은 0부터 255까지의 숫자다.

예를 들어 (RGB) 값이 (255, 0, 0)인 데이터에서 빨간색은 최댓값이고 녹색과 파란색은 전혀 없는 색이므로 순수한 빨간색이 된다. (255, 255, 255)는 삼원색이 모두 최댓값을 가지는 흰색이다. (0, 0, 0)은 아무런 빛이 없는 상태로 까만색에 해당한다.

이렇듯 색상은 3차원 값이다. 다른 말로는 벡터라고 한다. 사진은 색상 정보가 담겨 있으므로 2차원 데이터가 아니라 3차원 데이터다. 2차원 데이터는 행렬이라고 불렀는데, 3차원 데이터는 뭐라고 부를까? 3차원 혹은 그 이상 차원을 가지는 데이터는 '텐서 (tensor)'라고 부르면 대충 맞다. 정확한 수학적 정의는 아니지만, 일반인들이 텐서라는 단어를 사용할 범위 안에서는 틀린 말은 아니다.

numpy는 텐서를 쉽게 다루기 위한 데이터다. 2차원, 3차원 데이터는 물론 4차원, 5차원 데이터도 빠르고 쉽게 정리해준다. 우리는 디자인 자동화를 달성하기 위해 numpy를 적극적으로 활용할 것이다. 디자인이야말로 3차원 데이터를 아름답게 편집하는 과정이기 때문이다.

참고로, 흑백 사진의 경우 색상은 없고 밝기 값 하나만 존재하기 때문에 2차원 데이터인 행렬로 표현할 수 있다.

numpy와 PIL을 이용해 이미지를 생성하는 과정은 예제 코드들을 살펴보면서 차근차근 배워보자.

④ 이미지의 가로와 세로 길이를 랜덤으로 정하기

random 모듈의 randint() 함수를 사용하면 쉽게 정할 수 있다. 그런데 이번에는 random 모듈의 randint() 함수를 사용하는 대신 numpy를 활용할 것이다. numpy도 랜덤 기능을 내장하고 있는데, 이게 random 모듈을 사용하는 것보다 효율이 좋다. 코드를 살펴보면서 함께 설명하겠다.

⑤ 이미지의 내용물을 랜덤으로 칠하기

앞서 이미지는 3차원 텐서고, RGB 값의 조합으로 픽셀의 색상이 결정되는 것을 살펴보았다. 그렇다면 R, G, B 값을 0~255 사이에서 랜덤으로 결정해버리면 어떻게 될까? 픽셀의 색상이 랜덤으로 칠해질 것이다. 상세한 과정은 코드를 살펴보며 함께 다루어보겠다.

이미지의 가로 크기가 100, 세로 크기가 100이면 픽셀은 총 1만 개가 있다. 그렇다면 1만 개의 픽셀을 모두 랜덤 색상으로 칠하려면 코드가 몇 줄이나 필요할까? numpy와 함께라면 단 한 줄의 코드로도 충분하다.

5. 알고리즘 순서도

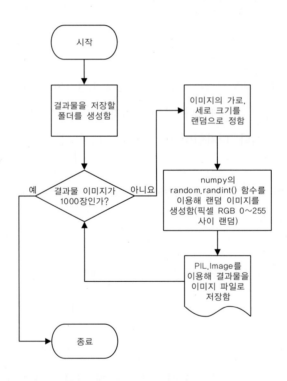

어떤가? 앞 절들에서부터 살펴봤던 알고리즘에 비해 간단하지 않은가? 모두 numpy와 PIL 덕분이다. 이 두 라이브러리가 없었다면 아마 알고리즘 순서도만으로 이 책의 페이지 열 장은 채울 수 있었을 것이다.

6. 코드 살펴보기 (소스 코드 : noise.py)

```
8    import time
9    import os
10   import numpy as np
11   from PIL import Image
12
13
14   # 작업 시작 메시지를 출력합니다.
15   print("Process Start.")
16
17   # 시작 시점의 시간을 기록합니다.
18   start_time = time.time()
19
20   # 생성할 이미지 파일 개수를 정의합니다.
21   NUM_SAMPLES = 1000
22
23   # 결과물을 저장할 폴더를 생성합니다.
24   out_dir ="random_image"
25   if out_dir not in os.listdir():
26       os.mkdir(out_dir)
27
28
29   # NUM_SAMPLES 횟수만큼 반복하며 그림을 생성합니다.
30   # 이를테면, NUM_SAMPLES가 100이면 랜덤 이미지 100개를 생성합니다.
31   for i in range(NUM_SAMPLES):
32       # 저장할 파일 이름을 정합니다. 현재 시각을 그대로 가져오죠.
33       name = str(time.time())[-7:] + ".png"
34
35       # 랜덤 이미지를 생성하기 위해 사이즈를 정의합니다. 사이즈마저도 랜덤입니다.
36       Xdim, Ydim = np.random.randint(100, 400, size=2)
37
38       # 랜덤 이미지를 생성합니다.
39       image = np.random.randint(256, size=(Xdim, Ydim, 3)).
     astype('uint8')
40
41       # 결과물을 PIL Image 형태로 만듭니다.
42       result = Image.fromarray(image)
43
44       # 결과물 파일을 저장합니다.
45       result.save(out_dir + "/" +name)
```

```
46
47        # 이미지를 닫아줍니다.
48        result.close()
49
50    # 작업 종료 메시지를 출력합니다.
51    print("Process Done.")
52
53    # 작업에 총 몇 초가 걸렸는지 출력합니다.
54    end_time = time.time()
55    print("The Job Took " + str(end_time - start_time) + " seconds.")
```

라이브러리 import

코드의 10번째 줄과 11번째 줄에서 각각 numpy와 PIL을 불러오고 있다. 설치할 때는 pillow였지만 불러올 때는 PIL이니 주의하도록 하자. PIL은 굉장히 덩치가 큰 프로그램인데, 우리는 그중에서 Image만 똑 떼 와서 사용할 것이다. 어떤 라이브러리 일부만 불러오고 싶다면 11번째 줄 코드와 같이 from을 활용하면 된다.

```
>>> from PIL import Image
```

저장할 파일 이름 랜덤으로 정하기

파일 이름을 랜덤으로 정할 때는 time.time()을 사용하는 것만큼 편리한 수단이 없다. 코드의 33번째 줄에서도 현재 시각을 받아와서 숫자를 그대로 문자열로 타입캐스팅해 파일 이름으로 사용하고 있다.

이번 예제 코드에서는 확장자를 '.png'로 세팅했는데 gif, bmp나 jpg 등의 이미지 확장자도 얼마든지 사용할 수 있으니 취향에 맞는 확장자를 고르도록 하자. 이 책에서 png를 선택한 이유는 png 파일이 그나마 제일 까다로운 축에 속하기 때문이다. JPG 파일과 달리 png 파일은 배경의 투명도까지 함께 표현하는 복잡한 사진 포맷이다. 이 책의 예제 코드가 복잡한 png 파일에서도 이상 없이 작동함을 보여드리고자 png 파일로 세팅했다.

이미지 사이즈를 랜덤으로 정하기

36번째 줄의 코드를 살펴보자. 여기에는 numpy 문법뿐만 아니라 언패킹(unpacking) 이라는 기법까지 함께 적용되어 있다.

파이썬은 리스트의 원소를 여러 개의 문자에 한 번에 쪼개서 저장하기 위한 언패킹 기능을 제공한다.

```
>>> my_list = [1, 2, 3, 4]
```

위 리스트의 내용물을 4개의 서로 다른 변수에 저장하는 코드를 두 가지 방법으로 보여주겠다.

언패킹(unpacking) 사용하지 않음	언패킹(unpacking) 사용

`>>> a = my_list[0]`
`>>> b = my_list[1]`
`>>> c = my_list[2]`
`>>> d = my_list[3]`
	`>>> a, b, c, d = my_list`

위와 같이 언패킹을 사용할 경우 코드를 한 줄로 줄일 수 있다. 이게 우리가 언패킹을 사용하는 이유다. 본문 코드의 36번째 줄을 보자.

numpy에는 random 모듈이 내장되어 있다. 파이썬의 내장 random 모듈과의 차이점은 numpy의 모듈은 텐서에 적용할 것을 전제로 만들어졌다는 것이다. 아래 코드를 실행해보자.

```
>>> import numpy as np
>>> np.random.randint(100, 400)
224
>>> np.random.randint(100, 400)
173
>>> np.random.randint(100, 400)
384
```

np.random.randint(100, 400)은 100부터 400 사이의 숫자를 랜덤으로 선택해 준다. 왼쪽 숫자는 숫자의 하한선이고, 오른쪽 숫자는 상한선이다. 이번에는 아래와 같이 코드를 약간만 수정해보자.

```
>>> np.random.randint(100, 400, size=2)
array([123, 239])
```

array가 출력되었다. 어레이가 바로 텐서라고 생각하면 된다. size=2를 입력하니 사이즈 2짜리 어레이가 출력되었고, 그 내용물은 모두 랜덤이다. 이번에는 사이즈를 아래와 같이 바꿔보자.

```
>>> np.random.randint(100, 400, size=(2, 2))
array([[399, 181],
       [183, 139]])
```

```
>>> np.random.randint(100, 400, size=(2, 2, 2))
array([[[158, 249],
        [285, 260]],

       [[223, 196],
        [378, 364]]])
```

사이즈에 괄호를 치고 숫자를 넣어 줬더니 출력되는 어레이의 크기가 바뀐다. 이 괄호가 바로 텐서의 차원에 해당한다고 보면 된다. 2×2차원 텐서를 출력하려면 사이즈에 (2, 2)를 입력하면 되고, 2×2×2짜리 3차원 데이터를 출력하려면 사이즈에 (2, 2, 2)를 입력하면 된다.

36번 코드에서는 size=2로 세팅하여 일단 두 개의 랜덤 숫자를 입력받고, 이것을 언패킹해 Xdim과 Ydim에 정리하고 있다.

랜덤 이미지 생성

앞서 이미지는 텐서라고 했다. 따라서 랜덤 이미지는 np.random.randint()를 이용해 만들 수 있다. 39번째 줄에서는 단 한 줄의 코드로 랜덤 이미지를 생성하고 있다.

```
>>> image = np.random.randint(256, size=(Xdim, Ydim, 3)).
astype('uint8')
```

먼저 맨 뒤에 있는 괄호부터 살펴보자. 'uint'은 부호가 없는 정수(unsigned int)의 줄임 말이다. 'uint8'은 8비트 데이터로 표시되는, 부호가 없는 정수를 뜻한다. 8비트이므로 총 2의 8승 개의 데이터를 표현할 수 있다. 0부터 255 사이의 정수를 표현해야 할 때 주로 사용한다.

PIL은 이미지를 저장할 때 uint8 포맷을 사용한다. 다양한 이유가 있겠지만 용량이 작다는 장점이 가장 크지 않을까. 보통 int는 32비트 또는 64비트이므로 uint8은 상당히 용량이 작은 숫자 표현 방식이다.

astype()은 말 그대로 '~ 타입으로'라는 뜻이다. numpy 어레이(array) 뒤에 .astype() 함수를 붙이고 괄호 안에 변경하고자 하는 타입을 적으면 데이터의 타입이 바뀐다. 위 코드는 데이터를 uint8 형태로 변환하고 있다. 이외에 필요에 따라서 'float', 'int32' 따위의 옵션을 기재할 수도 있는데 자동화에서는 그다지 쓸 일이 없다.

np.random.randint() 함수를 살펴보자.

```
>>> np.random.randint(256, size=(Xdim, Ydim, 3))
```

이번에는 숫자가 단 하나만 입력되었다. 이렇게 randint()에 숫자를 하나만 입력하면 0 부터 저 숫자 사이의 범위에서 랜덤으로 숫자를 하나 선택한다. 256이 입력되었으므로 0부터 255 사이의 숫자가 매번 튀어나오게 된다. 랜덤으로.

사이즈를 주목하자. 사이즈에는 Xdim, Ydim 그리고 3이 입력되어 있다. 3은 RGB 색상을 표현하기 위해 입력된 것이다. 위 코드를 실행하면 이미지의 가로세로, 그리고 색상 방향 3차원을 표현하는 텐서가 생성된다. 그 내용물은 모두 랜덤이므로 모든 픽셀의 색상이 랜덤이 된다.

텐서를 이미지로 변환

PIL 라이브러리의 Image 모듈을 이용해 텐서를 이미지로 변환하고 있다. 42번째 줄을 살펴보자.

```
>>> result = Image.fromarray(image)
```

Image.fromarray() 함수는 이름 그대로 어레이(텐서)를 이미지로 변환해주는 함수다. 앞서 만들었던 텐서를 이 함수에 집어 넣으면 PIL에서 사용하는 이미지 규격으로 변환된다.

이미지 저장

PIL에서 사용하는 이미지 규격으로 데이터가 변환되었다면 저장은 굉장히 쉽다. 아래와 같이 save() 함수를 사용하면 끝이다.

```
>>> result.save("파일 이름")
```

45번째 줄에서 위와 같은 방법으로 이미지를 저장하고 있다.

메모리에서 이미지 삭제

메모리에 있던 이미지를 디스크에 저장했으니 이제 메모리에서 이미지 데이터를 지워주자. 48번째 줄에서 close()를 이용해 이미지를 닫아주고 있다. 3장에서 텍스트 또는 CSV 파일을 닫아주는 것과 같은 형태다.

······ 02 ······
사진 1천 장, 사이즈 한 번에 변경하기

1. <README.md>

'2_5_2_사진 1천 장, 사이즈 한 번에 변경하기' 폴더로 이동해 〈README.md〉 파일을 열어보자.

사진 1천 장, 사이즈 한 번에 변경하기

아래 명령어를 입력하면 코드가 실행됩니다.

```
$ python resize.py <DIRECTORY> <FACTOR>
```

〈DIRECTORY〉에는 크기를 변환할 사진들이 저장된 폴더 이름을 기재합니다.
〈FACTOR〉에는 몇 퍼센트 비율로 이미지를 변경할 것인지 적습니다. 예를 들어 30을 입력하면 30%가 되고, 150을 입력하면 150% 사이즈가 됩니다.

---

2. 코드 실행하기

1절에서 만든 'random_image' 폴더를 2절 예제 코드 폴더로 복사하자. 그리고 〈README. md〉의 설명을 따라 코드를 실행해보자. 사진을 30% 크기로 줄여보겠다.

```
$ python resize.py random_image 30
```

코드의 실행이 완료되었다면 'resized_image'라는 폴더가 새로이 생성되어 있을 것이다. 내용물을 열어보자.

3. 결과 파일 열어보기

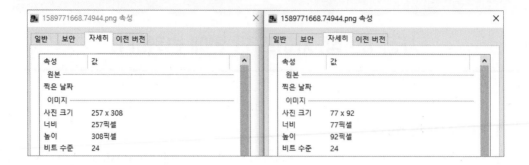

원본 파일과 크기조절이 완료된 사진의 상세정보 창이다. 가로세로 크기가 30%가량으로 감소한 것을 볼 수 있다.

4. 업무 자동화 코드 설계 과정

목표 정하기

① 이미지 파일 불러오기

② 원본 이미지의 크기 알아내기

③ 이미지의 크기 변경하기

목표를 달성하는 데 필요한 작업 쪼개기

① PIL을 활용해 이미지 불러오기

② PIL을 활용해 이미지 크기 알아내기

③ PIL을 활용해 이미지 크기 변경하기

쪼개진 작업들을 해결하기 위한 방법 생각하기

① PIL을 활용해 이미지 불러오기

앞서 텍스트 파일이나 CSV 파일을 읽어올 때 open() 함수를 사용했다. 이미지를 읽어올 때는 Image.open() 함수를 사용하면 된다. 아래와 같이 말이다.

```
>>> from PIL import Image
>>> my_image = Image.open("이미지 파일 이름")
```

② PIL을 활용해 이미지 크기 알아내기
아래 코드를 입력하면 한 번에 이미지의 크기를 알아낼 수 있다.

```
>>> my_image.size
(240, 240)
```

결과물을 언패킹해서 사용하면 용이하다.

```
>>> X_size, Y_size = my_image.size
```

③ PIL을 활용해 이미지 크기 변경하기
PIL에서는 이미지 사이즈를 변경하는 기능을 제공한다. 변경 후 이미지의 x 사이즈와 y 사이즈를 입력하면서 resize() 함수를 이용하면 된다.

```
>>> my_image = my_image.resize((x, y))
```

위 코드를 실행하면 이미지의 크기가 원본 크기에 상관없이 (x, y)로 변경된다. 단, 주의할 점이 있는데 이때 x와 y는 자연수여야 한다. 소수점이거나 음수를 입력하면 에러가 발생하니 주의하자.

5. 알고리즘 순서도

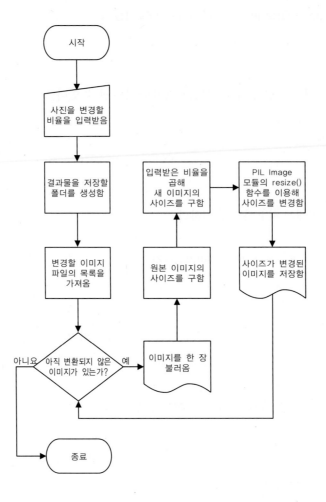

이번 알고리즘에는 마름모가 단 하나밖에 없다. 쉬운 코드라는 뜻이다. 천천히 손가락
으로 화살표를 따라가며 정독해보자.

6. 코드 살펴보기 (소스 코드 : resize.py)

```python
import time
import os
from PIL import Image
import sys

# 작업 시작 메시지를 출력합니다.
print("Process Start.")

# 시작 시점의 시간을 기록합니다.
start_time = time.time()

# 사진이 저장된 폴더 이름을 입력받습니다.
directory = sys.argv[1]

# 몇 퍼센트 비율로 사이즈를 변경할 것인지 입력받습니다.
percent = float(sys.argv[2])/100

# 결과물을 저장할 폴더를 생성합니다.
out_dir ="resized_image"
if out_dir not in os.listdir():
    os.mkdir(out_dir)


# 폴더의 내용물을 열람해 목록을 생성합니다.
input_files = os.listdir(directory)

# input_files에 저장된 파일 이름을 한 번에 하나씩 불러옵니다.
for filename in input_files:
    # 간혹 이미지 파일이 아닌 파일이 섞여 있을 수 있습니다. 이걸 걸러냅니다.
    exp = filename.strip().split('.')[-1]
    if exp not in "JPG jpg JPEG jpeg PNG png BMP bmp":
        continue

    # 이미지를 불러옵니다.
    image = Image.open(directory + "/" + filename)

    # 이미지의 크기를 알아냅니다.
    Xdim, Ydim = image.size
    # 여기에 배율을 곱해 새로운 이미지의 사이즈를 계산합니다.
```

```
48        Xdim *= percent
49        Ydim *= percent
50
51        # 이미지 사이즈를 변경합니다.
52        image = image.resize((int(Xdim), int(Ydim)))
53
54        # 변경된 이미지를 저장합니다.
55        image.save(out_dir + "/" + filename)
56
57        # 이미지를 닫아줍니다.
58        image.close()
59
60    # 작업 종료 메시지를 출력합니다.
61    print("Process Done.")
62
63    # 작업에 총 몇 초가 걸렸는지 출력합니다.
64    end_time = time.time()
65    print("The Job Took " + str(end_time - start_time) + " seconds.")
```

퍼센트 계산

23번째 줄에서 퍼센트를 입력받아 계산하고 있다.

이미지 파일 걸러내기

이미지의 확장자를 검사하고 있다. 파일 이름에 split(".")을 적용하고 있다. 앞서 살펴본 바와 같이, 파일명이 '.'을 기준으로 쪼개지게 된다. 여기에 인덱싱으로 마지막 원소를 취하고 있다. 정상적인 이미지 파일이라면 확장자가 뽑혀 나오게 된다. 아래 코드를 참조하자.

```
>>> filename = "image.png"
>>> splt = filename.split(".")
>>> splt[0]
"image"
>>> splt[1]
"png"
```

```
>>> splt[-1]
"png"
```

38번째 줄에서 in 연산자를 통해 확장자를 분석하고 있다.

```
>>> if exp not in "JPG jpg JPEG jpeg PNG png BMP bmp":
>>>     continue
```

이 경우 확장자 파일이 ".G j"나 ".g B" 등 이상한 형태로 지정된 경우를 잡아낼 수 없게 되지만, 코딩에 매우 짧은 시간을 투자해 예외 처리를 할 수 있다는 장점이 있다.

이미지 파일 불러오기
42번째 줄에서 Image.open()을 이용해 이미지를 불러오고 있다.

이미지 크기 알아내기
45번째 줄에서 이미지의 크기를 알아내고 있다.

새로운 이미지 크기 계산하기
원래 이미지 사이즈에 퍼센트를 곱해, 변환하고자 하는 새로운 이미지의 사이즈를 계산한다.

이미지 사이즈 변경하기
52번째 줄에서 resize()를 이용하여 이미지의 사이즈를 변경하고 있다. 여기서 주목할 점은 Xdim, Ydim에 int() 함수를 적용하고 있다는 점이다. 소수점이 들어가면 에러가 나기 때문에 정수로 바꾸어주는 과정이다.

이미지 저장하기
앞 절과 마찬가지로 save()를 이용해 이미지를 저장하고 있다.

······ 03 ······

사진 1천 장, 인스타그램용 사이즈로 한 번에 변경하기

1. <README.md>

'2_5_3_사진 1천 장, 인스타그램용 사이즈로 한 번에 변경하기' 폴더로 이동하여 〈README. md〉 파일을 열어보자.

사진 1천 장, 인스타그램용 사이즈로 한 번에 변경하기

아래 명령어를 입력하면 코드가 실행됩니다.

```
$ python insta_jungdok.py <DIRECTORY> <COLOR>
```

〈DIRECTORY〉에는 크기를 변환할 사진들이 저장된 폴더 이름을 기재합니다.
〈COLOR〉에는 배경으로 지정할 색깔을 입력합니다.
white, black, blue, red, … 등 왠만한 색상은 입력 가능합니다. 상세한 목록은 Python Image Library 설명서를 검색해보세요.

---

2. 코드 실행하기

2절에서 만든 'resized_image' 폴더를 이번 예제 코드 폴더로 복사하자. 이미지와 관련된 자동화는 이미지의 크기가 작을수록 빨리 수행된다. 〈README.md〉를 참고해 아래와 같이 코드를 실행해보자.

```
$ python insta_jungdok.py resized_image black
```

코드 실행이 완료되면 'squared_images'라는 폴더가 생겨났을 것이다. 이 폴더를 열어보자.

3. 결과 파일 열어보기

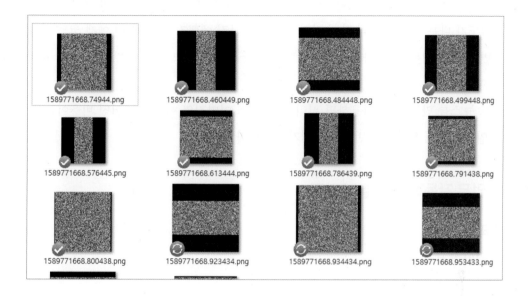

여백에 검은색 배경이 채워지면서 사진들이 정사각형으로 바뀌었다. 인스타그램이나 페이스북에는 정사각형 사진을 올렸을 때 가장 예쁘다. 저작권 문제로 다양한 사진을 준비하기는 힘들고, 저자가 찍은 사진 몇 장을 사용해 이번 예제 코드를 돌려보았다.

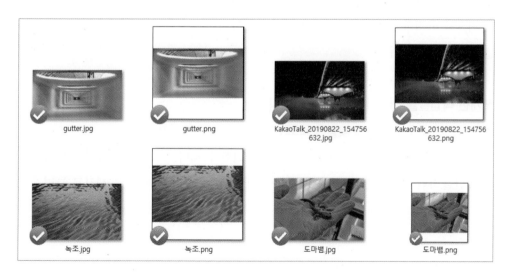

짜잔! 어떤가? 배경을 깔끔하게 흰색으로 잡아보았다. 인스타그램에 한 번에 여러 장의 사진을 올리면 첫 번째 사진의 해상도로 게시물의 해상도가 고정되어 버린다. 그래서 해상도가 다른 사진을 여러 장 올리면 테두리가 잘려 예쁘지 않다. 이번 예제 코드를 돌리면 배경을 채워 넣어 사진을 정사각형으로 만들 수 있으므로, SNS 생활이 더욱 윤택해진다.

카드 뉴스를 만들 때도 사용하면 편리하다. 소스 이미지의 해상도가 어떤 비율이건 간에 일단 정사각형으로 한 번에 편집되기 때문이다.

4. 업무 자동화 코드 설계 과정

목표 정하기

① 이미지 파일 불러오기

② 사진을 정사각형으로 만들기

③ 여백에 색깔을 채워 넣기

목표를 달성하는 데 필요한 작업 쪼개기

① 이미지를 가로 방향으로 늘릴지 세로 방향으로 늘릴지 결정하기

② 비율은 유지하면서 정사각형으로 크기 변형하기

③ 바탕에 색깔 채우기

쪼개진 작업들을 해결하기 위한 방법 생각하기

① 이미지를 가로 방향으로 늘릴지 세로 방향으로 늘릴지 결정하기

일단 어느 방향으로 늘려야 할지는 굉장히 간단한 문제다. 세로로 긴 사진을 정사각형으로 만들려면 가로 방향으로 길이를 늘여줘야 하고, 가로로 긴 사진은 세로로 늘려주어야 한다. 그런데 얼마나 늘려주어야 하나? 초등학교 수학 시간으로 돌아가보자.

가로가 긴 이미지를 예시로 생각해보자. 이 사진을 정사각형으로 만들려면 세로 방향으로 (x-y)만큼 늘려주어야 한다. 이왕 늘려주는 거, 원본 사진을 정 가운데 배치하는 게

좋은데, 어떻게 해야 할까?

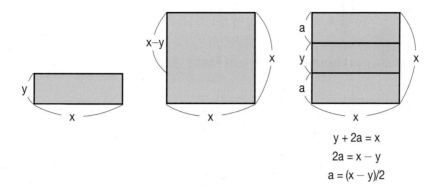

$$y + 2a = x$$
$$2a = x - y$$
$$a = (x - y)/2$$

전체 정사각형의 높이인 x에서 원본 이미지의 높이인 y를 빼주고, 남은 여백을 정확하게 2로 나누어 반반씩 위아래에 배치하면 원본 사진을 정중앙에 배치할 수 있다. 갑자기 방정식이 나왔지만 겁먹지 말자. 천천히 생각해 보면 이해가 될 것이다.

만약 세로가 긴 이미지를 편집하려면? 위 그림에서 x와 y의 위치를 몽땅 바꿔주면 된다.

② 비율은 유지하면서 정사각형으로 크기 변형하기

쉽게 쉽게 가자. 텅 빈 정사각형을 만든 다음, 여기에 적절하게 원본 이미지를 붙여 넣자.

③ 텅 빈 이미지 만들기

파이썬에서 텅 빈 이미지를 만들려면 Image.new() 함수를 사용하면 된다.

```
>>> new_image = Image.new("RGBA", (x_size, y_size), background_
color)
```

위와 같은 식으로 말이다. 여기에서 "RGBA"는 우리가 앞서 살펴본 "RGB"에 A가 추가로 붙은 것이다. A는 알파(alpha)의 줄임말로 투명도를 의미한다. background_color에는 배경색을 입력하면 된다. 문자열로 전달해도 작동이 된다. white, black, blue, red, pink 등 어지간한 색에서는 작동이 되므로 독자 여러분이 원하는 배경색을 입력해주자.

④ 배경 위에 사진 붙여 넣기

파이썬에서 이미지 위에 다른 이미지를 붙여 넣을 때는 paste() 함수를 사용한다. image_A라는 그림 위에 image_B를 붙여 넣는 코드는 아래와 같다.

```
>>> image_A.paste(image_B, (x_offset, y_offset))
```

여기에서 x_offset과 y_offset은 붙여 넣을 이미지의 위치를 표시하는 숫자다. 아래 이미지를 살펴보자.

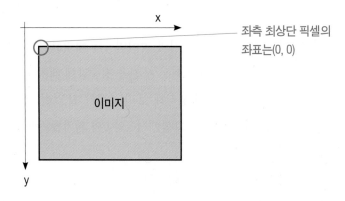

이미지 위에 있는 픽셀을 지칭하기 위해 x축과 y축 좌표가 도입되어 있다. 오른쪽으로 갈수록 x값이 증가하고, 아래로 갈수록 y값이 감소한다. 오프셋은 편차라는 뜻이다. x 방향으로 몇 픽셀, y방향으로 몇 픽셀 편차를 주겠다는 뜻이다.

5. 알고리즘 순서도

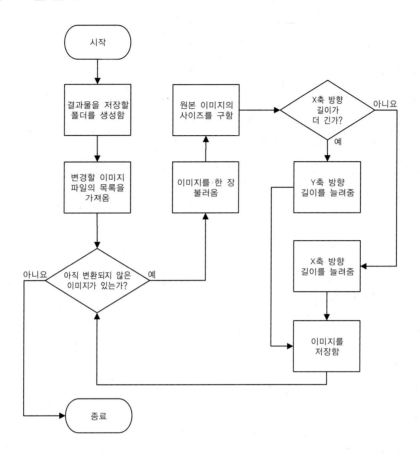

숫자 계산 과정은 복잡하지만 각 과정만 떼놓고 보면 그리 복잡하지 않다. 복잡한 과정
은 라이브러리에 대신 시켜버리고 우리는 여유를 즐기자.

6. 코드 살펴보기 (소스 코드 : insta_jungdok.py)

```
 8   import time
 9   import os
10   from PIL import Image
11   import sys
12
13   # 작업 시작 메시지를 출력합니다.
14   print("Process Start.")
15
16   # 시작 시점의 시간을 기록합니다.
17   start_time = time.time()
18
19   # 사진이 저장된 폴더 이름을 입력받습니다.
20   directory = sys.argv[1]
21
22   # 사진의 배경 색깔을 입력받습니다.
23   background_color = sys.argv[2]
24
25   # 결과물을 저장할 폴더를 생성합니다.
26   out_dir ="squared_images"
27   if out_dir not in os.listdir():
28       os.mkdir(out_dir)
29
30   # 폴더의 내용물을 열람해 목록을 생성합니다.
31   input_files = os.listdir(directory)
32
33   # input_files에 저장된 파일 이름을 한 번에 하나씩 불러옵니다.
34   for filename in input_files:
35       # 간혹 이미지 파일이 아닌 파일이 섞여 있을 수 있습니다. 이걸 걸러냅니다.
36       name, exp = filename.strip().split('.')
37       if exp not in "JPG jpg JPEG jpeg PNG png BMP bmp":
38           continue
39
40       # 이미지를 불러옵니다.
41       image = Image.open(directory + "/" + filename)
42
43       # 이미지의 크기를 알아냅니다.
44       Xdim, Ydim = image.size
45
```

```
46      # 정사각형으로 만들어 주기 위한 연산이 필요합니다.
47      # X축과 Y축 중 어느 길이가 더 긴지 알아냅니다.
48      if Xdim > Ydim:
49          # X축 길이가 더 길 경우의 계산입니다.
50          new_size = Xdim
51          x_offset = 0
52          y_offset = int((Xdim - Ydim) / 2)
53      else:
54          # Y축 길이가 더 길 경우의 계산입니다.
55          new_size = Ydim
56          x_offset = int((Ydim - Xdim) / 2)
57          y_offset = 0
58
59      # 새로운 이미지를 생성합니다. 텅 빈 정사각형이고 색깔은 background_color
    입니다.
60      new_image = Image.new("RGBA", (new_size, new_size),
    background_color)
61
62      # 텅 빈 배경에 원본 이미지를 덮어씌웁니다. 적당한 위치에 말이죠.
63      new_image.paste(image, (x_offset, y_offset))
64
65      # 변경된 이미지를 저장합니다.
66      new_image.save(out_dir + "/" + name + ".png")
67
68      # 이미지들을 닫아줍니다.
69      image.close()
70      new_image.close()
71
72
73  # 작업 종료 메시지를 출력합니다.
74  print("Process Done.")
75
76  # 작업에 총 몇 초가 걸렸는지 출력합니다.
77  end_time = time.time()
78  print("The Job Took " + str(end_time - start_time) + " seconds.")
```

가로와 세로 중 어느 쪽이 더 긴지 검사하기

코드의 48번째 줄에서 x축 길이와 y축 길이를 검사하고 있다. x축이 더 길다면 50~52
번째 줄의 코드가 실행되고, 반대로 y축이 더 길다면 55~57번째 줄의 코드가 실행된다.

가로 길이가 더 길 경우

가로 길이가 더 길기 때문에, 한 변의 길이가 이미지의 가로 길이와 같은 정사각형을 만들어야 한다. 50번째 줄에서 new_size에 Xdim을 저장하고 있는데, new_size를 이용해서 뒤에서 정사각형을 만들 것이다.

이미지가 배경의 좌우에는 꽉 맞게 들어찰 것이므로 좌우로는 움직일 필요가 없다. 따라서 x_offset은 0이 된다. 반면 위아래로는 여백의 절반만큼 움직여야 한다. 앞서 계산했던 수치만큼 y_offset을 설정한다.

세로 길이가 더 긴 경우

가로 길이가 더 길었던 케이스와 비교하면 x, y 값이 서로 바뀌어 있을 뿐이다.

배경이 될 텅 빈 정사각형 만들기

60번째 줄에서 Image.new를 이용해 텅 빈 정사각형을 만들고 있다. new_size를 이용해 가로세로 길이가 같은 정사각형을 만들고 있다는 사실에 주목하면 된다.

원본 이미지 붙여 넣기

63번째 줄에서 paste() 함수를 이용해 이미지를 붙여 넣고 있다. 앞서 계산한 offset 값을 사용하고 있다.

····· 04 ·····

사진 1천 장, 한 번에 로고 삽입하기

1. <README.md>

'2_5_4_사진 1천 장, 한 번에 로고 삽입하기' 폴더로 이동해 〈README.md〉 파일을 열어보자.

사진 1천 장, 한 번에 로고 삽입하기

아래 명령어를 실행하면 코드가 실행됩니다.

```
$ python insert_logo.py <DIRECTORY> <LOGOFILE>
```

〈DIRECROTY〉에는 명령을 수행할 사진 파일들이 들어 있는 폴더 이름을 적어줍니다.
〈LOGOFILE〉에는 삽입할 로고파일 이름을 적어줍니다.

---

2. 코드 실행하기

이번에는 2절 코드의 결과물이 아니라 1절 코드의 결과물 폴더인 'random_images' 폴더를 예제 폴더에 복사하자. 2절 코드를 사용하면 확실히 속도가 빠르긴 한데 이미지 크기가 너무 작아서 삽입된 로고가 잘 보이지 않는다. 〈README.md〉를 참고하여 코드를 실행해보자. 예제를 돌려보기 위한 샘플 로고 파일은 예제 코드 폴더에 함께 첨부되어 있다.

```
$ python insert_logo.py random_image sample_logo.png
```

코드가 실행되었다면 'images_with_logo'라는 이름의 폴더가 생겼을 것이다. 폴더에 들어가 결과물 파일들을 구경해보자.

3. 결과 파일 열어보기

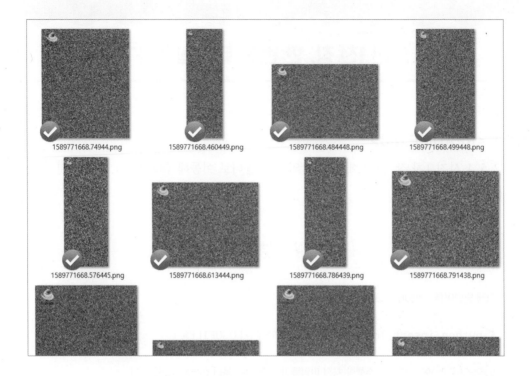

크기와 모양이 다양한 이미지들에 로고가 예쁘게 들어갔다. 투명도 또한 반영되어 있다. 조금 더 고해상도 사진에 예제 코드를 적용해보겠다.

멸종위기종인 도롱뇽 사진에 버섯나라 로고를 삽입해 보았다. 로고 주변을 자세히 보자. 로고의 투명도가 제대로 적용된 모습을 볼 수 있다. 투명도 적용에 문제가 생기면 로고가 사진 위에 바로 등장하지 않고, 하얀색 사각 박스가 사진 위에 생기고 그 위에 로고가 그려져 있었을 것이다.

4. 업무 자동화 코드 설계 과정

목표 정하기
① 로고 파일을 불러오기
② 로고를 삽입할 파일을 불러오기
③ 로고를 삽입할 이미지 크기에 어울리는 크기로 로고 사이즈 변경하기
④ 로고를 적당한 위치에 삽입하기
⑤ 로고의 투명도 유지하기

목표를 달성하는 데 필요한 작업 쪼개기
① 로고의 크기를 그때그때 알맞게 변경하기
② 로고의 삽입 위치를 그때그때 알맞게 변경하기
③ 로고 파일의 투명도를 유지하며 로고를 삽입하기

쪼개진 작업들을 해결하기 위한 방법 생각하기
① 로고의 크기를 그때그때 알맞게 변경하기

이미지 크기에 따라 로고의 크기를 매번 변경해야 일관되게 예쁜 작업을 할 수 있다. 만약에 삽입하려는 이미지의 크기는 제각각인데 로고의 크기가 일정하다면 어떻게 될까? 결과물 중 어떤 이미지는 로고가 너무 작아 보일 것이고 또 어떤 이미지는 로고가 너무 커 보일 것이다.

이미지 크기를 변경하는 것은 resize() 함수를 사용하면 손쉽게 달성할 수 있다. 문제는 얼마나 줄일 것이냐인데. 다양한 비율이 있겠지만 저자가 이래저래 테스트해본 결과, 원본 이미지의 가로와 세로 중 짧은 축의 20% 크기 정도로 로고가 삽입되면 적당히 예

뺐다. 또 수학 시간이 시작되었다. 미안하다.

이미지의 가로 길이를 X라고 하고 세로 길이를 Y라고 하자. 그리고 로고의 가로와 세로를 각각 x, y라고 부르겠다.

만약 X가 Y보다 짧다면 x를 X의 1/5로 수정하면 된다. 그러면 y는 몇으로 수정해야 할까? 여기서 초등학교 4학년 때 배운 비례식이 등장한다.

$a : b = c : d$

위와 같은 식을 비례식이라고 한다. 위 식에서는 $a * d = b * c$라는 관계가 성립한다. 이 식을 이용해 볼 것이다. 로고의 사이즈가 변해도 가로세로 비율이 유지된다면, 아래와 같은 비례식을 세울 수 있다. 여기에서 x'와 y'는 사이즈가 변경된 이후의 로고의 가로와 세로 길이다.

$x : y = x' : y'$

여기서 x는 X의 1/5로 수정하기로 했으니 수식을 아래와 같이 수정할 수 있다.

$x : y = X * (1/5) : y'$

이제 이 비례식을 풀면 아래와 같은 방정식이 생긴다.

$xy' = (1/5) Xy$
$y' = (1/5) (X/x) y$

간만에 초등학생으로 돌아간 기분이 들지 않는가? 참 좋은 책이다. 동심도 느끼게 해 주고. 반대로 Y가 X보다 짧다면 위 수식에서 x와 y의 위치만 바꿔주면 된다.

② 로고의 삽입 위치를 그때그때 알맞게 변경하기

로고의 위치는 대충 왼쪽 상단에 여백을 살짝 띄우고 삽입하면 무난하게 예쁘다. 이 책의 예제에서는 대충 여백을 2%가량 주기로 했다. 원본 이미지의 가로 세로 길이가 Xdim, Ydim이라면 로고를 삽입할 오프셋을 (Xdim/50, Ydim/50)으로 정했다. 이렇게 세팅해두면 원본 이미지 길이의 2%만큼 여백이 삽입된다.

③ 로고 파일의 투명도를 유지하며 로고를 삽입하기

앞 절에서 image.paste() 함수를 사용해봤다. 여기에 살짝 수정을 가한다. 원래 past() 는 아래와 같이 사용한다.

```
>>> image_A.paste(image_B, (x_offset, y_offset))
```

여기에 하나의 값을 추가로 입력해주면 투명도가 유지된 채로 붙여 넣기가 된다. 상세한 원리는 중요하지 않으므로 설명하지 않겠다. 굳이 궁금하다면 구글에서 "python pillow document"를 검색해보자.

```
>>> image_A.paste(image_B, (x_offset, y_offset), image_B)
```

5. 알고리즘 순서도

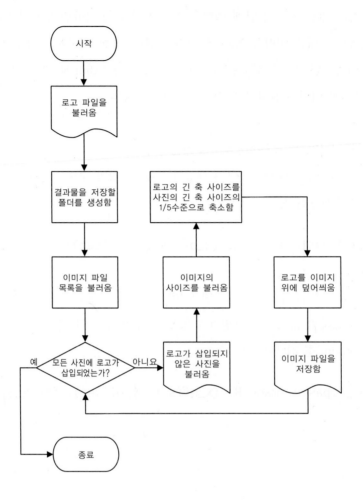

앞서 알고리즘 순서도에 마름모가 3개 이상 있으면 어려운 코드라고 설명했던 것이 기억나는가? 이 코드에는 마름모가 하나밖에 없다. 고로 이 코드는 쉬운 코드다. 혹시 어렵게 느껴진다면 조금 더 속도를 낮추고 천천히 살펴보기 바란다. 느리게, 그리고 정성스럽게 살펴볼 때 비로소 내 것이 된다.

6. 코드 살펴보기 (소스 코드 : insert_logo.py)

```
 8   import time
 9   import os
10   from PIL import Image
11   import sys
12
13   # 작업 시작 메시지를 출력합니다.
14   print("Process Start.")
15
16   # 시작 시점의 시간을 기록합니다.
17   start_time = time.time()
18
19   # 사진이 저장된 폴더명을 입력받습니다.
20   directory = sys.argv[1]
21
22   # 사진에 삽입할 로고 파일을 입력받습니다.
23   logo_filename = sys.argv[2]
24
25   # 결과물을 저장할 폴더를 생성합니다.
26   out_dir ="images_with_logo"
27   if out_dir not in os.listdir():
28       os.mkdir(out_dir)
29
30
31   # 폴더의 내용물을 열람해 목록을 생성합니다.
32   input_files = os.listdir(directory)
33
34   # 로고 파일을 불러옵니다.
35   logo = Image.open(logo_filename)
36   logo_x, logo_y = logo.size
37
38   # input_files에 저장된 파일 이름을 한 번에 하나씩 불러옵니다.
39   for filename in input_files:
40       # 간혹 이미지 파일이 아닌 파일이 섞여 있을 수 있습니다. 이걸 걸러냅니다.
41       exp = filename.strip().split('.')[-1]
42       if exp not in "JPG jpg JPEG jpeg PNG png BMP bmp":
43           continue
44
45       # 이미지를 불러옵니다.
46       image = Image.open(directory + "/" + filename)
```

```
47
48          # 이미지의 크기를 알아냅니다.
49          Xdim, Ydim = image.size
50
51          # 로고 파일을 이미지에 맞게 적당히 확대/축소합니다.
52          # 이미지와 로고의 가로/세로 비율이 다르므로 비례식을 사용해야 합니다.
53          # 초등학교 교과과정입니다. 따라서 어려워 보인다면 착각입니다. 어쨌든 쉬운 겁
            니다.
54
55          # 이 경우 로고의 X축 길이가 이미지보다 좀 깁니다.
56          if logo_x / Xdim > logo_y / Ydim:
57              # 로고의 x축 길이를 이미지의 x축 길이의 1/5로 조절합니다.
58              new_logo_x = int(Xdim/5)
59              # 로고의 y축 길이는 비례식으로 계산합니다.
60              # new_logo_y : logo_y = new_logo_x : logo_x
61              # 간단합니다. 초등학교때 다들 배웠습니다.
62              new_logo_y = int(logo_y * (new_logo_x / logo_x))
63          # 로고의 y축 길이가 이미지에 비해 긴 경우 반대로 합니다.
64          else:
65              new_logo_y = int(Ydim / 5)
66              new_logo_x = int(logo_x * (new_logo_y / logo_y))
67
68          # 이미지 크기에 맞게 축소/확대된 로고입니다.
69          resized_logo = logo.resize((new_logo_x, new_logo_y))
70
71          # 입력받은 사진에 로고를 삽입합니다. 적당한 위치에 말이죠.
72          # 대충 여백을 2% 정도 주면 적당하겠죠? 이건 여러분의 취향에 달려 있습니다.
73          image.paste(resized_logo, (int(Xdim/50), int(Ydim/50)),
            resized_logo)
74
75          # 변경된 이미지를 저장합니다.
76          image.save(out_dir + "/" + filename)
77
78          # 이미지를 닫아줍니다.
79          image.close()
80
81  # 작업 종료 메시지를 출력합니다.
82  print("Process Done.")
83
84  # 작업에 총 몇 초가 걸렸는지 출력합니다.
85  end_time = time.time()
86  print("The Job Took " + str(end_time - start_time) + " seconds.")
```

로고 파일 불러오기

코드 35번째 줄에서 로고 파일을 불러오고, 36번째 줄에서는 로고 파일의 사이즈를 추출하고 있다. 이 과정을 for문 밖에서 수행하는 것에 유의하자. 굳이 1천 번 반복할 필요 없는 작업이므로 for문 밖에서 처리한 것이다. for문 안에 넣을 부분과 넣지 말아야 할 부분을 잘 구분할 줄 알아야 더 속도가 빠른 자동화 코드를 짤 수 있다.

이미지의 가로 길이가 더 긴 경우

56번째 줄의 if문에서 처리한다. 앞서 살펴본 비례식을 통해 로고의 y축 크기를 계산하고 있다.

이미지의 세로 길이가 더 긴 경우

64번째 줄의 else문에 걸려서 65~66번째 줄 코드가 실행된다. 마찬가지로 비례식을 통해 x축 크기를 계산한다.

로고 크기 수정하기

69번째 줄에서 로고의 크기를 수정하고 있다.

로고 삽입하기

73번째 줄에서 로고를 본문에 삽입하고 있다. 여백은 2%로 지정했고, resized_logo를 두 번 입력하고 있다. 한 번만 입력하면 투명도가 보존되지 않는다. 두 번 입력하면 예제와 같이 로고의 투명성이 유지되면서 이미지에 삽입된다.

..... 05 .....

명함 1천 개, 엔터키 한 번에 디자인 끝내기

1. <README.md>

'2_5_5_명함 1천 개, 엔터키 한 번에 디자인 끝내기' 폴더로 이동해 〈README.md〉 파일을 열어보자.

명함 1천 개, 엔터키 한 번에 디자인 끝내기

아래 명령어를 입력하면 코드가 실행됩니다.

```
$ python namecard.py <PEOPLE> <SAMPLE_LOGO>
```

〈PEOPLE〉에는 개인정보가 기재된 CSV 파일을 입력합니다. 이 책의 3장 4절의 결과물인 〈merged_ID.csv〉 파일을 활용하세요.
〈SAMPLE_LOGO〉에는 명함에 삽입할 로고를 입력합니다.
사무실 주소와 회사 홈페이지는 터미널로 입력받기에는 너무 길기 때문에 파일에 입력합시다.

---

2. 코드 실행하기

〈README.md〉에 따르면 〈merged_ID.csv〉 파일이 필요하다고 한다. 3장 4절 예제 폴더에서 〈merged_ID.csv〉 파일을 복사해 이번 예제 폴더에 붙여 넣자. 그리고 코드를 실행해 보겠다. 예제 코드를 실행하는 데 필요한 회사 로고 파일이 예제 코드와 함께 제공된다.

```
$ python namecard.py merged_ID.csv sample_logo.PNG
```

이미지 자동화는 문서 자동화에 비해 시간이 조금 더 걸리는 편이다. 1분가량 시간이 소요되니 느긋하게 핸드폰을 만지다 와도 된다. 코드 실행이 완료되었다면 'namecards'라는 폴더가 새로이 생겨났을 것이다. 한번 열어보자.

3. 결과 파일 열어보기

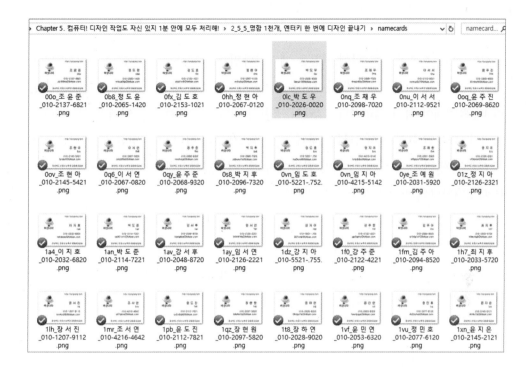

폴더 안에 명함 파일이 1천 개가 생겼다. 파일명은 부서명_이름_전화번호 순서다. 파일을 하나 열어보자.

이지은 씨의 명함이 예쁘게 디자인된 모습이다. 명함의 가로와 세로 비율은 흔히들 인쇄소에서 가장 많이 사용하는 비율로 만들었다.

인원이 많은 조직에서 한 번에 명함을 제작한다면 생각보다 일손이 많이 필요하다. 이미지 편집 프로그램에 하나씩 타이핑을 해 넣어서 파일을 만들고, 오탈자가 없는지 한 번 더 확인해야 하기 때문이다. 그래서 명함의 시안을 교정해주는 인쇄업체는 가격이 비싸다. 디자인 확인 없이 인쇄만 해 주는 인쇄소에서는 컬러 양면 명함을 1인당 2만 원에 6백 장씩 찍을 수 있지만, 시안 편집까지 해 주는 인쇄소에서는 같은 분량을 인쇄하는 데 2배가량의 비용을 요구하는 경우도 있다.

디자인 편집 작업은 컴퓨터에 맡기고 인쇄 단가를 절약하자. 컴퓨터는 명함 한 장을 디자인하는 데 대략 17초의 시간이 걸린다. 한 명분의 명함을 만들더라도 코딩을 활용하는 편이 더욱 가성비가 좋다.

4. 업무 자동화 코드 설계 과정

목표 정하기
① 명함 인쇄를 위한 템플릿을 만들기
② 템플릿에 회사 로고와 개인정보를 기재하기
③ 저장하기

목표를 달성하는 데 필요한 작업 쪼개기
① 백지를 불러와 템플릿으로 만들기
② 템플릿에 회사 로고를 삽입하기
③ 파이썬으로 이미지에 글자를 삽입하기
④ 템플릿에 회사 홈페이지 url, 사무실 주소를 삽입하기
⑤ 템플릿에 사원 인적 사항을 기재하기

쪼개진 작업들을 해결하기 위한 방법 생각하기

① 백지를 불러와 템플릿으로 만들기

3절 예제에서 정사각형 템플릿을 만들고, 그 위에 원본 사진을 붙여 넣었던 것을 기억하는가? 같은 방법을 사용하면 쉽다. Image.new() 함수를 사용하자. 이때 이미지의 가로와 세로 길이는 1039, 세로 길이는 697로 결정했다. 이 사이즈가 명함 인쇄 시 가장 흔하게 사용하는 비율이기도 하고, 길이가 충분히 커서 인쇄를 해도 해상도가 깨지지 않고 매끄럽고 예쁘게 나오기 때문이다.

```
>>> Xdim = 1039
>>> Ydim = 697
>>> Image.new("RGBA", (Xdim, Ydim), "white")
```

명함의 배경은 깔끔하게 흰색으로 지정했는데, 그 외에 다른 색을 입력하고 싶다면 세번째 줄 코드의 마지막 인자를 변경하면 된다.

만약 섬세한 색상을 표현하고 싶다면 R, G, B 값을 괄호로 묶어 전달하면 된다. 예를 들어 RGB 값이 (124, 120, 30)인 색상을 배경으로 설정하고 싶다면 아래와 같이 색상 정보를 파이썬에 전달하자. 단, 이 책의 예제는 쉽게 코딩할 수 있도록 RGB 컬러 시스템을 활용하였다. 이렇게 만들어진 파일을 인쇄소에 맡겨도 정상적으로 인쇄가 진행되지만, 색감이 약간 달라질 수 있다.

혹시 색감이 중요한 작업을 하실 분들께서는 아래와 같은 형태로 코드를 약간 수정하면 CMYK 컬러 기반으로 제작된 이미지를 제작할 수 있다.

```
>>> Image.new("CMYK", (Xdim, Ydim), (C, M, Y, K))
```

맨 마지막 괄호의 길이가 3에서 4로 늘어난 점에 주목하자. C, M, Y, K 자리에 각각 시안, 마젠타, 노랑, 검정 색상값을 입력하면 된다. 미묘한 색감 때문에 RGB보다 CMYK를 선호하실 독자분께는 이 정도 설명이면 충분할 것으로 생각한다. 단, CMYK 이미지는 투명도 표현이 불가능하므로 png로 저장할 수 없다는 점에 주의하기 바라며, jpg 포맷으로 저장하는 것을 권장한다.

미리 만들어진 배경을 불러와 템플릿으로 사용하는 방법은 7절과 8절에서 소개하겠다. 혹시 단색 배경이 아니라 미리 만들어둔 아름다운 배경이 있어서 그것을 사용하고 싶다면, 잠시만 인내심을 가지고 7절까지 진도를 나간 다음 다시 되돌아오면 되겠다.

② 템플릿에 회사 로고를 삽입하기

4절 예제에서 사용한 기법을 그대로 사용할 것이다. 다만 명함에서는 회사 로고가 어느 정도 눈에 잘 띄어야 하므로 명함의 크기를 템플릿 높이의 40%로 조절한다. 명함의 너비 또한 4절 예제와 마찬가지로 비례식을 통해 계산하면 된다. 계산이 끝나면 resize() 함수를 적용한다. 이게 끝이다.

③ 파이썬으로 이미지에 글자 삽입하기

PIL 라이브러리를 활용하면 파이썬에 글자를 삽입할 수 있다. 우선 글자를 삽입하기 전에 폰트를 먼저 지정하자. 파이썬에서 폰트를 지정하려면 PIL 라이브러리의 ImageFont 모듈을 사용하면 된다. 이 모듈은 글자 폰트를 이미지로 변환해주는 기능을 주로 수행한다.

```
>>> from PIL import ImageFont
```

사용하고자 하는 글자체, 크기, 굵기가 몇 종류인지를 미리 정하자. 이 책에서는 총 세 종류의 서체를 사용한다. 이 서체들을 모두 ImageFont 모듈을 이용해 지정해주어야 한다. 아래와 같은 방법으로 말이다.

```
>>> nameFont = ImageFont.truetype("font/gulim.ttc", 70)
```

nameFont라는 변수를 만들어 굴림체에 크기 70포인트로 설정한 코드다. 폰트를 바꾸고 싶다면 폰트 파일이 저장된 경로를 수정해주면 된다.

이 책에서는 예제를 위해 대부분의 한국어 컴퓨터에 기본으로 설치된 굴림체를 선택했는데, 혹시 원하시는 다른 폰트가 있다면 수정하면 된다. 폰트들은 'C:\Windows\Fonts' 폴더에 저장되어 있으므로 이 폴더를 살펴보도록 하자.

폰트 설정이 마무리되었다면 이미지에 글자를 삽입할 수 있다. 글자를 삽입하려면 PIL의 ImageDraw 모듈을 불러와야 한다. My_image라는 이미지에 글자를 삽입하는 예시는 아래와 같다.

```
>>> from PIL import ImageDraw
>>> ImageDraw.Draw(My_image).text(xy=(x_offset, y_offset), text="
입력할 글자", font=nameFont, fill="black")
```

길고 복잡해 보이지만 천천히 살펴보자. ImageDraw.Draw() 함수 안에는 글자를 삽입하고자 하는 원본 이미지 파일의 이름을 적어주었다.

xy에는 x 오프셋과 y 오프셋을 입력한다. 글자를 삽입하고자 하는 위치의 좌표를 입력하는 것이다.

text에는 입력하고자 하는 글자를 입력한다. font에는 앞서 ImageFont 모듈로 설정해 둔 폰트를 입력한다. 마지막으로 fill에는 글자색을 입력한다. "black"을 입력하면 검은색만 글자가, "blue"를 입력하면 파란 글자가 그려진다. 다른 색상을 원한다면 RGB 값을 바로 입력해도 좋다.

④ 템플릿에 회사 홈페이지 url, 사무실 주소를 삽입하기

회사 홈페이지, url, 사무실 주소에 사용할 폰트를 각각 지정한 다음 ImageDraw.Draw() 함수를 이용해 각각 삽입해준다. 동일한 템플릿에, 기재된 인적 사항만 변경하면서 명함을 제작하고 싶다면 이 과정을 for문 바깥에 기재해서 단 한 번만 실행하자.

⑤ 템플릿에 사원 인적 사항을 기재하기

for문을 이용하자. 엑셀 파일을 한 줄씩 읽어와 인적 사항을 수집하고, ImageDraw.Draw() 함수를 이용해 명함에 기재하면 된다.

5. 알고리즘 순서도

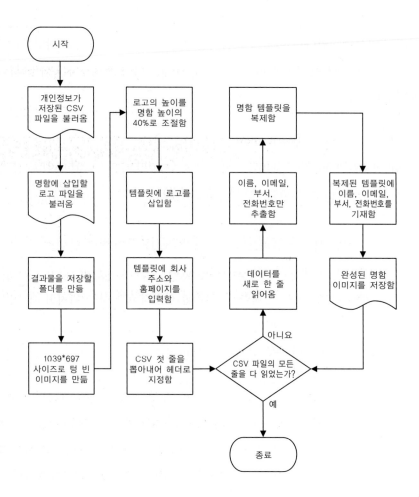

알고리즘에 마름모가 많을수록 어려운 코드인데, 이 코드에는 마름모가 단 하나밖에 없다. 네모난 박스의 개수가 많기는 한데, 대부분이 작업을 위한 준비 과정이다. 천천히 읽어보도록 하자.

6. 코드 살펴보기 (소스 코드 : namecard.py)

```
 8   import time
 9   import os
10   from PIL import Image
11   from PIL import ImageFont
12   from PIL import ImageDraw
13   import sys
14
15   # 작업 시작 메시지를 출력합니다.
16   print("Process Start.")
17
18   # 시작 시점의 시간을 기록합니다.
19   start_time = time.time()
20
21   # 개인정보가 저장된 CSV 파일을 불러옵니다.
22   personal_IDs= sys.argv[1]
23
24   # 명함에 삽입할 로고 파일을 입력받습니다.
25   logo_filename = sys.argv[2]
26
27   # 명함에 삽입할 회사 정보를 기재합니다.
28   location = "경기도 파주시 문발동 광안사길 143 생능출판사"
29   url = "https://bit.ly/2FqKtba"
30
31   # 결과물을 저장할 폴더를 생성합니다.
32   out_dir ="namecards"
33   if out_dir not in os.listdir():
34       os.mkdir(out_dir)
35
36   # 로고 파일을 불러옵니다.
37   logo = Image.open(logo_filename)
38   logo_x, logo_y = logo.size
39
40   # 명함의 해상도를 지정합니다. 일반적으로 1039*697 사이즈가 좋습니다.
41   Xdim = 1039
42   Ydim = 697
43
44   # 로고 크기를 명함에 삽입하기 좋게 편집합니다. 명함은 세로가 짧으니 세로 길이를
     기준으로 작업합니다.
45   # 로고의 높이를 명함 높이의 40%로 조절합니다.
```

```
46   new_logo_y = int(Ydim * 0.4)
47   # 로고의 x축 길이는 비례식으로 계산합니다.
48   # new_logo_y : logo_y = new_logo_x : logo_x
49   # 간단합니다. 초등학교 때 다들 배웠습니다.
50   new_logo_x = int(logo_x * (new_logo_y / logo_y))
51
52   # 명함에 삽입하기 좋게 로고 크기를 수정합니다.
53   resized_logo = logo.resize((new_logo_x, new_logo_y))
54
55   # 수정 전 로고를 닫아줍니다.
56   logo.close()
57
58   # 인적 사항을 불러옵니다.
59   IDs = open(personal_IDs)
60
61   # 헤더를 뽑아냅니다.
62   header = IDs.readline()
63
64   # 명함을 저장할 새로운 이미지를 제작해 줍니다.
65   # 참고로 배경색은 일단 흰색으로 지정합니다.
66   # 명함을 천 장씩이나 찍어야 할 회사면 임원진 취향이 보수적일 가능성이 크며
67   # 흰색이 아닌 다른 명함을 원한다고 하더라도 흰색이 아닌 다른 색 종이에 인쇄하면
     됩니다.
68   image = Image.new("RGBA", (Xdim, Ydim), "white")
69
70   # 빈 명함 좌측 상단에 로고를 삽입하겠습니다.
71   # 대충 여백을 10% 정도 주면 적당하겠죠? 이건 여러분의 취향에 달려 있습니다.
72   image.paste(resized_logo, (int(Xdim * 0.1), int(Ydim * 0.1)))
73
74   # 로고를 닫아줍니다.
75   resized_logo.close()
76
77   # 명함에 삽입할 폰트들을 결정합니다.
78   # 폰트 이름을 변경하면 바뀝니다. 기본 서체는 굴림입니다. 컴퓨터를 막 굴리기 때문입
     니다.
79   # 이름은 큰 글자로 삽입합시다.
80   nameFont = ImageFont.truetype("font/gulim.ttc", 70)
81   # URL과 주소는 구석에 작게 삽입할 겁니다.
82   smallFont = ImageFont.truetype("font/gulim.ttc", 40)
83   # 나머지 정보들은 적당한 크기로 작성합니다.
84   infoFont = ImageFont.truetype("font/gulim.ttc", 50)
85
```

```
86   # 명함 우측 최상단에 URL을 삽입합니다.
87   # 좌우 여백은 맨 우측 5%를 띄울 겁니다.
88   x_offset = int(Xdim * 0.95 - smallFont.getsize(url)[0])
89   # 상단 여백은 5% 정도면 충분할 것 같습니다.
90   y_offset = int(Ydim * 0.05)
91   # 명함에 홈페이지 주소를 삽입합니다.
92   ImageDraw.Draw(image).text(xy=(x_offset, y_offset), text=url,
     font=smallFont, fill="black")
93
94   # 명함 하단에 사무실 주소를 입력합니다.
95   # 좌우 여백은 우측 5%를 띄울 겁니다.
96   x_offset = int(Xdim * 0.95 - smallFont.getsize(location)[0])
97   # 하단 여백도 마찬가지로 5% 정도면 예쁠 것 같군요.
98   y_offset = int(Ydim * 0.95 - smallFont.getsize(location)[1])
99   # 명함에 사무실 주소를 삽입합니다.
100  ImageDraw.Draw(image).text(xy=(x_offset, y_offset),
     text=location, font=smallFont, fill="black")
101
102  # 인적 사항을 한 줄씩 읽어오면서, 한 번에 명함을 한 장씩 만들 겁니다.
103  for line in IDs:
104      # CSV니까 콤마 단위로 쪼갤 수 있습니다. 쪼갭니다.
105      splt = line.strip().split(", ")
106
107      # 명함에 들어갈 정보들만 추출합니다.
108      name = splt[0]
109      e_mail = splt[2]
110      division = splt[3]
111      telephone = splt[4]
112
113      # 명함 템플릿을 복제합니다.
114      namecard = image.copy()
115
116      # 이름을 삽입할 겁니다.
117      # 이름 사이사이 공백을 삽입해서 더 잘 보이게 합니다.
118      temp_name = ""
119      for el in name:
120          temp_name += el + " "
121      name = temp_name[:-1]
122      # 이름은 우측 여백을 10% 줍니다.
123      x_offset = int(Xdim * 0.9 - nameFont.getsize(name)[0])
124      # 상하 여백은 60%쯤 줍시다.
125      y_offset = int(Ydim * 0.4 - nameFont.getsize(name)[1])
```

```
126    # 명함에 이름을 삽입합니다.
127    ImageDraw.Draw(namecard).text(xy=(x_offset, y_offset),
       text=name, font=nameFont, fill="black")
128
129    # 이름 밑에 부서명을 삽입할 겁니다.
130    # 부서도 우측 여백을 10% 줍니다.
131    x_offset = int(Xdim * 0.9 - infoFont.getsize(division)[0])
132    # 상하 여백은 50%쯤 줍시다.
133    y_offset = int(Ydim * 0.5 - infoFont.getsize(division)[1])
134    # 명함에 이름을 삽입합니다.
135    ImageDraw.Draw(namecard).text(xy=(x_offset, y_offset),
       text=division, font=infoFont, fill="black")
136
137    # 그 밑에 전화번호를 삽입할 겁니다.
138    # 우측 여백을 10% 줍니다.
139    x_offset = int(Xdim * 0.9 - infoFont.getsize(telephone)[0])
140    # 상하 여백은 35%쯤 줍시다.
141    y_offset = int(Ydim * 0.65 - infoFont.getsize(telephone)[1])
142    # 명함에 이름을 삽입합니다.
143    ImageDraw.Draw(namecard).text(xy=(x_offset, y_offset),
       text=telephone, font=infoFont, fill="black")
144
145    # 그 밑에 이메일을 삽입할 겁니다.
146    # 우측 여백을 10% 줍니다.
147    x_offset = int(Xdim * 0.9 - infoFont.getsize(e_mail)[0])
148    # 상하 여백은 25%쯤 줍니다.
149    y_offset = int(Ydim * 0.75 - infoFont.getsize(e_mail)[1])
150    # 명함에 이름을 삽입합니다.
151    ImageDraw.Draw(namecard).text(xy=(x_offset, y_offset),
       text=e_mail, font=infoFont, fill="black")
152
153    # 완성된 명함을 저장합니다.
154    namecard.save(out_dir + "/" + division + "_" + name + "_" +
       telephone + ".png")
155
156    # 저장도 했으니 명함을 닫아줍니다.
157    namecard.close()
158
159 # 템플릿도 닫아줍니다.
160 image.close()
161
162 # 작업 종료 메시지를 출력합니다.
```

```
163    print("Process Done.")
164
165    # 작업에 총 몇 초가 걸렸는지 출력합니다.
166    end_time = time.time()
167    print("The Job Took " + str(end_time - start_time) + " seconds.")
```

라이브러리 import

코드의 10번째 줄부터 12번째 줄까지, 이번 예제의 핵심이 되는 라이브러리를 불러오고 있다.

```
>>> from PIL import Image
>>> from PIL import ImageFont
>>> from PIL import ImageDraw
```

이번 예제도 잘 부탁해, PIL!

명함에 삽입할 회사 정보 기재

코드의 28~29번째 줄에서 명함 템플릿에 삽입할 회사 정보를 미리 지정하고 있다. 회사 주소와 홈페이지 url은 상당히 긴 값이므로 매번 터미널창을 통해 argv로 입력받기보다는 코드 내부에 기재해두는 것이 편리하다.

명함 해상도 지정

코드의 41~42번째 줄에서 명함 해상도를 지정하고 있다.

로고 사이즈 변경

46번, 50번째 줄에서 로고의 사이즈를 계산하고 있다. 로고 크기를 어떻게 수정할지 계산이 끝나면 53번째 줄에서 resize() 함수를 이용해 사이즈를 변환하고 있는 것을 살펴볼 수 있다. 혹시나 코드를 짜는 동안 원본 로고 파일을 훼손할 수도 있으니 사용이 끝난 이미지는 얼른 닫아야 한다. 56번째 줄처럼 말이다.

명함 템플릿 만들기

68번째 줄에서 Image.new() 함수를 이용하여 명함 템플릿을 만들고 있다.

로고 삽입

72번째 줄에서 로고를 삽입하고 있다. 이 코드에서는 좌측, 상단 여백을 각각 10%씩 줬다. 취향이나 로고 크기에 따라서 변경하면 된다.

폰트 설정

80번째 줄부터 84번째 줄까지 명함에 사용할 폰트들을 정의하고 있다. 예제에서는 모두 굴림체만 사용할 것이고, 이름은 70pt, 회사 정보는 40pt, 개인 부서명과 핸드폰 번호 등은 50pt로 기재한다.

명함에 URL 삽입

코드의 88번째 줄에서 url을 삽입할 위치를 계산하고 있다. 우측 5%를 띄우기 위한 계산이다. 일단 명함 길이의 95%에 해당하는 픽셀 위치를 계산하고, 여기에서 url이 차지할 가로 길이를 한 번 더 빼주었다. 이렇게 하면 url의 우측 모서리가 정확하게 오른쪽 5% 지점에 위치하게 된다. 상단 여백은 계산이 간소하다. 90번째 줄에서와 같이 5%를 바로 지정하면 된다.

92번째 줄에서 ImageDraw.Draw() 함수를 이용해 url을 명함에 삽입하고 있다.

명함에 사무실 주소 삽입

코드의 96~98번째 줄에서 명함에 주소를 삽입하기 위해 오프셋을 계산하고 있다. url과 달리 하단 여백 계산이 조금 복잡하다. 명함의 높이만큼을 빼주어야지 제대로 된 위치에 들어간다.

코드의 92번째 줄에서 ImageDraw.DRaw() 함수를 이용해 사무실 주소를 삽입하고 있다.

인적 사항 추출

이제는 여러분이 아주 익숙하게 할 수 있는 텍스트 파싱이다. 105번째 줄에서 split()을 이용해 CSV 파일을 쪼개고 있고, 108번째 줄부터 111번째 줄에 걸쳐 원하는 정보만 뽑아내고 있다.

명함 템플릿 복제

114번째 줄에서 명함의 템플릿을 복제하고 있다. 복제 없이 원본에 기재했다간 여러 글자가 겹쳐 작성되어 큰 낭패를 볼 수 있으니 반드시 복제본을 만들고 작업을 실시하자.

이름 삽입

118번째 줄부터 127번째 줄에 걸쳐 이름을 명함에 기재하고 있다. 이름은 우측 여백 10%, 상하 여백은 60% 지점에 삽입한다.

부서명 삽입

131번째 줄부터 135번째 줄에 걸쳐 부서명을 명함에 기재하고 있다. 우측 여백은 이름과 동일하지만 상하 여백을 조금 크게 주어 이름보다 아래쪽에 부서명이 삽입되도록 한다.

전화번호 삽입

139번째 줄부터 143번째 줄에 걸쳐 전화번호를 명함에 기재하고 있다. 전화번호는 상하여백을 더 크게 주어 부서명 아래에 삽입한다.

이메일 삽입

147번째 줄부터 151번째 줄에 걸쳐 이메일을 명함에 기재하고 있다. 상하 여백을 조절해 전화번호보다 아래에 위치하도록 만들었다.

완성된 명함 저장

154번째 줄과 같이 save() 함수를 이용하면 쉽게 할 수 있다. 작업이 끝난 이미지는 157번째 줄에서와 같이 close() 함수를 이용해 메모리에서 지우는 것이 좋다.

······ 06 ······

예제를 위해 증명사진 1,000장이 필요해졌네요

1. <README.md>

'2_5_6_예제를 위해 증명사진 1,000장이 필요해졌네요' 폴더로 이동해 〈README.md〉
를 열어보자.

예제를 위해 증명사진 1,000장이 필요해졌네요
아래 명령어를 입력하면 코드가 실행됩니다. `$ python augmentation.py <SAMPLE_FILE>`

2. 코드 실행하기

〈README.md〉가 하라는 대로 코드를 실행해보자. 코드 실행을 위한 샘플 이미지는 예
제 코드와 함께 제공된다.

```
$ python augmentation.py sample_picture.png
```

코드 실행이 완료되었다면 'augmentation'이라는 폴더가 새로이 생성되어 있을 것이다.
폴더를 열어보자.

3. 결과 파일 열어보기

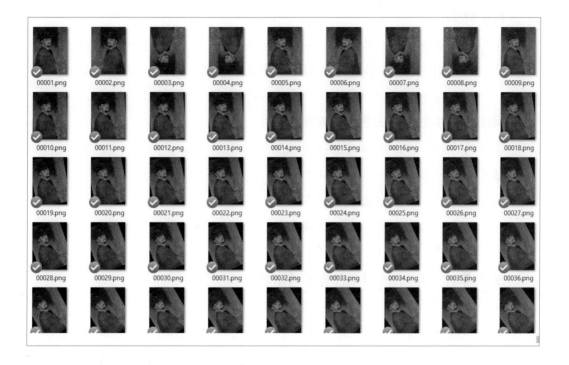

짜잔! 모두 비슷해 보이지만 자세히 보면 하나하나가 모두 다른 1천 장의 사진이 완성되었다. 컴퓨터 과학 분야에서는 이런 작업을 augmentation이라고 부른다. 예를 들어, 인공지능을 학습시키려면 대단히 많은 데이터가 필요하다. 그런데 데이터를 확보하는 데는 비용이 많이 든다. 데이터는 결국 돈이다. 한정된 예산 안에서 최대한 많은 데이터를 확보하기 위해 데이터를 부풀리는 작업을 수행하기도 하는데, 이 작업을 augmentation이라고 부른다.

이번 절의 예제는 기초적인 augmentation 기법들을 적용해 사진 1장을 1천 장으로 부풀린 것이다. 그 방법은 차차 알아보자.

4. 업무 자동화 코드 설계 과정

목표 정하기

① 사진 한 장을 최대한 여러 장으로 부풀리기

② 그 중 동일한 사진은 단 한 장도 없어야 한다.

목표를 달성하는 데 필요한 작업 쪼개기

① 이미지를 좌우 대칭으로 놓는다(2배).

② 이미지를 상하 대칭으로 놓는다(2배).

③ 이미지를 흑백 버전으로 생성한다(2배).

④ 이미지를 1도씩 회전시킨다(179배).

쪼개진 작업들을 해결하기 위한 방법 생각하기

① 이미지를 좌우 대칭으로 놓는다(2배).

PIL 라이브러리에 이미지를 좌우 대칭시키는 함수가 존재한다. 이 함수를 이용하면 좌우뿐 아니라 상하 대칭까지 손쉽게 할 수 있다. my_image라는 이미지를 좌우 대칭으로 놓으려면 아래와 같이 transpose() 함수를 사용하면 된다.

```
>>> my_image.transpose(Image.FLIP_LEFT_RIGHT)
```

이 단계에서 원본 이미지는 총 2배로 늘어났다.

② 이미지를 상하 대칭한다(2배).

이미지를 상하로 대칭시키려면 transpose() 함수를 아래와 같이 실행하면 된다.

```
>>> my_image.transpose(Image.FLIP_TOP_BOTTOM)
```

이 단계에서 원본 이미지는 총 4배로 늘어났다.

③ 이미지를 흑백 버전으로 만든다(2배).

파이썬에서 이미지를 흑백으로 만들려면 convert() 함수를 사용하면 된다.

```
>>> my_image.convert("1")
```

위와 같이 convert() 함수에 "1"을 입력해 주면 이미지가 흑백으로 바뀌게 된다.

이 단계에서, 원본 이미지는 총 8배로 늘어났다.

④ 이미지를 1도씩 회전시킨다(179배).

파이썬에서 이미지를 회전시키려면 rotate() 함수를 사용하면 된다.

```
>>> my_image.rotate(10)
```

위 코드는 이미지를 시계방향으로 10도 회전시키는 코드다. 회전각을 바꾸고 싶다면 숫자를 바꿔주면 된다. 여백은 기본적으로 검은색으로 채워진다. 그런데 간혹 회전을 할 때 이미지의 크기가 바뀐다는 이야기가 있기도 하다. 90도 회전시켰더니 사진의 가로, 세로 길이가 함께 바뀌었다는 이야기가 있다. 그래서 안전하게 rotate() 뒤에 resize()도 실행하겠다.

```
>>> Xdim, Ydim = my_image.size()
>>> my_image = my_image.rotate(90)
>>> my_image = my_image.resize((Xdim, Ydim))
```

이 과정까지 마무리하면 사진은 총 1,432배로 늘어난다. 한 장의 사진을 최대 1,400배로 부풀릴 수 있으니, AI를 학습시킬 때에 활용해볼 만하지 않겠는가?

5. 알고리즘 순서도

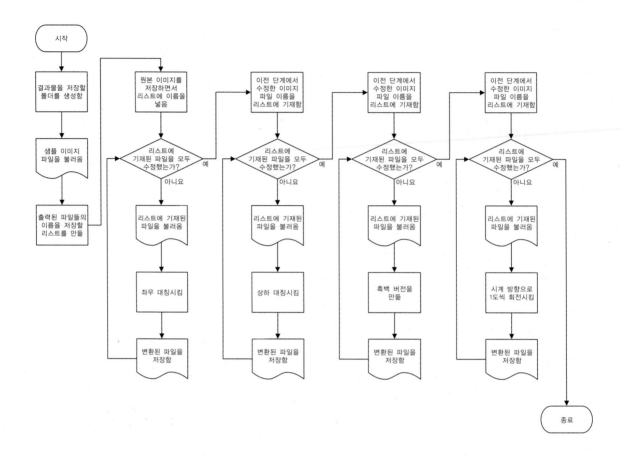

아무래도 해야 할 일이 많다 보니 알고리즘 순서도가 크고 복잡해 보인다. 그런데 잘 살펴보면 순서도를 5개 부분으로 쪼갤 수 있다. 한 번에 전체를 보는 것도 좋지만, 손가락으로 화살표를 따라가며 작은 부분부터 살펴보도록 하자.

6. 코드 살펴보기 (소스 코드 : augmentation.py)

```
8   import time
9   import os
10  from PIL import Image
```

```
11   import sys
12
13   # 작업 시작 메시지를 출력합니다.
14   print("Process Start.")
15
16   # 시작 시점의 시간을 기록합니다.
17   start_time = time.time()
18
19   # 부풀릴 이미지 이름을 입력받습니다.
20   image_filename = sys.argv[1]
21
22   # 결과물을 저장할 폴더를 생성합니다.
23   out_dir ="augmentation"
24   if out_dir not in os.listdir():
25       os.mkdir(out_dir)
26
27   # 샘플 이미지 파일을 불러옵니다.
28   image = Image.open(image_filename)
29   Xdim, Ydim = image.size
30
31   # 저장된 파일 개수를 저장할 카운터를 생성합니다.
32   COUNT = 1
33
34   # 일단 원본을 저장합니다. 2의 0승
35   # 저장할 파일의 이름을 입력합니다.
36   temp_new_file_name = "%05d.png" %COUNT
37   # 카운트를 1 증가시킵니다.
38   COUNT += 1
39   # 원본 이미지를 저장합니다.
40   image.save(out_dir + "/" + temp_new_file_name)
41   image.close()
42
43   # 출력 파일명을 저장할 리스트를 만듭니다.
44   FILELIST = [temp_new_file_name]
45
46   # 폴더 내의 이미지를 모두 읽어와 좌우대칭을 저장합니다. 2의 1승.
47   for i in range(len(FILELIST)):
48       # 파일을 불러옵니다.
49       image = Image.open(out_dir + "/" + FILELIST[i])
50       # 변환된 파일을 저장하기 위해 새로운 이름을 지정합니다.
51       new_temp_name = "%05d.png" %COUNT
52       # 사진이 한 장 만들어질 때마다 count를 1씩 증가시킵니다.
```

```python
53      COUNT += 1
54      # 이미지를 좌우 반전합니다.
55      image = image.transpose(Image.FLIP_LEFT_RIGHT)
56      # 좌우 반전된 이미지를 저장합니다.
57      image.save(out_dir + "/" + new_temp_name)
58      image.close()
59      # 출력 파일명을 리스트에 저장합니다.
60      FILELIST.append(new_temp_name)
61
62   # 리스트 안의 이미지를 모두 읽어와 상하대칭을 저장합니다. 2의 2승.
63   for i in range(len(FILELIST)):
64      # 파일을 불러옵니다.
65      image = Image.open(out_dir + "/" + FILELIST[i])
66      # 변환된 파일을 저장하기 위해 새로운 이름을 지정합니다.
67      new_temp_name = "%05d.png" % COUNT
68      # 사진이 한 장 만들어질때마다 count를 1씩 증가시킵니다.
69      COUNT += 1
70      # 이미지를 상하 반전합니다.
71      image = image.transpose(Image.FLIP_TOP_BOTTOM)
72      # 상하 반전된 이미지를 저장합니다.
73      image.save(out_dir + "/" + new_temp_name)
74      image.close()
75      # 출력 파일명을 리스트에 저장합니다.
76      FILELIST.append(new_temp_name)
77
78   # 리스트 안의 이미지를 모두 읽어와 흑백버전을 저장합니다. 2의 3승.
79   for i in range(len(FILELIST)):
80      # 파일을 불러옵니다.
81      image = Image.open(out_dir + "/" + FILELIST[i])
82      # 변환된 파일을 저장하기 위해 새로운 이름을 지정합니다.
83      new_temp_name = "%05d.png" % COUNT
84      # 사진이 한 장 만들어질때마다 count를 1씩 증가시킵니다.
85      COUNT += 1
86      # 이미지를 흑백으로 만듭니다.
87      image = image.convert('1')
88      # 흑백으로 변환된 이미지를 저장합니다.
89      image.save(out_dir + "/" + new_temp_name)
90      image.close()
91      # 출력 파일명을 리스트에 저장합니다.
92      FILELIST.append(new_temp_name)
93
94   # 리스트 안의 이미지를 모두 읽어와 1도씩 회전합니다. 2의 3승 * 180.
```

```
95    for el in FILELIST:
96        for i in range(180):
97            # 깔끔하게 1,000장만 만듭시다.
98            # 결과물이 1,000개를 넘어서면 코드를 종료합니다.
99            if COUNT > 1000:
100                break
101            # 파일을 불러옵니다.
102            image = Image.open(out_dir + "/" + el)
103            # 변환된 파일을 저장하기 위해 새로운 이름을 지정합니다.
104            new_temp_name = "%05d.png" % COUNT
105            # 사진이 한 장 만들어질때마다 count를 1씩 증가시킵니다.
106            COUNT += 1
107            # 사진을 회전시킵니다.
108            image = image.rotate(i+1)
109            # 간혹 이미지 크기가 변경된다는 이야기가 있어 resize()를 실행합니다.
110            image = image.resize((Xdim, Ydim))
111            # 회전된 이미지를 저장합니다.
112            image.save(out_dir + "/" + new_temp_name)
113            image.close()
114
115    # 작업 종료 메시지를 출력합니다.
116    print("Process Done.")
117
118    # 작업에 총 몇 초가 걸렸는지 출력합니다.
119    end_time = time.time()
120    print("The Job Took " + str(end_time - start_time) + " seconds.")
```

출력 파일의 이름 정하기

36번째 줄에서 저장할 파일의 이름을 정하고 있는데, 뭔가 이상한 모양이 등장했다. 일단 코드를 실행해보자.

```
>>> count = 1
>>> print("%05d.png" %count)
00001.png
>>> count = 24
>>> print("%05d.png" %count)
00024.png
```

```
>>> count = 1112
>>> print("%05d.png" %count)
01112.png
```

눈치 챘는가? %는 맨 뒤의 %뒤에 있는 변수를 가져다 쓰겠다는 뜻이다. 05는 5자리 숫자를 의미하고, 남는 공간은 0으로 채운다. 그래서 1을 입력하면 00001, 24를 입력하면 00024가 된다. d는 숫자(digit)를 의미한다. 즉, "%05d"는 이런 의미다.

> "이 줄 뒷부분에 %가 적혀 있을텐데, 거기 적힌 변수를 가져다가 스트링으로 적어줘. 이 변수는 숫자 형태야. 5자리 숫자로 작성해주고, 빈자리는 0으로 채워줘."

고작 6글자짜리 코드에는 정말이지 긴 의미가 담겨 있다. 헷갈릴 수 있으니 실제로 코드를 여러 번 돌려보면서 느낌을 받아들이자.

파일명을 리스트에 저장하기

44번째 줄에서 리스트를 하나 만들고 있다. 이 리스트에는 앞서 작업이 끝난 파일들을 기재할 것이다. 그리고 다음 작업을 시작할 때, 리스트의 내용물을 하나씩 읽어와 작업을 수행한다.

이미지 좌우대칭

앞서 살펴본 방법을 활용해 47번째 줄부터 60번째 줄에 걸쳐서 이미지를 좌우 대칭시켜 저장하고 있다. 이미지 저장이 끝난 뒤에는 파일명을 FILELIST에 기재하고 있는 부분에 주목하자.

이미지 상하대칭

앞서 살펴본 방법을 활용해 코드의 63번째 줄부터 76번째 줄에 걸쳐 이미지를 상하 대칭시켜 저장하고 있다.

이미지 흑백화

코드의 79번째 줄부터 92번째 줄까지 흑백 버전의 이미지를 저장하고 있다. convert() 함수를 이용하면 색상의 흑백화뿐 아니라 RGB를 CMYK로 변환하는 연산도 가능하다. 두 가지 모두 색상을 표현하는 방법의 일종인데, RGB는 전자기기의 화면 색상 표현에 적합하고 CMYK는 인쇄에 적합하다.

이미지 회전

코드의 95번째 줄부터 113번째 줄까지 이미지를 1도씩 회전시키며 저장하고 있다. 이미지의 회전을 for문을 이용해 구현한 점에 주목하자. 108번째 줄을 보면 각도 부분에 (i+1)을 입력하고 있다. for문의 맨 처음 루프에서는 i가 0이기 때문에 1을 더해줘야 올바르게 회전연산이 수행된다.

## 07

사원증 1,000개, 엔터키 한 번에 디자인 끝내기

1. <README.md>

'2_5_7_사원증 1,000개, 엔터키 한 번에 디자인 끝내기' 폴더로 이동해 〈README.md〉
파일을 열어보자.

사원증 1,000개, 엔터키 한 번에 디자인 끝내기

아래 명령어를 입력하면 코드가 실행됩니다.

```
$python idcard.py <DIRECTORY> <PEOPLE> <SAMPLE_LOGO> <TEMPLATE>
```

〈DIRECTORY〉에는 사원들의 증명사진이 들어 있는 폴더 이름을 적어줍니다. 6절의 예제 결과 폴더를 활용합시다.

〈PEOPLE〉에는 개인정보가 기재된 CSV 파일을 입력합니다. 이 책의 3장 4절 예제 결과물을 이용하세요.

〈SAMPLE_LOGO〉에는 명함에 삽입할 로고를 입력합니다.

〈TEMPLATE〉에는 템플릿 파일을 입력합니다. 흰 배경으로 불러오려면 false를 입력합니다.

---

2. 코드 실행하기

6절에서 만든 'augmentation' 폴더를 이번 예제 코드의 폴더로 복사하자. 그리고 3장 4
절 예제에서 만든 〈merged_ID.csv〉 파일도 이번 예제 코드의 폴더로 복사하자. 한 번
만들어둔 예제로 최대한 많이 활용해야 한다. 파일을 모두 복사했다면 코드를 실행하
자. 사원증 템플릿 파일과 샘플 회사 로고는 예제 코드와 함께 제공하겠다.

```
$ python idcard.py augmentation merged_ID.csv sample_logo.PNG
template.jpg
```

코드 실행에는 컴퓨터의 성능에 따라 1~5분가량의 시간이 걸린다. 엔터키를 눌러두고
유튜브 영상을 보다 와도 괜찮다. 코드 실행이 종료되었다면 'idcards'라는 폴더가 새로
이 생겼을 것이다. 이 폴더를 열어보자.

3. 결과 파일 열어보기

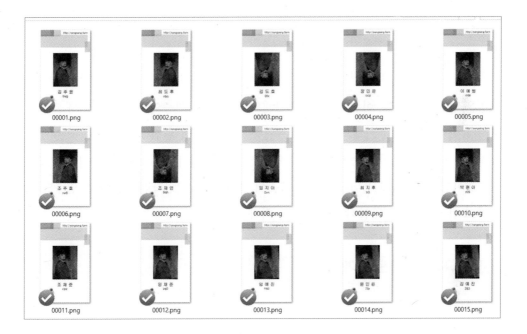

사원증 1천 개가 만들어졌다. 파일을 한번 열어보자.

가벼운 템플릿에 사진, 이름, 부서명이 기재되어 있다. 사원증의 구석에는 회사 로고와 회사 홈페이지 주소가 기재되어 있다. 사원증 파일을 직접 편집해서 만드는 것은 명함 제작보다 더 손이 많이 가는 일이다. 밥 먹으러 가기 전이나 화장실에 가기 전에 코드를 돌려놓아도 된다. 돌아온 뒤에 바로 인쇄소에 맡기면 되니까. 작업하는 데 한 일주일 걸렸다고 이야기하고 일주일 내내 여유로운 회사 생활을 즐겨도 티가 안 날 것이다.

4. 업무 자동화 코드 설계 과정

목표 정하기

① 템플릿 불러오기

② 회사 로고 삽입하기

③ 회사 홈페이지 url 기재하기

④ 사원 사진 기재하기

⑤ 사원 이름과 부서 기재하기

⑥ 완성된 사원증 저장하기

목표를 달성하는 데 필요한 작업 쪼개기

① 이미지 위에 다른 이미지 삽입하기

② 이미지에 글자 기재하기

쪼개진 작업들을 해결하기 위한 방법 생각하기

① 이미지 위에 다른 이미지 삽입하기

이미지 파일을 대상으로 paste() 함수를 사용하면 쉽게 이미지를 삽입할 수 있다.

② 이미지에 글자 기재하기

5절 예제 코드와 완전히 동일한 방법으로 폰트를 먼저 지정하고, 글자를 삽입한다. 폰트 지정은 ImageFont 모듈을 사용하면 되고 글자 삽입은 Draw() 함수를 사용하면 된다.

5. 알고리즘 순서도

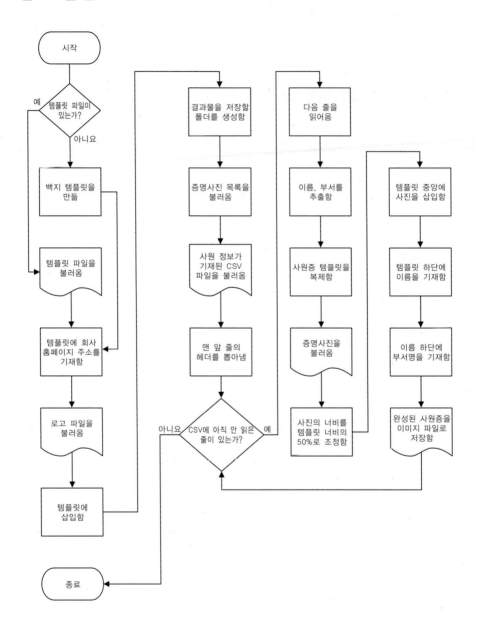

이번에도 순서도가 굉장히 길다. 복잡하고 어려운 작업이 있어서라기보다는 작업량 자체가 많기 때문이다. 화살표를 따라 손가락을 움직이며 정독해보기 바란다. 금방 이해할 수 있을 것이다.

6. 코드 살펴보기 (소스 코드 : idcard.py)

```
8   import time
9   import os
10  from PIL import Image
11  from PIL import ImageFont
12  from PIL import ImageDraw
13  import sys
14
15  # 작업 시작 메시지를 출력합니다.
16  print("Process Start.")
17
18  # 시작 시점의 시간을 기록합니다.
19  start_time = time.time()
20
21  # 사원 증명사진이 저장된 폴더를 시스템으로부터 입력받습니다.
22  member_photo = sys.argv[1]
23
24  # 개인정보가 저장된 CSV 파일을 불러옵니다.
25  personal_IDs = sys.argv[2]
26
27  # 명함에 삽입할 로고 파일을 입력받습니다.
28  logo_filename = sys.argv[3]
29
30  # 명함에 삽입할 템플릿 정보를 입력받습니다.
31  template_filename = sys.argv[4]
32
33  try:
34      template = Image.open(template_filename)
35  except:
36      template = Image.new("RGBA", (800, 1268), 'white')
37
38  Xdim, Ydim = template.size
39
40  # 사원증에 삽입할 회사 정보를 기재합니다.
41  url = "https://bit.ly/2FqKtba"
42
43  # 결과물을 저장할 폴더를 생성합니다.
44  out_dir ="idcards"
45  if out_dir not in os.listdir():
46      os.mkdir(out_dir)
```

```python
47
48   # 로고 파일을 불러옵니다.
49   logo = Image.open(logo_filename)
50   logo_x, logo_y = logo.size
51
52   # 증명사진 목록을 불러옵니다.
53   photos = os.listdir(member_photo)
54   PHOTOS = []
55   for el in photos:
56       if el.strip().split(".")[-1] not in "PNG png JPG jpg BMP bmp
     JPEG jpeg":
57           continue
58       PHOTOS.append(el)
59
60   # 지금까지 제작한 명함 개수를 저장하는 카운터를 만듭니다.
61   COUNT = 0
62
63   # 로고 크기를 삽입하기 좋게 편집합니다. 사원증은 가로가 짧으므로 가로 길이를 기준
     으로 작업합니다.
64   # 로고의 너비를 사원증 너비의 20%로 조절합니다.
65   new_logo_x = int(Xdim * 0.2)
66   # 로고의 y축 길이는 비례식으로 계산합니다.
67   # new_logo_y : logo_y = new_logo_x : logo_x
68   # 간단합니다. 초등학교에서 배운 내용입니다.
69   new_logo_y = int(logo_y * (new_logo_x / logo_x))
70
71   # 사원증에 삽입하기 좋게 로고 크기를 수정합니다.
72   resized_logo = logo.resize((new_logo_x, new_logo_y))
73
74   # 수정 전 로고를 닫아줍니다.
75   logo.close()
76
77   # 인적 사항을 불러옵니다.
78   IDs = open(personal_IDs)
79
80   # 헤더를 뽑아냅니다.
81   header = IDs.readline()
82
83   # 빈 사원증 좌측 하단에 로고를 삽입하겠습니다.
84   # 대충 여백을 10%, 5% 정도 주면 적당하겠죠? 이건 여러분의 취향에 달려 있습니다.
85   template.paste(resized_logo, (int(Xdim * 0.1), int(Ydim * 0.95 -
     new_logo_y)))
```

```
86
87    # 로고를 닫아줍니다.
88    resized_logo.close()
89
90    # 사원증에 삽입할 폰트들을 결정합니다.
91    # 폰트 이름을 변경하면 바뀝니다. 기본 서체는 굴림입니다. 컴퓨터를 막 굴리기 때문입
      니다.
92    # 이름은 큰 글자로 삽입합시다.
93    nameFont = ImageFont.truetype("font/gulim.ttc", 70)
94    # URL과 주소는 구석에 작게 삽입할 겁니다.
95    smallFont = ImageFont.truetype("font/gulim.ttc", 40)
96    # 나머지 정보들은 적당한 크기로 작성합니다.
97    infoFont = ImageFont.truetype("font/gulim.ttc", 50)
98
99    # 사원증 우측 최상단에 URL을 삽입합니다.
100   # 좌우 여백은 맨 우측 5%를 띄울 겁니다.
101   x_offset = int(Xdim * 0.95 - smallFont.getsize(url)[0])
102   # 상단 여백은 2% 정도면 충분할 것 같습니다.
103   y_offset = int(Ydim * 0.02)
104   # 사원증에 홈페이지 주소를 삽입합니다.
105   ImageDraw.Draw(template).text(xy=(x_offset, y_offset), text=url,
      font=smallFont, fill="black")
106
107   # 인적 사항을 한 줄씩 읽어오면서, 한 번에 사원증을 한 장씩 만들 겁니다.
108   for line in IDs:
109       # CSV니까 콤마 단위로 쪼갤 수 있습니다. 쪼갭니다.
110       splt = line.strip().split(", ")
111
112       # 사원증에 들어갈 정보들만 추출합니다.
113       name = splt[0]
114       division = splt[3]
115
116       # 사원증 템플릿을 복제합니다.
117       idcard = template.copy()
118
119       # 삽입할 사진을 불러옵니다.
120       photo_for_id = Image.open(member_photo + "/" + PHOTOS[COUNT])
121
122       # 사진의 너비를 사원증 너비의 50% 크기로 조정합니다.
123       photo_for_id = photo_for_id.resize((int(Xdim/2), int(Xdim/2 *
      (4/3))))
124
```

```
125        # 사진을 사원증 정 중앙에 삽입합시다.
126        idcard.paste(photo_for_id, (int(Xdim/4), int(Ydim/2 -
    Xdim/2*(4/3)/2)))
127
128        # 이름을 삽입할 겁니다.
129        # 이름 사이사이 공백을 삽입해서 더 잘 보이게 합니다.
130        temp_name = ""
131        for el in name:
132            temp_name += el + " "
133        name = temp_name[:-1]
134
135        # 이름은 좌우 가운데정렬할 겁니다.
136        x_offset = int(Xdim * 0.5 - nameFont.getsize(name)[0]/2)
137        # 상하 여백은 20%쯤 줍시다.
138        y_offset = int(Ydim * 0.8 - nameFont.getsize(name)[1])
139        # 명함에 이름을 삽입합니다.
140        ImageDraw.Draw(idcard).text(xy=(x_offset, y_offset),
    text=name, font=nameFont, fill="black")
141
142        # 이름 밑에 부서명을 삽입할 겁니다.
143        # 부서도 가운데 정렬입니다.
144        x_offset = int(Xdim * 0.5 - infoFont.getsize(division)[0]/2)
145        # 상하 여백은 15%쯤 줍시다.
146        y_offset = int(Ydim * 0.85 - infoFont.getsize(division)[1])
147        # 명함에 이름을 삽입합니다.
148        ImageDraw.Draw(idcard).text(xy=(x_offset, y_offset),
    text=division, font=infoFont, fill="black")
149
150        # 완성된 사원증을 저장합니다.
151        idcard.save(out_dir + "/" + PHOTOS[COUNT])
152
153        # 저장도 했으니 명함을 닫아줍니다.
154        idcard.close()
155
156        COUNT += 1
157
158    # 템플릿도 닫아줍니다.
159    template.close()
160
161    # 작업 종료 메시지를 출력합니다.
162    print("Process Done.")
```

```
163
164   # 작업에 총 몇 초가 걸렸는지 출력합니다.
165   end_time = time.time()
166   print("The Job Took " + str(end_time - start_time) + " seconds.")
```

라이브러리 import

코드의 10~12번째 줄에서 이미지를 다루기 위한 Image 모듈과 폰트를 설정하기 위한 ImageFont 모듈, 그리고 글자를 이미지에 삽입하기 위한 ImageDraw 모듈이 import되고 있다.

템플릿 처리하기

코드의 33번째 줄에서 try-except라는 문법이 처음 등장했다. 이 문법은 예외를 처리하기 위해 사용한다. 처음에는 try 내부의 코드가 실행된다. 본문의 코드상 34번째 줄의 코드가 실행되는 것이다. 34번째 줄에서는 템플릿 파일을 불러오려고 시도한다. 이때 템플릿 파일이 정상적으로 실행되었다면 35번째 줄의 except는 생략된다. 하지만 템플릿 파일을 불러오려다 에러가 발생하면 35번째 줄로 넘어간다.

요약하자면 try-except 문법은 일단 try의 코드를 시도하고, 에러가 발생하면 except의 코드를 대신 실행하라는 뜻이다. 본문의 코드에서 파일을 불러오는 데 실패했다면 Image.new()를 이용해 텅 빈 흰색의 템플릿을 새롭게 생성하고 있다.

사원증에 로고 삽입하기

65번째 줄에서 로고의 크기를 수정하기 위한 계산을 수행하고 있다. 약간 작은 크기로 삽입하고 싶어서 사원증 너비의 20% 크기로 수정했다. 로고 너비는 사원증의 20%가 되고, 로고의 높이는 비례식을 통해 69번째 줄에서 계산되고 있다. 72번째 줄에서는 계산된 값을 사용해 로고 파일의 크기를 변경하고 있다.

크기가 변경된 로고는 85번째 줄에서 paste() 함수를 통해 삽입되고 있다. 이 책의 예제 코드에서 좌우 여백은 적당히 10%를 줬고 상하 여백은 5%를 주었다.

사원증에 삽입할 폰트 지정하기

93번째 줄부터 97번째 줄까지 폰트를 지정하고 있다. 5절 예제에서 명함에 글자를 삽입하기 위해 사용했던 코드와 완전히 동일하다.

사원증에 url 삽입하기

5절 예제와 같은 방식을 이용해 101번째 줄부터 105번째 줄에 걸쳐서 url을 사원증에 삽입하고 있다. 여백은 오른쪽 5%, 위쪽 2%를 줬다. 취향에 맞게 수치를 변경하며 사용하자.

사원증에 입력할 정보 가져오기

110번째 줄에서 split(', ')를 통해 CSV 파일을 분해하고 있고, 113번째 줄과 114번째 줄에서 분해된 결과에서 이름과 부서만 뽑아오고 있다. 사원증에는 이름과 부서명만 기재하면 충분하다.

템플릿 복제하기

원본 템플릿의 훼손을 방지하기 위해 117번에서 템플릿을 복제하고 있다. 복제된 템플릿 위에서 디자인 수정 작업이 일어난다.

사진 불러오기

120번째 줄에서 사원증에 삽입할 사진을 불러오고 있다. 여기서 주의할 점이 있다. 엑셀 파일에 저장된 순서와 파일 목록의 순서가 동일해야 한다는 것이다.

사진 삽입하기

123번째 줄에서 사진의 너비를 사원증 너비의 50%로 수정하고 있다. 증명사진은 가로와 세로의 비율이 3:4이기 때문에 높이 계산은 단순히 너비에 4/3을 곱해 주는 것으로 대체했다. 크기가 수정된 사진은 paste() 함수를 통해 126번째 줄에서 사원증에 삽입되고 있다.

이름과 부서명 삽입하기

이름과 부서명은 코드의 130번째 줄부터 148번째 줄에 걸쳐서 삽입되고 있다. 이름과 부서명을 삽입하는 방식은 5절 예제 코드에서 명함에 글자를 기재하는 방식과 완전히 동일한 방식을 사용한다. 달라진 점은 글자를 삽입할 위치를 바꿔주는 정도다. 본문 코드에서는 주석과 비교하며 오프셋을 계산한 방식을 주목해서 살펴보자.

완성된 사원증 저장

151번째 줄에서 완성된 사원증을 저장하고 있다. 간단하게 save() 함수로 처리하자.

······ 08 ······

수료증(상장) 1천 개, 엔터키 한 번에 디자인 끝내기

1. <README.md>

'2_5_8_수료증(상장) 1천 개, 엔터키 한 번에 디자인 끝내기' 폴더로 이동해 〈README.
md〉 파일을 열어보자.

수료증(상장) 1천 개, 엔터키 한 번에 디자인 끝내기

아래 명령어를 입력하면 코드가 실행됩니다.

```
$ python congratulation.py <PERSONAL_ID> <TEMPLATE>
```

〈PERSONAL_ID〉에는 개인정보가 기재된 CSV 파일을 입력합니다. 이 책의 3장 4절 예제 코드 결과물을 활용하세요.

〈TEMPLATE〉에는 템플릿 파일을 입력합니다.

---

2. 코드 실행하기

3장 4절에서 만든 〈merged_ID.csv〉 파일을 이번 예제 폴더로 복사하자. 그리고 〈README.md〉의 설명을 따라서 코드를 실행해보자. 상장 템플릿 파일은 예제 코드와 함께 제공된다.

```
$ python congratulation.py merged_ID.csv su_ryo_jung.png
```

코드 실행이 완료되었다면 'suryojungs' 폴더가 새로 생겼을 것이다. 폴더를 열어보자.

3. 결과 파일 열어보기

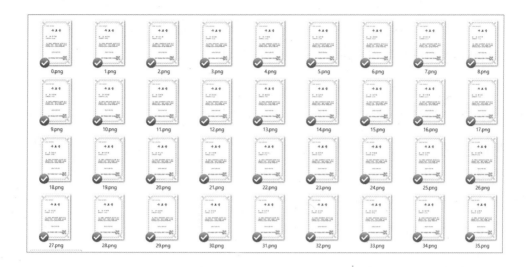

수료증 이미지 1천 개가 만들어져 저장되어 있다. 개별 파일을 하나 열어보자.

디테일을 살펴보자. 우선 파일마다 좌측 상단에 기재된 수여번호가 전부 다르다. 그리고 수료증 하단에는 코드를 실행한 날짜가 기재되어 있다. 코드를 실행할 때마다 날짜가 다르게 기재되므로 일일이 수정해줄 필요가 없다. 한 번에 수십, 수백 개의 상장을 만들어야 하는 담당 교사 여러분들께 이 코드를 바친다.

4. 업무 자동화 코드 설계 과정

목표 정하기
① 템플릿 불러오기
② 템플릿에 인적 사항 기재하기
③ 템플릿에 오늘 날짜 기재하기
④ 템플릿에 수여번호 기재하기

목표를 달성하는 데 필요한 작업 쪼개기
① 이미지에 글자 기재하기
② 파이썬으로 오늘 날짜 계산하기
③ 수료증 제작 순서에 따라 수여번호를 1씩 증가시키기

쪼개진 작업들을 해결하기 위한 방법 생각하기
① 이미지에 글자 기재하기

이미 앞선 예제들에서 설명했던 방법을 그대로 활용한다.

② 파이썬으로 오늘 날짜 계산하기

파이썬에서는 날짜를 계산하는 방법이 여러 개 있다. 우리가 많이 사용해본 time 라이브러리를 사용해도 좋은데, 조금 더 사용하기 편한 datetime 라이브러리를 소개하겠다. 아래 코드를 실행해보자.

```
>>> import datetime
```

```
>>> datetime.datetime.today()
datetime.datetime(2020, 5, 20, 0, 26, 14, 570513)
```

코드 실행 결과에 기재된 숫자는 앞에서부터 연도, 월, 일, 시, 분, 초, 밀리세컨드 순서다. 코드를 조금 더 실행해보자.

```
>>> datetime.datetime.today().date()
datetime.date(2020, 5, 20)
```

시간 정보가 날아가고 날짜 정보만 등장했다. 여기서 더 간단하게 만들어보자.

```
>>> str(datetime.datetime.today().date())
2020-05-20
```

이렇게 간단하게 오늘 날짜를 뽑아올 수 있다. 그런데 만약 상장 발급일자가 오늘로부터 10일 뒤인 경우에는 어떻게 하면 좋을까? 인쇄소에 맡기기 위해 미리 디자인을 제작해야 하는 상황이 생길수도 있지 않은가. 그럴 때는 timedelta() 함수를 사용하면 된다.

```
>>> import datetime
>>> import timedelta
>>> today = datetime.datetime.today()
>>> today
datetime.datetime(2020, 5, 20, 0, 30, 39, 234070)
>>> today + datetime.timedelta(days=1)
datetime.datetime(2020, 5, 21, 0, 30, 39, 234070)
>>> today + datetime.timedelta(days=5)
datetime.datetime(2020, 5, 25, 0, 30, 39, 234070)
>>> today + datetime.timedelta(days=-1)
```

```
datetime.datetime(2020, 5, 20, 0, 30, 39, 234070)
>>> today + datetime.timedelta(days=-10)
datetime.datetime(2020, 5, 11, 0, 30, 39, 234070)
```

datetime.timedelta() 함수 안에 며칠이나 더하거나 빼고 싶은지를 입력한 뒤 오늘 날짜에 더해주면 날짜가 바뀐다. 예를 들어 오늘 날짜가 5월 20일인데 5월 28일 날짜를 수료증에 인쇄하고 싶으면 아래와 같이 코드를 실행하면 된다.

```
>>> today += datetime.timedelta(days=8)
```

③ 수료증 제작 순서에 따라 수여번호를 1씩 증가시키기

정말 간단하다. 우리는 어차피 for문을 사용해서 반복 작업을 수행할 것이다. for문을 돌리면 1씩 증가하는 숫자를 받아오는 것은 기본 기능이므로, for문을 사용해 수여번호를 1씩 증가시키자.

4. 알고리즘 순서도

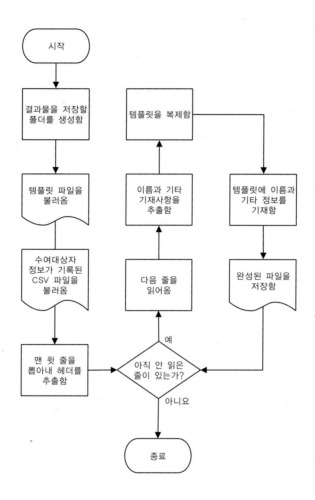

이미지 예제 중에서 이렇게 간단한 다이어그램은 오랜만에 보는 것 같다. 천천히 정독
해보도록 하자.

5. 코드 살펴보기 (소스 코드 : congratulation.py)

```
 8   import time
 9   import os
10   from PIL import Image
11   from PIL import ImageFont
12   from PIL import ImageDraw
13   import sys
14   import datetime
15
16   # 작업 시작 메시지를 출력합니다.
17   print("Process Start.")
18
19   # 시작 시점의 시간을 기록합니다.
20   start_time = time.time()
21
22   # 수여 대상자가 기재된 CSV 파일을 불러옵니다.
23   personal_IDs = sys.argv[1]
24
25   # 배경 템플릿 정보를 입력받습니다.
26   template_filename = sys.argv[2]
27
28   # 템플릿을 열어줍니다.
29   template = Image.open(template_filename)
30   Xdim, Ydim = template.size
31
32
33   # 결과물을 저장할 폴더를 생성합니다.
34   out_dir ="suryojungs"
35   if out_dir not in os.listdir():
36       os.mkdir(out_dir)
37
38   # 인적 사항을 불러옵니다.
39   IDs = open(personal_IDs)
40
41   # 헤더를 뽑아냅니다.
42   header = IDs.readline()
43
44   # 수료증(상장)에 삽입할 폰트들을 결정합니다.
45   # 폰트 이름을 변경하면 바뀝니다. 기본 서체는 굴림입니다. 컴퓨터를 막 굴리기 때문입니다.
46   # 이름은 큰 글자로 삽입합니다.
```

```
47    nameFont = ImageFont.truetype("font/gulim.ttc", 30)
48    # 수여 날짜는 조금 더 작은 폰트로 기재합니다.
49    dateFont = ImageFont.truetype("font/gulim.ttc", 25)
50    # 수여 번호는 더 더 작은 폰트로 기재합니다.
51    smallFont = ImageFont.truetype("font/gulim.ttc", 18)
52
53    # 배경에 입력할 수여 날짜를 계산합니다.
54    date = str(datetime.datetime.today().date())
55    date = date.split("-")
56    DATE = date[0] + "년 " + date[1] + "월 " + date[2] + "일"
57
58    # 수여 날짜를 배경에 입력합니다.
59    # 좌우 여백은 가운데 정렬입니다.
60    x_offset = int(Xdim / 2 - dateFont.getsize(DATE)[0]/2)
61    # 상하 여백은 대충 30%가량 잡아봅니다.
62    y_offset = int(Ydim * .7)
63    # 배경에 수여 날짜를 기재합니다.
64    ImageDraw.Draw(template).text(xy=(x_offset, y_offset), text=DATE,
      font=dateFont, fill="black")
65
66    # 지금까지 제작한 증서 개수를 저장하는 카운터를 만듭니다.
67    # 수료증서 시작번호를 적어주면 됩니다. 예를 들어 연번이 50번부터 시작하면
      COUNT=50입니다.
68    COUNT = 0
69
70    # 인적 사항을 한 줄씩 읽어오면서, 한 번에 수료증(상장)을 한 장씩 만들 겁니다.
71    for line in IDs:
72        # CSV니까 콤마 단위로 쪼갤 수 있습니다. 쪼갭니다.
73        splt = line.strip().split(", ")
74
75        # 이름과 소속만 추출합니다.
76        name = splt[0]
77        division = splt[3]
78
79        # 수료증(상장) 템플릿을 복제합니다.
80        suryojung = template.copy()
81
82        # 이름을 삽입할 겁니다.
83        # 이름 사이사이 공백을 삽입해서 더 잘 보이게 합니다.
84        temp_name = ""
85        for el in name:
86            temp_name += el + " "
```

```python
87      # 이름을 수료증(상장)에 기재하기 좋게 양식으로 다듬어줍니다.
88      name = "성       명 : " + temp_name[:-1]
89
90      # 부서명을 삽입할 겁니다.
91      # 부서명 사이사이 공백을 삽입해서 더 잘 보이게 합니다.
92      temp_division = ""
93      for el in division:
94          temp_division += el + " "
95      # 부서명을 수료증(상장)에 기재하기 좋게 양식으로 다듬어줍니다.
96      division = "소속부서 : " + temp_division
97
98      # 이름과 대충 좌측으로부터 15% 떨어진 곳에 기재합니다.
99      x_offset = int(Xdim * 0.15)
100     # 이름은 대충 상단으로부터 35% 위치에 기재합니다.
101     y_offset = int(Ydim * 0.35)
102     # 수료증(상장)에 이름을 삽입합니다.
103     ImageDraw.Draw(suryojung).text(xy=(x_offset, y_offset),
    text=name, font=nameFont, fill="black")
104
105     # 부서명은 이름보다 좀 더 아래에 삽입해야겠죠.
106     y_offset += nameFont.getsize(name)[1]*1.5
107     # 수료증(상장)에 부서명을 삽입합니다.
108     ImageDraw.Draw(suryojung).text(xy=(x_offset, y_offset),
    text=division, font=nameFont, fill="black")
109
110     # 수여번호도 입력해야겠죠?
111     suyeo = "수여번호 : %d-%06d" % (int(DATE[:4]),  COUNT)
112     # 수여번호는 상 12% 지점쯤에 입력합니다.
113     y_offset = int(Ydim * 0.12)
114     # 수료증(상장)에 수여번호를 삽입합니다.
115     ImageDraw.Draw(suryojung).text(xy=(x_offset, y_offset),
    text=suyeo, font=smallFont, fill="black")
116
117     # 완성된 증서를 저장합니다.
118     suryojung.save(out_dir + "/" + str(COUNT) + ".png")
119
120     # 저장도 했으니 이미지를 닫아줍니다.
121     suryojung.close()
122
123     COUNT += 1
124
```

```
125    # 템플릿도 닫아줍니다.
126    template.close()
127
128    # 작업 종료 메시지를 출력합니다.
129    print("Process Done.")
130
131    # 작업에 총 몇 초가 걸렸는지 출력합니다.
132    end_time = time.time()
133    print("The Job Took " + str(end_time - start_time) + " seconds.")
```

라이브러리 import

14번째 줄에서 날짜 계산을 위한 datetime 라이브러리를 불러오고 있다.

수여날짜 계산

54번째 줄에서 앞서 살펴본 방법을 활용해 오늘 날짜를 뽑아내고 있다. 날짜를 변경하고 싶다면 이 부분에서 코드를 수정해 주면 된다. 55번째 줄에서는 날짜를 '-'를 기준으로 스플릿하고 있다. 연도, 월, 날짜가 각각 쪼개지게 된다. 쪼개진 날짜 정보는 56번째 줄에서 문자열의 덧셈 연산을 사용해 한 줄로 예쁘게 이어 붙이고 있다.

수여번호 입력

111번째 줄에서 수여번호를 계산하고 있다. 예쁘게 기재하기 위하여 7절에서 살펴본 "%d" 기법을 사용하고 있다. 한 줄의 문자열에서 %를 여러 번 사용할 경우 111번째 줄의 후반부와 같이 입력하고 싶은 데이터들을 괄호로 묶으면 된다. 코드를 살펴보자.

```
>>> suyeo = "수여번호 : %d-%06d" % (int(DATE[:4]),  COUNT)
```

DATE에는 수여 연월일이 적혀 있다. 슬라이싱을 통해 연도만 뽑아내는 모습이다. 연도는 4자리로 고정되어 있을 가능성이 크기 때문에 %d에 별다른 숫자를 입력해 길이를 조절하지는 않았다.

COUNT는 for문이 한 바퀴 돌 때마다 1씩 증가하는 값이다. "%06d"를 이용해 작성하고 있으므로 여섯 자리 숫자로 표기될 것이며, 빈칸에는 0이 삽입된다. 결과적으로 아주 그 럴싸하고 예쁜 수여번호가 만들어진다.

혹시 직접 이 코드를 사용하고 싶다면 수여번호 입력 양식을 수정해 사용하기 바란다.

글자 입력

앞 절들에서 살펴본 방법들을 이용해 수료증에 날짜, 수여번호 및 인적 사항을 입력하고 있다. 다시 설명하지는 않겠다.

3

매크로를 활용한 자동화

CHAPTER

6

자동화의 정석, 기본 중의 기본!
매크로!

이번 장에서는 마우스와 키보드를 자동으로 조작해주는 매크로에 대해서 배워보겠다. 독자 여러분이 손쉽게 매크로를 만들 수 있도록 전용 라이브러리도 함께 제공하겠다.

이번 장에서는 예제 코드가 따로 제공되지는 않고, 매크로를 만들기 위한 라이브러리에 대한 상세한 설명이 주로 소개된다. 매크로를 어떻게 사용해서 키보드와 마우스를 이리저리 자동으로 움직이면 좋을지 상상하며 다음 장을 펼쳐보기 바란다.

## 01

키보드와 마우스를 움직이는 마법 지팡이, 매크로!

1. 매크로

컴퓨터 게임을 좋아하는 독자 여러분은 이미 매크로라는 단어에 익숙할 것이다. 매크로를 사용한 사용자의 계정은 정지를 당하기도 한다. 매크로를 사용하면 게임 캐릭터가 저절로 움직이면서 사냥도 하고 경제활동도 하기 때문이다.

매크로는 여러 가지 명령을 하나로 묶어놓은 도구를 의미한다. 예를 들어 아래와 같은 명령을 하나로 묶어둔 매크로를 한번 상상해보자.

[매크로 1]
① 스마트폰의 배터리가 부족할 경우 아래 명령을 실행한다.
② 블루투스 종료
③ 화면 밝기 낮추기
④ 절전 모드 실행

[매크로 1]을 수행하면 블루투스 종료, 밝기 낮추기, 절전모드 실행 3가지 기능을 한 번에 묶어서 실행할 수 있다. 삼성 스마트폰에 탑재된 빅스비 루틴이 바로 매크로의 일종이다.

2. 매크로를 업무 자동화에 어떻게 활용할 수 있을까?

아래와 같은 매크로를 상상해보자.

[매크로 2]

① 구글 메일(지메일)에 로그인하기

② 새로고침 버튼을 눌러 새로 온 이메일을 확인하기

③ 새로 온 메일이 있을 경우 마우스를 움직여 클릭하기

④ 메일 내용물을 복사해 인쇄하기

[매크로 2]를 실행하면 아마 인터넷창이 저절로 켜지고, 마우스 커서가 자동으로 움직이면서 작업이 수행될 것이다. 많은 사람들이 상상하는 '업무 자동화'가 바로 이런 형태가 아닐까?

매크로를 쉽게 만드는 비법 전수

1. 코딩은 일단 신경 쓰지 말자

매크로를 코딩하는 것은 앞서 살펴본 예제들을 활용하는 것에 비하면 굉장히 쉬운 일이다. 그러니 난이도에 대해서는 걱정하지는 말자. 매크로를 만들 때 정말로 어려운 부분은 코딩이 아니다.

2. 무엇을 자동화하면 좋을지 모르겠어요

저자는 고용노동부, 행정안전부 등 여러 기관에 업무 자동화 자문을 했다. 그런데 많은 기관에서 자동화를 도입하고자 하는 사람들과 실제로 업무를 수행 중인 사람들 사이에 괴리가 있었다. 자동화를 추진하려는 사람들은 실무자들이 어떤 업무에 시간을 많이 잡아먹히고 있는지를 모른다. 실무를 수행 중인 사람들은 본인이 수행하는 업무 중 무엇을 자동화하면 좋을지 모른다.

"저희가 아이디어를 만들어 이런 것을 자동화하면 어떻겠냐고 제안하면 좋아들 하십니다. 하지만 어떤 것을 자동화하면 좋겠는지 여쭤보면 다들 대답을 어려워하세요."

어처구니가 없어 보일 수도 있겠지만 대단히 큰 문제다. 독자 여러분들도 지금 당장 눈을 감고 생각해보자.

"내 일과 중에서 자동화되면 좋은 일이 어떤 것이 있을까?"

아마 별로 떠오르는 것이 없는 분들이 많을 것이다. 혹시 이 책을 읽고 있는 독자들 가운데 자동화 아이디어가 마구 샘솟는다면, 정말로 축하한다. 그런 아이디어가 샘솟는 당신은 코딩 공부를 더 열심히 해야 할 사람이다. 공부에 투입한 시간을 효율적으로 금방 뽑아내실 수 있을 것이다.

3. 자동화할 업무를 먼저 선택하자

반복 업무 찾아내기

업무에 걸리는 시간을 단축하면 수명이 늘어나는 것이나 다름없다. 사람은 하루에 8시간은 잠을 자고 8시간은 직장에서 일한다. 인간의 수명은 실질적으로 하루 중 1/3뿐이라 할 수 있다. 인간의 수명이 60년이라면 실제로 내 삶을 살아가는 시간은 20년밖에 되지 않는다는 이야기다.

그런데 만약 하루 8시간씩 처리하는 업무를 코딩으로 자동화해버리면 어떻게 될까? 퇴근할 때 코드를 돌려두고 다음 날 아침에 결과만 취합하는 것이다. 그리고 8시간 내내 여유로운 시간을 보내다가 다시 코드를 돌려두고 퇴근하면 된다. 내가 내 삶을 지배할 수 있는 시간이 하루 8시간에서 16시간으로 두 배나 늘어난다. 그러면 실질적으로 수명이 2배 늘어나는 것과 다를 바 없는 것이 아닐까?

자동화할 업무를 찾아낼 때는 이런 생각을 가지고 접근하면 좋다. 내가 온종일 하는 일을 목록으로 하나하나 적어본 다음, 자동화하면 좋을 업무를 먼저 찾아보자. 최대한 세세하게 적어보자. 사소한 것이라도 좋다. 목록 작성이 끝났다면 반복 업무가 아닌 것을 하나씩 지워나가자.

매일 5분씩만 투자하면 되는 쉬운 작업도 일 년 내내 한다면 꽤 긴 시간이 된다. 일단은 일의 경중이나 소요 시간을 따지지 말고 반복되는 일은 모조리 찾아보자. 자주 하는 일은 아니지만 한 번 할 때마다 많은 작업을 반복해야 하는 일도 반드시 기재하자.

어떤 가치판단이나 논리적 추론은 비중이 작고 단순반복이 많은 작업일수록 자동화시키기가 쉽고, 효용성이 크다. 예를 들면 온종일 엑셀 파일을 정리하는 업무를 수행해야 하거나, 최신 뉴스를 스크랩해 보고서를 작성하는 업무 따위가 자동화하기에 좋은 업무에 해당한다. 반면에 고객과 이메일로 소통하며 고객의 불만을 해결해 주는 업무나, 어떤 전문지식에 기반한 자문행위는 자동화하기에 곤란한 업무에 해당한다.

효용성 분석하기

목록을 살펴보면서, 가장 오랜 시간이 필요한 업무 옆에 1이라고 적자. 그리고 두 번째로 오랜 시간이 필요한 업무 옆에는 2라고 적자. 이런 식으로 업무에 걸리는 시간이 긴 순서대로 1위부터 꼴찌까지 기재한다.

그리고 얼마나 자주 반복되는 업무인지도 옆에 적어주자. 가장 자주 반복되는 업무 옆에 1이라고 적자. 반복이 잦은 순서대로 1위부터 꼴찌까지 순위를 매기는 것이다.

마지막으로 업무 스트레스에도 순위를 매기자. 가장 스트레스를 많이 주는 업무는 1위, 가장 마음이 편안한 업무는 꼴찌다.

목록 옆에 숫자를 모두 기재했다면 그 숫자를 모두 곱하자. 곱해서 나온 숫자가 1에 가까울수록 자동화가 먼저 필요한 업무다. 가장 숫자가 낮은 업무는 이런 업무다.

"한 번 하면 되게 오래 걸리는 주제에 자주 수행해야 하고, 나에게 스트레스도 가장 많이 주는 업무."

끔찍하다. 이 업무가 내 삶에서 사라지고 그 시간에 다른 재미난 것을 할 수 있다면 얼마나 좋을까?

4. 업무를 작은 단위로 쪼개기

첫 번째로 그 업무를 수행하는 데 어떤 과정이 필요한지 순서대로 적어본다. 최대한 잘게 쪼개보자. 이 책의 예제 코드를 소개할 때 함께 보여드리는 알고리즘 순서도가 기억나는가? 순서도와 같은 형태로 자동화할 업무를 쪼개는 것이 목표다. 종이에 적으면서 고민해보자.

여기서 주의할 점이 있다. 여러분의 상상 이상으로 세세하게 쪼개야 작업이 쉬워진다. 예를 들어 '트위터에 로그인'이라는 작업은 이렇게 한 마디로 퉁칠 것이 아니라 아래와 같이 6단계로 쪼개야 한다.

트위터에 로그인	① 트위터 로그인 페이지로 이동 ② 아이디 입력창 클릭 ③ 아이디 입력 ④ 비밀번호 입력창 클릭 혹은 ⇥(tab)키 누르기 ⑤ 비밀번호 입력 ⑥ 로그인 버튼 클릭 혹은 Enter↵ 키 누르기

여러분이 숙련된 개발자라면 '트위터에 로그인'한 단어만 듣고도 머릿속에 코드가 사르륵 떠오를 것이다. 하지만 우리는 아직 입문 단계니까 기획 단계에서 조금 더 정성을 들이자. 지금 머리를 조금 더 쓰면 코딩할 때 고생을 많이 줄일 수 있다.

5. 반복할 영역 결정하기

for문을 이용해 반복하면 좋을 부분이 어떤 부분인지를 고민해 봐야 한다. 예를 들어 '매일 등기우편 1천 개를 우체국 홈페이지로부터 조회'하는 업무를 자동화하는 경우를 생각해보자.

인터넷 창을 켜서 우체국 홈페이지에 접속하는 과정까지는 반복할 필요가 전혀 없다. 하지만 등기번호 1천 개를 하나씩 순서대로 검색하는 과정은 반복문으로 처리해야 한다. 반복할 것과 반복하지 않을 것을 잘 구분해내면 그 뒤는 쉬워진다.

반복하지 않을 부분들에 대한 코드를 먼저 작성하고, 반복할 부분은 for문을 만들어 그 안에 코딩하면 된다. 코드의 뼈대는 설계가 모두 끝났다는 것을 의미한다.

6. 라이브러리 찾아보기

Part 2에서 우리는 어려운 작업을 라이브러리를 활용해 대신하는 경험을 여러 번 해봤다. 대부분 사람이 자동화를 고민 중인 문제는 다른 나라 개발자들도 고민해봤을 문제일 것이다. 그래서 높은 확률로, 누군가가 이미 해결 방법을 코딩해서 올려두었을 가능성이 크다. 구글에서 열심히 검색해보자. 운이 좋게 남이 짜둔 코드를 다운로드할 수 있다면 직접 코딩을 하고 있을 이유가 없다.

7. 코드 재활용하기

남이 짜놓은 코드 일부나 본인이 예전에 짜둔 코드 일부분을 재활용하는 것도 현명한 선택이다. 혹시 이 책의 예제에 재활용할 만한 부분이 있다면 그 부분의 코드를 재활용해 여러분의 업무 자동화에 활용하자.

8. 종이 위에 펜으로 코딩 시작

라이브러리와 코드 재활용으로 코딩 난이도를 최대한 낮춰두었다면 이제 코딩을 시작하면 된다. 파이썬으로 코딩을 시작하기 전에 종이 위에 손으로 코딩을 먼저 시작하자. 알고리즘 순서도를 그려보라는 이야기다. 다른 장에서 예제 코드를 설명하기 위해 사용했던 알고리즘 순서도의 모양을 기억해보자. 동그라미, 네모, 마름모 그리고 화살표였다. 이 4가지만 있으면 반복문, 조건문을 포함한 복잡한 코드도 모두 표현할 수 있다.

종이가 아니라 컴퓨터에서 순서도를 그리고 싶다면 파워포인트를 사용하는 것을 추천한다. 파워포인트에서 도형 그리기 메뉴를 살펴보면 하단에 '순서도'라는 탭이 있다.

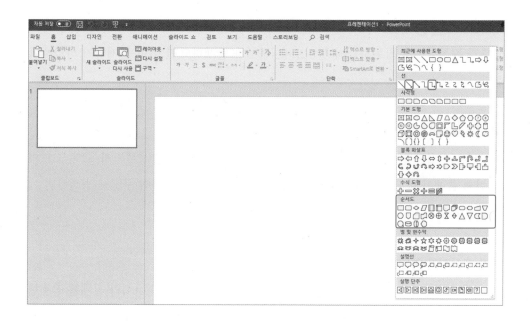

여기서 도형을 가져와 사용하자. 화살표는 상단에 있는 일직선 화살표와 직각으로 꺾어지는 화살표를 사용하면 편리하다.

처음 순서도를 그리다 보면 뭔가 이상할 것이다. 화살표를 손가락으로 따라가며 읽어보면 어딘가에서 작업이 중단될 수도 있고, 영 시원찮을 수도 있다. 그러면 박스의 위치와 화살표를 수정하면서 이 순서도가 말이 될 때까지 고쳐 나가자.

이렇게 문제가 있는 알고리즘을 올바르게 작동하도록 수정하는 과정을 디버깅(debugging)이라고 한다. 순서도를 수정하는 과정만 해도 머리가 복잡하지 않은가? 이 과정을 검은 창에서 파이썬으로 코딩하며 겪었다고 상상해보라. 으, 끔찍하다. 차라리 반복 업무를 직접 손으로 하는 것이 더 나을지도 모른다.

9. 코딩하기

알고리즘 순서도를 보면서 차례대로 코드를 작성하자. 빈 화면에 블록을 차곡차곡 끼워 넣는 기분으로 코드를 끼워 넣으면 된다.

10. 코드 실행해 보기

코드가 정상적으로 작동하는지 살펴보자. 문제가 발생한다면 어떤 문제인지 파악해야
한다.

에러 메시지가 뜨는 경우

파이썬은 친절한 언어라서 에러 메시지에 어떤 종류의 에러가 발생했는지, 그게 코드의
몇 번째 줄에서 발생했는지 모두 적혀 있다. 에러 메시지를 복사해 구글에 검색하면 거
의 항상 해답이 나온다.

에러 메시지가 안 뜨는 경우

에러 메시지는 안 뜨는데 작업 결과가 시원찮은 경우에는 코딩이 아니라 설계를 잘못한
것이다. 알고리즘 순서도를 손가락으로 천천히 따라 읽으면서 어느 부분에서 설계를 잘
못했는지 찾아보자.

11. 복잡하다

어떤가? 복잡하고 어려운가? 저자가 생각하기에 초보자에게는 낯설고 어려운 과정인 것
같다. 그래서 여러분을 위해서 라이브러리를 직접 만들어 왔다. 이 라이브러리만 있으
면 누구든지 쉽게 매크로를 만들 수 있다. 다음 장에서 살펴보자.

6개월 치 업무를
하루 만에 끝내는
업무 자동화

CHAPTER

낮잠 자면서도 실적 내는 비법!
실전 매크로!

사무업무 대부분은 키보드와 마우스를 조작하는 일이다. 키보드와 마우스를 자동으로 조작하는 매크로를 설치하고, 사용법을 알아보자.

⋯⋯ 01 ⋯⋯

매크로 사용을 위한 환경 구축

1. 매크로 설치하기

다른 사람이 만들어둔 코드를 가져와 사용하는 것이 얼마나 편리한 일인지 느껴보도록 하자. 아래 url로 접속하여 PyMacro의 리포지토리로 접속하자. PyMacro는 독자 여러분들의 편리한 업무 자동화에 도움을 주고자 작가가 직접 제작한 매크로 툴이다.

https://github.com/needleworm/pymacro

아래 그림처럼 우측 상단의 〈Fork〉 버튼을 클릭하여 코드를 복사하고, 2장 4절에서 소개한 방법을 따라 코드를 컴퓨터에 설치한다. 'pymacro'라는 이름의 폴더가 생겨났다면 성공적으로 매크로 설치가 완료된 것이다.

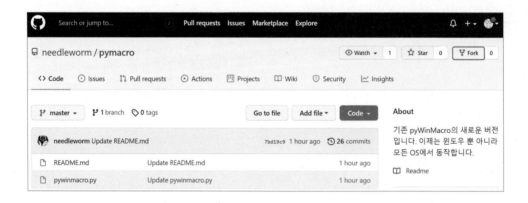

2. <README.md>

〈README.md〉 파일을 열어서 읽어보자. 코드에 대한 설명과 안내가 기재되어 있고, 더 밑으로 내려가면 코드를 사용하는 방법이 상세하게 기재되어 있다. 안내 사항을 보니 사용에 앞서 설치해주어야 할 라이브러리가 있다. 〈README.md〉를 따라 설치해 보자.

```
$ pip install pyautogui pillow pyperclip
```

이제 정말로 세팅이 끝났다. 여러분이 앞으로 만나게 될 '남이 이미 짜둔 코드'는 대부분 이런 식으로 설명이 기재되어 있을 것이다. 설명을 천천히 읽어보며 이 기능들을 어떻게 활용하면 좋을지 고민해보는 경험이 필요하다. 많이 고민할수록 좋다. 상세한 사용 방법은 지금부터 알려주겠다.

3. 매크로를 사용하기 위한 방법

코드를 실행시킬 폴더로 이동해서 그 폴더에 〈pywinmacro.py〉를 복사한다. 그리고 아래 코드와 같은 방법으로 〈pywinmacro.py〉를 import한다.

```
>>> import pywinmacro as pw
```

눈썰미가 빠른 독자는 import를 통해 라이브러리를 불러올 때는 ".py"를 생략해도 된다는 사실을 알아차리셨을 것이다. 라이브러리를 import했다면 자동화 코드를 설계하기 위한 준비가 모두 끝났다.

4. 예제를 위한 실행

먼저 이 자동화 라이브러리를 제대로 활용하려면 사용법을 익혀봐야 하지 않겠나? 'pywinmacro' 폴더에서 Git Bash를 실행하고 아래 명령어를 입력하자.

```
$ ipython
```

```
>>> import pywinmacro as pw
```

축하한다. 매크로를 불러오는 데 성공했다. 자, 지금부터 Git Bash에 코딩하며 매크로를 사용해볼 것이다.

······ 02 ······

마우스의 조작

1. 마우스 커서 위치 탐색

파이썬을 실행하고 pywinmacro를 import했다면 아래 코드를 입력해보자.

```
>>> pw.get_mouse_position()
(442, 478)
```

무언가 숫자가 출력되었다. 한번 같은 코드를 다시 실행해보자. ⬆ 키를 누르고 엔터키를 누르면 된다.

```
>>> pw.get_mouse_position()
(1091, 429)
>>> pw.get_mouse_position()
(1187, 268)
>>> pw.get_mouse_position()
(847, 192)
>>> pw.get_mouse_position()
(547, 320)
```

화면에 표시되고 있는 숫자가 바로 마우스의 위치에 해당한다. 이번에는 마우스 포인터를 모니터의 가장 오른쪽, 가장 위쪽에 위치시키자. 그리고 마우스를 조금씩 밑으로 내리면서 위 코드를 여러 번 실행해보자.

```
>>> pw.get_mouse_position()
(1535, 0)
>>> pw.get_mouse_position()
(1535, 117)
>>> pw.get_mouse_position()
(1535, 350)
>>> pw.get_mouse_position()
(1535, 554)
>>> pw.get_mouse_position()
(1535, 863)
```

마우스를 위에서 아래로 이동시킬수록 괄호 안의 두 번째 숫자가 조금씩 커지고 있다. 두 번째 숫자가 바로 마우스의 y축 좌표에 해당한다. 이번에는 마우스를 화면 맨 왼쪽 맨 위로 이동시킨 다음, 조금씩 마우스를 오른쪽으로 움직이면서 코드를 반복 실행해 보자.

```
>>> pw.get_mouse_position()
(0, 0)
>>> pw.get_mouse_position()
(128, 0)
>>> pw.get_mouse_position()
(478, 0)
>>> pw.get_mouse_position()
(815, 0)
>>> pw.get_mouse_position()
(1274, 0)
```

이번에는 괄호 안의 왼쪽 값이 조금씩 증가하고 있다. 왼쪽 값은 마우스의 x 좌표를 의미한다. 다음 그림으로 살펴보자.

Part 2의 5장에서 픽셀에 대해 공부했던 내용이 기억나는가? 모니터의 화면도 마찬가지로 픽셀들로 구성되어 있고, 그 픽셀들의 위치는 좌표로 정의된다. 화면의 x축은 오른쪽으로 갈수록 증가하고 화면의 y축은 아래로 갈수록 증가한다. 모니터 화면의 가장 왼쪽 가장 위에 있는 픽셀은 좌표가 (0, 0)으로 정의된다.

마우스 자동화를 하려면 우리가 클릭하고자 하는 버튼의 위치를 알아야 한다. 예를 들어 Git Bash의 종료 버튼을 컴퓨터가 대신 클릭해주도록 코딩을 하려면 어떻게 해야 할까? 혹은 이메일 발송 버튼을 자동으로 누르려면 어떻게 해야 할까? 이럴 때 사용할 수 있는 함수가 바로 get_mouse_position() 함수다. 코딩하기 전에 Git Bash를 열어두고, 클릭하고 싶은 버튼 위에 마우스 커서를 올려놓은 뒤 코드 한 줄을 실행해보자.

```
>>> pw.get_mouse_position()
```

버튼의 좌표를 찾아두었다면 메모를 해 두거나 따로 기록해 두자. 자, 다음 예제를 위해 쉬운 숙제를 하나 주겠다. Git Bash창의 '최대화' 버튼의 위치를 좌표로 찾아보자.

이 책을 작성 중인 저자의 컴퓨터에서는 최대화 버튼의 좌표가 (687, 280)으로 나온다. 예제 코드는 위 좌표로 작성할 것이지만 독자 여러분의 컴퓨터에 맞게 좌표를 수정해서 예제 코드를 따라 해보자.

2. 마우스 이동시키기

아래 코드를 실행한다.

```
>>> pw.move_mouse((687, 280))
```

최대화 버튼이 있는 곳으로 마우스 위치가 옮겨갔을 것이다. 아래 코드를 한 번 실행해 보자.

```
>>> pw.move_mouse((0, 0))
>>> pw.move_mouse((100, 100))
>>> pw.move_mouse((200, 200))
>>> pw.move_mouse((300, 300))
>>> pw.move_mouse((100, 4))
```

어떤가? 마우스에는 손도 안 댔는데 마우스 커서가 저절로 화면 위를 여기저기 움직였을 것이다. 마우스 위치 변조는 move_mouse() 함수를 이용하면 된다.

3. 마우스 클릭하기

이번에는 마우스를 클릭하는 코드를 실행해보겠다. 마우스 포인트를 적당한 위치로 옮겨보자. 그곳을 클릭할 것이다.

```
>>> pw.l_click()
```

클릭! 이번에는 아래 코드를 입력해보자. 이번에는 마우스 오른쪽 버튼을 클릭할 것이다.

```
>>> pw.r_click()
```

현재 마우스의 위치가 있는 곳에서 오른쪽 마우스 클릭이 실행되었다. 그러면 더블 클릭은 어떻게 하면 좋을까? 더블 클릭은 클릭을 반복하는 행위다. 어떤 행위를 반복할 때는 for문을 사용하면 된다. 바탕화면에서 더블 클릭을 실습하는 데 적당한 곳으로 마우스를 이동시키자. 프로그램이나 폴더 정도면 적당하겠다. 그리고 아래 코드를 입력한다.

```
>>> for i in range(2):
>>>     pw.l_click()
```

축하한다. 여러분은 더블 클릭을 코딩했다.

4. 마우스를 이동시키고 클릭하기

지금까지 우리가 무엇을 배웠는지 기억하는가? 마우스의 위치를 알아내는 방법을 배웠고, 마우스를 이동시키는 방법도 배웠으며, 마우스를 클릭하는 방법까지도 마스터해버렸다. 이제는 마우스를 이동시켜서 클릭하는 방법을 공부해보자.

마우스를 이동시켜 Git bash 창을 최대화해보겠다. 최대화 버튼 위에 마우스 커서를 올리고 아래 코드를 실행한다.

```
>>> location = pw.get_mouse_position()
>>> # 마우스 커서를 다른 곳으로 이동시키자
>>> pw.move_mouse(location)
>>> pw.l_click()
```

짠! 위 코드를 실행하면 마우스가 저절로 움직여 최대화 창을 클릭한다. 축하한다. 여러분의 첫 매크로다.

5. 마우스를 이동시키고 클릭하는 더 쉬운 방법

이번엔 조금 더 쉬운 방법으로 마우스를 조작해보겠다. 이번 코드는 마우스 이동과 클릭을 한 번에 할 수 있는 코드다. 클릭하고 싶은 곳으로 마우스를 이동시킨 다음 일단 좌표를 따자.

```
>>> location = pw.get_mouse_position()
```

준비되었다면 마우스 커서를 엉뚱한 곳으로 이동시키고, 아래 코드를 실행한다.

```
>>> pw.click(location)
```

짜잔! 마우스가 저절로 이동해 클릭까지 끝냈다. 마우스 왼쪽 버튼 클릭은 pw.click() 함수를 이용하면 손쉽게 코딩할 수 있다. 마우스 오른쪽 클릭은 아래 코드를 사용하면 된다.

```
>>> pw.right_click(location)
```

마지막으로, 더블 클릭은 아래와 같다.

```
>>> pw.double_click(location)
```

이미 좌표를 알고 있는 버튼을 클릭하는 자동화는 이렇게 한 줄짜리 코드로 손쉽게 구현할 수 있다.

6. 드래그 앤 드롭 (Drag & Drop)

드래그 앤 드롭은 마우스로 어딘가를 클릭하고 버튼을 떼지 않은 채로 위치를 움직여 버튼을 놓는 행위를 의미한다. 파일을 옮기거나 여러 개의 파일을 드래그해서 한 번에 지정할 때 자주 사용하는 기능이다. 드래그 앤 드롭 역시 코드 한 줄로 구현할 수 있다. 두 개의 좌표를 준비하자. 드래그를 시작하려는 위치에서 아래 코드를 실행한다.

```
>>> from_location = pw.get_mouse_position()
```

이번에는 드래그 앤 드롭을 끝내려는 (마우스 버튼을 놓으려는) 위치에서 아래 코드를 실행한다.

```
>>> to_location = pw.get_mouse_position()
```

됐다. 드래그 앤 드롭을 시작할 위치와 끝낼 위치를 모두 정했다. 이제 아래 코드를 실행한다.

```
>>> pw.drag_drop(from, to)
```

마우스가 저절로 움직여 드래그 앤 드롭이 실행됐다. 너무 빨리 지나가서 자세히 못 봤을 수도 있다. 좌표를 직접 입력하려면 아래처럼 하면 된다.

```
>>> pw.drag_drop((200, 400), (300, 500))
```

위와 같이 코드를 지정하면 (200, 400) 위치에서 마우스 버튼을 클릭하고, 커서를 (300, 500) 지점으로 이동한 다음 버튼을 떼는 연산이 실행된다.

7. 스크롤 올리기

마우스의 스크롤을 올리는 자동화가 필요해질 순간이 생길 것이다. 아래와 같이 코드를 실행하면 마우스의 현재 위치에서 스크롤이 올라간다.

```
>>> pw.mouse_upscroll()
```

한 번의 실행으로 만족할 수 없다면 for문을 이용해 여러 번 호출하자.

8. 스크롤 내리기

마우스의 스크롤을 내리기 위한 함수다. 아래와 같이 호출한다.

```
>>> pw.mouse_downscroll()
```

9. 특정 위치의 픽셀 정보 읽어오기

```
>>> pw.get_color((x,y))
```

위 함수를 실행하면 (x,y) 좌표에 위치한 색상 값을 알 수 있다. 현재 마우스 커서가 위치한 곳의 색상 정보를 알아내려면 아래와 같이 코드를 호출하면 된다.

```
>>> pw.get_color(pw.get_mouse_position())
```

10. 하산하기

이로써 마우스 조작에 필요한 매크로 코드는 모두 공부했다. 정말 이게 전부다. 이번 절에서 배운 코드만 알면 마우스로 할 수 있는 작업은 모두 자동화할 수 있다. get_mouse_position() 함수를 이용해 마우스 위치를 적절하게 파악하는 것과 for문으로 적당하게 작업을 반복하는 과정만 계획을 잘 세우면 된다.

03

키보드의 조작

1. 화면에 글자 입력하기

자, 일단 다짜고짜 키보드 조작의 끝판왕을 데려왔다. Git Bash에서 pywinmacro를 import한 후 다음 코드를 입력해보자

```
>>> pw.typing('print(123)')
```

그러면 코드 입력창에 아래 코드가 어느샌가 입력되어 있을 것이다. 엔터키 한 번 더 눌러주자.

```
>>> print(123)
```

끝이다. 쉽지 않나? 방금 여러분은 키보드를 조작하는 코드를 이용해서 코드를 입력했다. 메모장을 컨 다음 아래 코드를 입력해보자.

```
>>> pw.typing("한글도 입력이 잘 될까요?")
```

미안하다. 에러가 났다. pw.typing() 함수로는 한글 입력이 불가능하다. 형태소 분할이 안 되기 때문이다.

2. 화면에 글자 입력하기 (한글 입력 가능)

이번에는 조금 다르게 생긴 함수를 사용해보겠다. 아래 코드를 입력해보자.

```
>>> pw.type_in("한글도 잘 입력되지롱")
```

한글이 잘 입력된다. 그런데 한 가지 문제가 있다. 코드를 입력하기 위해 엔터키를 치는 순간 Git Bash로 커서가 이동해서 Git Bash 창에 글자가 입력된다. 이럴 때는 어떻게 해결해야 할까 곰곰이 생각해보자. 자동화가 아니라, 손으로 작업을 했다면 어떻게 했어야 하나? 우선 글자를 입력하기 전에 메모장 화면을 클릭하고, 그 다음 글자를 입력했을 것이다. 생각보다 쉽게 문제를 해결할 수 있을 것 같다. 글자를 입력하고 싶은 곳에 마우스 커서를 갖다두고 아래 코드를 입력한다.

```
>>> location = pw.get_mouse_position()
```

마우스 위치도 알아냈으니 이제 두려울 것이 없다. 아래 코드를 입력하자.

```
>>> pw.click(location); pw.type_in("이번에는 입력이 될까?")
```

그렇다, 입력이 된다. 잘 된다. 이번에는 코드를 조금 특이하게 짰다. 세미콜론 ';'을 활용하면 여러 줄의 파이썬 코드를 한 줄로 이어 붙일 수 있다. 위 코드는 클릭을 실행하는 함수와 글자를 입력하는 함수를 한 줄에 이어 붙여둔 것이다. 이렇게 하지 않고 아래처럼 두 개의 코드를 쪼개서 실행하면 어떤 문제가 발생하는지 직접 겪어보자.

```
>>> pw.click(location)
>>> pw.type_in("이번에는 입력이 될까?")
```

메모장을 클릭하면 Git Bash에서 코드를 실행할 수가 없다. 코드를 실행하기 위해 Git Bash를 클릭하면 메모장이 아니라 Git Bash에 커서가 이동하므로 메모장에 글자를 입력할 수가 없다. 그러므로 한 줄로 이어 붙여준 것이다. 물론 Git Bash에서 IPython으로 코드를 실행할 때에나 그렇다. 앞선 예제들처럼 코드를 하나의 '.py' 형태로 짜서 실행할 때는 이런 문제없이 잘 된다. 코드가 종료될 때까지 Git Bash 창을 다시 클릭하지 않기 때문이다.

간혹 사용하는 컴퓨터에 따라 맨 뒤에 공백이 한 칸 더 삽입되는 오류가 생길 때가 있다. 혹시 컴퓨터에서 이런 오류가 발생한다면 아래처럼 코드를 수정해 타이핑 이후 백스페이스를 한 번 눌러서 공백을 지워버리자.

```
>>> pw.type_in("공백을 지우자!"); pw.key_press_once("backspace")
```

이렇게 한글과 특수문자를 타이핑하는 매크로를 직접 만들었다간 시간이 굉장히 오래 걸렸을 것이다. 미리 만들어진 라이브러리를 최대한 재활용해서 여러분의 여유 시간을 최대한 많이 확보하자. 고생은 저자가 대신했으니까!

이 함수를 실행하면 입력받은 문자열을 클립보드에 저장했다가 붙여 넣는 과정이 실행된다. 저자가 처음 한글 입력 자동화 코드를 만들던 당시, 한글을 타이핑할 방법을 도저히 찾을 수 없어 고안한 방식이다.

생각해보면 type_in() 함수가 한글 입력도 되고 편리하니 typing() 함수는 필요가 없을 것 같다. 그런데 왜 굳이 typing() 함수를 만들어 탑재시켰을까?

인터넷 자동화를 하다 보면 붙여 넣기가 막혀 있는 사이트도 있고, 로그인을 자동화할 때 암호를 붙여 넣는 것을 막아둔 사이트도 있다. 또한 type_in 함수는 클립보드를 사용하다 보니 간혹 성능이 낮은 컴퓨터에서는 말썽이 생긴다. 그래서 평소에는 typing() 함수를 사용하고, 한글을 입력해야 하는 경우에만 type_in() 함수를 사용하는 것을 추천한다.

3. 키보드의 버튼 누르기
아래 코드를 실행해보자.

```
>>> pw.key_press_once("enter")
```

Git Bash 창이 한 줄 건너 뛰어질 것이다. 방금 여러분은 코딩으로 엔터키를 입력했다. 이번에는 아래 코드를 입력해보자.

```
>>> pw.key_press_once("window")
```

이번에는 시작 버튼(윈도우 버튼)을 코딩으로 눌러본 것이다. key_press_once() 함수를 사용하면 키보드에 있는 모든 키를 제어할 수 있다. 한 번씩 마음에 드는 키를 코딩으로 눌러보도록 하자. 각 키를 누르고 싶을 때 괄호 안에 어떤 글자를 적어야 하는지는 **표로 정리해두었으니** 참고하자.

4. 키보드 버튼 꾹 누르고 있기

위에서 살펴본 함수는 키보드 버튼을 한 번 눌렀다 떼는 함수다. 키보드를 꾹 누른 채로 유지하려면 아래 코드를 사용하면 된다.

```
>>> pw.key_on(key)
```

key_on() 함수는 키를 계속해서 누르고 있게 만든다. 눌린 키를 떼려면 아래 코드를 입력하면 된다.

```
>>> pw.key_off(key)
```

사실 key_press_once() 함수는 key_on() 함수와 key_off() 함수를 연속해서 호출하는 것으로 구현했다.

5. 여러 키 누르기

자동화를 하다 보면 여러 개의 키를 동시에 눌러야 할 때가 있다. Alt + Tab 키라거나 Ctrl + C 키라거나. 이런 키를 누르는 과정을 곰곰이 생각해보자. 키 두 개를 동시에 누르는 과정은 사실 네 단계의 작업이다.

① 키 하나를 누른다.

② 다른 키를 누른다.

③ 두 키 중 하나를 뗀다.

④ 다른 하나도 뗀다.

따라서 여러 키를 누르고 싶을 때는 key_press_once() 함수가 아니라 key_on() 함수와 key_off() 함수를 활용해야 한다. 몇 가지 예제를 살펴보자.

6. 두 개의 키를 동시에 누르는 방법

Ctrl 키과 C 키를 누르는 간단해 보이는 과정을 사실 자동화 코드로 구현하면 아래처럼 다섯 줄짜리 함수가 된다.

```
>>> def ctrl_c():
>>>     key_on("control")
>>>     key_on("c")
>>>     key_off("control")
>>>     key_off("c")
```

이 과정이 번거로우므로 자주 쓰이는 키 조합은 미리 함수로 만들어서 매크로에 탑재해 두었다.

① Ctrl + C (복사)

```
>>> pw.ctrl_c()
```

② Ctrl + V (붙여 넣기)

```
>>> pw.ctrl_v()
```

③ Ctrl + A (전체 선택)

```
>>> pw.ctrl_a()
```

④ Ctrl + f (찾기)

```
>>> pw.ctrl_f()
```

⑤ Alt + F4 (종료)

```
>>> pw.alt_f4()
```

⑥ Alt + Tab (창 전환)

```
>>> pw.alt_tab()
```

7. 하산하기

이제 키보드 자동화 코딩에 대한 모든 것을 마스터했다. 축하한다.

키보드 자동화 코드를 만드는 과정은 몹시 고달팠다. 이런 비유가 있다.

"누군가에게 물고기를 주기보다는 물고기를 잡는 방법을 알려주는 것이 낫다."

그런데 저자의 생각은 조금 다르다. 물고기를 잡는 방법을 알려주기보다는 물고기를 자동으로 잡아주는 기계를 선물해 주는 것이 낫다. 그래서 이렇게 매크로를 만들어 온 것이다.

독자 여러분들은 자동화를 도와주는 매크로를 어떻게 만드는지는 몰라도 좋다. 이미 만들어진 매크로를 어떻게 활용하면 좋을지 고민하는 데에만 시간을 쏟도록 하자.

Key	Code		Key	Code		Key	Code
Esc	"esc"		A	"a"		PrtSc	"print_screen"
F1	"f1"		B	"b"		Scroll Lock	"scroll_lock"
F2	"f2"		C	"c"		Pause	"pause_break"
F3	"f3"		D	"d"		Insert	"insert"
F4	"f4"		E	"e"		Home	"home"
F5	"f5"		F	"f"		Page Up	"page_up"
F6	"f6"		G	"g"		Delete	"delete"
F7	"f7"		H	"h"		End	"end"
F8	"f8"		I	"i"		Page Down	"page_down"
F9	"f9"		J	"j"			
F10	"f10"		K	"k"		↑	"up_arrow"
F11	"f11"		L	"l"		↓	"down_arrow"
F12	"f12"		M	"m"		←	"left_arrow"
~	"`"		N	"n"		→	"right_arrow"
1	"1"		O	"o"			
2	"2"		P	"p"		Enter↵	"enter"
3	"3"		Q	"q"		Space Bar	"spacebar"
4	"4"		R	"r"			
5	"5"		S	"s"		Num Lock	"num_lock"
6	"6"		T	"t"		/	"numpad_/"
7	"7"		U	"u"		*	"numpad_*"
8	"8"		V	"v"		−	"numpad_-"
9	"9"		W	"w"		+	"numpad_+"
0	"0"		X	"x"		Del	"numpad_."
-	"-"		Y	"y"		Ins	"numpad_0"
=	"="		Z	"z"		End	"numpad_1"
Back Space	"backspace"		;	";"		↓	"numpad_2"
⇥	"tab"		,	","		PgDn	"numpad_3"
Caps Lock	"caps_lock"		.	"."		←	"numpad_4"
Shift	"shift"		/	"/"		5	"numpad_5"
Ctrl	"control"		[	"["		→	"numpad_6"
⊞	"window"		]	"]"		Home	"numpad_7"
Alt	"alt"		\	"\"		↑	"numpad_8"
한/영	"kor_eng"		'	"'"		PgUp	"numpad_9"
한자	"hanja"						
🔊	"vol_up"						
🔉	"vol_down"						
🔇	"vol_mute"						

〈맥(Mac)용 키보드〉

Key	Code
⌘ command	"command"
⌥ option	"option"

······ 04 ······

화면의 정보 빠르게 뽑아오기

1. \<README.md\>

'3_7_4_화면의 정보 빠르게 뽑아오기' 폴더로 이동해 〈README.md〉 파일을 열어보자.

화면의 정보 빠르게 뽑아오기
사용 방법 ⑴ 아래 명령어를 입력합니다. `$ python cursor_info.py` 콘솔에 마우스 위치가 출력되고, 마우스가 위치한 픽셀의 색상 정보가 16진수로 출력됩니다. ⑵ 마우스를 적당한 위치로 이동시킵니다. ⑶ 위 코드를 재실행합니다. 콘솔에서 위쪽 화살표를 누르고, 엔터키를 치면 됩니다. **주의 사항** pywinmacro.py 파일과 cursor_info.py 파일을 같은 폴더에 보관해주세요.

2. 코드 실행하기

예제 폴더에서 Git Bash를 실행하고 아래 명령을 실행하자.

```
$ python cursor_info.py
```

터미널 창에 무언가 쪼르륵 뜰 것이다. 마우스의 좌표와 그 지점의 색상이 표기되고 있다. ⬆ 키와 엔터키를 누르면 코드를 다시 실행할 수 있다. 마우스를 이리저리 움직이면서 코드를 여러 번 실행해보자.

3. 왜 이런 코드를 사용하는가?

업무 자동화 코드를 설계하다 보면 화면에 있는 버튼이나 화면, 창에 대한 정보가 필요할 때가 있다. 때로는 위치뿐만 아니라 그곳의 색상 정보까지도 필요한 경우가 있는데 그런 자동화를 설계할 때 이번 예제의 코드를 사용하면 편리하다.

4. 코드 살펴보기 (소스 코드 : cursor_info.py)

```
8    import pywinmacro as pw
9
10   # 마우스 좌표 추적
11   position = pw.get_mouse_position()
12
13   #마우스 좌표 출력
14   print("Your Mouse Position is " + str(position))
15
16   # 마우스 좌표의 색상을 추출해서 출력
17   print("color in hex is " + str(pw.get_color(position)))
```

정말 짧고 간단하다.

① 코드가 실행되면 pw.get_mouse_position() 함수가 실행되어 화면에 있는 마우스의 좌표를 추적한다.

② 추저된 좌표를 화면에 출력한다.

③ 해당 좌표의 색상 정보를 pw.get_color() 함수를 이용해 분석한다.

05

매크로 조금 더 들여다 보기

1. 매크로를 제작하는 과정

매크로를 제작하는 과정은 정말이지 힘들었다. 알고리즘이 어렵거나 복잡한 소스 코드를 사용해야 해서 힘들었던 것이 아니라, 키보드의 정보를 컴퓨터가 알아들을 수 있는 언어로 번역하는 과정에서 작업량이 너무 많았기 때문이다.[1] 예를 들어 몇 가지 키를 컴퓨터가 알아들을 수 있는 언어로 번역하면 아래와 같다.

인간의 언어	컴퓨터의 언어
ESC	0x1B
ENTER	0x0D
스페이스 바	0x20
A	0x41

원래 인터넷에서 쉽게 받아볼 수 있는 매크로 라이브러리들은 알파벳이 아니라 위 표에 보이는 암호 같은 글자를 이용해 컴퓨터와 의사소통한다. 0과 1밖에 모르는 무식한 기계다 보니 이런 일이 벌어진다. 그런데 업무 자동화에 갓 입문한 독자 여러분들에게 소개해 드리기에는 너무 낯선 개념인 것 같아 인간의 언어에 가깝게 코드를 전부 새로 짰다. 주석을 상세하게 달아두었으니 관심이 있는 분들은 소스 코드 파일을 파이참에서 열어보기 바란다.

---

1) 1쇄, 2쇄 수록 코드에 해당하는 설명입니다.
   코드 살펴보기 - https://github.com/needleworm/pywinmacro

매크로를 가장 많이 사용하는 분야는 게임이다. 캐릭터가 자동으로 게임을 플레이해 아이템과 돈을 벌어오도록 매크로를 많이 사용한다. 이 책에서 소개되는 매크로 라이브러리로도 게임 매크로를 충분히 만들 수 있다. 하지만 아마 게임의 보안 프로그램에 의해 대부분 차단될 것으로 생각된다. 보안만 뚫을 수 있으면 이 책의 라이브러리로 대부분의 RPG 게임은 플레이를 자동화할 수 있다.

2. 함수 명세

자동화 라이브러리의 함수들을 소개하겠다. 여기 있는 것들을 외울 필요는 전혀 없다. 훗날 자동화 코딩을 하고 싶어진다면 이 책을 다시 펼쳐 함수들의 설명을 읽어보는 정도로 충분하다. 필요성을 느낄 때만 사전을 찾듯이 찾아보자.

move_mouse(location)

마우스 커서의 위치를 location으로 이동시키자.

location : (x좌표, y좌표)로 묶여 있는 데이터

```
>>> pw.move_mouse((200, 400))
```

get_mouse_position()

마우스 포인터가 위치한 곳의 좌표를 추출한다.

```
>>> pw.get_mouse_position()
```

click(location)

location으로 마우스 커서를 이동하고 클릭한다.

```
>>> pw.click((300, 400))
```

right_click(location)

location으로 마우스 커서를 이동하고 오른쪽 버튼을 클릭한다.

```
>>> pw.right_click((700, 400))
```

double_click(location)

location으로 마우스 커서를 이동하고 마우스 왼쪽 버튼을 더블 클릭한다.

```
>>> pw.double_click((300, 700))
```

key_press_once(key)

키를 한 번 눌렀다가 떼는 함수입니다. key에는 키보드 버튼을 매핑한 문자열을 삽입한다. 3절의 표를 참조하기 바란다.

```
>>> pw.key_press_once("enter")
```

type_in(string)

입력받은 문자열을 클립보드에 삽입하고, 붙여 넣는 과정을 통해 화면에 글자를 입력하자. 한글 입력이 가능하다는 장점이 있다. 붙여 넣기의 기능이 차단된 홈페이지나, 로그인 시 암호를 입력하기에는 부적절하다.

```
>>> pw.type_in("한글 입력이 잘 되지롱.")
```

typing(string)

입력받은 문자열을 클립보드를 거치지 않고 바로 타이핑한다. 한글 입력은 불가능하지만, 사람이 키보드 버튼을 하나하나 누르듯이 데이터를 하나씩 입력한다. 붙여 넣기 사용이 막혀 있는 사이트에서 자동화를 수행하거나 로그인을 구현할 때 사용하면 용이하며, 컴퓨터의 자동화 소프트웨어가 아니라 실제로 사람인 척해야 하는 경우 이 함수를 사용하면 된다. 간혹 기술력이 좋은 회사는 키보드를 입력하는 속도나 패턴을 통해 사용자가 사람인지 아닌지를 구분해내어 차단하기도 한다.

```
>>> pw.typing("please input a string here!")
```

key_on(key)

지정된 키를 꾹 누르고 있도록 하는 함수이다. 키를 떼어 내라는 명령을 받거나 코드가
종료될 때까지 계속 누르고 있게 한다. 이 함수를 이용하면 간단한 게임 매크로를 만들
수도 있다. 스페이스 바를 꾹 누르고 있으면 자동으로 사냥이 되는 RPG 게임 같은 경우
에 말이다.

```
>>> pw.key_on("control")
```

key_off(key)

key_on()으로 눌렀던 키를 떼기 위해 사용하는 함수이다. 단독으로 사용할 일은 아마
극히 드물 것이다.

```
>>> pw.key_on("control")
>>> pw.key_off("control")
```

l_click()

마우스의 현재 커서 위치에서 왼쪽 버튼을 눌렀다 뗀다(좌 클릭).

```
>>> pw.l_click()
```

r_click()

마우스의 현재 커서 위치에서 오른쪽 버튼을 눌렀다 뗀다(우 클릭).

```
>>> pw.r_click()
```

mouse_upscroll(number=1000)

마우스의 현재 위치에서 스크롤을 올린다. 아무 파라미터도 전달하지 않고 빈 괄호로
호출해도 작동한다.

```
>>> pw.mouse_upscroll()
```

기본 값보다 더 스크롤을 많이 이동하고 싶다면 괄호 안에 1,000보다 큰 숫자를 입력해 보자.

```
>>> pw.mouse_upscroll(3000)
```

기본 값보다 더 스크롤을 적게 이동하고 싶다면 괄호 안에 1,000보다 작은 숫자를 입력한다.

```
>>> pw.mouse_upscroll(200)
```

mouse_downscroll(number=1000)

마우스의 현재 위치에서 스크롤을 내리자. 아무 파라미터도 전달하지 않고 빈 괄호로 호출해도 작동한다.

```
>>> pw.mouse_downscroll()
```

기본 값보다 더 스크롤을 많이 이동하고 싶다면 괄호 안에 1,000보다 큰 숫자를 입력한다.

```
>>> pw.mouse_downscroll(3000)
```

기본 값보다 더 스크롤을 적게 이동하고 싶다면 괄호 안에 1,000보다 작은 숫자를 입력하자.

```
>>> pw.mouse_downscroll(200)
```

drag_drop(frm, to)

드래그 앤 드롭 작업을 수행하여 frm 좌표에서 마우스 왼쪽 버튼을 누르고, 버튼을 떼지 않은 채로 to의 위치까지 이동해 버튼을 뗀다.

```
>>> pw.drag_drop((200, 400), (700, 700))
```

get_color(location)

location 위치에 있는 점의 색상을 16진수 숫자로 읽어온다.

```
>>> pw.get_color((700, 400))
```

마우스 커서 위치에 있는 색상 정보를 바로 받아오고 싶다면 아래와 같이 코딩하면 된다.

```
>>> pw.get_color(pw.get_mouse_position())
```

ctrl_c()

Ctrl + C 키를 누르는 함수이다. 자동화 과정에서 무언가를 복사하고 싶을 때 많이 사용된다.

```
>>> pw.ctrl_c()
```

ctrl_v()

Ctrl + V 키를 누르는 함수이다. 자동화 과정에서 복사된 무언가를 붙여 넣을 때 사용된다.

```
>>> pw.ctrl_v()
```

ctrl_a()

Ctrl + A 키를 누르는 함수이다. 자동화 과정에서 모든 항목을 한꺼번에 선택할 때 사용된다.

```
>>> pw.ctrl_a()
```

ctrl_f()

Ctrl + F 키를 누르는 함수이다. 자동화 과정에서 '찾기' 작업을 수행할 때 사용된다.

```
>>> pw.ctrl_f()
```

alt_f4()

Alt + F4 키를 누르는 함수이다. 자동화 과정에서 프로그램을 종료할 때 사용된다.

```
>>> pw.alt_f4()
```

alt_tab()

Alt + Tab 키를 누르는 함수이다. 자동화 과정에서 화면을 전환할 때 사용된다.

6개월 치 업무를
하루 만에 끝내는
업무 자동화

4

인터넷 활용 자동화

CHAPTER

인터넷 자동화 입문 – 크롤러 소개

이번 장에서는 크롤러의 기초 개념과 크롤러를 만들 때 유용하게 사용할 수 있는 도구인 셀레늄에 대해
가볍게 배워볼 것이다. 파이썬을 이용해 인터넷 창을 요리조리 제어하는 과정을 익히며 자동화를 위한
준비를 시작하자.

이 장을 시작하기에 앞서 트위터와 인스타그램 계정을 만들 것을 권장한다. 트위터와 인스타그램을 활용한
자동화 예제들이 잔뜩 준비되어 있기 때문이다.

······ 01 ······

인터넷을 자동으로 탐색하는 크롤러

1. 크롤링과 크롤러

크롤링(crawling)은 인터넷에서 정보를 자동으로 수집하는 행위를 말한다. 주로 하나씩 손으로 자료를 검색하는 행위보다는 자동화된 소프트웨어를 활용해 순식간에 대량의 데이터를 수집하는 행위를 의미하는 경우가 많다. 네이버나 구글 같은 검색 엔진은 크롤러를 활용해 방대한 사이트의 정보를 수집하고, 한군데 정렬하여 제공한다.

크롤러는 크롤링을 위해 제작된 소프트웨어다. 크롤러를 사용하면 인터넷을 활용한 업무를 자동화할 수 있다. 앞으로 소개될 예제들을 수행해보며 크롤러에 대한 개념을 잡기를 바란다.

2. 크롤러는 신중하게 사용해야 한다

대부분의 웹 페이지는 영리적인 목적으로 운영된다. 자선사업을 위해 자기 돈을 들여서 홈페이지를 운영하는 사람은 적다는 이야기다. 그러다 보니 대부분의 웹 페이지는 자기들이 보유한 데이터를 자산이라고 생각한다. 사람들이 그 자산을 열람하기 위해 접속하고, 그 과정에서 발생하는 트래픽을 수익으로 연결시키는 것이다.

예를 들면 네이버에서 무언가를 검색하면 화면 곳곳에서 광고를 발견할 수 있다. 네이버는 이 광고를 통해 수익을 창출한다. 사용자가 많아지면 많아질수록 광고를 클릭하는 사람들이 많아질 것이고, 그 클릭 횟수가 곧 매출로 즉시 환산된다.

그런데 크롤러는 순식간에 알짜배기 정보만 뽑아가면서 굳이 광고를 클릭하지 않는다. 돈이 되지 않는 자료 열람이다. 그래서 많은 업체가 크롤러를 아주 싫어한다. 크롤러를 만들고 사용할 줄 안다는 사실 자체가 굉장히 강력한 힘이다. 큰 힘에는 큰 책임이 따르는 법. 왜 크롤러를 신중하게 사용해야 하는지 사례를 몇 건 소개하겠다.

3. 크롤러를 활용한 무단 미러링은 불법

국내에서 운영되던 〈L위키〉라는 서비스가 있었다. 이 사이트는 위키백과와 비슷한 방식으로 운영되었다. 사용자들이 서로의 지식을 자발적으로 나누며 백과사전 형태로 정보를 축적해온 사이트다. 당연히 이 사이트는 인기가 높아졌다.

그러자 〈E위키 미러〉라는 사이트가 등장했다. 이 사이트는 크롤러를 이용해 〈L위키〉의 최신 게시물을 모두 복제해 자기 사이트에서 제공하는 미러링 방식으로 운영되었다. 과거 〈L위키〉 서버 불안정으로 사용에 불편이 있던 시기에 만들어져 쭉 운영되었다고 한다. 콘텐츠의 소유권은 〈L위키〉에 있지만, 동일한 내용물로 〈E위키 미러〉가 고객을 유도해 트래픽을 가로채는 상황이었다.

〈L위키〉 측은 〈저작권법〉 제93조 제2항에 따라 '데이터베이스의 반복적인 복제'는 위법이라며 〈E위키 미러〉를 상대로 소송을 제기했다. 법원은 콘텐츠가 사이트의 운영자가 아닌 불특정 다수의 사용자들이 작성한 것이므로 저작권 침해가 아니라고 판단했다. 하지만 〈E위키 미러〉의 행위가 〈부정경쟁 방지 및 영업비밀 보호를 위한 법률〉 위반이라며 배상 책임을 인정했다. 2015년 판결이다.

요약하자면, 다른 사이트의 정보를 크롤링해 허락을 받지 않고 제공하는 행위는 조심해야 한다는 뜻이다. 원본 사이트로 유입되었어야 할 사용자를 빼앗아오는 서비스를 제작한다면 법적 책임을 피하기 힘들 것이다.

4. 타인의 정보를 긁어 내 영업에 활용하는 것은 불법

취업 알선 사이트인 S업체가 J업체에 등록된 기업 채용공고를 무단으로 크롤링해 자사 사이트에 게시한 사건이 문제가 되었다. J업체는 2010년 서울중앙지방법원에 소송을 제기했고, 법원은 2011년에 S업체가 J업체의 채용정보를 무단으로 게재하지 말라는 내용의 강제조정 결정을 내렸다.

S업체가 사과를 하고, 재발 방지를 위한 약속을 하며 사건이 마무리되는가 싶었으나 이후에도 S업체는 크롤러를 활용해 J업체의 채용정보를 무단으로 복제했다. 9년간의 법정 공방 끝에 서울고등법원은 2017년 "S업체가 J업체에 4억 5천만 원을 배상하라"라는 판결을 내렸다.

이 소송은 데이터베이스(DB)권 침해에 대한 주장이 승패를 결정지었다. 쉽게 설명하자면, 다른 업체의 정보를 무단으로 크롤링해 자신의 사업에 활용한 행위가 저작권법 위반이라는 이야기다.

5. 불법과 합법의 기준이 무엇인가?

위 두 사건을 자세히 살펴보면 한 가지 공통점이 있다. "남의 허락을 받지 않고 자료를 수집해 내 서비스에 활용했다"는 점이다. 상식적인 판단을 하면 된다.

"내가 하는 크롤링이 도둑질인가?"

이 질문에 대한 답은 스스로가 가장 잘 알 것이다. 예를 들어 정부 기관인 우체국에서 운영하는 '등기우편 조회' 서비스를 활용해 우리 회사와 관련된 우편물의 배송 상태를 조회하는 행위는 도둑질이 아니다. 하지만 우체국이 제작한 등기조회 페이지인 척하면서 사용자를 속이며 돈을 받는 행위는 문제가 될 것이다.

뉴스 기사의 제목과 본문 일부, 링크 주소를 수집하는 행위는 합법일 것이다. 하지만 뉴스 기사 본문 전체를 그대로 복제해와 공개하는 홈페이지를 만드는 행위는 도둑질이다. 사용자가 뉴스 기사를 클릭했다면 광고 노출이 생겨 수익이 발생했을 것인데, 이를 복제한 사이트를 운영한다면 언론사의 수익 행위를 방해한 것이므로 불법이다.

착한 마음을 가지고 크롤러를 제작하기를 바란다.

6. 크롤러는 어떻게 만드나요?

크롤러를 만드는 방법은 굉장히 다양하다. 이 책에서는 셀레늄(selenium)을 활용해 파이썬으로 크롤러를 만드는 과정을 소개하겠다. 사실 크롤러를 제대로 활용하려면 웹 코딩을 할 줄 알아야 한다. HTML이나 CSS에 대한 깊은 지식이 있어야 기가 막히게 성능이 좋은 크롤러를 만들 수 있다.

그런데 사소한 문제가 있다.

이 책의 저자는 HTML이나 CSS를 배운 적이 단 한 번도 없다.

이 덕분에 이 책에서 소개하는 크롤러는 "웹 코딩을 모르는 사람을 위한 크롤러" 그 자체라 할 수 있다. 안심하고 천천히 진도를 나가보기 바란다.

여러분은 키보드와 마우스를 움직이며 인터넷을 즐긴다. 웹 코딩 같은 걸 몰라도 SNS에 로그인하고 유튜브에서 영상을 시청하는 데는 전혀 문제가 없다. 이 말인즉슨, 키보드와 마우스를 자동으로 움직여주는 매크로를 활용할 줄 알면 웹 코딩 지식이 전혀 없어도 크롤러를 만들 수 있다는 뜻이기도 하다.

자, 크롤러에 대한 설명은 충분한 것 같다. 이제 크롤러를 활용하기 위해 컴퓨터를 세팅해보자.

02

크롤러 제작을 위한 환경 설정

1. 라이브러리 설치

Git Bash를 실행하거나, CMD 창을 실행해보자. CMD 창은 윈도우 키와 R 키를 동시에 누른 다음 'cmd'라고 입력하고 엔터키를 누르면 실행할 수 있다. 검은 창이 떴다면 아래 코드를 입력하자.

```
$ pip install selenium
```

축하한다. 셀레늄 라이브러리 설치가 완료되었다. 아직 한 가지 더 설치할 것이 남아 있다.

2. 크롬 설치

이미 크롬이 설치되어 있다면 건너뛰어도 좋다. 인터넷에 '구글 크롬'을 검색하거나 아래 주소를 주소창에 입력해 크롬 설치 페이지로 이동하자.

https://www.google.com/intl/ko/chrome/

'Chrome 다운로드' 버튼을 눌러 크롬을 설치한다.

3. 크롬 버전 확인

크롬을 실행한다. 크롬 창 우측 상단의 메뉴 버튼을 누른 뒤 도움말(E)과 Chrome 정보 (G)를 차례로 누른다.

Chrome 정보 탭에서 크롬의 버전을 확인한다. 아래 스크린샷의 경우 크롬 버전은 83이다. 맨 앞에 있는 숫자만 보면 된다. 이 숫자를 기억해두자.

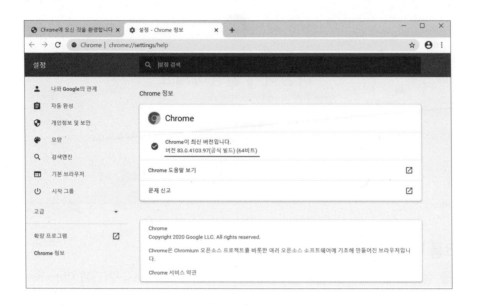

4. 크롬 드라이버 설치

구글에 '크롬 드라이버'라고 검색하거나, 아래 주소를 주소창에 입력해 〈크롬 드라이버〉 설치 페이지로 이동하자.

https://chromedriver.chromium.org

사이트 메인화면에서 'Current Release' 탭을 확인해보자. 크롬이 최신 버전이라면 이곳에 버전이 기재되어 있을 것이다. 이 책의 크롬 버전은 83이므로 밑줄 친 버전을 다운 받으면 된다.

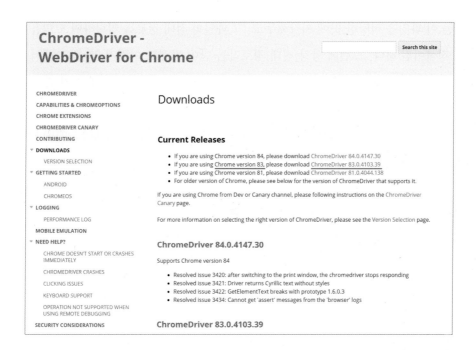

혹시 컴퓨터에 설치된 크롬 버전이 오래되었다면 크롬 업데이트를 시도하는 것을 권장한다. 업데이트가 귀찮다면 왼쪽의 DOWNLOADS 탭에서 VERSION SELECTION 메뉴를 클릭하면 예전 버전의 크롬 드라이버를 설치할 수 있다.

다운로드 페이지로 이동하면 여러 개의 파일이 있다. 이 중에서 'chromedriver_win32.zip' 파일을 다운받으면 된다. 혹시 리눅스나 맥을 사용 중이라면 위에 있는 파일을 설치한다. 다운로드한 zip 파일의 압축을 풀면 'chromedriver.exe'라는 파일이 등장한다.

Index of /83.0.4103.39/

	Name	Last modified	Size	ETag
	Parent Directory		-	
	chromedriver_linux64.zip	2020-05-05 20:53:36	4.98MB	4e9d74f71a97470e59c1c0d311be49f6
	chromedriver_mac64.zip	2020-05-05 20:53:38	6.87MB	640d3c63b3e8e7899f4a3aa6eebd22f4
	chromedriver_win32.zip	2020-05-05 20:53:39	4.54MB	437630bbad9193f71af596bda21155ae
	notes.txt	2020-05-05 20:53:43	0.00MB	6af5124d67e594649991106abd058e5b

원래는 이 파일을 적당한 곳에 저장해두고, 그 파일의 절대 경로를 입력하며 코딩을 하는 것이 정석이긴 하다. 그런데 당장 절대 경로라는 단어 자체도 어렵지 않나? 그래서 전공자들은 싫어하지만 당장 써먹기에는 간편한 방법인 '상대 경로'를 활용해 보려 한다.

자, 크롬 드라이버를 바탕화면에 저장해 두자. 앞으로 자동화 코드를 만들 때마다 이 드라이버를 복사해서 사용할 것이다.

5. 셀레늄과 크롬 드라이버의 작동 원리

셀레늄과 크롬 드라이버의 작동 원리는 몰라도 좋다. 크롬 드라이버를 사용하면 크롬을 코딩으로 제어할 수 있다. 셀레늄은 크롬 드라이버와 연동되어 크롬을 제어한다. 따라서 셀레늄을 이용하면 크롬을 제어할 수 있게 된다. 조금 상세한 사용 방법을 다음 절에서 설명하겠다.

03

크롤러 제작을 위한 셀레늄(Selenium) 겉핥기

1. 셀레늄 실행

앞 절에서 크롬 드라이버를 바탕화면으로 이동시켜두었다. 혹시 크롬 드라이버를 아직 바탕화면에 옮겨두지 않았다면 지금 옮겨두자. 그리고 바탕화면에서 Git Bash를 실행한다. 준비가 모두 완료되었다면 우리의 친구 IPython을 실행하자.

```
$ ipython
```

잠시 동안의 로딩 시간이 흐르면 IPython이 실행될 것이다. 아래 코드를 실행하자.

```
>>> from selenium import webdriver
>>> driver = webdriver.Chrome(executable_path="chromedriver.exe")
```

크롬 창이 켜질 것이다. 그런데 평소 사용하던 크롬과는 조금 다르다. "Chrome이 자동화된 테스트 소프트웨어에 의해 제어되고 있습니다"라는 메시지가 떠 있다.

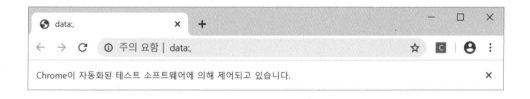

자, 이제 Git Bash에 아래 코드를 입력해보자.

```
>>> driver.get("https://bhban.tistory.com")
```

짜잔! 크롬 화면이 바뀌었다. get() 함수를 이용하면 크롬으로 웹 페이지에 방문할 수 있다. 실습 삼아 몇 가지 주소를 더 입력해보자.

```
>>> driver.get("https://naver.com")
>>> driver.get("https://google.com")
>>> driver.get("https://twitter.com")
```

화면을 클릭해보자. 정상적으로 클릭이 된다. 타이핑도 할 수 있다. 일반적인 인터넷 브라우저와 전혀 다를 바가 없다. 다른 점이 있다면 Git Bash 창에서 제어할 수 있다는 정도가 있겠다.

2. 인터넷 자동화 전략

여기에 매크로를 섞을 수 있다면 어떨까? 셀레늄으로 인터넷 페이지를 이리저리 바꿔주고, 매크로를 사용해 클릭과 타이핑을 수행한다면 대단히 많은 일을 자동화할 수 있다. 매크로를 사용해 아주 간단한 자동화 코드를 만들어보도록 하겠다. 크롬 창을 끄지 말고 다음 절로 넘어가자.

······ 04 ······

매크로를 이용해 크롤러 만들어보기

1. 매크로 불러오기

매크로를 불러와 크롬을 제어해볼 것이다. pywinmacro 폴더로 이동해 Git Bash를 실행하자. 그리고 아래와 같이 우리의 영원한 친구 IPython을 실행하자.

```
$ ipython
```

자, 여기까지 따라 하면 Git Bash 2개가 실행 중인 상황이다. 목적을 달성하는 데 걸리는 노력이 줄어든다면 Git Bash를 2개이든 4개이든 켜서 작업을 실행하면 된다.

3절에서 실행한, 셀레늄이 실행 중인 창을 1번 창이라고 하고, 방금 컨 Git Bash 창을 2번 창이라고 부르겠다. 2번 창에서 아래 코드를 실행한다.

```
>>> import pywinmacro as p
```

준비가 모두 끝났다. 매크로도 실행 중이고, 크롤러도 켜져 있다. 지금부터 간단하게 구글 이미지를 검색해볼 것이다.

2. 구글 이미지 검색 탭으로 이동하기

1번 창에서 아래 코드를 실행하자.

```
>>> driver.get("https://google.com")
```

CHAPTER 8 인터넷 자동화 입문 - 크롤러 소개   369

여기서부터는 귀찮게 코딩으로 하지 말고 직접 행동하자. 검색창에 〈고양이〉라고 입력하고 엔터키를 누른다. 그리고 이미지 탭으로 이동한다.

그러면 고양이들의 귀여운 자태에 정신을 잃어버릴지도 모른다. 아무 이미지나 클릭해 보자.

확대된 이미지의 우측 상단을 살펴보면 다음 이미지로 넘기는 버튼이 있다.

3. 자동화를 위한 밑작업

이제 버튼의 위치를 따야 한다. 2번 창에 아래 코드를 입력하자.

```
>>> p.get_mouse_position()
(200, 557)
```

현재 마우스 커서의 위치가 나올 것이다. 이 상태에서 마우스를 이동해 다음 이미지로 넘기기 버튼에 마우스를 위치시킨다. 이 상태에서 다시 한번 코드를 실행한다. ⬆ 키를 누르고 엔터키를 눌러도 된다.

```
>>> p.get_mouse_position()
(1183, 166)
```

자, 버튼의 위치를 땄다. 이제 크롤러를 가동해 보겠다. 독자님의 컴퓨터의 경우 마우스 포지션이 (1183, 166)이 아니라 다른 위치일 수도 있다. **책이 아니라 2번 창에 기재된 숫자**를 활용하자.

4. 크롤러 가동

2번 창에서 아래 코드를 실행한다.

```
>>> p.click((1183, 166))
```

짜잔! 사진이 자동으로 넘어갔다. 이제 아래 코드를 입력해보자.

```
>>> import time
>>> for i in range(20):
>>>     p.click((1183, 166))
>>>     time.sleep(1)
```

마우스가 자동으로 움직이면서 고양이 사진이 넘어갈 것이다. 축하한다. 여러분의 첫 크롤러다. 심신안정이 필요할 때 활용할 것을 추천한다.

5. 이게 끝인가?

그렇다. 여기에 필요한 기능만 더 얹어주면 되겠다. 예를 들어 사진을 다운로드하며 넘어가고 싶다면 for문 안에 아래 코드를 추가하면 된다.

① 사진을 마우스 오른쪽 버튼으로 클릭
② '다른 이름으로 저장' 버튼 클릭
③ 적당한 파일 이름을 입력
④ '저장' 버튼 클릭
⑤ 다음 사진 넘기기

어떤가? 매크로를 활용하면 딱 8줄짜리 코드로 구글에서 이미지를 대량으로 수집하는 크롤러를 제작할 수 있다. 여기까지만 공부해도 일상에서 인터넷을 활용해 수행하는 대부분 업무를 자동화할 수 있다. 하지만 한 가지 문제점이 있다. 매크로를 활용한 크롤러를 사용하는 중에 컴퓨터를 다른 용도로 사용할 수 없다는 점이다. 이 문제를 해결하려면 헤드리스 자동화를 할 줄 알아야 한다. 뒷부분에서 알려주겠다. 걱정하지 말자.

자, 그럼 이제 크롤러에 대한 기초적인 실명은 충분히 한 것 같으므로 본격적으로 실전에 활용 가능한 크롤러를 제작해보겠다.

6개월 치 업무를
하루 만에 끝내는
업무 자동화

CHAPTER

인터넷 자동화 초급 -
매크로 활용

이번 장에서는 매크로를 활용해 크롬 드라이버를 자동으로 조작하고 탐색하는 방법을 공부할 것이다. 이번 절의 예제를 공부하면서 독자 여러분들께서 인터넷 자동화뿐 아니라 매크로를 사용한 업무 자동화 자체에 조금 더 익숙해지기를 바란다. 이 장까지만 공부하고 책을 덮어도 사실 대부분의 반복 업무는 자동화할 수 있다.

'드디어 정상이 코앞에 보인다'는 마음으로 조금만 더 힘내기 바란다!

## 01

매크로를 활용해 로그인 구현하기

1. <README.md>

'4_9_1_매크로를 활용해 로그인 구현하기' 폴더로 이동해 〈README.md〉를 열어보자.

매크로를 활용해 로그인 구현하기

매크로를 활용해 로그인을 자동으로 수행하는 방법을 알아봅니다.
매크로를 활용한 웹 자동화의 기본이 됩니다.
책의 예제에서는 트위터와 다음 로그인을 시도합니다. 코드를 수정하면 여러 사이트의 로그인을 구현할 수 있습니다.

사용 방법

```
$ python main.py <SITE> <ID> <PS>
```
(twitter / daum)

〈SITE〉에는 로그인하려는 사이트를 입력합니다. 괄호 안의 내용물 중 하나를 입력하세요. 여기 없는 사이트의 로그인을 구현하고 싶다면, 주소를 그대로 붙여 넣기 하세요. 예를 들어 네이버 로그인을 구현하고 싶으면 〈SITE〉 위치에 https://naver.com/login을 입력하면 됩니다. 단, 커서가 자동으로 ID 입력창에 위치하고 있지 않다면 ID 입력창을 클릭하는 코드를 삽입해야 합니다.
〈ID〉에는 아이디를, 〈PS〉에는 비밀번호를 입력하세요.
이 책의 예제는 아래와 같습니다.

```
$ python main.py twitter bot_automation <PS>
```

작동 원리

(1) 로그인 사이트로 이동한다.
(2) 아이디를 입력한다.
(3) Tab 키를 누른다.
(4) 비밀번호를 입력한다.
(5) 엔터키를 친다.

---

2. 코드 실행하기

크롬 드라이버를 예제 폴더로 복사한 다음 〈README.md〉의 설명을 따라 코드를 실행하면 자동화 코드가 작동한다. 이번 절의 예제 코드를 활용해 트위터와 다음에 로그인해 보겠다. 예제를 실행하려면 트위터와 다음 아이디가 필요하다. 트위터에 먼저 로그인해보겠다.

트위터 로그인

```
$ python main.py twitter <아이디> <비밀번호>
```

혹은 아래와 같은 방법으로도 코드를 실행할 수 있다.

```
$ python main.py https://twitter.com/login <아이디> <비밀번호>
```

다음 로그인

```
$ python main.py daum <아이디> <비밀번호>
```

혹은 아래와 같은 방법으로도 코드를 실행할 수 있다.

```
$ python main.py https://daum.net/accounts/signinfor.do
<아이디> <비밀번호>
```

그 외 사이트 로그인

사이트의 로그인 주소만 알면 매크로로 자동 로그인을 구현할 수 있다.

3. 코드 실행 과정

아래 QR코드나 링크를 통해 코드의 실행 과정을 동영상으로 확인할 수 있다.

https://youtu.be/TR8gkHuojxk

다음 로그인 화면이다. 이 상태에서 아이디와 비밀번호가 자동으로 입력되고, 순식간에
로그인이 진행된다.

아래는 트위터 로그인 화면이다. 이 상태에서 아이디와 비밀번호가 자동으로 입력되고,
로그인된다.

4. 업무 자동화 코드 설계 과정

목표 정하기
① 로그인 정보 입력받기
② 로그인 사이트로 이동하기
③ 아이디와 비밀번호 입력하기
④ 로그인 수행하기

목표를 달성하는 데 필요한 작업 쪼개기
① 딕셔너리에 로그인 사이트를 미리 지정해두기
② try-except를 남용해 코딩 난이도 낮추기
③ 최대한 쉽게 로그인 구현하기

쪼개진 작업들을 해결하기 위한 방법 생각하기
① 딕셔너리에 로그인 사이트를 미리 지정해두기

앞서 코드를 실행할 때 트위터와 다음을 제외한 다른 사이트들은 복잡한 url을 직접 입력
해야 했다. 하지만 트위터와 다음은 url이 아니라 twitter, daum만 입력해도 프로그램이
사이트를 인식했다. 앞 절에서 살펴본 딕셔너리를 활용하면 이 기능을 구현할 수 있다.

```
>>> LOGIN_URLS = {
>>>     "twitter": "https://twitter.com/login",
>>>     "daum": "https://logins.daum.net/accounts/signinform.do"
>>> }
>>> LOGIN_URLS["twitter"]
"https://twitter.com/login"
>>> LOGIN_URLS["daum"]
"https://logins.daum.net/accounts/signinform.do"
```

② try-except를 남용해 코딩 난이도 낮추기

Try-except 구문은 보통 예외 처리를 위해 사용된다. 오류가 발생할 수 있는 곳에 try-except 구문을 사용하면 오류에 적절하게 대처할 수 있다. 그런데 if문으로 조건문을 만들기 귀찮을 때도 try-except를 사용할 수 있다. 아래 코드를 살펴보자.

```
>>> try:
>>>     LOGIN_URLS["naver"]
>>>     print(1)
>>> except:
>>>     print(2)
2
```

딕셔너리 LOGIN_URLS 내부에 "naver"라는 키는 입력되어 있지 않다. 따라서 try문의 아래에 있는 LOGIN_URLS["naver"]는 에러를 유발한다. 그러면 아래와 같은 시도도 가능하지 않을까?

```
>>> try:
>>>     LOGIN_URLS[URL]
>>>     driver.get(LOGIN_URLS[URL])
>>> except:
>>>     driver.get(URL)
```

LOGIN_URLS 딕셔너리에 URL 키를 삽입하고 결과물을 뽑아낸다. 만약 오류 없이 2번째 줄의 코드가 실행된다면 3번째 줄이 실행될 것이고, 2번째 줄에서 오류가 발생한다면 5번째 줄로 이동해 driver.get(URL)을 실행하면 된다.

이렇게 try-except 문을 사용하면 사용자가 입력한 값이 딕셔너리 안에 있을 때도 작동하고, 딕셔너리 안에 없을 때도 정상적으로 작동한다. 위 코드를 if문을 활용해 구현했다면 아마 조금 더 번거로웠을 것이다.

③ 로그인을 빠르게 수행하기

인간이 로그인을 수행할 때는 어떤 절차를 거치는지 먼저 생각해 봐야 한다. 사람은 아이디 입력 칸과 비밀번호 입력 칸, 로그인 버튼을 순서대로 클릭하지 않는다. 아이디를 입력하고, Tab 키를 누른 다음, 비밀번호를 입력하고서 엔터키를 치는 것이 익숙할 것이다. 컴퓨터에도 똑같은 작업을 시키면 된다. Pywinmacro를 활용해서 말이다.

5. 알고리즘 순서도

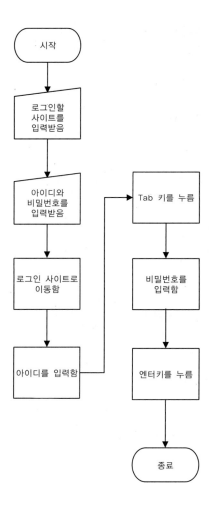

6. 코드 살펴보기 (소스 코드 : main.py)

```
9   import sys
10  import time
11  import login_macro as lm
12
13
14  # 작업 시작 메시지를 출력합니다.
15  print("Process Start.")
16
17  # 시작 시점의 시간을 기록합니다.
18  start_time = time.time()
19
20  # 로그인할 사이트를 입력받습니다.
21  site = sys.argv[1]
22
23  # 아이디를 입력받습니다.
24  id = sys.argv[2]
25
26  # 패스워드를 입력받습니다.
27  ps = sys.argv[3]
28
29  # 크롤러를 불러옵니다.
30  crawler = lm.LoginBot(site)
31
32  # 로그인을 시도합니다.
33  crawler.login(id, ps)
34
35  # 로그인에 성공했으니 스크린샷이나 한 번 찍어줍시다.
36  crawler.save_screenshot()
37
38  # 작업 종료 메시지를 출력합니다.
39  import("Process Done.")
40
41  # 작업에 총 몇 초가 걸렸는지 출력합니다.
42  end_time = time.time()
43  print("The Job Took " + str(end_time - start_time) + " seconds.")
```

11번째 줄에서 〈login_macro.py〉를 import하고 있으며, sys.argv를 이용해 사이트명, 아이디, 비밀번호를 입력받고 있다. 30번째 줄에서 크롤러 클래스를 불러오고 있다. 그리고 33번째 줄에서 login() 메소드를 활용해 로그인을 수행한다. 이것으로 모두 끝이다.

허무할 정도로 짧은 코드다. 라이브러리를 잘 만들어두면 메인 함수를 간소하게 만들 수 있다.

7. 코드 살펴보기 (소스 코드 : login_macro.py)

```python
from selenium import webdriver
from selenium.webdriver.chrome.options import Options
import pywinmacro as pw
import time


# 각종 사이트의 로그인 주소를 미리 저장해 둔 딕셔너리입니다.
LOGIN_URLS = {
    "twitter": "https://twitter.com/login",
    "daum": "https://logins.daum.net/accounts/signinform.do"
}


class LoginBot:
    def __init__(self, site):
        # 셀레늄 웹드라이버에 입력할 옵션을 지정합니다.
        self.options = Options()
        # 옵션에 해상도를 입력합니다.
        self.options.add_argument("--window-size=1600,900")
        # 옵션을 입력해서 크롬 웹드라이버를 불러옵니다.
        self.driver = webdriver.Chrome(executable_
path="chromedriver.exe", chrome_options=self.options)
        # 로그인하려는 사이트로 이동해 로그인창을 켭니다.
        try:
        self.driver.get(LOGIN_URLS[site.lower()])
            # 로딩이 오래 걸릴 수 있으니 잠시 대기합니다.
            time.sleep(5)
        except KeyError:
            # 미리 세팅되지 않은 주소입니다. 주소창에 바로 입력을 시도합니다.
            self.driver.get(site)
            # 로딩이 오래 걸릴 수 있으니 잠시 대기합니다.
```

```
37              time.sleep(5)
38
39      # 크롤러를 종료하는 메소드입니다.
40      # 굳이 한 줄짜리 코드를 함수로 만든 데는 여러 이유가 있습니다만,
41      # 쉽게 설명하자면 클래스 외부에서 클래스 내부 자료에 너무 깊게 관여하는 상황
을 원하지 않기 때문입니다.
42      def kill(self):
43          self.driver.quit()
44
45      # 로그인을 수행하는 메소드입니다.
46      def login(self, id, ps):
47          # 아이디를 입력합니다.
48          pw.typing(id)
49          # tab 키를 눌러줍시다. 대부분 사이트에서 암호창으로 이동합니다.
50          pw.key_press_once("tab")
51          # 비밀번호를 마저 입력합니다.
52          pw.typing(ps)
53          # 엔터키를 눌러줍니다. 대부분 사이트에서 로그인이 실행됩니다.
54          pw.key_press_once("enter")
55          # 로딩이 오래 걸릴 수 있으니 잠시 대기합니다.
56          time.sleep(5)
57
58      def save_screenshot(self):
59          self.driver.save_screenshot("test.png")
```

라이브러리 import

코드의 7번째 줄부터 10번째 줄에 걸쳐 라이브러리를 불러오고 있다.

딕셔너리 생성

사용자가 간편하게 사이트를 입력할 수 있도록 14번째 줄에서 딕셔너리를 정의하고 있다. 앞서 살펴본 방법과 같으며, 트위터와 다음 로그인 주소만 저장되어 있다.

클래스 생성

20번째 줄에서 크롤러 클래스를 생성하고 있다. __init__() 메소드부터 살펴보자. 이 메소드는 21번째 줄에서 정의되고 있으며, site라는 인자를 입력받는다. LoginBot 클래스를 생성할 때는 site라는 값을 넣어주어야 한다는 뜻이다.

코드의 22번째 줄부터 27번째 줄에 걸쳐 셀레늄 웹드라이버를 불러오고 있다. 25번째 줄에서 해상도를 1600x900으로 정의하고 있는데, 이 크기는 사용자의 모니터 크기에 따라 조절하면 된다.

29번째 줄에서 try-except 구문을 활용하고 있다. 사이트 입력을 손쉽게 받기 위해 if문 대신 try-except 구문을 활용한 부분이다. 33번째 줄을 보면 except 뒤에 KeyError라고 기재되어 있다.

```
>>> except KeyError:
```

except는 에러가 발생할 경우 실행되는 구문인데, 위와 같이 except의 뒤에 에러의 종류를 기재해 주면 '이 종류의 에러가 발생할 경우에만 except를 실행하라!'라는 뜻이 된다. 따라서 33번째 줄 이하의 except 구문은 try 구문이 KeyError를 만들 때에만 작동된다. KeyError는 딕셔너리에 없는 데이터를 꺼내려는 시도를 하면 발생하는 에러다.

크롤러를 종료하는 메소드
42번째 줄에서 크롤러를 종료하는 kill() 메소드를 정의하고 있다.

로그인을 수행하는 메소드
46번째 줄에서 login() 메소드를 정의하고 있다. login() 메소드는 id와 ps를 입력받는다. 각각 로그인을 하고자 하는 아이디와 비밀번호다. 함수의 작동 방식은 매우 간단하다.

① 아이디를 입력한다.
② Tab 키를 누른다.
③ 비밀번호를 입력한다.
④ 엔터키를 누른다.
⑤ 로딩이 오래 걸릴 수 있으므로 5초 동안 기다린다.

위 모든 과정을 별도로 구현해야 했다면 코드가 매우 길어졌을 것이지만 pywinmacro 를 활용하여 짧은 코드로 위 과정을 구현할 수 있었다.

스크린샷을 촬영하는 메소드

58번째 줄에서 스크린샷을 촬영하기 위한 save_screenshot() 메소드를 정의하고 있다.

02

매크로를 활용해 트위터에 글 써주는 로봇 만들기

1. <README.md>

'4_9_2_매크로를 활용해 트위터에 글 써주는 로봇 만들기' 폴더로 이동해 〈README.md〉 파일을 열어보자.

매크로를 활용해 트위터에 글 써주는 로봇 만들기

매크로를 활용해 로그인도 자동으로 하고, 트위터에 글도 자동으로 올려주는 로봇을 만들어 봅니다.
매크로를 활용한 웹 자동화 기초 훈련입니다.

사용 방법

```
$ python main.py <ID> <PS> <CONTENTS>
```

〈ID〉에는 아이디를, 〈PS〉에는 비밀번호를 입력하세요.
〈CONTENTS〉에는 트위터에 업로드할 내용물이 기록된 파일을 입력합니다.

작동 원리
로그인
(1) 트위터에 접속하면 아이디 칸에서 커서가 깜빡인다.
(2) 아이디를 입력한다.
(3) Tab 키를 누른다.
(4) 비밀번호를 입력한다.
(5) 엔터키를 친다.

글쓰기
(1) 미리 작성된 내용물을 한 줄씩 불러온다.
(2) 트윗 입력창에 내용물을 붙여 넣는다.
(3) 컨트롤 + 엔터키를 쳐서 업로드한다.

---

2. 코드 실행하기

'4_9_2_매크로를 활용해 트위터에 글 써주는 로봇 만들기' 폴더에 크롬 드라이버를 복사한다. 그리고 실행에 앞서 〈contents.txt〉 파일을 열어보자.

〈concents.txt〉

"음료 차갑게 먹고 싶을 때 '이것' 넣으면" #얼음 #정보 #꿀팁
"고개 숙인 중년 남성에게 특효약인 '이것', 충격!" #사랑하는 #가족의 #응원 #아빠 #힘내세요
"유명 프랜차이즈 치킨에서 죽은 닭 발견? 충격!" #치킨 #먹고 #싶다
물의 위험성 재발견, "컴퓨터를 물에 넣으니 고장 나? 충격!" #물 #전자기기 #조심해요
컴퓨터를 활용한 업무 자동화는 정말 유용합니다. #업무 #자동화 #코딩 #매크로
"비 오면 젖을 확률 올라가. 학계 떠들썩." #비 #날씨 #정보
"충격, 자주 씻지 않으면 냄새가 날 수 있다." #샤워 #냄새 #정보
익명 요구한 의사의 제보, "목마를 때 물을 마시면 도움이 된다."
"치킨, 배고플 때 먹으면 더 맛있어." #치킨 #꿀팁 #정보
"에어컨, 더위를 식혀주는 기능 발견돼. 학계 충격." #에어컨 #여름 #꿀팁

파일 내부에는 이런저런 꿀팁이 기재되어 있다. 이번 절의 예제 코드는 파일에 기재된 내용을 한 줄씩 불러와 트위터에 업로드하자. 이 외에도 트위터에 올리고 싶은 글이 있다면 이 파일에 한 줄씩 추가하자.

3. 코드 실행 결과

https://twitter.com/2_automation

위 트위터 주소로 접속하면 컴퓨터가 자동으로 업로드한 게시물들을 확인할 수 있다.

4. 업무 자동화 코드 설계 과정

목표 정하기

① 트위터에 업로드할 글 읽어오기

② 트위터에 로그인하기

③ 트위터에 글 게시하기

목표를 달성하는 데 필요한 작업 쪼개기

① 텍스트 파일 읽어오기

② 트위터 로그인

③ 트위터 글 게시 창 열기

④ 게시 창에 글 입력하기

⑤ 글 게시하기

쪼개진 작업들을 해결하기 위한 방법 생각하기

① 텍스트 파일 읽어오기

open() 함수와 for문을 활용하면 된다. Part 2에서 사용했던 방법을 그대로 활용한다.

② 트위터 로그인

1절의 예제를 그대로 활용한다.

③ 트위터 글 게시 창 열기

트위터에서 게시물을 입력하려면 마우스로 게시물 업로드 창을 클릭하는 방법도 있지만, 트위터에 로그인 된 상태에서 아래 주소를 입력하면 게시창이 즉시 열린다.

https://twitter.com/intent/tweet

④ 게시 창에 글 입력하기

클립보드에 글을 입력한 다음 게시창에 붙여 넣는 방식으로 글을 입력한다. Pywinmacro의 type_in() 함수를 사용한다.

⑤ 글 게시하기

멘션 입력이 완료된 다음 게시 버튼을 클릭해도 되지만, Ctrl + 엔터키를 누르면 메시지가 즉시 게시된다. pywinmacro의 key_on() 함수와 key_off() 함수를 이용하면 글 게시 기능을 구현할 수 있다.

```
>>> import pywinmacro as pw
>>> pw.key_on("control")
```

```
>>> pw.key_on("enter")

>>> pw.key_off("control")

>>> pw.key_off("enter")
```

5. 알고리즘 순서도

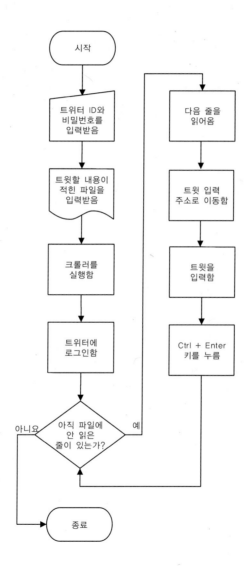

6. 코드 살펴보기 (소스 코드 : main.py)

```python
import sys
import time
import twitter_bot_tweet as tb


# 작업 시작 메시지를 출력합니다.
print("Process Start.")

# 시작 시점의 시간을 기록합니다.
start_time = time.time()

# 아이디를 입력받습니다.
id = sys.argv[1]

# 패스워드를 입력받습니다.
ps = sys.argv[2]

# 트윗할 내용이 적힌 파일을 입력받습니다.
filename = sys.argv[3]

# 크롤러를 불러옵니다.
BOT = tb.TwitterBot(filename)

# 로그인을 시도합니다.
BOT.login(id, ps)

# 로그인에 성공했으니 스크린샷이나 한 번 찍어줍시다.
BOT.save_screenshot(str(time.time) + ".png")

# 트위터에 모든 멘션을 올립니다.
BOT.tweet_all()

# 결과 화면을 잠시 감상하기 위해 10초 동안 방치합니다.
time.sleep(10)

# 크롤러를 닫아줍니다.
BOT.kill()

# 작업 종료 메시지를 출력합니다.
```

```
48   print("Process Done.")
49
50   # 작업에 총 몇 초가 걸렸는지 출력합니다.
51   end_time = time.time()
52   print("The Job Took " + str(end_time - start_time) + " seconds.")
```

라이브러리 import

코드의 9번째 줄부터 11번째 줄에 걸쳐 라이브러리를 불러오고 있다. 이 중 sys는 argv를 활용하기 위해 불러온 것이며, time은 코드의 실행 시간을 측정하기 위해 불러온 것이다.

크롤러 클래스 생성

30번째 줄에서 크롤러 클래스를 생성하고 있다. TwitterBot 클래스는 생성 시 파일 이름을 요청한다. 여기서 제공하는 파일은 트위터에 올리고자 하는 메시지가 기록된 텍스트 파일이다.

로그인

33번째 줄에서 트위터 로그인을 시도하고 있다. 1절에서 살펴본 것과 같은 방식이다.

트위터에 글 올리기

39번째 줄에서 단 한 줄의 코드로 트위터에 여러 개의 멘션을 올리고 있다. twett_all() 메소드는 입력받은 파일에 저장된 모든 문구를 트위터에 게시하는 기능을 수행한다.

7. 코드 살펴보기 (소스 코드 : twitter_bot_tweet.py)

```
8    from selenium import webdriver
9    from selenium.webdriver.chrome.options import Options
10   import pywinmacro as pw
11   import time
12
```

```
13
14   class TwitterBot:
15       def __init__(self, contents, encoding="utf-8"):
16           # 셀레늄 웹드라이버에 입력할 옵션을 지정합니다.
17           self.options = Options()
18           # 옵션에 해상도를 입력합니다.
19           self.options.add_argument("--window-size=1600,900")
20           # 트위터 홈페이지로 이동합니다.
21           self.go_to_twitter()
22
23           # 컨텐츠 파일을 읽어옵니다. 인코딩이 utf-8이 아닌 파일을 읽으면 에러가
     날 겁니다.
24           # 이때는 인코딩을 명시해 주면 됩니다. 기본값은 utf-8입니다.
25           self.contents_file = open(contents, encoding=encoding)
26           # 읽어온 파일을 쪼개 리스트로 만듭니다.
27           self.contents = self.contents_file.read().split("\n")
28
29       # 크롤러를 종료하는 메소드입니다.
30       # 굳이 한 줄짜리 코드를 함수로 만든 데는 여러 이유가 있습니다만,
31       # 쉽게 설명하자면 클래스 외부에서 클래스 내부 자료에 너무 깊게 관여하는 상황
     을 원하지 않기 때문입니다.
32       def kill(self):
33           self.driver.quit()
34
35       # 트위터 페이지에 접속하는 메소드입니다.
36       def go_to_twitter(self):
37           # 크롬 웹드라이버를 불러옵니다.
38           self.driver = webdriver.Chrome(executable_path=
     "chromedriver.exe", chrome_options=self.options)
39           # 트위터 홈페이지로 이동합니다.
40           self.driver.get("https://twitter.com/login")
41           # 로딩이 오래 걸릴 수 있으니 잠시 대기합니다.
42           time.sleep(5)
43
44       # 로그인을 수행하는 메소드입니다.
45       def login(self, id, ps):
46           # 아이디를 입력합니다.
47           pw.typing(id)
48           # tab 키를 눌러줍시다. 대부분 사이트에서 암호창으로 이동합니다.
49           pw.key_press_once("tab")
50           # 비밀번호를 마저 입력합니다.
51           pw.typing(ps)
```

```
52          # 엔터키를 눌러줍니다. 대부분 사이트에서 로그인이 실행됩니다.
53          pw.key_press_once("enter")
54          # 로딩이 오래 걸릴 수 있으니 잠시 대기합니다.
55          time.sleep(5)
56
57      # 스크린샷을 저장하는 함수입니다.
58      def save_screenshot(self, filename):
59          self.driver.save_screenshot(filename)
60
61      # 트위터에 글을 올리는 함수입니다.
62      def tweet(self, text, interval=15):
63          # 글을 쉽게 작성하기 위해 작성 전용 페이지로 이동합니다.
64          self.driver.get("https://twitter.com/intent/tweet")
65          time.sleep(2)
66          # 커서가 기본적으로 입력창에 가 있습니다. 트윗 내용을 입력합니다.
67          pw.type_in(text)
68          time.sleep(1)
69          # 컨트롤키와 엔터키를 누르면 트윗이 입력됩니다.
70          pw.key_on("control")
71          pw.key_on("enter")
72          pw.key_off("control")
73          pw.key_off("enter")
74          # 로딩될 때까지 몇 초 기다립니다.
75          time.sleep(interval)
76
77      # 읽어온 모든 멘션들을 업로드하는 함수입니다.
78      # 3초 간격으로 멘션을 올립니다. 시간 간격을 바꾸고 싶으면 함수를 호출할 때
시간을 초 단위로 입력합니다.
79      def tweet_all(self, interval=3):
80          for el in self.contents:
81              time.sleep(interval)
82              self.tweet(el.strip(), interval)
```

라이브러리 import

코드의 8번째 줄부터 11번째 줄에 걸쳐 라이브러리를 불러오고 있다. 앞 절의 코드와 마찬가지로 pywinmacro와 selenium을 제외하면 별다른 라이브러리를 사용하지 않는다.

클래스 만들기

14번째 줄에서 클래스를 생성하고 있다. 바로 아래의 __init__()을 살펴보면 contents와 encoding 2개의 인자를 입력받고 있다. contents는 트위터에 올리고자 하는 글귀가 적힌 파일 이름이고 encoding은 그 파일의 인코딩 방식이다. 기본 값은 utf-8로 지정되어 있다.

__init__() 살펴보기

15번째 줄부터 27번째 줄에 걸쳐 __init__() 안에서 여러 가지 작업이 수행된다. 이 작업은 TwitterBot 클래스를 생성하는 순간 자동으로 수행되는 일들이다. 우선 셀레늄 웹드라이버에 입력할 옵션과 해상도를 정의하고 있고, 21번째 줄에서 go_to_twitter() 메소드를 실행한다.

go_to_twitter()는 코드의 36번째 줄에서 정의되고 있다. 이 메소드가 호출되면 38번째 줄에서와 같이 크롬 드라이버가 실행되고, 40번째 줄의 driver.get() 함수를 통해 트위터의 메인 페이지로 이동한다. 클래스를 새로 만들기만 해도 로그인을 위한 준비가 얼추 끝나는 것이다.

이후 콘텐츠 파일을 읽어오고, split()을 통해 한 줄씩 쪼개 리스트에 삽입한다. 27번째 줄에서는 "\n"을 기준으로 스플릿을 실행하고 있다. 이렇게 줄 바꿈을 위한 개행 문자 "\n"을 대상으로 스플릿을 수행하면 파일의 내용물을 한 줄씩 분리해 뽑아올 수 있게 된다.

2절의 코드와 동일한 부분들

kill() 메소드나 login() 메소드는 1절의 코드를 그대로 가져왔다.

트위터에 글을 하나 올리는 함수

62번째 줄에서 정의된 tweet() 함수는 한 번에 하나의 게시물을 업로드하는 기능을 수행한다. tweet 함수는 text와 interval을 인자로 입력받는다. 스트링 text를 그대로 게시 창에 입력해 게시하고, interval만큼의 시간을 대기한다.

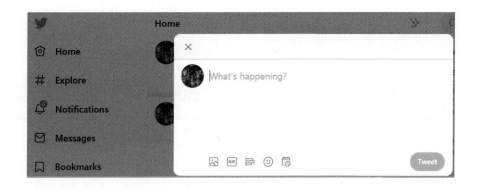

64번째 줄에서는 트위터에 글을 쉽게 작성하기 위해 작성 전용 페이지로 이동하고 있다. 트위터에서 위 주소를 입력하면 게시물을 작성하기 위한 팝업이 뜬다. 팝업창에서는 자연스럽게 입력창에 커서가 위치해 있으므로 곧바로 텍스트를 입력하면 된다. 텍스트 입력을 위해 67번째 줄에서 pw.type_in() 함수를 사용하고 있다.

이후에는 1초가량 기다린 다음 Ctrl + Enter를 눌러 게시물을 업로드한다. 게시물이 업로드되었다면 로딩이 되기까지 잠시 기다린다.

tweet_all()

for문을 이용해 파일에 기록되어 있던 모든 콘텐츠를 트위터에 업로드하는 메소드다. 일단 작은 기능을 만들어두고, 그 기능을 활용해 큰 목표를 달성하는 방식으로 코드를 만들었다.

⟨ 03 ⟩

매크로를 활용해 여러 계정으로 트위터에 글 써주는 로봇 만들기

1. <README.md>

'4_9_3_매크로를 활용해 여러 계정으로 트위터에 글 써주는 로봇 만들기' 폴더로 이동
하여 〈README.md〉 파일을 열어보자.

여러 계정으로 번갈아가면서 트위터에 글쓰기

매크로를 활용해 로그인도 자동으로 하고, 트위터에 글도 자동으로 올려주는 로봇을 만들어 봅니다.
매크로를 활용한 웹 자동화 기초 훈련입니다.

사용 방법

```
$ python main.py <IDs> <CONTENTS>
```

〈IDs〉에는 아이디와 비밀번호가 기재된 CSV 파일을 올려주세요. 한 줄에 계정을 하나씩 입력하면 됩니다.
아이디, 비밀번호 형태로 콤마로 구분해주세요.

〈CONTENTS〉에는 트위터에 업로드할 내용물이 기록된 파일을 입력합니다.
이 책의 예제는 아래와 같습니다.

```
$ python main.py ids.csv contents.txt
```

작동 원리

로그인

(1) 트위터에 접속하면 아이디 칸에서 커서가 깜빡인다.
(2) 아이디를 입력한다.
(3) Tab 키를 누른다.
(4) 비밀번호를 입력한다.
(5) 엔터키를 친다.

글쓰기

(1) 미리 작성된 내용물을 한 줄씩 불러온다.
(2) 트윗 칸을 클릭한다.
(3) 내용물을 붙여 넣는다.
(4) Ctrl + Enter 키를 누른다.

여러 아이디 돌려가며 글쓰기
미리 입력받은 아이디들을 활용해 위 작업을 번갈아 가며 합니다. 한 계정에서 글을 다 쓰면 로그아웃하고, 다른 계정으로 다시 로그인합니다.

2. 코드 실행하기

'4_9_3_매크로를 활용해 여러 계정으로 트위터에 글 써주는 로봇 만들기' 폴더에 크롬 드라이버를 복사한다.

그리고 가장 중요한 부분인데, 번갈아가며 로그인할 계정들이 필요하다. CSV 파일을 하나 만들고 위와 같은 방식으로 아이디와 비밀번호를 기재한다.

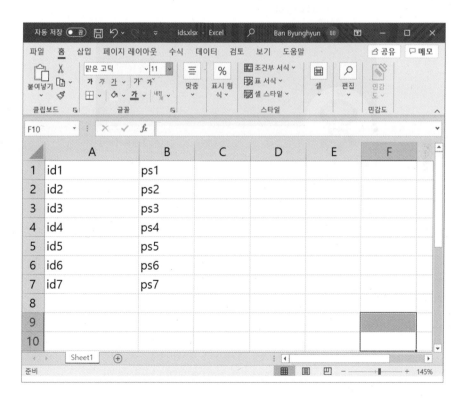

여기에 아이디를 1개 기재하면 하나의 계정으로만 게시물을 업로드하고 작업이 종료되고, 1000개를 기재하면 1000개 계정으로 돌아가면서 게시물을 올린다.

바이럴 마케팅이나 여론 조작, 광고 등 다량의 멘션을 업로드하고 싶다면 이번 예제 코드를 활용하면 수월하다. SNS에서 마케팅하는 업체나 여론을 형성하고자 하는 정치 세력은 아마 이런 코드를 적극적으로 활용하고 있을 것이다.

2절과 마찬가지로 트위터에 올리고자 하는 메시지는 〈contents.txt〉 파일에 기재하면 된다. 모든 준비가 끝났다면 아래 명령어를 입력해 코드를 실행하자.

```
$ python main.py ids.csv contents.txt
```

3. 코드 실행 결과

2절과는 다른 계정에 게시물이 업로드된 화면이다. 그런데 한 가지 문제가 있다.

경고창이 떠 있다.

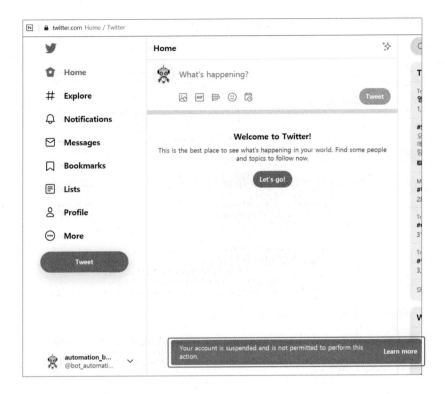

Your account is suspended and is not permitted to perform this action.

트위터는 운영 정책상 매크로나 크롤러를 활용한 자동화를 싫어한다. 아무래도 여론조
작이나 제품 홍보의 용도로 전락할 가능성이 있기 때문일 것이다. 그래서 자동화 코드
를 잘못 활용하다 보면 계정이 차단당한다.

계정 차단을 막기 위해서는 최대한 기계가 아니라 사람이 작업하는 것처럼 작업해야 한
다. 메시지를 1초에 20개씩 올려버리면 순식간에 차단당한다. 사람이 하는 것처럼, 10초
이상 간격을 두고 천천히 메시지를 업로드하는 것이 안전하다. 그리고 한 번 올린 적 있
는 메시지를 다시 올리면 로봇으로 의심받는다. 매번 다른 내용을 입력하는 것이 안전
하다.

4. 업무 자동화 코드 설계 과정

목표 정하기

① 여러 계정으로 로그인하기

② 게시물 업로드하기

③ 작업이 끝나면 다른 아이디로 새로 로그인하기

목표를 달성하는 데 필요한 작업 쪼개기

① 여러 계정으로 번갈아가며 로그인하기

② 게시물 업로드하기

쪼개진 작업들을 해결하기 위한 방법 생각하기

① 여러 계정으로 번갈아가며 로그인하기

로그인한 다음, 다시 로그아웃하고 새로 로그인을 하면 될까? 더 쉬운 방법이 있다.

작업이 끝나면 크롬 드라이버를 꺼버리고 새로 켜는 것이다. 크롬 드라이버를 껐다가

켜면 로그인 정보가 모두 날아간다. 드라이버를 새로 켠 다음 다른 아이디로 로그인을

시도하면 된다.

② 게시물 업로드하기

2절에서 만든 코드를 재활용하자.

5. 알고리즘 순서도

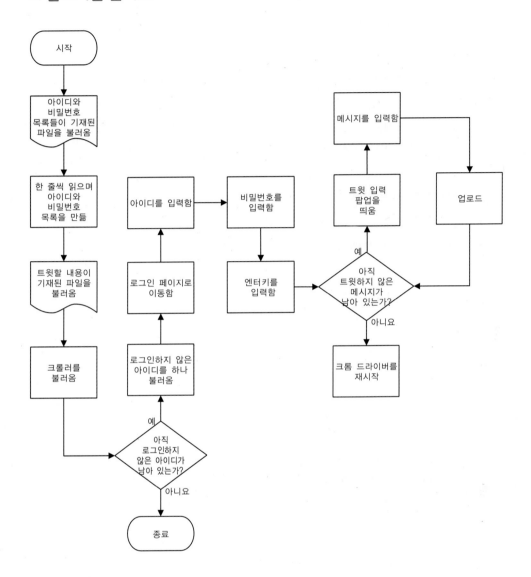

6. 코드 살펴보기 (소스 코드 : main.py)

```
 9   import sys
10   import time
11   import twitter_bot_multi as tb
12
13
14   # 작업 시작 메시지를 출력합니다.
15   print("Process Start.")
16
17   # 시작 시점의 시간을 기록합니다.
18   start_time = time.time()
19
20   # 아이디를 입력받습니다.
21   idfile = sys.argv[1]
22
23   # 트윗할 내용들이 적힌 파일을 입력받습니다.
24   filename = sys.argv[2]
25
26   # 아이디와 비밀번호를 세트로 저장해둘 리스트를 만듭니다.
27   IDs = []
28
29   # 아이디가 기재된 파일을 불러옵니다.
30   idfile = open(idfile, encoding="utf-8")
31
32   # 이걸 한 줄씩 읽어옵니다.
33   for line in idfile:
34       # 각 줄을 콤마로 쪼개줍니다.
35       splt = line.split(",")
36       # 내용물이 두 개가 아닌 라인은 모두 날려줍니다.
37       if len(splt) != 2:
38           continue
39       # IDs에 아이디와 비밀번호를 저장합니다.
40       IDs.append((splt[0].strip(), splt[1].strip()))
41
42   # 크롤러를 불러옵니다.
43   BOT = tb.TwitterBot(filename)
44
45   # IDs에 저장된 계정을 하나씩 불러옵니다.
46   for i in range(len(IDs)):
47       # 로그인을 시도합니다.
```

```
48       ID, PS = IDs[i]
49       BOT.login(ID, PS)
50       # 로그인에 성공했으니 스크린샷이나 한 번 찍어줍시다.
51       BOT.save_screenshot(str(time.time) + ".png")
52       # 트위터에 모든 멘션을 올립니다.
53       BOT.tweet_all()
54       time.sleep(10)
55       # 크롤러를 닫아줍니다.
56       BOT.kill()
57       # 아직 작업이 덜 끝난 계정이 있다면
58       if i < len(IDs)-1:
59           # 크롤러를 다시 켜서 트위터로 접속합니다.
60           BOT.go_to_twitter()
61           time.sleep(3)
62
63
64   # 크롤러를 닫아줍니다.
65   BOT.kill()
66
67   # 작업 종료 메시지를 출력합니다.
68   print("Process Done.")
69
70   # 작업에 총 몇 초가 걸렸는지 출력합니다.
71   end_time = time.time()
72   print("The Job Took " + str(end_time - start_time) + " seconds.")
```

라이브러리 import

코드의 9번째 줄부터 11번째 줄에 걸쳐서 라이브러리를 불러오고 있다. 늘 불러오던 sys
와 time을 제외하면 〈twitter_bot_multi.py〉만 불러와서 활용하고 있다.

아이디와 비밀번호 불러오기

27번째 줄에서 아이디를 저장할 리스트를 하나 만들었고, 30번째 줄에서는 아이디가 적
힌 파일을 읽어온다. 33번째 줄에서 for문을 활용해 파일을 한 줄씩 불러와 본격적인 작
업을 수행한다.

35번째 줄에서는 split() 함수를 이용해 라인을 두 개로 쪼개준다. CSV 파일이므로 콤마

를 대상으로 split()을 실행하면 아이디와 비밀번호가 분리된다. 혹여 내용물이 두 개가 아닌 라인은 37번째 줄에서 날려준다.

정제가 모두 끝난 아이디와 비밀번호는 하나의 튜플로 묶어서 27번째 줄에서 정의한 리스트에 삽입한다.

크롤러 클래스 불러오기

43번째 줄에서 TwitterBot 클래스를 불러오고 있다. 이 단계에서 __init__() 내부의 go_to_twitter() 메소드가 실행되면서 트위터 로그인 화면이 실행된다.

여러 계정으로 로그인하며 작업 수행하기

46번째 줄에서 for문을 활용해 여러 계정으로 로그인하며 트위터에 접속한다. 48번째 줄과 49번째 줄에서 로그인을 시도하고 있으며, 53번째 줄에서 tweet_all() 메소드를 활용하여 트위터에 모든 메시지를 올려준다.

하나의 계정으로 작업이 끝났다면 56번째 줄에서 kill() 메소드를 활용해 드라이버를 종료한다.

58번째 줄에서는 아직 작업이 덜 끝난 계정이 있는지 검사한다. 작업이 덜 끝난 계정이 있다면 go_to_twitter() 메소드를 불러와 드라이버를 다시 실행하고 for문의 다음 차례로 이어진다.

이 과정을 요약하면 아래와 같다.

① 트위터 켜기
② 로그인하기
③ 게시물 모두 올리기
④ 드라이버를 종료하고 다시 트위터 켜기(로그인 정보 지워짐)
⑤ 반복

7. 코드 살펴보기 (소스 코드 : twitter_bot_multi.py)

모든 코드가 2절 예제 코드인 〈twitter_bot_tweet.py〉와 동일하다.

```python
8   from selenium import webdriver
9   from selenium.webdriver.chrome.options import Options
10  import pywinmacro as pw
11  import time
12
13
14  class TwitterBot:
15      def __init__(self, contents, encoding="utf-8"):
16          # 셀레늄 웹드라이버에 입력할 옵션을 지정합니다.
17          self.options = Options()
18          # 옵션에 해상도를 입력합니다.
19          self.options.add_argument("--window-size=1024,768")
20          # 트위터 홈페이지로 이동합니다.
21          self.go_to_twitter()
22
23          # 컨텐츠 파일을 읽어옵니다. 인코딩이 utf-8이 아닌 파일을 읽으면 에러가
    날 겁니다.
24          # 이때는 인코딩을 명시해 주면 됩니다. 기본값은 utf-8입니다.
25          self.contents_file = open(contents, encoding=encoding)
26          # 읽어온 파일을 쪼개 리스트로 만듭니다.
27          self.contents = self.contents_file.read().split("\n")
28
29      # 크롤러를 종료하는 메소드입니다.
30      # 굳이 한 줄짜리 코드를 함수로 만든 데는 여러 이유가 있습니다만,
31      # 쉽게 설명하자면 클래스 외부에서 클래스 내부 자료에 너무 깊게 관여하는 상황을
    원하지 않기 때문입니다.
32      def kill(self):
33          self.driver.quit()
34
35      # 트위터 페이지에 접속하는 메소드입니다.
36      def go_to_twitter(self):
37          # 크롬 웹드라이버를 불러옵니다.
38          self.driver = webdriver.Chrome(executable_path=
    "chromedriver.exe", chrome_options=self.options)
39          # 트위터 홈페이지로 이동합니다.
40          self.driver.get("https://twitter.com/login")
41          # 로딩이 오래 걸릴 수 있으니 잠시 대기합니다.
42          time.sleep(5)
```

```
43
44        # 로그인을 수행하는 메소드입니다.
45        def login(self, id, ps):
46            # 아이디를 입력합니다.
47            pw.typing(id)
48            # tab 키를 눌러줍시다. 대부분 사이트에서 암호창으로 이동합니다.
49            pw.key_press_once("tab")
50            # 비밀번호를 마저 입력합니다.
51            pw.typing(ps)
52            # 엔터키를 눌러줍니다. 대부분 사이트에서 로그인이 실행됩니다.
53            pw.key_press_once("enter")
54            # 로딩이 오래 걸릴 수 있으니 잠시 대기합니다.
55            time.sleep(5)
56
57        # 스크린샷을 저장하는 함수입니다.
58        def save_screenshot(self, filename):
59            self.driver.save_screenshot(filename)
60
61        # 트위터에 글을 올리는 함수입니다.
62        def tweet(self, text, interval=15):
63            # 글을 쉽게 작성하기 위해 작성 전용 페이지로 이동합니다.
64            self.driver.get("https://twitter.com/intent/tweet")
65            time.sleep(2)
66            # 커서가 기본적으로 입력창에 가 있습니다. 트윗 내용을 입력합니다.
67            pw.type_in(text)
68            time.sleep(1)
69            # 컨트롤 키와 엔터키를 누르면 트윗이 입력됩니다.
70            pw.key_on("control")
71            pw.key_on("enter")
72            pw.key_off("control")
73            pw.key_off("enter")
74            # 로딩될 때까지 몇초 기다립니다.
75            time.sleep(interval)
76
77        # 읽어온 모든 멘션들을 업로드하는 함수입니다.
78        # 3초 간격으로 멘션을 올립니다. 시간 간격을 바꾸고 싶으면 함수를 호출할 때
   시간을 초 단위로 입력합니다.
79        def tweet_all(self, interval=3):
80            for el in self.contents:
81                time.sleep(interval)
82                self.tweet(el.strip(), interval)
```

## 04

매크로를 활용해 뉴스 기사를 자동으로 트위터에 올려주는 뉴스 봇 만들기

1. <README.md>

'4_9_4_매크로를 활용해 뉴스 기사를 자동으로 트위터에 올려주는 뉴스 봇 만들기' 폴더로 이동해 〈README.md〉 파일을 열어보자.

매크로를 활용해 뉴스 기사를 자동으로 트위터에 올려주는 뉴스 봇 만들기

매크로를 활용해 뉴스 기사를 자동으로 스크랩하고 트위터에 올려주는 로봇을 만들어 봅니다.

사용 방법

```
$ python main.py <ID> <PS> <KEYWORD>
```

〈ID〉에는 아이디를, 〈PS〉에는 비밀번호를 입력하세요.
〈KEYWORD〉에는 뉴스 검색어를 입력합니다.
이 책의 예제는 아래와 같습니다.

```
$ python main.py bot_automation <PS> 코로나19
```

작동 순서

로그인

(1) 트위터에 접속하면 아이디 칸에서 커서가 깜빡인다.
(2) 아이디를 입력한다.
(3) Tab 키를 누른다.
(4) 비밀번호를 입력한다.
(5) 엔터키를 친다.

뉴스 스크랩하기

(1) 구글에서 뉴스를 검색한다.

---

(2) 전체 페이지를 복사해 메모리에 올린다.

(3) 기사 제목과 요약문을 분리한다.

(4) 요약문을 하나씩 트위터에 올린다.

2. 코드 실행하기

'4_9_4_매크로를 활용해 뉴스 기사를 자동으로 트위터에 올려주는 뉴스 봇 만들기' 폴더에 크롬 드라이버를 복사한다. 그리고 〈README.md〉의 설명을 따라 코드를 실행하자.

```
$ python main.py bot_automation <비밀번호> covid19
```

3. 코드 실행 과정

아래 QR코드나 링크를 통해 코드의 실행 과정을 동영상으로 확인할 수 있다.

 https://youtu.be/2rBb_BA1ADY

① 트위터 로그인

② 구글 뉴스에 키워드 검색

③ 검색결과 스크랩

④ 한 번에 하나씩, 모든 뉴스 기사 업로드

4. 업무 자동화 코드 설계 과정

목표 정하기

① 트위터 로그인

② 뉴스기사 검색

③ 뉴스기사 스크랩

④ 트위터에 업로드

목표를 달성하는 데 필요한 작업 쪼개기

① 트위터 로그인

② 구글 뉴스에서 뉴스기사 검색

③ 구글 뉴스 검색결과 매크로로 긁어오기

④ 뉴스 검색결과 정리하기

⑤ 뉴스 검색결과를 트위터에 하나씩 업로드하기

쪼개진 작업들을 해결하기 위한 방법 생각하기

① 트위터 로그인

앞 절들에서 사용한 방법을 그대로 활용한다.

② 구글 뉴스에서 뉴스 기사 검색

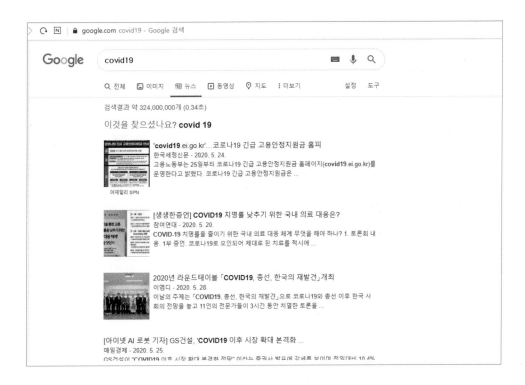

구글에 키워드를 검색하고 뉴스 탭으로 이동해보자. 요즘 코로나바이러스가 기승이라 검색어 'covid19'로 검색해 봤다. 이 상태에서 주소창을 클릭해 주소를 확인해보자. 주소창에 입력되어 있던 주소는 아래와 같다.

https://www.google.com/search?biw=1778&bih=1009&tbm=nws&sxsrf=ALeKk03
DDcQc7m3RWIFYbiDTiv9hbudniw%3A1592547058110&ei=8lbsXoaiBo66wAOD4
pOYDw&q=covid19&oq=covid19&gs_l=psy-ab.3..0i10k1l5.8287.9298.0.9494.5.5.
0.0.0.0.126.484.0j4.4.0....0...1c.1.64.psy-ab..1.4.483...0.0.A9qZjS3siLM

너무 길고 어렵다. 인터넷 주소는 컴퓨터와 대화하기 위한 수단이므로 여기에도 무언가 규칙성이 있을 것이다. 일단 한눈에 살펴보기에는 너무 길어서 아래와 같이 보기 좋게 쪼개보았다.

```
https://www.google.com/search?
        biw=1778&
        bih=1009&
        tbm=nws&
        sxsrf=ALeKk03DDcQc7m3RWIFYbiDTiv9hbudniw%3A1592547058110&
        ei=8lbsXoaiBo66wAOD4pOYDw
        q=covid19&
        oq=covid19&
        gs_l=psy-ab.3..0i10k1l5.8287.9298.0.9494.5.5.0.0.0.0.126.484.0j4.4.0....0...1c.
        1.64.psy-ab..1.4.483...0.0.A9qZjS3siLM
```

주소를 '&' 단위로 쪼개보니 뭔가 규칙성이 있는 것도 같다. 처음 만난 대상이 너무나도 복잡해 보인다면 하나씩 망가뜨려 보면서 정상적으로 작동하는지 테스트해보는 것이 효율적이다. 거슬리는 것들부터 하나씩 지워나가 보겠다. 우선 맨 뒷줄이 거슬린다. 지워버리자. 한층 주소가 짧아졌다. 이 상태에서 엔터키를 눌러 정상적으로 작동하는지 확인해보자.

https://www.google.com/search?biw=1778&bih=1009&tbm=nws&sxsrf=ALeKk03
DDcQc7m3RWIFYbiDTiv9hbudniw%3A1592547058110&ei=8lbsXoaiBo66wAOD4
pOYDw&q=covid19&oq=covid19

주소를 입력해 보았다. 정상적으로 작동한다.

```
https://www.google.com/search?
        biw=1778&
        bih=1009&
        tbm=nws&
        sxsrf=ALeKk03DDcQc7m3RWIFYbiDTiv9hbudniw%3A1592547058110&
        ei=8lbsXoaiBo66wAOD4pOYDw&
        q=covid19&
        oq=covid19
```

맨 뒤에 두 개는 "covid19"라고 적혀 있는 것으로 보아 구글 검색창에 입력한 'covid19'
와 관련이 있을 것 같다. "op=covid19"라는 문구도 한번 지워보자.

https://www.google.com/search?biw=1778&bih=1009&tbm=nws&sxsrf=ALeKk03
DDcQc7m3RWIFYbiDTiv9hbudniw%3A1592547058110&ei=8lbsXoaiBo66wAOD4
pOYDw&q=covid19

어라? 아직도 정상적으로 작동한다. 주소를 다시 한번 살펴보자.

```
https://www.google.com/search?
        biw=1778&
        bih=1009&
        tbm=nws&
        sxsrf=ALeKk03DDcQc7m3RWIFYbiDTiv9hbudniw%3A1592547058110&
        ei=8lbsXoaiBo66wAOD4pOYDw&
        q=covid19
```

그래도 "covid19"라고 적힌 문구를 하나 정도는 살려두어야 'covid19'에 대한 검색 결과
가 제대로 뜰 것 같으니 "q=covid19"는 살려보도록 하겠다. 그 앞에 있는 "ei"로 시작하
는 문구를 삭제해보겠다.

https://www.google.com/search?biw=1778&bih=1009&tbm=nws&sxsrf=ALeKk03
DDcQc7m3RWIFYbiDTiv9hbudniw%3A1592547058110&q=covid19

어라? 아직도 정상적으로 작동된다.

```
https://www.google.com/search?
        biw=1778&
        bih=1009&
        tbm=nws&
        sxsrf=ALeKk03DDcQc7m3RWIFYbiDTiv9hbudniw%3A1592547058110&
        q=covid19
```

아직도 주소가 길고 복잡하니 "sxsrf"로 시작하는 녀석을 지워보자. 코드가 한층 짧아질
것이다.

https://www.google.com/search?biw=1778&bih=1009&tbm=nws&q=covid19

와! 아직도 정상적으로 작동한다.

```
                https://www.google.com/search?
                        biw=1778&
                        bih=1009&
                        tbm=nws&
                        q=covid19
```

이번엔 뭘 지워보면 좋을까? 뒤에서부터 하나씩 지웠으니 다음 차례인 "tbm=nws"를 지
워보자.

https://www.google.com/search?biw=1778&bih=1009&q=covid19

뭔가 문제가 생긴 것 같다. 뉴스 탭이 아니라 통합 검색결과가 나왔다. "tbm=nws"는 살려둬야 하는 코드인가보다. 생각해보면 nws가 뉴스(news)의 약자인 것 같기도 하다.

> https://www.google.com/search?
> biw=1778&
> bih=1009&
> tbm=nws&
> q=covid19

그러면 이번에는 뭘 지워볼까? "q=covid19"는 검색어와 관련된 코드고 "tbm=nws"는 뉴스 검색결과라는 뜻이니 이 두 개만 있어도 정상적으로 작동할 것 같은 느낌이 든다. biw와 bih를 날려버리자.

https://www.google.com/search?tbm=nws&q=covid19

빙고! 정상적으로 작동한다. 여기서 한 가지를 깨달을 수 있었다. "https://www.google.com/search?tbm=nws&q=" 뒤에 어떤 키워드를 입력하면, 그 키워드에 관련된 뉴스 기사 검색결과가 뜬다는 점이다. 시험 삼아서 아래와 같이 테스트를 시도해보자.

https://www.google.com/search?tbm=nws&q=구찌

구찌와 관련된 뉴스 기사 검색이 성공적으로 수행되었다! 지금까지 알아낸 정보를 활용하면 구글에서 인터넷 기사를 검색하는 코드를 만들 수 있다.

```
>>> url = "https://www.google.com/search?tbm=nws&q="
>>> querry = url + <검색어>
>>> driver.get(querry)
```

위 코드 3줄이면 구글에서 뉴스 검색을 할 수 있다.

③ 구글 뉴스 검색결과 매크로로 긁어오기

일단 게시물 자체를 긁어오는 방법은 쉽다. Ctrl + A 키를 눌러서 화면을 전체 선택
하고, Ctrl + C를 누르면 화면에 떠 있는 모든 글씨를 클립보드에 복사할 수 있다.
pywinmacro를 활용하면 아래와 같이 세 줄의 코드로 이 작업을 수행할 수 있다.

```
>>> import pywinmacro as pw
>>> pw.ctrl_a()
>>> pw.ctlr_c()
```

클립보드에 입력된 스트링을 파이썬에서 활용 가능한 변수로 따 오려면 pyperclip 라이브러리를 활용하면 수월하다. 혹시 pyperclip 라이브러리가 설치되어 있지 않다면 Git Bash를 실행하고 아래 명령어를 실행한다.

```
$ pip install pyperclip
```

설치가 완료되었다면 아래와 같이 두 줄의 코드로 클립보드에 있는 자료를 파이썬 변수로 가져올 수 있다.

```
>>> import pyperclip as pc
>>> text = pc.paste()
```

지금까지 소개해 드린 코드들을 종합하면 아래와 같다.

`>>> pw.ctrl_a()`	Ctrl + A를 눌러 전체 선택
`>>> pw.ctrl_c()`	Ctlr + C를 눌러 클립보드에 복사
`>>> news_text = pc.paste()`	클립보드에 복사된 내용물을 `news_text`에 저장

이렇게 세 줄의 코드로 화면에 있는 모든 내용을 스크랩할 수 있었다.

④ 뉴스 검색결과 정리하기

뉴스 검색결과를 pc.paste() 함수로 불러오면 어떤 형태일까? 직접 확인해보자. 구글 뉴스 검색결과 화면에서 Ctrl + A를 누른다. 화면에 표시된 모든 글자가 블록으로 지정될 것이다.

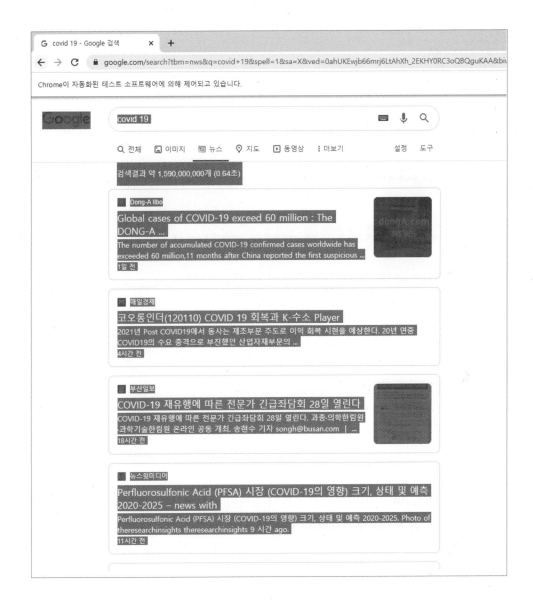

이 상태에서 Ctrl + C를 누르면 기사 내용이 클립보드에 복사된다. 복사가 완료되었다면 메모장을 켜고 Ctlr + V를 눌러 내용물을 붙여 넣는다.

주요 콘텐츠로 이동접근성 도움말
접근성 관련 의견 보내기
Google

covid 19
검색결과 약 1,590,000,000개 (0.64초)

Dong-A Ilbo
Global cases of COVID-19 exceed 60 million : The DONG-A ...
The number of accumulated COVID-19 confirmed cases worldwide has exceeded 60 million, 11 months after China reported the first suspicious ...
1일 전
매일경제
코오롱인더(120110) COVID 19 회복과 K-수소 Player
2021년 Post COVID19에서 동사는 제조부문 주도로 이익 회복 시현을 예상한다. 20년 연중 COVID19의 수요 충격으로 부진했던 산업자재부문의 ...
4시간 전

부산일보
COVID-19 재유행에 따른 전문가 긴급좌담회 28일 열린다
COVID-19 재유행에 따른 전문가 긴급좌담회 28일 열린다. 과총·의학한림원·과학기술한림원 온라인 공동 개최. 송현수 기자 songh@busan.com | ...
18시간 전
뉴스윗미디어
Perfluorosulfonic Acid (PFSA) 시장 (COVID-19의 영향) 크기, 상태 및 예측 2020-2025 – news with
Perfluorosulfonic Acid (PFSA) 시장 (COVID-19의 영향) 크기, 상태 및 예측 2020-2025. Photo of theresearchinsights theresearchinsights 9 시간 ago.
11시간 전

뉴스윗미디어
전자 학습 저작 도구 시장 (COVID-19의 영향) 규모, 상태 및 예측 2020-2026 | Articulate, iSpring Suite, Lessonly, Brainshark, SAP – news with
이러닝 저작 도구 산업 개요를 제공하며 성장은 코로나 바이러스 (COVID-19) 가 미래의 비용, 수익 및 기타 여러 측면에 미치는 영향을 분석합니다 . 연구 분석가는 ...
9시간 전
뉴스윗미디어
전자 포획 검출기 ECD 시장 (COVID-19의 영향) 크기, 상태 및 ...
전자 포획 검출기 ECD 시장 (COVID-19의 영향) 크기, 상태 및 예측 2020-2025. Photo of theresearchinsights theresearchinsights 10 시간 ago.
11시간 전
뉴스윗미디어
전자기 EMI 차폐 시장 (COVID-19의 영향) 크기, 상태 및 예측 2020-2025 – news with
전자기 EMI 차폐 시장 (COVID-19의 영향) 크기, 상태 및 예측 2020-2025. Photo of theresearchinsights theresearchinsights 10 시간 ago.
11시간 전

클립보드 결과다. nwes_text 변수에도 이런 형태의 스트링이 저장될 것이다. 메모장에 적힌 글자를 한 번 상세하게 뜯어보자. 여기에는 반드시 패턴이 있을 것이다. 이 패턴을 찾아내야 한다.

```
주요 콘텐츠로 이동접근성 도움말
접근성 관련 의견 보내기
Google

covid 19
검색결과 약 1,590,000,000개 (0.64초)

언론사    Dong-A Ilbo
제목      Global cases of COVID-19 exceed 60 million : The DONG-A ...
기사 요약  The number of accumulated COVID-19 confirmed cases worldwide has exceeded 60 million, 11 months after China reported the fir
         1일 전
언론사    매일경제
제목      코오롱인더(120110) COVID 19 회복과 K-수소 Player
기사 요약  2021년 Post COVID19에서 동사는 제조부문 주도로 이익 회복 시현을 예상한다. 20년 연중 COVID19의 수요 충격으로 부진했던 산업자
         4시간 전

언론사    부산일보
제목      COVID-19 재유행에 따른 전문가 긴급좌담회 28일 열린다
기사 요약  COVID-19 재유행에 따른 전문가 긴급좌담회 28일 열린다. 과총·의학한림원·과학기술한림원 온라인 공동 개최. 송현수 기자 songh@bus
         18시간 전
언론사    뉴스윗미디어
제목      Perfluorosulfonic Acid (PFSA) 시장 (COVID-19의 영향) 크기, 상태 및 예측 2020-2025 – news with
기사 요약  Perfluorosulfonic Acid (PFSA) 시장 (COVID-19의 영향) 크기, 상태 및 예측 2020-2025. Photo of theresearchinsights theresearchinsigh
         11시간 전

언론사    뉴스윗미디어
제목      전자 학습 저작 도구 시장 (COVID-19의 영향) 규모, 상태 및 예측 2020-2026 | Articulate, iSpring Suite, Lessonly, Brainshark, SAP – ne
기사 요약  이러닝 저작 도구 산업 개요를 제공하며 성장은 코로나 바이러스 (COVID-19) 가 미래의 비용, 수익 및 기타 여러 측면에 미치는 영향을
         9시간 전
언론사    뉴스윗미디어
제목      전자 포획 검출기 ECD 시장 (COVID-19의 영향) 크기, 상태 및 ...
기사 요약  전자 포획 검출기 ECD 시장 (COVID-19의 영향) 크기, 상태 및 예측 2020-2025. Photo of theresearchinsights theresearchinsights 10 시
         11시간 전
언론사    뉴스윗미디어
제목      전자기 EMI 차폐 시장 (COVID-19의 영향) 크기, 상태 및 예측 2020-2025 – news with
기사 요약  전자기 EMI 차폐 시장 (COVID-19의 영향) 크기, 상태 및 예측 2020-2025. Photo of theresearchinsights theresearchinsights 10 시간 ag
         11시간 전
언론사    뉴스윗미디어
제목      스마트 제조 플랫폼 시장 규모, 경쟁 환경, 지역 전망 및 COVID ...
기사 요약  이 연구 보고서는 또한 현재 COVID-19 전염병과 산업 및 성장 전망에 미치는 영향, 경제 회복 여정에 대한 데이터를 제공합니다. 지리적
         9시간 전
```

기사 검색결과와 텍스트를 직접 비교해보자. 뉴스 기사 검색결과는 모든 건이 별도의 사각형 박스 안에 분리되어 기재되어 있으며, 위에서부터 순서대로 언론사명, 제목, 본문 요약, 기사 개제 시점 순서로 정보가 나열되어 있다. 스크롤을 내려서 확인해봐도 결과가 동일하다. 구글 뉴스 검색결과는 "~~ 전"이라는 문구를 항상 포함한다.

그러면 텍스트에서 "~일 전", "~ 시간 전", "~분 전", "~초 전"이라는 문구만 찾아내면 기사 정보를 뽑아낼 수 있다. 이 문자들이 발견되면 그 앞 3개 줄을 뽑아내는 것으로 (언론사), (기사 제목), (기사 요약) 3가지 정보를 한 번에 추출할 수 있다!

뉴스 검색결과가 기재된 news_text 변수를 개행 문자 "\n"을 활용해 split()하면 검색결과를 한 줄씩 쪼갤 수 있다.

```
>>> splt = news_text.split("\n")
```

이제 이 리스트에 있는 내용물을 for문을 활용해 하나씩 불러올 것이다. 그런데 조금 쉽게 뽑아오기 위해 enumerate라는 문법을 사용할 것이다. enumerate는 for문을 조금 더 맛깔나게 사용하기 위해 사용하는 도구다. Git Bash를 열고 IPython을 실행해 아래 코드를 입력해보자.

```
$ ipython
```

```
>>> a = ["a", "b", "c", "d"]
>>> for i, el in enumerate(a):
>>>     print((i, el))
(0, 'a')
(1, 'b')
(2, 'c')
(3, 'd')
```

enumerate를 사용해 for문을 활용하면 어떤 어떤 리스트의 원소와, 그 원소의 인덱스를 함께 받아올 수 있다. 스트링을 상대로도 활용할 수 있다.

```
>>> a = "abcdefg"
>>> for i, el in enumerate(a):
>>>     print((i, el))
(0, 'a')
(1, 'b')
(2, 'c')
(3, 'd')
(4, 'e')
(5, 'f')
(6, 'g')
```

enumerate를 활용하면 많은 경우 for문을 효율적이고 빠르게 사용할 수 있다. 적극적으로 활용하자.

자, 이제 enumerate와 for문을 활용해 splt 리스트에서부터 원소를 하나씩 읽어올 것이다. 그러면 검색 결과를 한 줄씩 읽어오는 것과 같은 효과가 있다.

라인을 한 줄씩 읽어오면서, 우선 너무 길이가 짧은 줄은 건너뛴다. 공백일 가능성이 있기 때문이다. 길이가 3글자 이상인 라인만 불러와 맨 뒤 3개 글자를 확인해 이 글자들이 뉴스 기사의 작성 시점을 알려주는 내용인지 확인한다. 스트링의 포함 관계를 분석하는 in 연산을 활용하면 수월하다. 그 다음, 앞의 3개 줄을 뽑아내 언론사, 뉴스의 제목, 요약문을 추출할 것이다. 코드로 작성하면 아래와 같다.

```
>>> news_list = []
>>> if len(line.strip()) < 3:
>>>     continue
>>> elif line.strip()[-3:] in "달 전   주 전   일 전   시 간 전   분 전   초 전":
>>>     new_news = "\n".join(splt[i - 3:i])
>>>     self.news_list.append(new_news)
```

for문이 돌아가면서 news_list 내부에는 뉴스의 제목, 언론사, 날짜, 요약문이 차곡차곡 쌓인다.

⑤ 뉴스 검색결과를 트위터에 하나씩 업로드하기
news_list에 있는 내용문을 for문을 이용해 하나씩 불러오면서, 앞 절에서 살펴본 방식으로 트위터에 게시한다.

5. 알고리즘 순서도

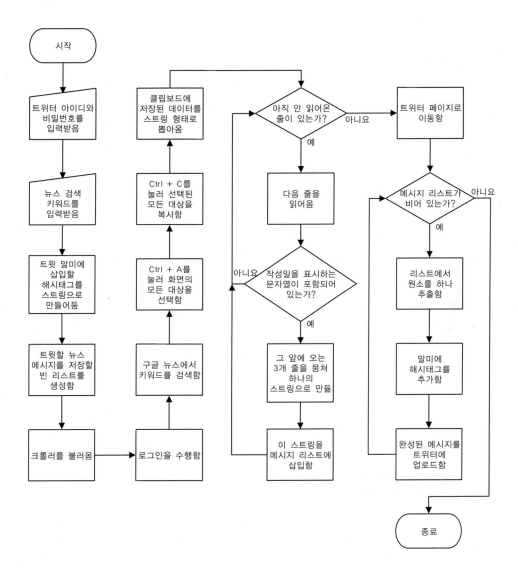

오랜만에 보는 복잡한 그림이다. 마름모 부분만 주의하며 천천히 읽어보자.

6. 코드 살펴보기 (소스 코드 : main.py)

```python
9   import sys
10  import time
11  import twitter_bot_news as tb
12
13
14  # 작업 시작 메시지를 출력합니다.
15  print("Process Start.")
16
17  # 시작 시점의 시간을 기록합니다.
18  start_time = time.time()
19
20  # 아이디를 입력받습니다.
21  id = sys.argv[1]
22
23  # 패스워드를 입력받습니다.
24  ps = sys.argv[2]
25
26  # 검색어를 입력받습니다.
27  keyword = sys.argv[3].strip()
28
29  # 크롤러를 불러옵니다.
30  BOT = tb.NewsBot()
31
32  # 로그인을 시도합니다.
33  BOT.login(id, ps)
34
35  # 뉴스와 함께 삽입할 해시태그를 입력합니다.
36  hashtags = "#뉴스 #스크랩 하는 #자동화 #코드"
37
38  # 구글에서 뉴스를 검색하고,
39  # 트위터에 자동으로 로그인한 뒤,
40  # 긁어온 모든 뉴스를 업로드까지 합니다.
41  BOT.tweet_all_news(keyword, hashtags)
42
43  # 결과 화면을 잠시 감상하기 위해 10초 동안 방치합니다.
44  time.sleep(10)
45
46  # 크롤러를 닫아줍니다.
47  BOT.kill()
```

```
48
49    # 작업 종료 메시지를 출력합니다.
50    print("Process Done.")
51
52    # 작업에 총 몇 초가 걸렸는지 출력합니다.
53    end_time = time.time()
54    print("The Job Took " + str(end_time - start_time) + " seconds.")
```

라이브러리 import

코드의 9번째 줄부터 11번째 줄에 걸쳐서 라이브러리를 import하고 있다. Sys와 time을 제외하면 〈twitter_bot_news.py〉만 불러와서 사용한다.

해시태그 정의

SNS의 꽃은 해시태그다. 36번째 줄에서 뉴스 요약 뒤에 삽입할 해시태그를 정의한다. 이 외에 다른 태그나 문구를 사용하고 싶다면 36번째 줄의 코드를 수정하면 된다.

크롤러 클래스 불러와 로그인하기

코드의 30번째 줄에서 NewsBot 클래스를 불러오고 있으며 33번째 줄에서 로그인을 실시하고 있다.

뉴스를 스크랩해 트위터에 올리기

41번째 줄에서 단 한 줄짜리 코드로 작업을 모두 수행하고 있다.

```
>>> BOT.tweet_all_news(keyword, hashtags)
```

이로써 모든 작업이 끝난다.

7. 코드 살펴보기 (소스 코드 : twitter_bot_news.py)

```python
8   from selenium import webdriver
9   from selenium.webdriver.chrome.options import Options
10  import pywinmacro as pw
11  import time
12  import pyperclip
13
14
15  class NewsBot:
16      def __init__(self):
17          # 쿼리 베이스를 제작합니다.
18          self.querry ="https://www.google.com/search?tbm=nws&q="
19          # 셀레늄 웹드라이버에 입력할 옵션을 지정합니다.
20          self.options = Options()
21          # 옵션에 해상도를 입력합니다.
22          self.options.add_argument("--window-size=1600,900")
23          # 크롬 웹드라이버를 불러옵니다.
24          self.driver = webdriver.Chrome(executable_
    path="chromedriver.exe", chrome_options=self.options)
25          # 정리된 뉴스를 저장할 변수를 만듭니다.
26          self.news_list = []
27          self.news_text = ""
28          # 일단 트위터 로그인 화면으로 갑니다.
29
30      # 크롤러를 종료하는 메소드입니다.
31      # 군이 한 줄짜리 코드를 함수로 만든 데는 여러 이유가 있습니다만,
32      # 쉽게 설명하자면 클래스 외부에서 클래스 내부 자료에 너무 깊게 관여하는 상황을 원하
    지 않기 때문입니다.
33      def kill(self):
34          self.driver.quit()
35
36      # 검색을 실시합니다.
37      def search(self, keyword):
38          self.driver.get(self.querry + keyword)
39          # 로딩이 오래 걸릴 수 있으니 잠시 대기합니다.
40          time.sleep(3)
41
42      # 페이지를 새로고침합니다.
43      def refresh(self):
44          pw.key_press_once("f5")
```

```python
45
46          # 페이지의 모든 내용을 선택하고 클립보드에 복사합니다.
47      def copy_all(self):
48          pw.ctrl_a()
49          # 한 번 눌러서는 안 될 때도 있습니다. 한국인의 근성을 보여줍시다.
50          time.sleep(1)
51          pw.ctrl_c()
52          time.sleep(1)
53          pw.ctrl_c()
54          time.sleep(1)
55          pw.ctrl_c()
56
57      # 페이지의 모든 내용을 선택해 뉴스 기사만 뽑아내는 함수입니다.
58      def scrap_news(self):
59          # 일단 페이지의 모든 내용물을 복사합니다.
60          self.copy_all()
61          # 뉴스 리스트를 초기화합니다.
62          self.news_list = []
63          # 텍스트를 클립보드에서 추출해 스트링으로 따 옵니다.
64          self.news_text = pyperclip.paste()
65          # 한 줄씩 쪼개줍니다.
66          splt = self.news_text.split("\n")
67
68          # 구글 뉴스는 이미지 정보, 헤드라인, 게시 시간, 본문 요약 순으로 정보가 제
     공됩니다.
69          # 내용물을 한 줄씩 읽으면서 정보를 취합해 봅시다.
70
71          # 글자들을 한 줄씩 불러옵니다.
72          for i, line in enumerate(splt):
73              # 길이가 너무 짧은 줄은 건너뜁니다. 공백일 가능성이 큽니다.
74              if len(line.strip()) < 3:
75                  continue
76              # 뉴스의 작성 시점을 알려주는 문자가 등장하면 앞의 3개 줄을 뽑아와 하나로
     합쳐 줍니다.
77              elif line.strip()[-3:] in "달 전  주 전  일 전  시간 전
     분 전  초 전":
78                  new_news = "\n".join(splt[i - 3:i])
79                  # 만들어진 뉴스를 news_list에 삽입합니다.
80                  self.news_list.append(new_news)
81
82      # 뉴스 기사를 구글에서 검색한 뒤, 리스트로 다듬는 함수입니다.
83      def news_crawler(self, keyword):
84          self.search(keyword)
```

```python
 85            self.scrap_news()
 86
 87        # 스크린샷을 저장하는 함수입니다.
 88        def save_screenshot(self, filename):
 89            self.driver.save_screenshot(filename)
 90
 91        # 트위터 페이지에 접속하는 메소드입니다.
 92        def go_to_twitter(self):
 93            # 트위터 홈페이지로 이동합니다.
 94            self.driver.get("http://twitter.com/login")
 95            # 로딩이 오래 걸릴 수 있으니 잠시 대기합니다.
 96            time.sleep(2)
 97
 98        # 트위터 홈으로 이동하는 메소드입니다.
 99        def twitter_home(self):
100            self.driver.get("https://twitter.com/home")
101            # 로딩이 오래 걸릴 수 있으니 잠시 대기합니다.
102            time.sleep(2)
103
104        # 로그인을 수행하는 메소드입니다.
105        def login(self, id, ps):
106            self.go_to_twitter()
107            # 아이디를 입력합니다.
108            pw.typing(id)
109            # tab 키를 눌러줍시다. 대부분 사이트에서 암호창으로 이동합니다.
110            pw.key_press_once("tab")
111            # 비밀번호를 마저 입력합니다.
112            pw.typing(ps)
113            # 엔터키를 눌러줍니다. 대부분 사이트에서 로그인이 실행됩니다.
114            pw.key_press_once("enter")
115            # 로딩이 오래 걸릴 수 있으니 잠시 대기합니다.
116            time.sleep(5)
117
118        # 트위터에 글을 올리는 함수입니다.
119        def tweet(self, text, interval):
120            # 글을 쉽게 작성하기 위해 작성 전용 페이지로 이동합니다.
121            self.driver.get("https://twitter.com/intent/tweet")
122            time.sleep(2)
123            # 커서가 기본적으로 입력창에 가 있습니다. 트윗 내용을 입력합니다.
124            pw.type_in(text)
125            time.sleep(1)
126            # 컨트롤 키와 엔터키를 누르면 트윗이 입력됩니다.
```

```
127        pw.key_on("control")
128        pw.key_on("enter")
129        pw.key_off("control")
130        pw.key_off("enter")
131
132        # 로딩될 때까지 몇 초 기다립니다.
133        time.sleep(interval)
134
135    # 스크랩한 모든 뉴스를 트위터에 올리는 함수입니다.
136    # 15초 간격으로 뉴스를 올립니다.  시간 간격을 바꾸고 싶으면 함수를 호출할 때 시간을
   초 단위로 입력합니다.
137    # 해시태그를 입력할 경우 함께 삽입합니다.
138    def tweet_all(self, hashtags="", interval=15):
139        for el in self.news_list:
140            self.tweet(el.strip() + " " + hashtags, interval)
141
142    # 구글에서 뉴스를 검색하고,
143    # 트위터에 자동으로 로그인한 뒤,
144    # 긁어온 모든 뉴스를 업로드까지 하는 함수입니다.
145    # 15초 간격으로 뉴스를 올립니다. 시간 간격을 바꾸고 싶으면 함수를 호출할 때 시간을
   초 단위로 입력합니다.
146    # 해시태그를 입력할 경우 함께 삽입합니다.
147    def tweet_all_news(self, keyword, hashtags="", interval=15):
148        self.news_crawler(keyword)
149        self.twitter_home()
150        self.tweet_all(hashtags, interval)
151        time.sleep(interval)
```

라이브러리 import

8번째 줄부터 12번째 줄에 걸쳐서 라이브러리를 불러오고 있다. 3절의 코드와 대부분 동일한데, 클립보드를 활용하기 위해 12번째 줄에서 pyperclip 라이브러리를 활용하고 있다.

클래스 선언

15번째 줄에서 NewsBot 클래스를 만들고 있다. __init__() 내부 역시 앞 절의 코드들과 비슷하다. 다만 18번째 줄에서 뉴스 검색을 쉽게 하기 위해 쿼리 url 베이스를 정의하고 있으며, 26번째 줄과 2번째 줄에서 뉴스의 내용을 저장하기 위한 빈 변수를 만들고 있

다. self.news_list에는 정돈된 뉴스 리스트를 저장할 것이고, self.news_text에는 Ctrl +
A로 스크랩한 뉴스 텍스트를 입력할 것이다.

화면의 모든 내용 복사하기

47번째 줄에서 페이지의 모든 내용을 복사하는 copy_all() 메소드를 정의하고 있다. 메
소드 내부에서는 pw.ctrl_a() 함수를 활용하여 Ctrl + A 키를 누르고 있으며, 총 3번에
걸쳐 Ctrl + C 버튼을 누른다. 간혹 한 번만 눌러서는 제대로 작동하지 않는 경우도 있어
서 세 번 누른다. 이 메소드를 실행하면 클립보드에 화면의 모든 내용이 저장된다.

뉴스 기사 스크랩하기

58번째 줄에서 scrap_news() 메소드를 정의하고 있다. 뉴스 검색결과 창에서 내용을 모
두 불러오고, 텍스트를 쪼개서 앞서 살펴본 방식대로 뉴스의 제목-언론사-날짜-요약문
순서로 뉴스 내용을 정리하는 기능을 수행한다.

60번째 줄에서 화면의 모든 내용을 복사하고 있으며, 62번째 줄에서는 뉴스 리스트를
초기화하고 있다. 굳이 기존에 있던 검색결과를 초기화해주는 이유는 다양하게 사용하
기 위해서다. 혹시 나중에 〈twitter_bot_news.py〉를 활용해 하루에 한 번씩 기사를 자
동으로 스크랩해주는 자동화 코드를 만들고 싶어질지도 모르지 않는가? 뉴스 검색결과
를 새로운 것으로 업데이트할 때마다 기존의 뉴스는 지우고 새 뉴스 내용만 업데이트하
는 것이 좋다. 그렇지 않으면 이전 뉴스 결과물이 계속해서 반복해서 올라갈 것이니 말
이다.

64번째 줄에서 클립보드에 저장된 텍스트를 self.news_text에 저장하고 있다. 앞서 살
펴본 pyperclip 라이브러리의 paste() 함수를 활용하고 있다.

앞서 살펴본 방식대로 텍스트를 분리하기 위한 코드가 66번째 줄에서부터 시작된다.
66번째 줄에서는 split()을 통해 스트링을 한 줄씩 분리하고 있으며, 72번째 줄에서부터

enumerate()를 활용한 for문으로 뉴스 기사를 정돈하고 있다. 정돈된 뉴스 기사 정보는 self.news_list에 저장된다.

뉴스 기사 검색하기

37번째 줄에서 search() 메소드를 정의하고 있다. 이 메소드는 키워드를 입력받으면 쿼리 url인 self.querry와 합쳐서 driver.get() 함수를 실행한다. 메소드를 실행하면 구글 뉴스에서 키워드를 검색하는 것과 같은 효과가 있다.

뉴스 기사 검색과 스크랩 수행하기

코드의 83번째 줄에서 news_crawler() 메소드를 정의하고 있다. 이 메소드는 37번째 줄에서 정의한 self.search() 메소드와 58번째 줄에서 정의한 self.scrap_news() 메소드를 순차적으로 실행한다. 결과적으로 크롬 드라이버에서 구글 뉴스 검색이 수행되고, 스크랩과 정돈 과정이 차례로 수행된다.

트위터에 뉴스를 모두 올리기 위한 메소드

코드의 138번째 줄에서 뉴스 올리기에 특화된 tweet_all() 메소드를 정의하고 있다. 앞 절들의 예제에서는 읽어온 txt 파일의 내용물을 for문으로 한 줄씩 불러오며 트위터에 올렸다. 이번 예제 코드의 tweet_all() 메소드는 self.news_list 내부에 있는 정돈된 뉴스 기사들을 하나씩 업로드한다.

모든 작업을 묶어서 실행하는 메소드

코드의 147번째 줄에서 파편화된 코드를 한 군데로 묶어서 한 번에 실행하는 tweet_all_news() 메소드를 정의하고 있다. tweet_all_news() 메소드가 실행되면 self.news_crawler()가 실행되어 뉴스 크롤링이 수행된다. 이후 self.twitter_home() 메소드가 실행되어 트위터 메인 화면으로 이동하게 되고, self.tweet_all() 메소드가 실행되며 수집한 모든 뉴스 기사가 트위터에 업로드된다.

8. 크롤러 제작에 성공했다

축하한다. 오늘 만든 코드는 구글의 뉴스 검색결과를 수집하는 훌륭한 크롤러다. 심지어 HTML이나 JavaScript 같은 어려운 웹 개념은 하나도 활용하지 않고, 오로지 매크로만 활용하는 크롤러다.

인터넷에 구글 크롤러를 만드는 방법을 검색하면 HTML이니 CSS니 하는 어려운 개념을 잔뜩 사용하는 크롤러가 많이 등장한다. 여러분은 이런 어려운 개념을 공부하기 위해 많은 시간을 투자하지 않고서도 구글 크롤러를 만드는 데 성공했다. 심지어 트위터 자동화까지 함께 수행했다. 어떤가? 이번 절의 예제가 '적게 공부하고 많이 활용하기'의 전형이라고 생각한다. Pywinmacro와 셀레늄만 활용해도 이렇게 할 수 있는 일이 많아진다.

부디 여러분의 일상에 여유와 행복, 그리고 업무실적 향상이 함께 찾아오기를 응원한다.

······ 05 ······

매크로를 활용해 인스타그램에서 특정 태그가 달린 게시물 모조리 캡처하기

1. <README.md>

'4_9_5_매크로를 활용해 인스타그램에서 특정 태그가 달린 게시물 모조리 캡처하기' 폴더로 이동해 〈README.md〉를 열어보자.

인스타그램에서 특정 태그가 달린 게시물 모조리 캡처하기

인스타그램을 돌면서, 특정 해시태그가 입력된 게시물을 모조리 캡처하는 자동화입니다.

사용 방법

```
$ python main.py <ID> <PS> <TAG> <DIRECTORY> <NUMBER>
```

〈ID〉 〈PS〉에는 ID와 비밀번호를 입력합니다.
〈TAG〉에는 검색할 태그를 입력합니다.
〈DIRECTORY〉에는 캡처한 내용물을 저장할 폴더 이름을 입력합니다.
〈NUMBER〉에는 반복 횟수를 입력합니다. −1을 입력하면 사용자가 중단할 때까지 작업을 계속합니다.

뉴스 스크랩하기

(1) 구글에서 뉴스를 검색한다.
(2) 전체 페이지를 복사해 메모리에 올린다.
(3) 기사 제목과 요약문을 분리한다.
(4) 요약문을 하나씩 트위터에 올린다.

---

2. 코드 실행하기

이번 예제 코드를 실행하려면 인스타그램(https://instagram.com) 계정이 필요하다. 인스타그램 계정이 없다면 회원가입을 하고 예제를 따라오자. 개인 계정도 괜찮고 사업자

용 계정도 괜찮다. 페이스북 계정으로도 로그인이 가능하니 예제 수행 전 한 번 확인해
보자.

'4_9_5_매크로를 활용해 인스타그램에서 특정 태그가 달린 게시물 모조리 캡처하기' 폴
더에 크롬 드라이버를 복사하고, 〈README.md〉를 참고해 코드를 실행하자.

```
$ python main.py <ID> <비밀번호> <해시태그> result 20
```

위 코드를 실행하면 입력한 ID와 비밀번호로 로그인해, 입력받은 해시태그를 검색하여
결과물 20개를 스크린샷을 찍어 result 폴더에 이미지를 저장한다.

3. 코드 실행 과정
아래 QR코드나 링크를 통해 코드의 실행 과정을 동영상으로 확인할 수 있다.

https://youtu.be/kfRYwmlP0UM

다음은 예제 코드를 실행한 결과 파일들이다. 예제 코드가 화면의 스크린샷을 찍고 그
결과물을 result 폴더에 차곡차곡 정리했다.

4. 업무 자동화 코드 설계 과정

목표 정하기

① 인스타그램 로그인하기

② 해시태그 검색하기

③ 게시물 캡처하기

⑤ 다음 게시물 열기

목표를 달성하는 데 필요한 작업 쪼개기

① 인스타그램 로그인

② 인스타그램 해시태그 검색하기

③ 게시물 클릭하기

④ 화면 캡처하기

⑤ 다음 게시물로 넘어가기

쪼개진 작업들을 해결하기 위한 방법 생각하기

① 인스타그램 로그인

인스타그램에 쉽게 로그인하기 위한 방법을 찾아봐야 한다. 우선 인스타그램 홈페이지
에 접속하자.

https://instagram.com

로그인 필드가 화면 우측에 자리 잡고 있지만, 커서가 아이디 입력 칸에 가 있지 않다. 트위
터의 경우 페이지 메인에 접속하면 아이디 입력창에서 커서가 깜빡이고 있어서 바로 아이
디를 입력할 수 있었는데 인스타그램은 약간 번거로울 것 같다. 여기에 pywinmacro를 이용
해 아이디 입력 칸을 클릭하고 아이디를 입력하는 방법도 가능하지만 이조차도 귀찮을 수
도 있다. 더 좋은 방법이 분명히 있을 것이다. 혹시나 해서 탭 키를 눌러봤다.

로그인 창에 커서가 생겼다! 이제 아이디와 비밀번호를 입력할 수 있게 되었다. 인스타그램 로그인 방법을 정리하면 아래와 같다.

```>>> driver.get("https://instagram.com")```	인스타그램 홈페이지에 접속한다.
```>>> pw.key_press_once("tab")```	탭 키를 한 번 누른다.
```>>> pw.typing(아이디)```	아이디를 입력한다.
```>>> pw.key_press_once("tab")```	탭 키를 한 번 누른다.
```>>> pw.typing(비밀번호)```	비밀번호를 입력한다.
```>>> pw.key_press_once("enter")```	엔터키를 친다.

② 인스타그램 해시태그 검색하기

인스타그램에서 해시태그를 검색하는 방법을 고민해볼 차례다. 인스타그램에 로그인하고 위에 있는 검색창에 아무 해시태그나 검색해보자. 그리고 주소창을 자세히 들여다보자.

해시태그 '#상상텃밭'을 검색해보았다. 주소창의 주소는 아래와 같다.

https://instagram.com/explore/tags/상상텃밭

느낌이 온다. 'https://instagram.com/explore/tags/' 뒤에 검색하고 싶은 태그를 입력하면 검색이 될 것 같다. 여기에 다른 키워드를 입력해보자.

잘 될 것이다. 인스타그램에서 해시태그를 검색하는 방법을 발견했다! 셀레늄 드라이버를 활용한 코드로 정리하면 아래와 같다.

```
>>> url_base = "https://instagram.com/explore/tags/"
>>> driver.get(url_base + <검색하고 싶은 태그>)
```

③ 게시물 클릭하기

게시물을 클릭하는 방법도 고민해보자. 실제로 마우스를 움직여서 클릭하도록 코딩하는 것은 피하고 싶다. 모니터의 해상도가 바뀌거나 듀얼 모니터를 연결하면 화면의 좌표가 변하기 때문에 코드를 수정해야 한다. 너무 귀찮다! 해시태그 검색 화면에서 탭 키를 여러 번 눌러보기로 했다.

탭 키를 13번 눌렀더니 첫 번째 사진이 선택된 것 같다. 다른 사진들과 달리 "좋아요"와 댓글 개수가 표시된다. 이 상태에서 엔터키를 눌러보았다.

게시물이 선택되어 팝업으로 떴다! 마우스를 이동해서 게시물을 클릭하는 대신, 탭 키를 여러 번 눌러서 게시물을 선택할 수 있게 되었다. 그런데 문제가 있다.

포스팅 빈도가 저조한 게시물의 경우 '추천 해시태그' 란이 표시되지 않는다. 위의 사진과 이번 사진을 비교해보자. '추천 해시태그'가 뜨지 않는 해시태그의 경우 탭 키를 고작 3번만 눌러도 첫 번째 게시물이 선택된다. 어쩌면 해시태그가 더 많이 표시되어 탭 키 13번으로는 첫 번째 게시물이 선택되지 않는 경우도 발생할 수 있다. 그러면 어떻게 하면 좋을까?

첫 게시물 몇 개를 놓치더라도 탭 키를 넉넉하게 여러 번 눌러주는 것이 나을 것 같다. 사진 몇 장을 놓치는 것이 작업에 오류가 생기는 것보다는 낫기 때문이다. 적당히 탭 키를 20번 정도 누르면 어떤 해시태그를 검색하더라도 게시물을 선택하고 열람할 수 있다. 코드로 표현하면 아래와 같다.

```
>>> for i in range(20):
>>>     pw.key_press_once("tab")
>>> pw.key_press_once("enter")
```

④ 화면 캡처하기

셀레늄의 기본 내장 함수인 save_screenshot() 함수를 활용한다.

⑤ 다음 게시물로 넘어가기

게시물이 떠 있는 상태에서 → 키를 누르면 다음 게시물로, ← 키를 누르면 이전 게시
물로 이동할 수 있다.

5. 알고리즘 순서도

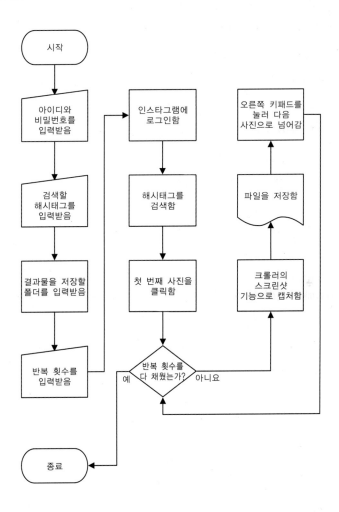

6. 코드 살펴보기 (소스 코드 : main.py)

```python
 9  import sys
10  import time
11  import insta_bot_capture as ib
12  import os
13
14
15  # 작업 시작 메시지를 출력합니다.
16  print("Process Start.")
17
18  # 시작 시점의 시간을 기록합니다.
19  start_time = time.time()
20
21  # 아이디를 입력받습니다.
22  id = sys.argv[1]
23
24  # 패스워드를 입력받습니다.
25  ps = sys.argv[2]
26
27  # 검색할 태그를 입력받습니다.
28  tag = sys.argv[3]
29
30  # 결과물을 저장할 폴더 이름을 입력받습니다.
31  directory = sys.argv[4]
32
33  # 결과물을 저장할 폴더를 생성합니다.
34  if directory not in os.listdir():
35      os.mkdir(directory)
36
37  # 반복 횟수를 입력받습니다.
38  NUMBER = int(sys.argv[5].strip())
39
40  # 크롤러를 불러옵니다.
41  BOT = ib.CaptureBot()
42
43  # 인스타그램에 로그인을 합니다.
44  BOT.login(id, ps)
45
46  # 작업을 수행합니다.
47  BOT.insta_jungdok(tag, directory, NUMBER)
48
```

```
49    # 크롤러를 닫아줍니다.
50    BOT.kill()
51
52    # 작업 종료 메시지를 출력합니다.
53    print("Process Done.")
54
55    # 작업에 총 몇 초가 걸렸는지 출력합니다.
56    end_time = time.time()
57    print("The Job Took " + str(end_time - start_time) + " seconds.")
```

라이브러리 import

코드의 9번째 줄부터 12번째 줄에 걸쳐서 라이브러리를 불러오고 있다. 인스타그램 캡처 자동화를 위한 〈isnta_bot_capture.py〉뿐 아니라 os 모듈도 불러오고 있다. 스크린샷을 캡처하고 결과물 사진을 저장할 폴더를 생성하는 데 사용하기 위해서다.

결과물을 저장할 폴더 생성

34번째 줄에서 혹시 결과물을 저장하고자 하는 폴더와 이름이 동일한 폴더가 이미 생성되어 있는지 확인한다. 이미 동일한 이름의 폴더가 있으면 아무런 작업도 수행하지 않고, 아직 이 이름의 폴더가 생성되지 않았다면 os.mkdir() 함수를 이용해 폴더를 새로이 생성한다.

크롤러 클래스 불러오기

41번째 줄에서 CaptureBot() 클래스를 불러오고 있다.

인스타그램 로그인

44번째 줄에서 인스타그램에 로그인하고 있다. login() 메소드를 실행하면 앞서 설명한 방식으로 로그인이 수행된다.

게시물 캡처 작업 수행

47번째 줄에서 insta_jungdok() 메소드를 활용해 작업을 수행하고 있다. 코드는 한 줄로 끝이 나며, insta_jungdok() 메소드는 검색하려는 해시태그, 스크린샷을 저장할 폴더 이름, 그리고 몇 장의 사진을 캡처하고 싶은지를 입력받는다.

7. 코드 살펴보기 (소스 코드 : insta_bot_capture.py)

```python
8   from selenium import webdriver
9   from selenium.webdriver.chrome.options import Options
10  import pywinmacro as pw
11  import time
12
13
14  class CaptureBot:
15      def __init__(self):
16          # 쿼리 베이스를 제작합니다.
17          self.querry ="https://www.instagram.com/explore/tags/"
18          # 셀레늄 웹드라이버에 입력할 옵션을 지정합니다.
19          self.options = Options()
20          # 옵션에 해상도를 입력합니다.
21          self.options.add_argument("--window-size=1600,900")
22          # 크롬 웹드라이버를 불러옵니다.
23          self.driver = webdriver.Chrome(executable_path=
    "chromedriver.exe", chrome_options=self.options)
24
25      # 크롤러를 종료하는 메소드입니다.
26      # 굳이 한 줄짜리 코드를 함수로 만든 데는 여러 이유가 있습니다만,
27      # 쉽게 설명하자면 클래스 외부에서 클래스 내부 자료에 너무 깊게 관여하는 상황
    을 원하지 않기 때문입니다.
28      def kill(self):
29          self.driver.quit()
30
31      # 페이지를 새로고침 합니다.
32      def refresh(self):
33          pw.key_press_once("f5")
34
35      # 스크린샷을 저장하는 함수입니다.
36      def save_screenshot(self, filename):
37          self.driver.save_screenshot(filename)
38
39      # 인스타그램 로그인 함수입니다.
40      def login(self, id, ps):
```

```
41          # 로그인 페이지로 이동합니다.
42          self.driver.get("https://www.instagram.com/accounts/
    login")
43          # 로딩이 오래 걸릴 수 있으니 잠시 대기합니다.
44          time.sleep(5)
45          # 탭 키를 한 번 누르면 아이디 입력창으로 이동합니다.
46          pw.key_press_once("tab")
47          # 아이디를 입력합니다.
48          pw.typing(id)
49          # 탭 키를 한 번 눌러 비밀번호 입력창으로 이동합니다.
50          pw.key_press_once("tab")
51          # 비밀번호도 입력합니다.
52          pw.typing(ps)
53          # 엔터키를 눌러 로그인을 시도합니다.
54          pw.key_press_once("enter")
55          # 로딩이 완료되기까지 충분히 기다려 줍니다.
56          time.sleep(10)
57
58      # 인스타그램에서 태그를 검색하는 함수입니다.
59      def search_tag(self, tag):
60          self.driver.get(self.querry + tag)
61          # 로딩이 오래 걸릴 수 있으니 잠시 대기합니다.
62          time.sleep(5)
63
64      # 태그 검색 화면에서 임의의 사진을 하나 선택하는 함수입니다.
65      def select_picture(self):
66          # 탭 키를 여러 번 눌러 사진으로 이동하는 전략을 사용합니다.
67          # 검색결과에 예시로 나오는 '관련 해시태그' 개수가 매번 다르므로
68          # 첫 번째 사진을 고르려면 매번 다른 횟수의 탭을 눌러야 합니다.
69          # 차라리 첫 몇 개는 버리고 아주 넉넉하게 탭을 누릅시다.
70          for i in range(20):
71              pw.key_press_once("tab")
72          pw.key_press_once("enter")
73          # 잠시 기다립니다.
74          time.sleep(5)
75
76      # 검색결과들을 돌아다니며 모조리 캡처합니다.
77      # num에는 몇 개의 게시물을 캡처할지 입력합니다.
78      # -1을 입력하면 사용자가 직접 종료하기 전까지 무한정 계속합니다.
79      def capture_pictures(self, directory, num):
80          # 반복 횟수를 결정하기 위한 변수입니다.
81          count = num
```

```
82          # count가 0이 될 때까지 반복합니다.
83          while count != 0:
84              # 카운트를 한 개씩 깎아내립니다.
85              # num이 -1인 경우 계속 0보다 작아지기만 하고 0이 되지는 않으므로
   영원히 실행됩니다.
86              count -= 1
87              # 스크린샷을 땁니다.
88              self.save_screenshot(directory + "/" + str(time.
   time()) + ".png")
89              # 다음 게시물로 넘어갑니다. 오른쪽 화살표 버튼만 누르면 됩니다.
90              pw.key_press_once("right_arrow")
91              # 로딩을 위해 5초가량 기다립니다.
92              time.sleep(5)
93
94      # 코드 간소화를 위해 자기가 알아서 인스타그램에 로그인하고, 검색하고, 캡처도
   다 하는 메소드를 만듭시다.
95      def insta_jungdok(self, tag, directory, num=100):
96          # 태그도 검색하고
97          self.search_tag(tag)
98          # 사진 한 장을 선택한 다음
99          self.select_picture()
100         # '좋아요'를 누르면서 사진을 샥샥 넘깁니다.
101         self.capture_pictures(directory, num)
```

라이브러리 import

코드의 8번째 줄부터 11번째 줄에 걸쳐서 라이브러리를 불러오고 있다. 이번에도 역시 셀레늄과 pywinmacro만 활용해 작업을 수행한다. 새삼 느끼는 것인데, pywinmacro 가 정말 효자인 것 같다.

클래스 선언

14번째 줄에서 CaptureBot 클래스를 선언하고 있다. 15번째 줄에서는 __init__() 함수 가 정의되고 있다. 여기서는 인스타그램에서 태그 검색을 손쉽게 하기 위한 쿼리 베이스 url을 self.querry에 정의하고 있고, 무난하게 크롬 드라이버를 불러오고 있다.

늘 사용하던 메소드들

28번째 줄에서 kill() 메소드를, 32번째 줄에서 refresh() 메소드를 정의하고 있으며 36번째 줄에서는 save_screenshot() 메소드를 정의하고 있다. 매번 딱히 존재감이 없이 정의만 되어 있던 메소드들인데 이번 예제 코드에서는 save_screenshot() 메소드가 활약할 예정이다.

로그인

코드의 40번째 줄에서 로그인을 위한 login() 메소드를 정의하고 있다. 앞서 살펴본 방식대로 인스타그램 메인 페이지에서 탭 키를 한 번 눌러 id 입력창에 커서를 옮기고, 아이디와 비밀번호를 순차적으로 입력해 로그인을 시도한다.

해시태그 검색

코드의 59번째 줄에서 해시태그 검색을 위한 search_tag() 메소드를 정의하고 있다. 쿼리 베이스 url의 뒤에 검색하고자 하는 해시태그를 입력하고, driver.get() 함수를 활용해 검색을 수행한다.

게시물 선택

코드의 65번째 줄에서 게시물을 하나 선택해 열람하기 위한 select_picture() 메소드를 정의하고 있다. for문을 활용해 적당히 넉넉한 횟수만큼 탭 키를 눌러 커서를 이동시킨 다음 엔터키를 눌러 게시물 팝업창을 실행한다.

결과물을 모조리 캡처하기

코드의 79번째 줄에서 capture_pictures() 메소드를 정의하고 있다. 이 메소드가 사실상 이번 예제 코드의 핵심이다. 이 메소드는 while문을 돌면서 사용자가 입력한 횟수만큼의 스크린샷을 찍는다. 만약 사용자가 −1장의 사진을 캡처하라고 명령하면 사용자가 코드를 중단할 때까지 영원히 작업을 수행하며 사진을 끊임없이 저장한다. 빅 데이터 마이닝이나 AI를 학습시키기 위한 데이터가 필요하다면 활용할 만한 기능이다.

작업 원리는 매우 간단하다. 반복문을 돌면서 스크린샷을 찍고, 오른쪽 화살표 키를 눌러 다음 게시물을 불러온다. 반복문은 count가 0이 되면 중단된다. 사용자가 입력한 num이 양수일 경우 사진을 한 장 찍을 때마다 count가 1씩 줄어들어 num만큼의 사진이 찍히게 되고, 사용자가 입력한 num이 음수일 경우 count는 음의 방향으로 점점 커지게 되면서 0으로부터 멀어져 while문이 영원히 끝나지 않는다.

코드 가독성을 높이기 위한 메소드

코드의 95번째 줄에서 insta_jungdok() 메소드를 정의하고 있다. 이 메소드는 search_tag(), select_picture(), capture_picture() 3종류의 메소드를 순차적으로 호출하고 있을 뿐이다. 이 세 가지 메소드를 〈main.py〉에서도 불러와도 충분히 작업을 수행할 수 있다.

하지만 이런 식으로 라이브러리 내부에서 코드들을 한 덩어리의 함수로 뭉쳐두면 〈main.py〉에서 단 한 줄의 코드를 불러오는 것으로 모든 작업을 한 번에 수행할 수 있다. 덕분에 〈main.py〉의 코드가 간결해져 가독성이 좋아지고, 코딩하기도 수월해진다.

06

매크로를 활용해 인스타그램에서 특정 태그가 달린 게시물 모조리 '좋아요' 누르기

1. <README.md>

'4_9_6_매크로를 활용해 인스타그램에서 특정 태그가 달린 게시물 모조리 좋아요 누르기' 폴더로 이동해 〈README.md〉 파일을 열어보자.

인스타그램에서 특정 태그가 달린 게시물 모조리 '좋아요' 누르기

인스타그램을 돌면서, 특정 해시태그가 입력된 게시물을 모조리 '좋아요' 누르는 자동화입니다.

사용 방법

```
$ python main.py <ID> <PS> <TAG> <like_file> <red_like_file>
<NUMBER>
```

〈ID〉 〈PS〉에는 ID와 비밀번호를 입력합니다.
〈TAG〉에는 검색할 태그를 입력합니다.
〈like_file〉에는 하얀색의 좋아요 아이콘을 캡처한 파일을 적어줍니다.
〈red_like_file〉에는 빨간색의 좋아요 아이콘을 캡처한 파일을 적어줍니다.
〈NUMBER〉에는 반복 횟수를 입력합니다. −1을 입력하면 사용자가 중단할 때까지 작업을 계속합니다.

필요 라이브러리

PyAutoGui 라이브러리를 설치해야 합니다.

```
$ pip install pyautogui
```

---

2. 코드 실행하기

코드 실행에 앞서 준비해야 할 것들이 몇 가지 있다. 일단 '4_9_6_매크로를 활용해 인스타그램에서 특정 태그가 달린 게시물 모조리 좋아요 누르기' 폴더에 크롬 드라이버를 복사하자. 그리고 〈README.md〉의 설명을 따라 pyautogui 라이브러리를 설치한다.

```
$ pip install pyautogui
```

그리고 폴더 안에 있는 〈like.png〉 파일과 〈read_like.png〉 파일을 열어보자. 이 파일들은 인스타그램의 '좋아요' 버튼 이미지를 캡처해 둔 것이다. 이번 예제 코드에서는 이 이미지 파일이 사용된다. 그런데 한 가지 주의할 점이 있다. 컴퓨터에 따라 해상도가 다 다르기 마련이고, 예제 코드에 첨부된 아이콘이 독자 여러분의 컴퓨터에 표시되는 아이콘과 크기가 다를 수 있다. 일단 예제 코드를 실행해보자.

```
$ python main.py <아이디> <비밀번호> <검색할 해시태그> like.png red_
like.png 20
```

위 코드를 실행하면 해시태그를 검색해 20개의 게시물에 '좋아요' 버튼을 누른다. 일단 코드가 정상적으로 작동하는지 확인하자. 혹시 '좋아요' 버튼을 클릭하지 않고 다음 게시물로 넘어가기만 한다면 '좋아요' 버튼의 해상도가 달라서 생기는 문제다. 해결 방법을 알아보자.

3. '좋아요'를 안 누르고 다음 게시물로 넘어간다면

시작 버튼을 누르고 '캡처 도구'를 입력해 실행하자.

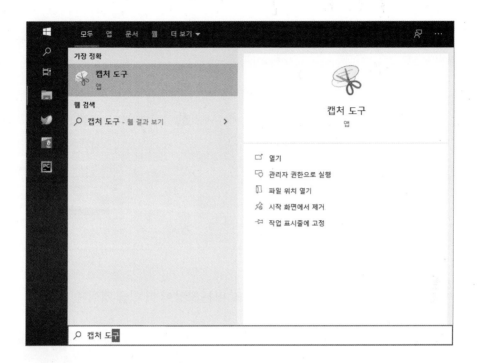

인스타그램 게시물을 하나 클릭해서 팝업창을 띄우고, 〈캡처 도구〉의 〈새로 만들기 (N)〉 버튼을 클릭한다.

그러면 윈도우 화면이 회색으로 변하면서 마우스 포인터의 모습이 십자가로 변경된다. 마우스를 활용해 '좋아요' 버튼 주위를 드래그해보자.

캡처에 성공했다면 〈캡처 도구〉 창에 '좋아요' 버튼 모양이 떠 있을 것이다.

주변에 다른 이미지나 글자가 포함되지 않고, 사진과 같이 '좋아요' 버튼만 포함되도록 캡처하자. 그리고 Ctrl + S 키를 눌러 파일을 저장한다. 파일은 예제 폴더 안에 〈like. png〉라는 이름으로 저장하자.

이번에는 '좋아요' 버튼을 클릭해보자. '좋아요' 버튼을 클릭하면 하트가 빨간색으로 채워진다.

이 하트도 같은 방식으로 캡처하고, 예제 폴더에 〈red_like.png〉라는 이름으로 저장한다.

다시 한번 코드를 실행해보자. 이제 정상적으로 작동할 것이다.

4. 코드 실행 과정

아래 QR코드나 링크를 통해 코드의 실행 과정을 동영상으로 확인할 수 있습니다.

https://youtu.be/djls61uzTf4

5. 업무 자동화 코드 설계 과정

목표 정하기

① 인스타그램 로그인하기

② 해시태그 검색하기

③ 게시물 클릭하기

④ '좋아요' 버튼 찾아서 누르기

목표를 달성하는 데 필요한 작업 쪼개기

① 인스타그램 로그인, 해시태그 검색, 클릭

② 컴퓨터 화면에서 '좋아요' 버튼을 인식해서 위치 찾아내기

③ '좋아요' 버튼이 빨간색일 때는 누르지 않고 건너뛰기

쪼개진 작업들을 해결하기 위한 방법 생각하기

① 인스타그램 로그인, 해시태그 검색, 클릭

5절의 예제에서 사용한 방법을 그대로 사용할 것이다. 코드도 재활용할 것이다.

② 컴퓨터 화면에서 '좋아요' 버튼을 인식해서 위치 찾아내기

드디어 화면인식을 다룰 차례가 되었다. 설렌다. 파이썬을 이용해 가장 쉽고 간단하게 컴퓨터 화면을 인식하는 방법은 pyautogui 라이브러리를 활용하는 것이다. 앞서 예제 코드 실행 과정에서 pyautogui를 설치했다. 혹시 건너뛰었다면 설치를 하고 다시 오자.

pyautogui를 이용해 화면을 스캔하려면, 먼저 스캔하고자 하는 영역과 동일하게 생긴 영역을 이미지 파일로 만들어 두어야 한다. 앞서 인스타그램의 '좋아요' 버튼을 캡처해서 사용했었다. 한번 pyautogui를 사용해보자. IPython을 실행하고 아래 코드를 실행한다.

```
>>> import pyautogui as p
>>> location = p.locateCenterOnScreen(파일 이름)
```

locateCenterOnScreen() 함수는 이미지 파일을 불러온 다음 화면에 표시된 모든 픽셀을 하나하나 스캔하고 확인하며 대조한다. 만약 이미지 파일의 내용물과 동일한 영역이 화면에서 발견되면 그 영역의 중심부 좌표를 리턴하고, 화면에 그런 이미지가 존재하지 않는다면 NoneType의 빈 데이터를 리턴한다. 이게 무슨 이야기인지 조금 더 상세하게 살펴보겠다.

만약 탐색 결과, 입력받은 이미지와 동일한 영역이 모니터 화면에 없었다고 생각해보자. 그러면 location에는 NoneType이 저장되었을 것이다. 확인해보자.

```
>>> print(location)
None
>>> type(locaton)
NoneType
```

NoneType은 조건문에 집어 넣으면 False로 인식한다. 아래와 같은 if문을 만들 수 있다.

```
>>> if not location:
>>>     print("탐색 실패!")
>>> else:
>>>     print("탐색 성공!")
```

탐색에 실패해 location이 None이 되면 "not location"은 True가 된다. location이 False이기 때문이다. 따라서 위와 같이 if문을 설정하면 화면에서 탐색을 성공한 경우와 실패한 경우를 나누어 처리할 수 있다. 탐색에 성공하면 location에는 해당 영역의 x좌표와 y좌표가 저장된다. 아래와 같이 인덱싱을 통해 좌표를 뽑아내 사용할 수 있다.

```
>>> x = location[0]
>>> y = location[1]
```

이번 예제에서는 화면에 있는 이미지를 쉽게 탐색하기 위해 find_on_screen() 함수를 만들었다.

```
>>> find_on_screen(filename):
>>>     a = pyautogui.locateCenterOnScreen(filename)
>>>     if not a:
>>>         return False
>>>     else:
>>>         return a[0], a[1]
```

find_on_screen() 함수를 실행하면 이미지 파일을 입력받아 화면에서 탐색을 시도한다. 탐색에 실패하면 Fasle를 리턴하고, 탐색에 성공하면 해당 영역의 좌표를 출력한다.

'좋아요' 버튼을 캡처한 like.png 버튼을 대상으로 locateCenterOnScreen() 함수를 활용하면 '좋아요' 버튼의 좌표를 알아낼 수 있다. 이 좌표를 대상으로 pywinmacro의 click() 함수를 활용하면 '좋아요' 버튼을 클릭할 수 있게 된다.

③ '좋아요' 버튼이 빨간색일 때는 누르지 않고 건너뛰기
'좋아요' 버튼이 이미 빨간색일 때 한 번 더 클릭하면 '좋아요'가 취소된다. 따라서 '좋아요' 버튼이 빨간색일 때는 버튼을 누르지 않고 건너뛸 필요가 있다. 이 기능을 수행하기 위해서 앞서 빨간색 '좋아요' 버튼의 이미지도 캡처했다.

find_on_screen() 함수를 일단 사용하여 투명한 '좋아요' 버튼의 위치를 탐색한다. 투명한 '좋아요' 버튼이 발견되면 클릭하고 넘어가면 된다.

만약 투명한 '좋아요' 버튼이 발견되지 않았으면 한 번 더 find_on_screen() 함수를 활용해 탐색을 실행한다. 단, 이번에는 빨간색 '좋아요' 버튼을 대상으로 작업을 수행한다.

알고리즘을 풀어서 적어보면 아래와 같다.

```
>>> if (투명한 '좋아요' 버튼이 있는가?):
>>>        투명한 '좋아요' 버튼을 클릭한다.
>>> elif (빨간색 '좋아요' 버튼이 있는가?):
>>>        이미 '좋아요' 버튼을 누른 게시물이므로 넘어간다.
>>> else:
>>>        무언가 오류가 발생한 것이니 작동을 중단한다.
```

6. 알고리즘 순서도

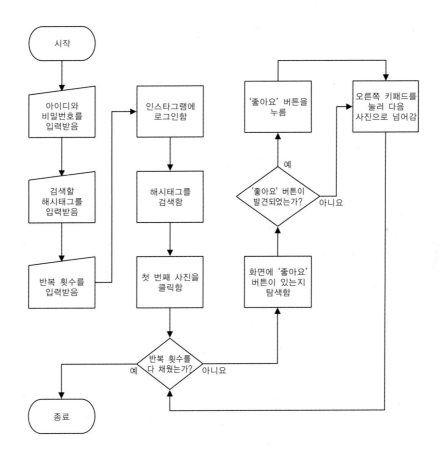

7. 코드 살펴보기 (소스 코드 : main.py)

```python
9   import sys
10  import time
11  import insta_bot_like as ib
12
13
14  # 작업 시작 메시지를 출력합니다.
15  print("Process Start.")
16
17  # 시작 시점의 시간을 기록합니다.
18  start_time = time.time()
19
20  # 아이디를 입력받습니다.
21  id = sys.argv[1]
22
23  # 패스워드를 입력받습니다.
24  ps = sys.argv[2]
25
26  # 검색할 태그를 입력받습니다.
27  tag = sys.argv[3]
28
29  # '좋아요' 버튼 파일 이름을 입력받습니다.
30  like_button = sys.argv[4]
31
32  # 빨간색 '좋아요' 버튼 파일 이름을 입력받습니다.
33  red_like_button = sys.argv[5]
34
35  # 반복 횟수를 입력받습니다.
36  NUMBER = int(sys.argv[6].strip())
37
38  # 크롤러를 불러옵니다.
39  BOT = ib.LikeBot(like_button, red_like_button)
40
41  # 인스타그램 로그인합니다.
42  BOT.login(id, ps)
43
44  # 작업을 수행합니다.
45  BOT.insta_jungdok(tag, NUMBER)
46
47  # 크롤러를 닫아줍니다.
```

```
48    BOT.kill()
49
50    # 작업 종료 메시지를 출력합니다.
51    print("Process Done.")
52
53    # 작업에 총 몇 초가 걸렸는지 출력합니다.
54    end_time = time.time()
55    print("The Job Took " + str(end_time - start_time) + " seconds.")
```

라이브러리 import

코드의 9번째 줄부터 11번째 줄에 걸쳐 라이브러리를 import하고 있다. 이번에도 sys와 time을 제외하면 〈insta_bot_like.py〉만 불러왔다.

sys.argv 입력받기

코드의 21번째 줄부터 36번째 줄에 걸쳐서 sys.argv를 입력받고 있다. 인스타그램 아이디와 비밀번호, 해시태그, '좋아요' 버튼의 파일 이름, 빨간색 '좋아요' 버튼의 파일 이름, 그리고 마지막으로 반복 횟수를 입력받는다.

앞 절의 예제와 마찬가지로 반복 횟수가 음수일 경우 사용자가 작업을 직접 중단할 때까지 영원히 작업을 반복한다.

크롤러 클래스 불러오기

코드의 39번째 줄에서 크롤러 클래스를 불러오고 있다. 클래스를 생성할 때 2종류 '좋아요' 버튼 이미지 파일의 파일명을 제공한다.

로그인

42번째 줄에서 로그인을 수행하고 있다. 앞 절들의 코드와 마찬가지로 한 줄짜리 코드로 로그인을 해결할 수 있다.

게시물 '좋아요' 버튼 누르는 작업

코드의 45번째 줄에서 insta_jungdok() 메소드를 활용해 작업을 수행하고 있다. 모든 작업은 이 코드 단 한 줄로 끝난다. 라이브러리를 잘 만들면 이렇게 〈main.py〉가 깔끔하고 읽기 쉽게 다듬어진다. 쉽게 읽을 수 있는 코드가 좋은 코드이며, 같은 작업을 수행하더라도 가독성 높은 코드를 만들 줄 아는 사람이 실력이 뛰어난 사람이다. 이직이나 취직을 염두에 두고 코딩을 공부하는 독자라면 포트폴리오용 코드를 최대한 가독성 좋게 작성하자.

8. 코드 살펴보기 (소스 코드 : insta_bot_like.py)

```
8   from selenium import webdriver
9   from selenium.webdriver.chrome.options import Options
10  import pywinmacro as pw
11  import pyautogui
12  import time
13
14
15  class LikeBot:
16      def __init__(self, like_button_filename, red_like_button_
    filename):
17          # '좋아요'버튼 파일 이름을 저장합니다.
18          self.like_button = like_button_filename
19          self.red_like_button = red_like_button_filename
20          # 쿼리 베이스를 제작합니다.
21          self.querry ="https://www.instagram.com/explore/tags/"
22          # 셀레늄 웹드라이버에 입력할 옵션을 지정합니다.
23          self.options = Options()
24          # 옵션에 해상도를 입력합니다.
25          self.options.add_argument("--window-size=1024,768")
26          # 크롬 웹드라이버를 불러옵니다.
27          self.driver = webdriver.Chrome(executable_path=
    "chromedriver.exe", chrome_options=self.options)
28
29          # 크롤러를 종료하는 메소드입니다.
30          # 군이 한 줄짜리 코드를 함수로 만든 데는 여러 이유가 있습니다만,
31          # 쉽게 설명하자면 클래스 외부에서 클래스 내부 자료에 너무 깊게 관여하는 상황
    을 원하지 않기 때문입니다.
```

```
32      def kill(self):
33          self.driver.quit()
34
35      # 페이지를 새로고침 합니다.
36      def refresh(self):
37          pw.key_press_once("f5")
38
39      # 스크린샷을 저장하는 함수입니다.
40      def save_screenshot(self, filename):
41          self.driver.save_screenshot(filename)
42
43      # 인스타그램 로그인 함수입니다.
44      def login(self, id, ps):
45          # 로그인 페이지로 이동합니다.
46          self.driver.get("https://www.instagram.com/accounts/
    login")
47          # 로딩이 오래 걸릴 수 있으니 잠시 대기합니다.
48          time.sleep(5)
49          # 탭 키를 한 번 누르면 아이디 입력창으로 이동합니다.
50          pw.key_press_once("tab")
51          # 아이디를 입력합니다.
52          pw.typing(id)
53          # 탭 키를 한 번 눌러 비밀번호 입력창으로 이동합니다.
54          pw.key_press_once("tab")
55          # 비밀번호도 입력합니다.
56          pw.typing(ps)
57          # 엔터키를 눌러 로그인을 시도합니다.
58          pw.key_press_once("enter")
59          # 로딩이 완료되기까지 충분히 기다려 줍니다.
60          time.sleep(10)
61
62      # 인스타그램에서 태그를 검색하는 함수입니다.
63      def search_tag(self, tag):
64          self.driver.get(self.querry + tag)
65          # 로딩이 오래 걸릴 수 있으니 잠시 대기합니다.
66          time.sleep(5)
67
68      # 태그 검색 화면에서 임의의 사진을 하나 선택하는 함수입니다.
69      def select_picture(self):
70          # 탭 키를 여러 번 눌러 사진으로 이동하는 전략을 사용합니다.
71          # 검색결과에 예시로 나오는 '관련 해시태그' 개수가 매번 다르므로
72          # 첫 번째 사진을 고르려면 매번 다른 횟수의 탭을 눌러야 합니다.
73          # 차라리 첫 몇 개는 버리고 넉넉하게 탭을 누릅시다.
```

```
74         for i in range(20):
75             pw.key_press_once("tab")
76         pw.key_press_once("enter")
77         # 잠시 기다립니다.
78         time.sleep(5)
79
80     # '좋아요' 버튼을 찾아서 누르는 함수입니다.
81     def press_like(self):
82         # 화면에서 좋아요버튼을 찾습니다.
83         find = find_on_screen(self.like_button)
84         # 화면에서 '좋아요' 버튼을 찾을 수 없는 경우를 처리합니다.
85         if not find:
86             # 이미 '좋아요' 버튼을 눌러 빨간 하트가 된 경우 아무것도 하지 않
고 넘어갑니다.
87             if find_on_screen(self.red_like_button):
88                 return True
89             # 화면에서 하트를 찾을 수 없는 경우 에러 메시지를 False를
return합니다.
90             else:
91                 return False
92         # '좋아요' 버튼을 찾았으니 눌러봅니다.
93         pw.click(find)
94         # 로딩이 걸릴 수도 있으니 1초간 기다려줍니다.
95         time.sleep(1)
96         return True
97
98     # 검색결과들을 돌아다니며 모조리 '좋아요' 버튼을 누릅니다.
99     # num에는 '좋아요'를 표시할 게시물의 수를 입력합니다.
100    # -1을 입력하면 사용자가 직접 종료하기 전까지 무한정 계속합니다.
101    def press_like_buttons(self, num):
102        # 반복 횟수를 결정하기 위한 변수입니다.
103        count = num
104        # count가 0이 될 때까지 반복합니다.
105        while count != 0:
106            # 카운트를 한 개씩 깎아내립니다.
107            # num이 -1인 경우 계속 0보다 작아지기만 하고 0이 되지는 않으므로
영원히 실행됩니다.
108            count -= 1
109            # '좋아요' 버튼을 찾아 클릭을 시도합니다.
110            # self.press_like() 함수는 클릭을 시도하고 동시에 성공 여부를
리턴하므로 if문 안에 넣어줍니다.
111            if not self.press_like():
```

```
112              # 화면에서 '좋아요' 버튼을 찾는 것을 실패한 경우 에러 메시지
     를 출력하고 종료합니다.
113              print("Cannot find like button. Please check " +
     self.like_button + " file.")
114              exit(1)
115          # '좋아요' 버튼 클릭에 성공했으면 다음 게시물로 넘어갑니다. 오른쪽
     화살표 버튼만 누르면 됩니다.
116          pw.key_press_once("right_arrow")
117          # 로딩을 위해 5초가량 기다립니다.
118          time.sleep(5)
119
120      # 코드 간소화를 위해 자기가 알아서 인스타 로그인하고, 검색하고, '좋아요' 버
     튼도 다 누르는 메소드를 만듭시다.
121      def insta_jungdok(self, tag, num=100):
122          # 태그도 검색하고
123          self.search_tag(tag)
124          # 사진 한 장을 선택한 다음
125          self.select_picture()
126          # '좋아요' 버튼을 누르면서 사진을 슥삭 넘깁니다.
127          self.press_like_buttons(num)
128
129
130  # 이미지를 입력받아 화면에서 위치를 탐색합니다.
131  # 화면에서 이미지가 발견되지 않을 경우 False를 리턴합니다.
132  def find_on_screen(filename):
133      a = pyautogui.locateCenterOnScreen(filename)
134      if not a:
135          return False
136      else:
137          return a[0], a[1]
```

라이브러리 import

코드의 8번째 줄부터 12번째 줄에 걸쳐서 라이브러리를 불러오고 있다. 셀레늄과 pywinmacro, time 외에 컴퓨터 화면 인식을 위해 pyautogui를 불러오고 있다.

여담으로, pywinmacro의 기능은 대부분 pyautogui로 대체할 수 있다. 그런데도 pyautogui 대신 pywinmacro의 사용을 권장하는 까닭은 pywinmacro를 사용하는 편 이 코드가 두 배 이상 짧아지기 때문이다.

클래스 선언

15번째 줄에서 LikeBot 클래스를 선언하고 있다. 16번째 줄의 __init__() 메소드 선언부를 살펴보면, LikeBot 클래스는 호출할 때 두 개의 파일 이름을 요구한다는 점을 확인할 수 있다. 각각 투명한 '좋아요' 버튼 캡처 파일과 빨간 '좋아요' 버튼 캡처 파일 이름이다.

__init__() 내부에서 두 개의 '좋아요' 버튼 파일을 self.like_button과 self.red_likebutton 변수에 저장하고 있다. 이렇게 'self.'로 시작하는 변수를 만들어두면 메모리에 클래스를 위한 별도의 수납 공간을 만들어 저장해두게 된다. 쉽게 설명하자면, 다른 메소드에서 데이터를 쉽게 뽑아서 사용할 수 있게 된다.

21번째 줄에서는 인스타그램의 태그 검색을 수월하게 하기 위해 쿼리 베이스를 제작하고 있다. 5절의 예제 코드와 동일하다. 27번째 줄까지 이어지는 크롬 드라이버 실행 과정 또한 동일하다.

앞 절과 완전히 동일한 코드들

32번째 줄부터 78번째 줄까지의 코드는 5절의 예제 코드에 있는 함수들과 완전히 동일한 코드들이다. kill(), refresh(), save_screenshot(), login(), search_tag(), 그리고 select_picture() 총 6개의 메소드가 그대로 재활용되었다. 인스타그램 자동화 코드를 만들게 된다면 이 메소드들은 그대로 복사해 재활용하면 유용할 것이다.

화면 인식을 위한 함수

코드의 132번째 줄에서 find_on_screen() 함수를 정의하고 있다. 이 함수는 앞서 설명한 방식으로 화면을 스캔한다. 화면 탐색에 실패하면 False를 리턴하고, 성공하면 해당 영역의 좌표를 출력한다.

'좋아요' 버튼을 찾아 누르는 메소드

코드의 81번째 줄에서 press_like() 메소드를 정의하고 있다. 메소드가 실행되면 가장 먼저 모니터 화면에 '좋아요' 버튼이 있는지 탐색을 수행한다. 83번째 줄에서 탐색이 실시되고 있으며, 탐색 결과는 'find'라는 변수에 저장된다.

85번째 줄에서 if문이 실행된다. find가 null일 경우 not find는 True이므로 85번째 줄이하의 코드가 실행된다. 85번째 줄부터 91번째 줄까지의 코드는 화면에서 투명한 '좋아요' 버튼을 발견하지 못한 경우에만 실시된다.

87번째 줄에서 빨간색 '좋아요' 버튼이 존재하는지를 탐색한다. 만약 빨간색 '좋아요' 버튼이 존재할 경우 True를 리턴하고 메소드가 종료되며, 투명한 '좋아요' 버튼도 없고 빨간색 '좋아요' 버튼도 없다면 False를 리턴하고 메소드가 종료된다.

투명한 '좋아요' 버튼이 발견되었다면 93번째 줄에서 pw.click() 함수를 활용해 '좋아요' 버튼을 클릭한다. 성공적으로 작업이 끝나면 True를 리턴한다.

이 메소드는 좋아요를 누르는 데 성공했거나, 게시물이 이미 좋아요가 눌러져 있다면 True를 리턴한다. 반면 화면에서 투명한 버튼과 붉은 버튼 두 개 다 발견되지 않는 이례적인 경우가 발생하면 False를 리턴한다. press_like() 메소드를 실행한 결과가 False일 경우 무언가 오류가 발생했다는 의미가 되며, 이 경우 문제를 해결하기 위한 대책을 코딩하면 된다.

여러 게시물을 옮겨다니며 '좋아요' 버튼 누르기

101번째 줄에서 press_like_buttons() 메소드가 정의되고 있다. 이 메소드는 num이라는 숫자를 입력받고 있으며, 5절의 예제와 마찬가지 방식으로 num만큼의 게시물에 '좋아요'를 누른다. num이 음수일 경우 사용자가 프로그램을 종료할 때까지 영원히 작업을 수행한다. 105번째 줄에서 while을 사용해 반복문을 처리하고 있다.

111번째 줄에서 press_like() 메소드를 호출해 '좋아요' 버튼 클릭을 시도하고 있다. 만약 press_like()의 실행 결과가 True일 경우 111번째 줄의 조건은 False가 되어 if문 내부의 코드는 건너뛰게 된다. 반면 press_like()의 실행 결과가 False인 경우 조건이 True가 되어 113번째 줄의 코드가 실행된다.

press_like()의 결과가 False라는 의미는 화면에 '좋아요' 버튼이 없다는 뜻이므로, 코드의 114번째 줄에서 exit(1)을 이용해 프로그램을 강제 종료하고 있다. 단, 사용자에게 에러를 수정할 방법을 힌트로 제공한다. 113번째 줄에서 "'좋아요' 버튼을 캡처한 파일을 다시 확인해 보라"라는 에러 메시지를 출력하고 있다.

코드 가독성을 높이기 위한 메소드

앞 절과 마찬가지로, 〈main.py〉에서 3줄의 코드로 각각 실행해도 되었을 코드들을 하나로 묶었다. 코드의 121번째 줄에서는 insta_jungdok() 메소드를 정의하고 있는데, 이 메소드는 태그 검색과 사진 선택, '좋아요' 버튼 클릭 3가지 과정을 한 번에 수행한다.

복잡한 작업을 최대한 작은 단위로 쪼개서 코딩하고, 이 녀석들을 조금씩 조립해 나가면 점점 더 '덩치가 큰 작업을 처리하는 함수'를 만들 수 있다. 이런 함수들을 한 덩어리로 묶어주면 복잡한 작업도 〈main.py〉에서는 단 한 줄의 코드로 처리할 수 있게 된다.

Part

5

매크로는 잊어라!
헤드리스 자동화를 향하여!

CHAPTER

인터넷 자동화 중급 - HTML을 몰라도 할 수 있는 HTML 크롤링

이번 장에서는 셀레늄을 활용한 크롤링을 다루어 볼 것이다. 여러 종류의 예제가 소개되고 있으나, 아래와 같은 공통점이 있다. 지금은 알쏭달쏭한 이야기이겠지만, 이번 장이 끝나면 다시 돌아와 아래 과정을 읽어보자. 아마 절로 고개를 끄덕이게 될 것이다.

① 개발자 도구를 실행한다.
② 요소를 어떻게 추출할지 고민한다.
③ find_element 시리즈를 활용해 추출한다.
④ 추출된 요소를 대상으로 작업을 수행한다.

요소들을 뽑아내는 방법 또한 여러 가지를 알아볼 것인데, 독자 여러분들이 활용하기에 쉬운 방법이 있다면 그 방법을 활용하면 된다. 가장 적은 노력을 기울여서 만들 수 있는 코드가 좋은 코드다.

매크로를 사용하는 방법과 이번 장에서 다룰 방법은 아무래도 큰 차이가 있을 것이다. 처음에는 HTML 개념들이 낯설고 어렵겠지만 힘내라는 말씀을 드리고 싶다. 사실 저자는 아직도 HTML을 잘 모른다. 무슨 태그가 무슨 역할을 수행하는지 하나도 모르겠다. 하지만 HTML로 작성된 요소들을 크롤링으로 뽑아내는 것은 문외한도 고민을 통해 도달할 수 있는 영역인 것 같다.

한 가지 주의할 점이 있다. 이번 장에서 사용한 방법들은 웹 사이트의 운영자가 홈페이지의 디자인이나 코드를 업데이트하면 정상적으로 작동하지 않을 수 있다. 따라서 예제 코드를 그대로 실행하기보다는 책에서 소개되는 방법을 활용해, 독자 여러분이 공부하는 현시점의 웹 페이지를 기준으로 코드를 수정하면서 예제를 수행해야 한다. 상세한 방법은 다음 페이지에서부터 소개하겠다.

······ 01 ······

스마트한 자동화를 하려면 매크로를 쓰지 않아야 한다

매크로를 활용한 인터넷 자동화를 공부하면서 여러분이 느낀 점이 있을 것이다.

"매크로를 활용한 인터넷 자동화를 수행하는 중에는, 컴퓨터를 다른 용도로 사용할 수 없다."

인터넷 창도 켜 놔야 하고, 키보드와 마우스는 저절로 움직이는 탓에 어디 엉뚱한 곳을 클릭하면 제대로 작동하지 않는다. 하지만 헤드리스 자동화는 다르다. 키보드와 마우스를 사용하지 않은 채로 인터넷에서 정보를 긁어오고, 인터넷 사이트에서 버튼을 클릭하거나 문자를 입력할 수도 있다.

헤드리스 자동화를 할 줄 알게 되면 Git Bash 창만 끄지 않고 켜두면 모든 작업이 저절로 굴러간다. Git Bash 창을 최소화해두고, 여유롭게 다른 일을 하다가 퇴근하면 된다는 이야기다.

지금부터 배워볼 인터넷 자동화는 헤드리스 자동화를 수행하기 위한 준비 과정에 해당한다. 엄밀하게 따지면 이번 절부터 다룰 인터넷 자동화는 'HTML을 활용한 웹 크롤링'이라는 분야다. 이 분야를 제대로 배우려면 우선 HTML과 Javascript를 공부해야 한다. 취미로 짬짬이 하려면 이 과정에서만 한 달에서 1년 정도의 시간이 필요하다.

그런데 말이다. 이 책의 저자는 컴퓨터공학이 아니라 '바이오 및 뇌공학' 전공이다. 당연히 HTML과 Javascript를 단 한 번도 배워본 적이 없다. 그런데도 HTML을 활용한 웹 크롤링은 할 줄 안다. 이게 무슨 뜻일까?

앞에서 말했듯이 삼겹살에 열을 가하면 내부에서 어떤 화학반응이 일어나는지 전혀 모르더라도 삼겹살을 맛있게 구워 먹는 데 전혀 지장이 없다. 마찬가지다. HTML을 모르고 Javascript를 모르더라도 이 방법들을 활용한 웹 크롤링을 하는 데는 지장이 없다.

"HTML을 모른 채로 HTML 크롤러 만들기."

굉장히 재미있을 것이다. 조금 어려울 수도 있다. 하지만 우리의 궁극적인 목표인 '헤드리스 자동화'를 달성하려면 반드시 넘어야 할 산이다. 고지가 거의 코앞이다. 조금만 더 힘을 내자.

······ 02 ······

웹(Web)과 HTML 겉핥기, 가짜뉴스 만들어보기

1. 우리는 이미 마크업 언어에 대해 배웠다

각 예제 코드와 함께 제공되는 〈README.md〉가 바로 마크업 언어로 작성된 문서다. 〈README.md〉의 확장자인 md는 마크업 언어의 일종인 markdown의 약자다. 마크업 언어로 코딩을 하면 예쁜 양식이 잡힌 문서를 만들 수 있다. 사진의 좌측이 바로 마크업 언어로 짠 코드고, 우측이 코드로부터 만들어진 문서다.

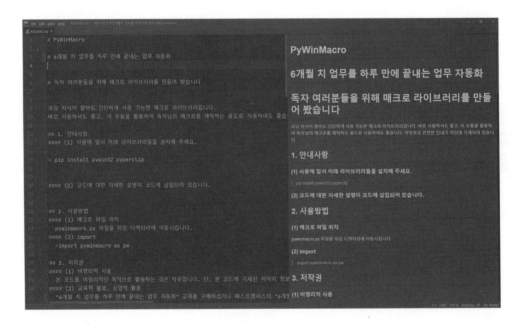

인터넷에서 만나볼 수 있는 온갖 웹 페이지들과 스마트폰 앱들도 대부분 마크업 언어로 만든다. 열심히 작성한 코드가 디자인이 잡힌 홈페이지가 되고 앱이 되는 것이다. 마크업 언어 중 가장 유명한 언어는 HTML이다. HTML에 대해 아주 얕게만 배워보겠다.

2. HTML, 웹페이지 제작에 사용되는 마크업 언어

HTML은 이미 우리 삶 속에 깊게 파고들어 왔다. 한번 크롬(Chrome) 브라우저를 켜보자. 셀레늄으로 크롬 드라이버를 제어하기 위해 크롬을 설치했었다. 크롬을 실행하면 구글 메인 페이지가 로딩된다. 이 상태에서 F12 키를 눌러보자.

오른쪽에 새로운 창이 뜬다. 이 창에 적힌 코드가 바로 HTML이다. 〈README.md〉는 왼쪽에 코드, 오른쪽에 디자인이 떴는데 크롬은 왼쪽에 디자인, 오른쪽에 코드가 떠 있다. 이 코드가 구글 메인 페이지의 디자인과 기능을 책임진다. 코드의 맨 위를 살펴보면 이런 문구가 적혀 있다.

〈!DOCTYPE html〉

'이 코드는 html로 작성되었습니다'라는 뜻이다. 우측 코드 창을 닫지 말고 다른 인터넷 사이트에 접속해보자. 네이버에 접속해보겠다.

네이버의 메인 페이지도 html로 작성된 것을 확인할 수 있다. 그리고 많은 경우, 코드의 윗부분에 적힌 내용일수록 홈페이지의 윗부분에 있는 디자인과 관련이 있는 것으로 보인다.

HTML을 활용하면 페이지에 글이나 그림, 동영상 등을 삽입할 수 있다. HTML에서는 코드를 '태그'라는 단위로 쪼갠다. 태그는 〈〉로 둘러싸인 코드를 의미한다. 네이버 메인 페이지의 코드를 살펴보면 〈〉로 둘러싸인 것들이 많이 보인다.

크롤러를 만들 때는 태그의 정보를 잘 파악하는 능력이 필요하다. 저자가 HTML에 대해서 아는 지식은 이 정도가 끝이다.

3. 웹 페이지의 구조와 그걸 뜯어보는 방법

크롬에서 [F12] 키를 누르면 뜨는 이 창을 '개발자 도구'라고 부른다. 개발자 도구의 좌측 상단의 버튼을 누르면 '조사' 모드를 실행할 수 있다. Ctrl + Shift + C를 눌러도 조사 모드를 실행할 수 있다. 조사 모드를 실행한 다음 네이버 화면에 있는 요소들을 클릭 해보자.

마우스로 네이버의 로고를 클릭하면 하단에 정보가 출력되며, 우측 코드에서도 특정 부분이 하이라이트 된다. 아래 그림에서 우측에 블록 지정된 〈a〉 태그 부분이 네이버의 로고를 화면에 출력해주는 역할을 수행한다. '조사' 모드를 활용하면 웹 페이지에 떠 있는 정보가 어떤 코드로 작성되어 있는지 알 수 있게 된다.

4. 웹 페이지에 기재된 정보 조작해보기

정리하자. 웹 페이지에 표시되는 정보는 HTML을 이용해 표현된다. HTML 코드는 개발자 도구로 분석할 수 있다. 그런데 개발자 도구를 활용하면 HTML 코드를 조작할 수 있다.

HTML 코드를 조작할 수 있으면, 웹 페이지에 표시되는 정보를 조작할 수 있지 않을까? 답은 예스다. 유튜브 조회 수를 조작해보겠다. 아무 유튜브 영상이나 접속하자. 그리고 '조사' 모드로 조회 수 영역을 클릭하자.

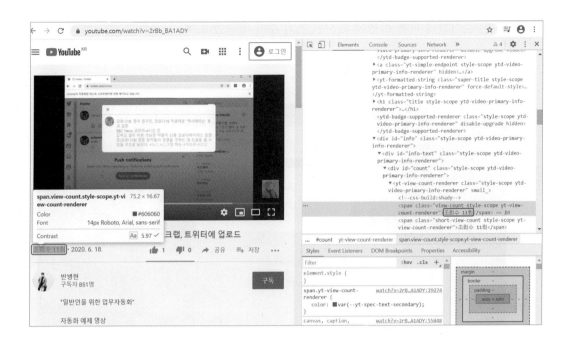

왼쪽에서 조회 수를 클릭하면 우측에서 조회 수를 표시하기 위한 코드가 뜬다. 우측에 있는 조회 수 부분을 더블 클릭하면 숫자를 수정할 수 있다. 이걸 적당히 높은 숫자로 변경하자. 그리고 엔터키를 치면!

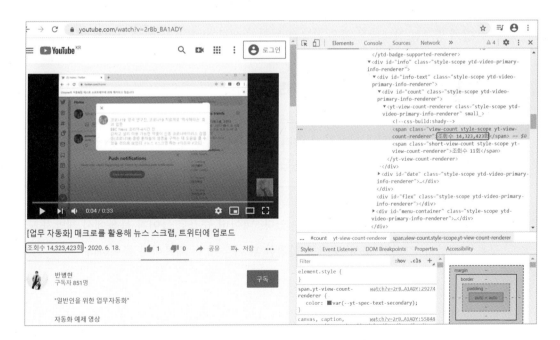

짜잔! 순식간에 왼쪽 화면에 표시된 조회 수가 바뀌었다. 이 상태에서 F12 키를 한 번 더 눌러서 개발자 도구를 닫으면!

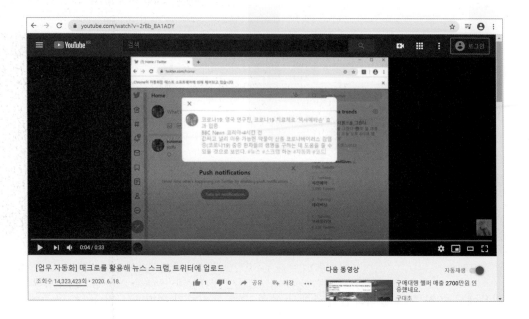

짜잔! 어떤 조작의 흔적도 찾을 수 없는 화면이 등장한다. HTML 코드를 직접 건드린 것이기 때문에 이미지 합성 흔적도 전혀 남지 않는다. 어떤가? 재미있지 않은가? HTML을 아주 얕게 공부한 상태에서 활용 가능한 능력 중에서 이게 가장 힘이 강력한 기술이다.

5. HTML 실전 - 가짜뉴스 만들어보기

> 오늘 배운 지식을 절대 남용하지 않기 바랍니다. 남용에 따른 모든 책임은 사용자 본인에게 있습니다. 이에 동의하는 독자분들만 진도를 나가주시기 바랍니다.

HTML을 조작하면 가짜뉴스도 만들 수 있다. 네이버 뉴스로 들어가 목록에서 개발자 도구를 실행하자. 그리고 '조사' 모드를 실행한 뒤 아무 뉴스 제목이나 클릭한다.

우측에서 HTML 코드 영역이 표기될 것이다. 여기서 뉴스의 제목에 해당하는 영역을 더블 클릭하고, 가짜뉴스 제목을 입력한다.

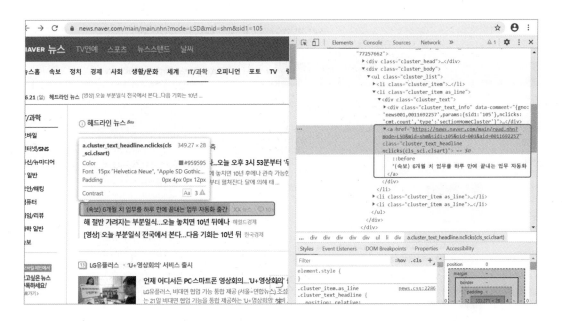

코드를 수정하고 엔터키를 누르면 왼쪽에 가짜뉴스 제목이 삽입된다. 이왕이면 언론사도 바꾸는 것이 좋을 것 같다.

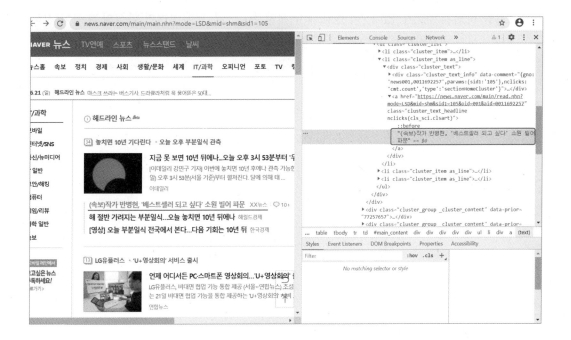

'조사' 모드에서 언론사 이름을 클릭하자. 여기서 언론사 이름을 조작하면 된다.

짜잔! 그럴싸한 가짜뉴스 헤드라인이 완성되었다. 뉴스 내용물까지 조작하려면 어떻게 해야 할까? 이 또한 간단하다.

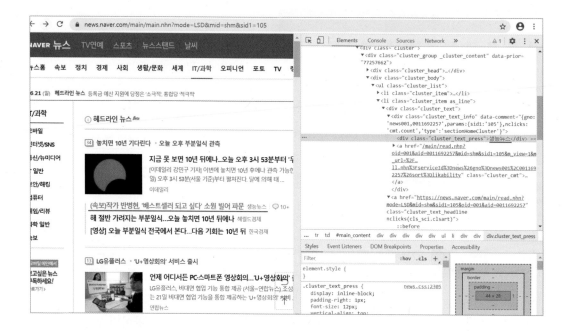

아무 뉴스나 클릭해서 들어간 다음 개발자 도구의 '조사' 모드를 활용해 제목과 본문 내용을 바꿔치기할 수 있다. 이 상태에서 개발자 도구를 닫아버리면 합성의 흔적이 전혀 남지 않는 가짜뉴스를 만들 수 있다.

6. HTML은 너무나도 강력한 도구다

요즘은 중고등학생들도 HTML을 공부하는 경우가 많다. 비전공자도 HTML을 공부해 웹 개발자로의 이직을 준비하는 경우가 많고. HTML은 정말이지 진입 장벽이 낮고 쉬워서 누구나 공부할 수 있는 영역이다.

잘 작동하는 웹 페이지를 만들려면 그만큼 오랜 기간 노력이 필요하다. HTML을 할 줄 아는 중학생을 데려다 놓고 코딩을 시킨다고 해서 네이버나 구글, 유튜브같이 완벽하게 작동하는 홈페이지를 순식간에 만드는 것은 불가능할 것이다.

하지만 한 톨 먼지만큼의 지식만 있어도 네이버나 유튜브같이 세계 최고 수준의 IT 기업 홈페이지 내용도 조작할 수 있다. 이렇게도 진입 장벽이 낮으면서 사회적인 문제를 손쉽게 일으킬 수 있는 기술이 또 있을까? HTML은 무서운 힘이다.

소감이 어떤가? HTML을 제대로 배워본 것도 아니고 작동 원리만 아주 얕게 겉핥기를 했는데 이렇게 큰 힘을 가지게 되어 두렵지는 않은가?

오늘 다뤄본 지식만 활용해도 얼마든지 가짜뉴스를 양산할 수 있다. HTML을 조작하면 유명인의 SNS 내용을 조작해 논란이 될 만한 발언을 한 것처럼 꾸밀 수도 있고, 마치 유명인이 특정 제품을 추천한 것처럼 화면을 조작한 다음 캡처해 광고 수단으로 삼는 짓도할 수 있다. 특정 기업을 매도하는 내용의 가짜뉴스를 대량으로 제작해 살포하면 주가 조작도 할 수 있을 것이고, 선거 시즌에 상대 후보를 비방하는 내용의 뉴스를 대량 살포하면 권력을 가질 수도 있을 것이다.

지식을 올바른 곳에 사용하고, 자신을 지키실 수 있기를 바라는 마음으로 오늘 정보를 소개해드렸다. 인터넷에 올라온 자료를 맹신하지 말자. "혹시 HTML 수정으로 조작한 자료는 아닐까?"라고 의심하는 자세를 먼저 가져보자. 잘못된 정보에 휘둘려 손해를 보지 않도록 오늘 배운 지식으로 자신을 지키실 수 있기를 바란다.

좋든 싫든 오늘 여러분은 어마어마하게 강력한 힘을 손에 넣어버렸다. 가진 지식에 책임을 지고, 선한 방향으로 능력을 발휘할 것으로 믿고 이번 절을 마무리하겠다. 인터넷 자동화를 위한 크롤러를 만드는 데 필요한 HTML 지식은 사실 이 정도가 전부다.

이번 절에서 다룬 지식으로 멋진 크롤러들을 만들어보자.

7. 인터넷 자동화 주의사항

HTML을 이용한 인터넷 자동화는 주의 사항이 있다. 대부분의 주요 IT 회사들은 크롤링을 방지하기 위해 주기적으로 웹 페이지에 사용된 코드를 수정한다. 따라서 혹시 이 책의 인터넷 자동화 예제를 수행하다가 보면 아래와 같은 에러를 마주칠 수도 있다.

`selenium.common.exceptions.NoSuchElementException`

한국말로 하면 '그런 요소가 없는데요? 에러!'라는 뜻 정도가 되겠다.

이 책의 예제에서는 요소를 탐색하는 방법을 소개하고 있으니, 이 방법들을 사용해 요소 값들을 최신으로 업데이트해주면 정상적으로 작동한다. 예를 들면 태그 이름이나 클래스 이름, XPath 등이 업데이트가 필요한 요소가 될 수 있으며 구글과 트위터가 업데이트를 열심히 하는 편이다.

지금은 상세히 설명해도 어려울 것이다. 추후 예제를 수행하다가 코드가 작동되지 않으면 이 페이지로 돌아오도록 하자.

매크로 없이 트위터 로그인 구현하기

1. <README.md>

'5_10_3_매크로 없이 트위터 로그인 구현하기' 폴더로 이동해 〈README.md〉 파일을 열어보자.

매크로 없이 로그인 구현하기

책의 예제에서는 트위터 로그인을 시도합니다. 코드를 수정하면 여러 사이트의 로그인을 구현할 수 있습니다.

사용 방법

```
$ python main.py <ID> <PS>
```

〈ID〉에는 아이디를, 〈PS〉에는 비밀번호를 입력하세요.

---

2. 코드 실행하기

'5_10_3_매크로 없이 트위터 로그인 구현하기' 폴더에 크롬 드라이버를 복사한 다음, 예제를 참고해 코드를 실행해보자.

```
$ python main.py <아이디> <비밀번호>
```

크롬 드라이버가 켜지면서 코드가 실행될 것이다.

3. 코드 실행 과정

아래 QR코드나 링크를 통해 코드의 실행 과정을 동영상으로 확인할 수 있다.

https://youtu.be/UsYrvkL8z34

Part 4의 예제 코드들과 이번 절의 예제 코드의 로그인 방식에는 결정적인 차이가 있다. 이전 장들에서는 아이디와 비밀번호를 Ctrl + V를 이용해 한 번에 붙여 넣었지만, 이번 절의 예제 코드는 알파벳을 한 번에 하나씩 입력하겠다. 이런 차이가 어떤 효과가 있을까?

웹 페이지 운영자는 마음만 먹으면 사용자가 문자를 입력하는 속도까지 모니터링할 수 있다. '엘리스'라는 교육 업체 인터뷰를 보면 키보드 타이핑 속도를 분석해 사용자가 앉아 있는지, 서 있는지, 누워 있는지까지 모두 구분할 수 있다고 한다. 기술력이 이 정도로 발달한 세상인데, 당연히 웹 페이지에 아이디와 비밀번호를 입력하는 데 걸린 방식이나 속도도 모니터링할 수 있다.

Ctrl + V를 이용해 자료를 입력할 경우 특정 사이트에서 입력을 거부하는 경우가 있다. 컴퓨터의 활동으로 간주해서 아예 사용 금지를 내려버리는 것이다. 이런 사이트에서는 키를 한 번에 하나씩 눌러 가며 데이터를 입력해야지만 정상적으로 서비스 이용이 가능하다.

이런 예외적인 경우에 대응하기 위해 셀레늄에서는 자연스러운 속도로 데이터를 입력할 수 있는 기능을 제공한다. 크롤링할 때는 최대한 컴퓨터가 인간처럼 움직이도록 해야 운영사를 속일 수 있다.

대부분 웹 서비스 사업자는 데이터를 자산으로 생각하기 때문에 경쟁사가 대량의 데이터를 크롤링으로 훔쳐 가는 상황을 항상 경계하고 있다. 여러분의 목적이 도둑질은 아니겠지만, 운영사의 심기를 거슬러서 좋은 일은 없다. 인간처럼 작동하는 크롤러를 만들 수 있도록 고민해야 한다.

4. 업무 자동화 코드 설계 과정

목표 정하기
① 매크로 없이 데이터 입력하기
② 아이디 입력창에 아이디 입력하기
③ 비밀번호 입력창에 비밀번호 입력하기
④ 엔터키 누르기

목표를 달성하는 데 필요한 작업 쪼개기
① 아이디 입력창의 요소를 뽑아오기
② 비밀번호 입력창의 요소를 뽑아오기
③ 셀레늄으로 글자 입력하기
④ 셀레늄으로 키 입력하기

쪼개진 작업들을 해결하기 위한 방법 생각하기
① 아이디 입력창의 요소를 뽑아오기
이번에는 파이참의 기능을 적극적으로 활용해보겠다. 파이참을 활용하면 어떤 라이브러리의 내부 기능을 세세하게 뜯어볼 수 있다.

예제 코드 폴더에서 마우스를 오른쪽 버튼으로 클릭하고, 'Open Folder as Pyhcarm Community Edition Project' 버튼을 눌러 파이참을 실행한다.

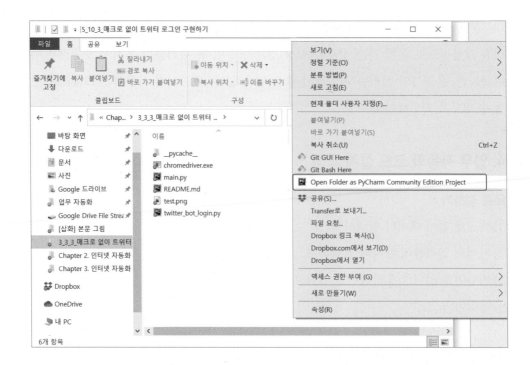

파이참이 실행되었다면 하단의 Python Console 버튼을 클릭한다. 그러면 파이썬 콘솔이 실행될 것이다.

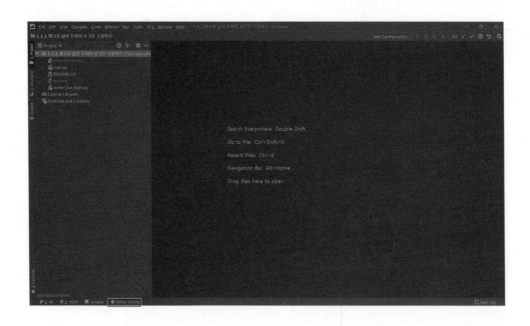

콘솔이 실행되면 콘솔에 아래 코드를 실행하자.

```
>>> from selenium import webdriver
>>> driver = webdriver.Chrome(executable_path="chromedriver.exe")
>>> driver.get("https://twitter.com/login")
```

크롬 드라이버가 실행되고 트위터 창이 켜졌을 것이다. 이 상태에서 아래와 같이 코드를 입력해보자. 이번에는 엔터키는 누르지 않는다.

```
>>> driver.
```

콘솔에서 팝업이 떴을 것이다. 이 상태에서 ↓ 키를 누르면 웹드라이버의 하위 기능을 모두 열람할 수 있다. 한번 셀레늄 드라이버에서는 어떤 기능들이 제공되는지 살펴보자. 쭉 내리다 보니 뭔가 재미있는 것들이 등장한다.

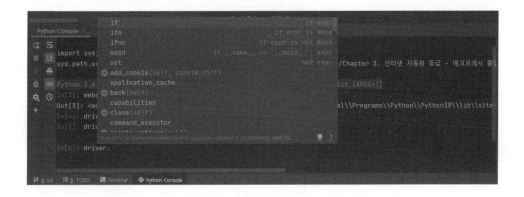

find_element 시리즈가 등장했다. 크롤러 만들기로 유명한 라이브러리에서 '요소 찾기' 기능을 제공한다니, 웹 페이지에서 정보를 읽어오기 위한 도구일 가능성이 높다. 그런데 종류도 참 다양하다. find_element_by_class_name이니 css_selector니. 어려운 말이 너무 많다. 그 중 그래도 find_element_by_name()이 가장 만만해 보인다. name이라서.

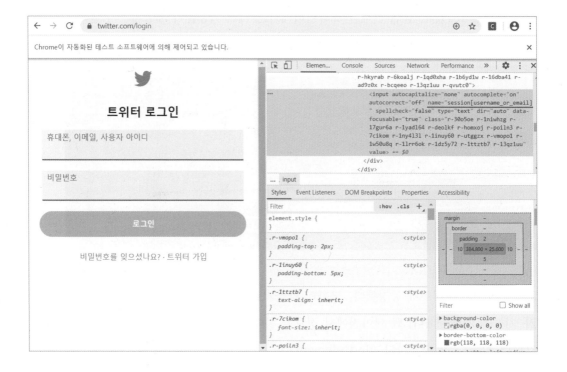

크롬 드라이버에서 개발자 도구를 실행하고 트위터 로그인 화면의 아이디 입력창을 클릭해보자. 복잡한 정보들이 가득한데, 그 와중에 name이라는 단어가 눈에 띈다.

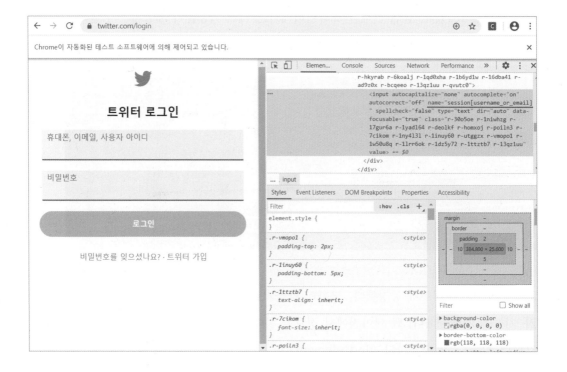

```
name="session[username_or_email]"
```

혹시 아이디 입력창의 name은 session[username_or_email]이라는 뜻이 아닐까? 한번 파이참 콘솔로 돌아와 테스트를 해보겠다. 아래 코드를 실행해보자.

```
>>> el = driver.find_element_by_name("session[username_or_
email]")
```

두근두근…. 과연 el에 아이디 입력창이 무사히 저장되어 있을까? 그리고 이건 어떻게 확인하면 좋을까? 방법이 몇 가지 있다. 첫 번째 방법은 스크린샷이다. el이 정말 아이디 입력창이라면 아이디 입력창의 스크린샷을 저장할 수 있을 것이다. 혹시나 해서 파이참 콘솔에서 el.을 입력해봤다.

```
>>> el.
```

하위 목록을 쭉 내리다 보니 역시 스크린샷 기능이 있다. 처음 보는 라이브러리도 이렇게 파이참과 함께라면 내부를 상세하게 뜯어볼 수 있다. 스크린샷을 찍어보자.

```
>>> el.screenshot("test.png")
```

폴더 안에 새로운 파일이 생겼다. 파이참 파일 목록에서 바로 더블 클릭하면 파이참에서 이미지 파일을 열어볼 수 있다.

음. 가로로 긴 직사각형이 찍혔다.

트위터 로그인 화면에서 가로로 긴 직사각형이라면 아이디 입력창과 비밀번호 입력창 뿐이므로 아마 제대로 로그인 창의 정보를 뽑아오는 데 성공한 것 같다. 마지막으로 테스트를 해보겠다. 다시 el의 하위 기능을 탐색해보자.

```
>>> el.
```

내리다 보니 send_keys() 라는 함수가 보인다.

이 함수는 뭔가 '키를 보낸다'라는 의미로 해석될 수 있다. 키를 보낸다는 말은 '크롬 드라이버로 키를 보냅니다'라는 뜻일 지도 모른다. 한번 테스트를 해보자.

```
>>> el.send_keys("test")
```

아이디 입력에 성공했다!

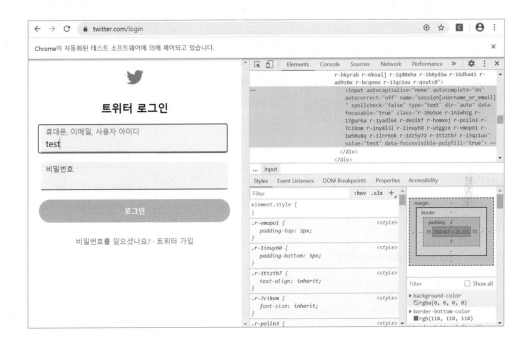

지금까지 보여준 과정은 처음 보는 라이브러리의 사용법을 모를 때 활용해 볼 만한 방법이다. 파이참은 이런 부분이 유용하다. 라이브러리의 내부 구조를 뜯어볼 수 있기 때문에 초보자가 활용하기에 굉장히 용이하다.

② 비밀번호 입력창의 요소를 뽑아오기

개발자 도구의 '조사' 모드로 비밀번호 입력창을 클릭해보자.

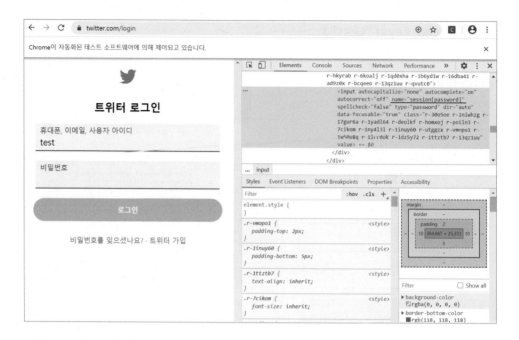

name="session[password]"

비밀번호 입력창의 name은 "session[password]"다. find_element_by_name()을 활용
하자.

```
>>> ps = driver.find_element_by_name("session[password]")
>>> ps.send_keys("test")
```

성공했다!

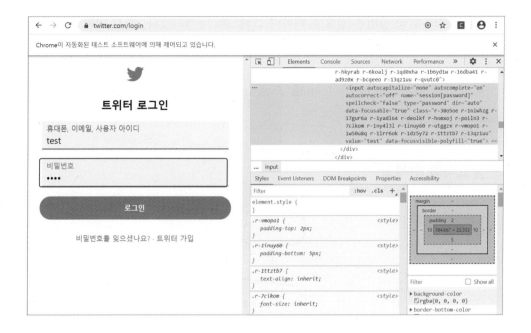

③ 셀레늄으로 글자 입력하기

단순한 알파벳이나 한글, 숫자들은 우선 find_element() 시리즈를 이용해 요소를 뽑아
온 다음 send_keys() 함수를 사용하면 된다.

④ 셀레늄으로 키 입력하기

컨트롤, 엔터 등 특수키는 어떻게 입력하면 좋을까? 셀레늄에서는 이런 키 입력을 쉽게
할 수 있는 도구를 제공하고 있다. 아래 명령어를 실행해 Keys를 import하자.

```
>>> from selenium.webdriver.common.keys import Keys
```

Keys를 활용하면 특수키를 입력할 수 있다. 예를 들어 비밀번호 입력창에서 엔터키를
치는 동작은 아래와 같이 구현할 수 있다.

```
>>> ps.send_keys(Keys.RETURN)
```

다른 특수키의 입력 방법은 필요할 때마다 그때그때 공개하겠다. 혹시 미리 공부하고 싶다면 아래 주소로 접속해보기 바란다.

https://www.selenium.dev/selenium/docs/api/py/webdriver/selenium.webdriver. common.keys.html

5. 알고리즘 순서도

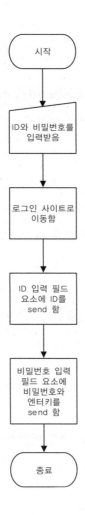

6. 코드 살펴보기 (소스 코드 : main.py)

Part 4의 9장 1절에서 트위터와 다음에 로그인하는 코드를 살펴봤다. 이번 절의 예제에서는 트위터에만 로그인을 시도할 것이므로, argv를 활용하여 로그인할 사이트를 사용자로부터 입력받는 부분의 코드가 생략되었다. 이 점을 제외하면 앞서 살펴본 예제 코드와 굉장히 유사하다.

7. 코드 살펴보기 (소스 코드 : twitter_bot_login.py)

```
7   from selenium import webdriver
8   from selenium.webdriver.chrome.options import Options
9   from selenium.webdriver.common.keys import Keys
10  import time
11
12
13  class LoginBot:
14      def __init__(self):
15          # 셀레늄 웹드라이버에 입력할 옵션을 지정합니다.
16          self.options = Options()
17          # 옵션에 해상도를 입력합니다.
18          self.options.add_argument("--window-size=1024,768")
19          # 옵션에 헤드리스를 명시합니다. 주석을 해제하면 헤드리스로 작업이 수행됩니다.
20          # self.options.add_argument("headless")
21          # 옵션을 입력해서 크롬 웹드라이버를 불러옵니다.
22          self.driver = webdriver.Chrome(executable_path=
    "chromedriver.exe", chrome_options=self.options)
23
24      # 크롤러를 종료하는 메소드입니다.
25      # 군이 한 줄짜리 코드를 함수로 만든 데는 여러 이유가 있습니다만,
26      # 쉽게 설명하자면 클래스 외부에서 클래스 내부 자료에 너무 깊게 관여하는 상황
    을 원하지 않기 때문입니다.
27      def kill(self):
28          self.driver.quit()
29
30      # 로그인을 수행하는 메소드입니다.
31      def login(self, id, ps):
32          # 트위터 로그인창으로 들어갑니다.
33          self.driver.get("https://twitter.com/login")
```

```
34              # 로딩이 오래 걸릴 수 있으니 잠시 대기합니다.
35              time.sleep(3)
36              # 아이디를 입력하기 위해 아이디 입력창 요소를 찾아옵니다.
37              # 트위터의 경우 아이디 입력창은 session[username_or_email]이라는
    이름을 갖고 있습니다.
38              id_input = self.driver.find_element_by_name
    ("session[username_or_email]")
39              # id를 입력합니다.
40              id_input.send_keys(id)
41
42              # 비밀번호를 입력합니다.
43              # 트위터의 경우 비밀번호 입력창은 session[password]라는 이름을 갖고
    있습니다.
44              ps_input = self.driver.find_element_by_name
    ("session[password]")
45              ps_input.send_keys(ps)
46              ps_input.send_keys(Keys.RETURN)
47
48      def save_screenshot(self):
49              self.driver.save_screenshot("test.png")
```

기본적으로 대부분 코드가 동일하다. 라이브러리 import 부분에서 pywinmacro 대신 셀레늄의 하위 라이브러리인 Keys를 불러오고 있으며, 로그인 방식만 수정되었다.

38번째 줄에서 아이디 입력창 요소를 찾아내고 있으며, 40번째 줄에서 send_keys() 함수를 활용해 아이디 입력창 요소에 아이디를 입력하고 있다. 같은 방식으로 44번째 줄과 45번째 줄에 걸쳐서 비밀번호를 입력하고 있으며, 46번째 줄에서 마무리로 엔터키를 입력해 로그인을 수행하고 있다.

8. 헤드리스 자동화

〈twitter_bot_login.py〉의 20번째 줄을 살펴보자. 아래와 같은 코드가 주석처리 되어 있다.

```
>>> # self.options.add_argument("headless")
```

이 부분의 주석을 해제하여 아래와 같이 코드를 수정하면 예제가 헤드리스 모드로 작동한다.

```
>>> self.options.add_argument("headless")
```

드라이버에 '헤드리스' 옵션을 추가하기 위한 코드로, 이 상태에서 코드를 실행하면 크롬 드라이버가 실행되지 않는다. Git Bash가 잠시 멈춰 있다가 예제 폴더 안에 로그인에 성공한 장면이 캡처된 스크린샷이 하나 저장될 것이다.

이것이 바로 헤드리스 자동화다. 보이지 않는 곳에서 조용히 자동화가 수행되기 때문에 모니터와 키보드를 자유자재로 사용해도 자동화가 중단되지 않는다. 헤드리스 자동화를 사용할 때는 Git Bash 창을 최소화 모드로 내려두고 얼마든지 다른 일을 해도 좋다.

컴퓨터에 헤드리스로 일을 시키고 여유롭게 다른 일을 하다 퇴근하자. 예전보다 실적은 더 나아지고 삶의 여유는 더 길어질 것이다.

······ 04 ······

매크로 없이 트위터에 글 써주는 로봇 만들기

1. <README.md>

'5_10_4_매크로 없이 트위터에 글 써주는 로봇 만들기' 폴더로 이동해 〈README.md〉
파일을 열어보자.

매크로 없이 트위터에 글 써주는 로봇 만들기
사용 방법 $ python main.py <ID> <PS> <CONTENTS> 〈ID〉에는 아이디를, 〈PS〉에는 비밀번호를 입력하세요. 〈CONTENTS〉에는 트위터에 업로드할 내용물이 기록된 파일을 입력합니다.

2. 코드 실행하기

'5_10_4_매크로 없이 트위터에 글 써주는 로봇 만들기' 폴더에 크롬 드라이버를 복사한
다. 그리고 〈README.md〉 파일을 참고해서 코드를 실행하자.

```
$ python main.py <아이디> <비밀번호> contents.txt
```

3. 코드 실행 과정

아래 QR코드나 링크를 통해 코드의 실행 과정을 동영상으로 확인할 수 있다.

https://youtu.be/ir3Mv7-5WUM

4. 업무 자동화 코드 설계 과정

목표 정하기
① 매크로 없이 로그인하기
② 매크로 없이 업로드할 내용 입력하기
③ 매크로 없이 게시물 업로드하기

목표를 달성하는 데 필요한 작업 쪼개기
① 로그인
② 멘션 입력창의 요소 뽑아내기
③ 매크로 없이 게시물 업로드하기

쪼개진 작업들을 해결하기 위한 방법 생각하기
① 로그인
3절과 같은 방식으로 로그인을 수행한다.

② 멘션 입력창의 요소 뽑아내기
트위터에 로그인하고, 아래 주소를 입력해 멘션 입력창을 오픈한다.

https://twitter.com/intent/tweet

이 상태에서 개발자 도구를 실행하고, '조사' 모드로 멘션 입력 칸을 클릭해 태그를 확인해보자. 우리는 3절의 예제에서 find_element_by_id()를 활용해 요소를 뽑아오는 연습을 했다. 그런데 문제가 발생했다. 멘션 입력창에 해당하는 코드에는 id가 없다. 이 요소를 어떻게 뽑아와야 할까?

파이참의 파이썬 콘솔을 실행하고, selenium을 import하고 드라이버의 기능을 확인해 보자.

```
>>> from selenium import webdriver
>>> driver = webdriver.Chrome(executable_path="chromedriver.exe")
>>> driver.
```

마지막에 온점(.)까지만 찍고 팝업창이 뜨기를 기다리자. 팝업창이 뜨면 하위 기능을 조금 훑어본다.

find_element_by 시리즈를 찾다 보니 뭔가 이름이 멋진 곳이 있다. xpath? 무슨 뜻일까? 모르겠다. 이 책을 작성하는 저자 또한 xpath가 무슨 의미인지 모른다. 몰라도 된다. 개발자 도구로 다시 돌아가자.

트윗 입력창을 '조사' 모드로 클릭한 부분 코드를 마우스 오른쪽 버튼으로 클릭하자. 그리고 copy를 클릭한 다음, 'Copy XPath'를 클릭한다.

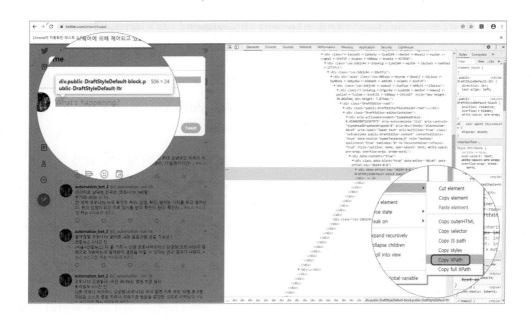

그 다음 어딘가 글자를 입력할 수 있는 곳에서 Ctrl + V를 누르면 아래와 같이 복잡한 문자가 입력된다.

//*[@id="layers"]/div[2]/div/div/div/div/div/div[2]/div[2]/div/div[3]/div/div/div/div[1]/div/div/div/div[2]/div[1]/div/div/div/div/div/div/div/div/div[1]/div/div/div/div[2]/div/div/div/div

잘 모르겠지만 이게 트윗 입력창의 xpath일 것이다. 그렇다면 find_element_by_xpath() 함수와 이걸 함께 사용하면 뭔가 되지 않을까? 크롬 드라이버로 테스트해보자. 크롬 드라이버 창에서 바로 트위터 주소로 접속해 수동으로 로그인하자. 그리고 아래 코드를 입력해 트윗 멘션 입력창으로 이동한다.

```
>>> driver.get("https://twitter.com/intent/tweet")
```

이제 테스트를 할 시간이다. xpath로 요소를 뽑아보자.

```
>>> field = driver.find_element_by_xpath('//*[@id="layers"]/
div[2]/div/div/div/div/div/div[2]/div[2]/div/div[3]/div/div/div/
div[1]/div/div/div/div/div[2]/div[1]/div/div/div/div/div/div/
div/div/div/div[1]/div/div/div/div[2]/div/div/div/div')
```

괄호 내부는 일일이 타이핑하지 말고 Ctrl + V를 이용해 바로 붙여 넣어 버리자. Xpath 를 작은따옴표로 감싸줘야 정상적으로 작동한다. Xpath 내부에 큰따옴표가 이미 존재 하기 때문이다. 이제 테스트의 시간이다.

```
>>> field.send_keys("test")
```

좋다, 정상 작동한다! Xpath가 뭔지는 도무지 모르겠지만 xpath를 이용하면 트위터 게 시물 작성 탭에 글자를 입력할 수 있다!

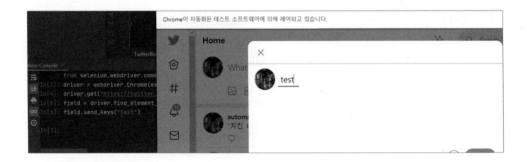

③ 매크로 없이 게시물 업로드하기

send_keys()를 이용해 Ctrl + Enter를 입력하자. 아래와 같은 방법으로 간략히 구현할 수 있다.

```
>>> from selenium.webdriver.common.keys import Keys
>>> field.send_keys(Keys.CONTROL + Keys.RETURN)
```

한 번에 여러 개의 키 조합을 브라우저에 입력하고 싶다면 send_keys 내부에서 덧셈(+) 연산을 수행하면 된다.

5. 알고리즘 순서도

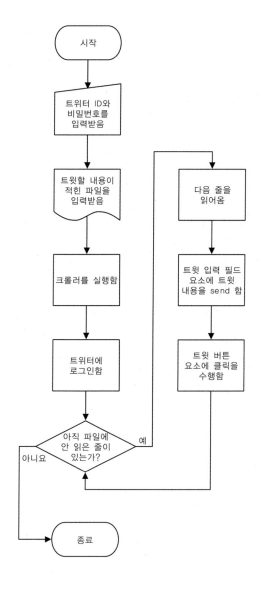

6. 코드 살펴보기 (소스 코드 : main.py)

```python
 9   import sys
10   import time
11   import twitter_bot_tweet as tb
12
13
14   # 작업 시작 메시지를 출력합니다.
15   print("Process Start.")
16
17   # 시작 시점의 시간을 기록합니다.
18   start_time = time.time()
19
20   # 아이디를 입력받습니다.
21   id = sys.argv[1]
22
23   # 패스워드를 입력받습니다.
24   ps = sys.argv[2]
25
26   # 트윗할 콘텐츠가 저장된 파일을 입력받습니다.
27   filename = sys.argv[3]
28
29   # 크롤러를 불러옵니다.
30   BOT = tb.TwitterBot()
31
32   # 로그인을 시도합니다.
33   BOT.login(id, ps)
34
35   # 작업을 수행합니다.
36   BOT.twitter_jungdok(filename)
37
38   # 결과를 확인하기 위해 10초 정도 대기합니다.
39   time.sleep(10)
40
41   # 로그인에 성공했으니 스크린샷이나 한번 찍어줍니다.
42   BOT.save_screenshot()
43
44   # 크롤러를 닫아줍니다.
45   BOT.kill()
46
```

```
47    # 작업 종료 메시지를 출력합니다.
48    print("Process Done.")
49
50    # 작업에 총 몇 초가 걸렸는지 출력합니다.
51    end_time = time.time()
52    print("The Job Took " + str(end_time - start_time) + " seconds.")
```

기본적인 코드 대부분은 Part 4의 9장 2절 예제 코드의 〈main.py〉와 동일하다. 차이가 있다면, 지난 예제의 경우 트위터에 업로드할 내용물이 적힌 파일을 클래스를 생성하는 과정에서 제공했다면 이번 예제는 클래스 생성 당시에는 파일 이름을 제공하지 않고, 멘션을 올릴 때 파일을 받아온다는 차이점이 있다.

지난 예제의 코드는 여러 개의 파일을 읽어와 내용물을 입력하고 싶으면 파일의 개수만큼 클래스를 새로이 만들어야 한다는 문제가 있다. 반면 이번 코드는 1개의 클래스로 여러 개의 파일을 처리할 수 있다는 장점이 있다.

사소한 차이지만 작업해야 하는 내용물의 양이 많아진다면 극적인 차이가 생긴다.

7. 코드 살펴보기 (소스 코드 : twitter_bot_tweet.py)

```
7    from selenium import webdriver
8    from selenium.webdriver.chrome.options import Options
9    from selenium.webdriver.common.keys import Keys
10   import time
11
12
13   class TwitterBot:
14       def __init__(self):
15           # 셀레늄 웹드라이버에 입력할 옵션을 지정합니다.
16           self.options = Options()
17           # 옵션에 해상도를 입력합니다.
18           self.options.add_argument("--window-size=1024,768")
```

```
19          # 옵션에 헤드리스를 명시합니다. 주석을 해제하면 헤드리스로 작업이 수행
      됩니다.
20          # self.options.add_argument("headless")
21          # 옵션을 입력해서 크롬 웹드라이버를 불러옵니다.
22          self.driver = webdriver.Chrome(executable_path=
      "chromedriver.exe", chrome_options=self.options)
23          # 트윗할 메시지들을 저장할 공간을 만듭니다.
24          self.contents = []
25
26      # 크롤러를 종료하는 메소드입니다.
27      # 굳이 한 줄짜리 코드를 함수로 만든 데는 여러 이유가 있습니다만,
28      # 쉽게 설명하자면 클래스 외부에서 클래스 내부 자료에 너무 깊게 관여하는 상황
      을 원하지 않기 때문입니다.
29      def kill(self):
30          self.driver.quit()
31
32      # 크롬 드라이버를 껐다가 다시 켜는 메소드입니다.
33      def reload_browser(self):
34          # 드라이버를 끕니다.
35          self.kill()
36          # 옵션을 입력해서 크롬 웹드라이버를 불러옵니다.
37          self.driver = webdriver.Chrome(executable_path=
      "chromedriver.exe", chrome_options=self.options)
38
39      # 로그인을 수행하는 메소드입니다.
40      def login(self, id, ps):
41          # 트위터 로그인창으로 들어갑니다.
42          self.driver.get("https://twitter.com/login")
43          # 로딩이 오래 걸릴 수 있으니 잠시 대기합니다.
44          time.sleep(3)
45          # 아이디를 입력하기 위해 아이디 입력창 요소를 찾아옵니다.
46          # 트위터의 경우 아이디 입력창은 session[username_or_email]이라는
      이름을 갖고 있습니다.
47          id_input = self.driver.find_element_by_name
      ("session[username_or_email]")
48          # id를 입력합니다.
49          id_input.send_keys(id)
50
51          # 비밀번호를 입력합니다.
52          # 트위터의 경우 비밀번호 입력창은 session[password]라는 이름을 갖고
      있습니다.
53          ps_input = self.driver.find_element_by_name
      ("session[password]")
```

```
54          ps_input.send_keys(ps)
55          ps_input.send_keys(Keys.RETURN)
56
57      # 파일을 읽어와 트윗할 메시지를 정리하는 메소드입니다.
58      def prepare_contents(self, filename):
59          # 인코딩이 utf-8이 아닐 경우 변경해주세요.
60          file = open(filename, encoding="utf-8")
61          self.contents = file.read().split("\n")
62
63      # 메시지를 입력받아 트윗하는 메소드입니다.
64      def tweet(self, string):
65          # 트윗 멘션을 쉽게 입력할 수 있게 전용 페이지로 이동합니다.
66          self.driver.get("https://twitter.com/intent/tweet")
67          time.sleep(5)
68          # 메시지 입력창 요소를 찾습니다. xpath를 복사합니다.
69          board = self.driver.find_element_by_xpath('//*[@
id="layers"]/div[2]/div/div/div/div/div/div[2]/div[2]/div/div[3]/
div/div/div/div[1]/div/div/div/div[2]/div[1]/div/div/div/div/
div/div/div/div/div[1]/div/div/div/div[2]/div/div/div/div')
70          # 메시지 입력창에 메시지를 보냅니다.
71          board.send_keys(string)
72          # Ctrl + Enter를 눌러 메시지를 게시합니다.
73          board.send_keys(Keys.CONTROL + Keys.RETURN)
74
75      # self.contents에 저장된 모든 메시지를 하나씩 트윗하는 메소드입니다.
76      def tweet_all(self, interval):
77          # for문을 사용해 모든 메시지를 하나씩 접근합니다.
78          for el in self.contents:
79              # 메시지를 하나씩 트윗합니다.
80              self.tweet(el)
81              # 로딩에 좀 걸릴 수 있으므로 기다려 줍니다.
82              time.sleep(interval)
83
84      # 파일을 읽어온 다음, 모두 트윗하는 메소드입니다.
85      def twitter_jungdok(self, filename, interval=10):
86          self.prepare_contents(filename)
87          time.sleep(5)
88          self.tweet_all(interval)
89
90      def save_screenshot(self):
91          self.driver.save_screenshot("test.png")
```

라이브러리 import

코드의 7번째 줄부터 10번째 줄에 걸쳐서 셀레늄과 time 라이브러리를 불러오고 있다.

클래스 선언

코드의 13번째 줄에서 TwitterBot 클래스를 선언하고 있다. __init__() 메소드에서는 무난하게 크롬 드라이버를 실행하고 있으며, 트윗할 메시지를 저장할 빈 리스트를 생성하고 있다.

드라이버 종료

29번째 줄에서 kill() 메소드를 정의하고 있다. 이 메소드는 크롬 드라이버를 종료하는 역할을 수행한다.

드라이버 재부팅

33번째 줄에서 reload_browser() 메소드를 정의하고 있다. 이 메소드는 kill() 메소드를 활용해 드라이버를 종료하고, 다시 브라우저를 실행한다. 드라이버가 종료되었다 실행되면서 로그인 정보 등 기존의 기록이 모두 사라진다. 로그아웃 등의 기능을 쉽게 구현하기 위해 만든 메소드다.

로그인

40번째 줄에서 login() 메소드를 정의한다. 앞 절의 예제와 동일한 코드를 사용한다.

파일 읽어오기

코드의 58번째 줄에서 파일을 읽어오기 위한 prepare_contents() 메소드를 정의하고 있다. Part 4의 예제 코드들은 __init__() 메소드 내부에서 split()을 실행했는데, 이번 예제는 별도의 메소드로 분리해두었다.

prepare_contents() 메소드가 실행되면 파일을 불러와 개행 문자()를 대상으로 split()

을 수행해 파일을 한 줄씩 쪼갠다. 쪼개진 결과물은 클래스 내부의 self.contents에 저장된다.

트위터에 게시물 올리기

코드의 64번째 줄에서 트위터에 게시물을 올리기 위한 tweet() 메소드가 정의되고 있다. 메소드가 호출되면 트윗 멘션을 입력할 수 있게 멘션 팝업창을 66번째 줄에서 불러오고, 로딩을 위해 67번째 줄에서 5초 정도 기다린다.

여기서 로딩을 기다리지 않는다면 트윗 멘션 창의 요소가 제대로 탐색되지 않는다. 당연한 말이겠지만 트위터는 굉장히 코딩을 잘하는 회사다. 컴퓨터가 사람인 척하면서 작동하는 것을 방지하기 위해 온갖 수단들이 보이지 않게 숨어 있다. 로딩도 마찬가지다. 분명 올바른 xpath를 입력했는데도 게시물 입력 필드가 발견되지 않을 수 있다. 이런 사이트를 만났을 때는 침착하게 몇 초가량 아무것도 하지 않고 기다리자. 많은 경우 잠시 기다려 주는 것으로 문제가 해결된다.

69번째 줄에서는 앞서 설명한 방법을 활용해 메시지 입력창 요소를 뽑아오고 있다. 이렇게 찾아낸 요소에 send_keys() 함수를 활용하여 71번째 줄에서는 메시지를 입력하고, 73번째 줄에서 Ctrl + Enter 키를 send해 게시물을 업로드하고 있다.

파일에 기재된 모든 메시지를 하나씩 트윗하기

코드의 76번째 줄에서 tweet_all() 메소드를 정의하고 있다. tweet_all() 메소드는 for문을 활용해 게시물에 적혀 있던 모든 메시지를 하나씩 뽑아내 tweet() 메소드를 이용해 게시한다. 로봇이 아니라 사람인 척 트위터 시스템을 속이기 위해 게시물을 하나 게시할 때마다 약간씩 기다려준다.

가독성 향상을 위한 메소드

코드의 85번째 줄에서 twitter_jungdok() 메소드를 정의하고 있다. 이 메소드는 작업을 수행하는 데 필요한 모든 코드를 한 덩어리로 묶어둔 것이며, ⟨main.py⟩에서 한 줄의 코드만 입력해도 작업이 수행되도록 압축하는 역할을 수행한다.

8. 헤드리스 자동화

코드의 20번째 줄의 주석을 제거한 후 아래와 같이 수정하면 코드가 헤드리스 모드로 작동한다.

```
>>> self.options.add_argument("headless")
```

······ 05 ······

매크로 없이 뉴스 기사를 자동으로 트위터에 올려주는 뉴스 봇 만들기

1. <README.md>

'5_10_5_매크로 없이 뉴스 기사를 자동으로 트위터에 올려주는 뉴스 봇 만들기' 폴더로
이동해 〈README.md〉 파일을 열어보자.

매크로 없이 뉴스 기사를 자동으로 트위터에 올려주는 뉴스 봇 만들기

사용 방법

```
$ python main.py <ID> <PS> <KEYWORD>
```

〈ID〉에는 트위터 아이디를 입력합니다.
〈PS〉에는 트위터 비밀번호를 입력합니다.
〈KEYWORD〉에는 뉴스 검색할 키워드를 입력합니다.

---

2. 코드 실행하기

'5_10_5_매크로 없이 뉴스 기사를 자동으로 트위터에 올려주는 뉴스 봇 만들기' 폴더에
크롬 드라이버를 복사하고 아래와 같이 코드를 실행한다.

```
$ python main.py <트위터 아이디> <비밀번호> <뉴스 검색 키워드>
```

3. 코드 실행 과정

아래 QR코드나 링크를 통해 코드의 실행 과정을 동영상으로 확인할 수 있다.

https://youtu.be/gtA_9sBKij8

4. 업무 자동화 코드 설계 과정

목표 정하기

① 트위터 로그인 및 게시물 작성

② 구글 뉴스 검색

③ 구글 뉴스 정보 요약

목표를 달성하는 데 필요한 작업 쪼개기

① 구글 뉴스 검색결과에서 뉴스 영역 요소 뽑아오기

② 뉴스 영역에서 기사 제목 요소 뽑아오기

③ 뉴스 영역에서 기사 요약문 뽑아오기

④ 뉴스 영역에서 기사 하이퍼링크 태그 뽑아내기

⑤ 기사 하이퍼링크 태그에서 기사 url 주소 뽑아내기

⑥ 트위터에 올릴 기사 요약 만들기

쪼개진 작업들을 해결하기 위한 방법 생각하기

① 구글 뉴스 검색결과에서 뉴스 영역 요소 뽑아오기

구글 뉴스 검색결과에서 뉴스 영역을 뽑아와 여기서 정보를 추출할 것이다. 파이참에서 파이썬 콘솔을 실행하고 드라이버를 불러오자.

```
>>> from selenium import webdriver
>>> driver = webdriver.Chrome(executable_path="chromedriver.exe")
```

크롬 드라이버 창이 실행되었다면 구글 뉴스에 접속한다. 마음에 드는 키워드를 입력한

뒤 F12 키를 눌러서 개발자 모드를 실행하자. 그리고 '조사' 모드를 실행해 뉴스 기사가 있는 영역을 마우스로 클릭한다.

뉴스 기사 영역을 클릭하니 우측에서 〈div class="dbsr"〉이라는 태그에 표시가 들어온다. 그리고 그 다음에 위치한 뉴스 기사도 마찬가지로 '조사' 모드로 클릭해보니 "dbsr"이라는 글자가 적혀 있는 태그에 표시가 들어온다. 구글 뉴스 검색 결과는 〈div class="dbsr"〉이라는 태그에 저장되어 있을 것 같다. 단, 이는 2020년 11월 현재를 기준으로 하고 있으며 시간이 지나 구글에서 시스템을 업데이트하면 클래스 이름이 달라질 수 있다. 예제를 실습하는 시점에 맞추어 요소를 찾는 전략을 수정해야 한다.

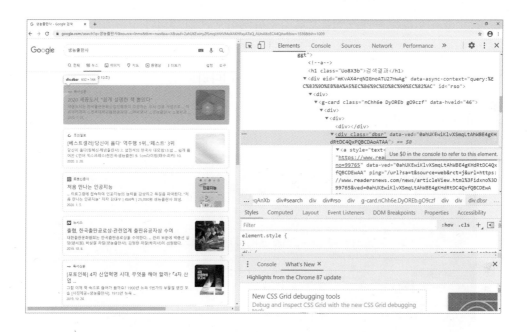

한번 테스트해보자. 파이참의 파이썬 콘솔에서 아래 코드를 실행한다.

```
>>> el = drvier.find_element_by_class_name("dbsr")
>>> el.screenshot("test.png")
```

예제 폴더 안에 〈test.png〉라는 파일이 생겼을 것이다. 이 파일을 열어보자.

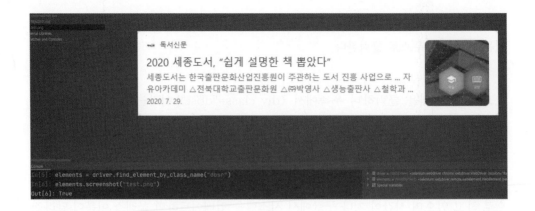

뉴스 기사 영역이 캡처되었다. 정상적으로 작동하는 것을 보니 뉴스 기사 요소를 뽑아 올 때는 "dbsr"이라는 클래스 이름으로 요소를 뽑아오면 될 것이다.

파이참 콘솔에서 아래 코드를 입력하고 팝업창을 기다려보자.

```
>>> driver.find_
```

팝업창 내용물을 보면 재미있는 부분이 있다. find_element 함수 시리즈와 find_elements 함수 시리즈가 분리되어 있다! 후자는 영어의 복수형 표기다. 즉, find_elements 시리즈의 함수를 사용하면 페이지 내에서 여러 개의 요소를 동시에 뽑아올 수 있다는 이야기다. 당장 테스트를 해보자.

```
>>> elements = driver.find_elements_by_class_name("dbsr")
>>> len(elements)
10
```

find_elements_by_class_name() 함수가 현재 실행 중인 페이지에서 총 10개의 "dbsr" 클래스 요소를 발견했다. 이 요소들은 elements 안에 하나씩 차곡차곡 저장되어 있다. 인덱싱을 활용하면 내용물에 접근할 수 있다. 한 번 아래 코드를 입력해 내용물을 테스트해보자.

```
>>> for el in elements:
>>>     print(el.text +"\n")
```

크롬 드라이버가 발견한 요소 안에 글자가 입력되어 있다면 .text를 입력하는 것으로 내부에 기재된 글자를 뽑아올 수 있다.

② 뉴스 영역에서 기사 제목 요소 뽑아오기

테스트를 위해 인덱싱을 거쳐서 뉴스 영역의 요소를 임의로 하나만 뽑아와 보겠다.

```
>>> el = elements[5]
```

파이참 콘솔에 아래 명령어를 입력하고 잠시 기다리며 팝업창을 살펴보자.

```
>>> el.
```

앞서 사용해본 text라는 필드가 보인다. 그런데 그 밑으로 find_element 시리즈가 또다시 나타난다.

크롬 드라이버로 뽑아온 요소 내부에서 한 번 더 하부 요소를 뽑아낼 수 있고, 이렇게 뽑아낸 하부 요소에서는 또다시 다른 하부 요소를 뽑아낼 수 있다.
말보다는 설명이 빠를 것 같다. 다시 크롬 드라이버의 '조사' 모드를 실행해서 뉴스 기사의 제목만 클릭해보자.

〈div class="dbsr"〉라는 태그보다 더 하부에 〈div class="rJheGif nDgy9d"〉라는 태그가 있고, 이곳에 뉴스 기사의 제목이 적혀 있다.

그러면 뉴스 기사 제목 요소만 뽑아내려면 어떻게 하면 좋을까? 기사 제목 클래스 이름이 "JheGif nDgy9d"라고 적혀 있다. 띄어쓰기가 중간에 있을 때에는 이 공백을 온점(.)으로 교체해주면 된다. 아래와 같이 코드를 실행해보자.

```
>>> title = el.find_element_by_tag_name("JheGif.nDgy9d")
>>> title.text
```

```
In[13]: title = el.find_element_by_class_name("JheGif.nDgy9d")
In[14]: title.text
Out[14]: "정원 딸린 양옥집서 '美친 건축' 만들다"

In[15]:
```

이와 같은 방법으로 "dbsr" 클래스 내부에 저장된 뉴스 기사의 제목을 뽑아낼 수 있다.

③ 뉴스 영역에서 기사 하이퍼링크 태그 뽑아내기

우리가 구글 뉴스 검색결과 창에서 기사 제목을 누르면 어떤 일이 일어날까? 뉴스 기사를 작성한 언론사 홈페이지로 이동하며 뉴스 기사를 열람할 수 있다. 제목을 클릭하면 일어나는 현상이니 제목을 기재한 태그에 뉴스 기사 링크가 숨어 있지 않을까?

개발자 도구를 자세히 살펴보자. 뉴스 기사를 표현하는 dbsr 클래스 태그 주변을 살펴보면 아래 그림과 같이 url이 기재되어 있는 것을 확인할 수 있다.

```
▼<div class="dbsr" data-ved="0ahUKEwiH94rKnKLtAhWyw
osBHRWODq4QxPQBCDAoATAA">
  ▼<a style="text-decoration:none;display:block"
  href="https://www.readersnews.com/news/articleVie
  w.html?idxno=99765" data-ved="0ahUKEwiH94rKnKLtAhW
  ywosBHRWODq4QxfQBCDEwAA" ping="/url?sa=t&source=we
  b&rct=j&url=https://www.readersnews.com/news/artic
  leView.html%3Fidxno%3D99765&ved=0ahUKEwiH94rKnKLtA
  hWywosBHRWODq4QxfQBCDEwAA">
```

이 url을 클릭하면 언론사 홈페이지가 뜨면서 뉴스의 본문을 열람할 수 있게 되어 있다. 이 url이 적혀 있는 태그를 유심하게 살펴보며 태그의 이름을 확인하자. "〈a "라는 문자와 함께 태그가 시작되고 있으므로 이 태그의 이름은 "a"다. 〈a〉 태그가 무슨 역할을 하는지는 모르겠지만, 크롤링해 올 수는 있다. 파이참 콘솔에서 아래 코드를 실행하자.

```
>>> url = el.find_element_by_tag_name("a")
>>> url.text
''
```

어라? url이 저장된 태그를 잘 뽑아온 것 같은데 .text를 이용해서 주소를 뽑아올 수 없다! 어떻게 하면 좋을까? 당황하지 말고 파이참 콘솔에서 아래 코드를 입력하고 팝업창을 기다리자.

```
>>> url.
```

get_attribute()라는 함수가 왠지 눈에 띤다.

attribute는 '속성'이라는 뜻이다. url이 적혀 있는 태그에서 속성을 빼낼 수 있다면 url이 뽑혀 나오지 않을까? 테스트를 해보자. 속성을 뽑아내기에 앞서서 어떤 속성을 뽑아내야 url을 추출할 수 있을지 고민해야 한다. 개발자 도구를 다시 살펴보자.

url 앞에 "href=" 라는 문구가 적혀 있다. 아마 이 url은 href라는 속성으로 정의가 되어 있나 보다.

```
▼<div class="dbsr" data-ved="0ahUKEwiH94rKnKLtAhWyw
osBHRWODq4QxPQBCDAoATAA">
  ▼<a style="text-decoration:none;display:block"
  href="https://www.readersnews.com/news/articleVie
  w.html?idxno=99765" data-ved="0ahUKEwiH94rKnKLtAhW
  ywosBHRWODq4QxfQBCDEwAA" ping="/url?sa=t&source=we
  b&rct=j&url=https://www.readersnews.com/news/artic
  leView.html%3Fidxno%3D99765&ved=0ahUKEwiH94rKnKLtA
  hWywosBHRWODq4QxfQBCDEwAA">
```

코드를 실행해 테스트해보겠다.

```
>>> url.get_attribute("href")
```

정상적으로 url이 뽑혀 나온다!

```
In[20]: url.get_attribute("href")
Out[20]: 'https://www.yna.co.kr/view/AKR20200623035500530'

In[21]:
```

파이참 콘솔에서 저 링크를 클릭하니 언론사 홈페이지로 이동한다. 이와 같은 방식으로 뉴스 기사의 주소를 추출할 것이다.

④ 뉴스 영역에서 언론사 정보 추출하기

개발자 도구의 '조사' 모드를 실행해 언론사 이름을 클릭하자. 웹 크롤링으로 정보를 긁어올 때는 이렇게 '조사' 모드를 실행하고, 뽑아내고 싶은 정보를 클릭해 find_element()

함수 시리즈를 어떻게 적용할지 고민하기만 하면 모든 작업이 끝난다.

뉴스 제목과 뉴스 작성일이 기재된 태그를 찾았다. 뉴스 기사와 작성 시간은 〈div class="XTjFC WF4CUc"〉라는 태그 안에 기재되어 있다.

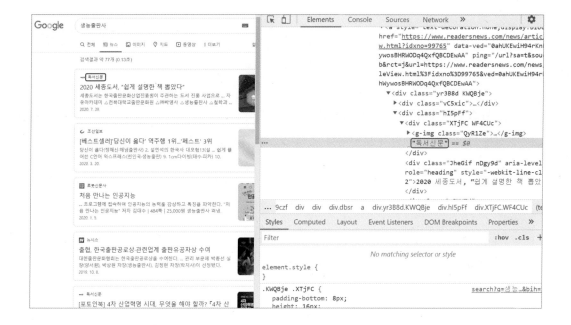

이번에도 find_element_by_class_name() 함수를 활용하자. 클래스 이름 사이의 공백은 마찬가지로 온점(.)으로 교체하면 작동한다.

```
>>> reference = el.find_element_by_class_name("XTjFC.WF4CUc")
>>> reference.text
'독서신문'
```

언론사 이름을 성공적으로 뽑아냈다! 그런데 주의할 점이 있다. 구글이나 네이버를 비롯한 대부분의 포털 사이트는 자사의 검색결과를 재산처럼 생각한다. 따라서 크롤링을 통한 데이터의 자동 수집을 막기 위해 여러 가지 방법을 사용한다. 그 중 주기적으로 웹 페이지의 코드를 바꿔버리는 방식이 있다.

저자가 몇 차례 예제 코드를 테스트할 때 오류가 발생했다. 구글에서 클래스 이름을 변형시키거나 검색결과 창의 모양을 새로이 디자인하면서 화면의 HTML 코드가 크게 바뀌었기 때문에 크롤러가 정상적으로 작동할 수 없었다.

따라서 크롤러를 주기적으로 업데이트해야 정상적으로 구글 검색결과로부터 요소들을 추출할 수 있다는 점을 항상 명심하자.

⑤ 뉴스 영역에서 기사 요약문 뽑아오기
크롬 드라이버의 개발자 도구에서 '조사' 모드를 실행하고, 뉴스의 요약문을 클릭해보자. 뉴스의 요약문은 〈div class="Y3v8qd"〉라는 태그로 표현된다.

find_element_by_class_name() 함수를 활용할 차례다.

```
>>> content = el.find_element_by_class_name("Y3v8qd")
>>> content.text
```

어떤가? 정상적으로 기사 요약문이 출력될 것이다.

⑥ 트위터에 올릴 기사 요약 만들기
지금까지 설명한 방법들을 활용해 기사의 제목, 언론사, 날짜, 요약문은 물론 url 주소까지도 뽑아낼 수 있다. 사이사이 개행 문자를 입력해 본문을 만들자. join() 함수가 활약하기 좋은 상황이다.

5. 알고리즘 순서도

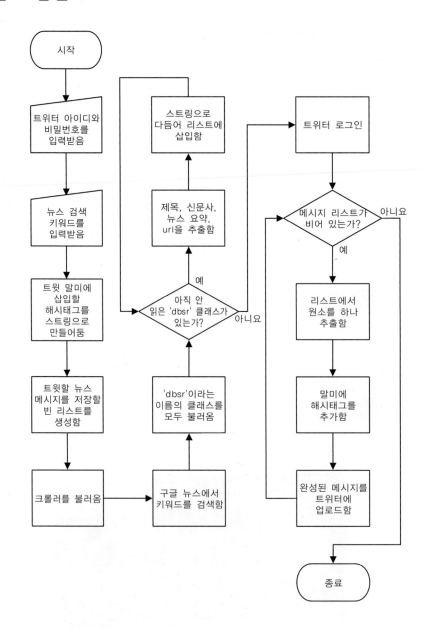

6. 코드 살펴보기 (소스 코드 : main.py)

```python
9   import sys
10  import time
11  import twitter_bot_news as tb
12
13
14  # 작업 시작 메시지를 출력합니다.
15  print("Process Start.")
16
17  # 시작 시점의 시간을 기록합니다.
18  start_time = time.time()
19
20  # 아이디를 입력받습니다.
21  id = sys.argv[1]
22
23  # 비밀번호를 입력받습니다.
24  ps = sys.argv[2]
25
26  # 스크랩할 뉴스 키워드를 입력받습니다.
27  keyword = sys.argv[3]
28
29  # 트윗 말미에 입력할 문구를 작성합니다.
30  # 너무 길면 트윗이 입력이 안 됩니다. 짧게 입력합니다.
31  endswith = "#뉴스 #수집 #봇"
32
33  # 크롤러를 불러옵니다.
34  BOT = tb.NewsBot(endswith)
35
36  # 트위터 로그인을 시도합니다.
37  BOT.login(id, ps)
38
39  # 작업을 수행합니다.
40  BOT.news_go_go(keyword)
41
42  # 크롤러를 닫아줍니다.
43  BOT.kill()
44
45  # 작업 종료 메시지를 출력합니다.
46  print("Process Done.")
47
```

```
48    # 작업에 총 몇 초가 걸렸는지 출력합니다.
49    end_time = time.time()
50    print("The Job Took " + str(end_time - start_time) + " seconds.")
```

라이브러리 import

코드의 9번째 줄부터 11번째 줄에 걸쳐서 라이브러리를 import하고 있다. sys, time 그리고 〈twitter_bot_news.py〉를 불러오고 있다.

트윗 말미 해시태그 정의

코드의 31번째 줄에서 트윗 말미에 입력할 해시태그를 정의하고 있다. 너무 길게 적으면 글자 수 제한에 걸려서 입력이 안 되니 짧게 입력해야 한다.

크롤러 클래스 불러오기

코드의 34번째 줄에서 크롤러 클래스를 불러오고 있다. 이때 트윗 말미에 붙일 문구를 제공해야 한다.

트위터 로그인

코드의 37번째 줄에서 로그인을 시도한다.

작업 수행

코드의 40번째 줄에서 news_go_go() 함수를 이용해 모든 작업을 수행한다. 단 한 줄의 코드를 실행하는 것으로 뉴스 수집부터 트위터에 업로드하는 과정까지 모든 작업이 완료된다.

7. 코드 살펴보기 (소스 코드 : twitter_bot_news.py)

```
7    from selenium import webdriver
8    from selenium.webdriver.chrome.options import Options
```

```
9    from selenium.webdriver.common.keys import Keys
10   import time
11
12
13   class NewsBot:
14       def __init__(self, endswith):
15           # 셀레늄 웹드라이버에 입력할 옵션을 지정합니다.
16           self.options = Options()
17           # 옵션에 해상도를 입력합니다.
18           self.options.add_argument("--window-size=1024,768")
19           # 옵션에 헤드리스를 명시합니다. 주석을 해제하면 헤드리스로 작업이 수행
     됩니다.
20           # self.options.add_argument("headless")
21           # 옵션을 입력해서 크롬 웹드라이버를 불러옵니다.
22           self.driver = webdriver.Chrome(executable_
     path="chromedriver.exe", chrome_options=self.options)
23           # 트윗할 메시지들을 저장할 공간을 만듭니다.
24           self.contents = []
25           # 쿼리를 만듭니다.
26           self.query = "https://www.google.com/search?tbm=nws&q="
27           # 글 말미에 붙일 문구를 입력합니다.
28           self.endswith = endswith
29
30       # 크롤러를 종료하는 메소드입니다.
31       # 굳이 한 줄짜리 코드를 함수로 만든 데는 여러 이유가 있습니다만,
32       # 쉽게 설명하자면 클래스 외부에서 클래스 내부 자료에 너무 깊게 관여하는 상황
     을 원하지 않기 때문입니다.
33       def kill(self):
34           self.driver.quit()
35
36       # 로그인을 수행하는 메소드입니다.
37       def login(self, id, ps):
38           # 트위터 로그인창으로 들어갑니다.
39           self.driver.get("https://twitter.com/login")
40           # 로딩이 오래 걸릴 수 있으니 잠시 대기합니다.
41           time.sleep(3)
42           # 아이디를 입력하기 위해 아이디 입력창 요소를 찾아옵니다.
43           # 트위터의 경우 아이디 입력창은 session[username_or_email] 이라
     는 이름을 갖고 있습니다.
44           id_input = self.driver.find_element_by_name
     ("session[username_or_email]")
45
```

```python
46          # id를 입력합니다.
            id_input.send_keys(id)

47
48          # 비밀번호를 입력합니다.
49          # 트위터의 경우 비밀번호 입력창은 session[password]라는 이름을 갖고
   있습니다.
50          ps_input = self.driver.find_element_by_name
   ("session[password]")
51          ps_input.send_keys(ps)
52          ps_input.send_keys(Keys.RETURN)
53          time.sleep(3)

54
55      # 구글에서 뉴스를 긁어와 트윗하기 좋게 다듬는 함수입니다.
56      def prepare_contents(self, keyword):
57          self.contents = []
58          # 검색을 수행합니다.
59          self.driver.get(self.query + keyword)
60          # 뉴스 기사와 관련된 엘리먼트를 한번에 다 따겠습니다.
61          # 구글 뉴스 검색 결과는 'dbsr'이라는 이름의 클래스로 제공됩니다.
62          news_elements = self.driver.find_elements_by_class_
   name("dbsr")
63          # 모든 엘리먼트로부터 정보를 추출하겠습니다.
64          for el in news_elements:
65              # 기사 제목을 추출합니다. <JheGif.nDgy9d> 태그로 작성되었습니다.
66              headline = el.find_element_by_class_name("JheGif.
   nDgy9d").text
67              # 기사 하이퍼링크 태그를 추출합니다.
68              hyperlink = el.find_element_by_tag_name("a")
69              # 기사 하이퍼링크 태그에서 기사 주소를 추출합니다.
70              news_url = hyperlink.get_attribute("href")
71              # 신문사 정보를 추출합니다. "XTjFC.WF4CUc"라는 클래스 이름으로
   저장되어 있습니다.
72              reference = el.find_element_by_class_name("XTjFC.
   WF4CUc").text
73              # 뉴스 앞부분을 추출해 냅니다. "st"라는 클래스로 기록되어 있습니다.
74              head = el.find_element_by_class_name("Y3v8qd").text
75              # 트윗에 올릴 기사 요약을 만듭니다.
76              news_summary = "\n".join((headline, reference, head,
   self.endswith, news_url))
77              self.contents.append(news_summary)

78
79      # 메시지를 입력받아 트윗하는 메소드입니다.
```

```
80      def tweet(self, string):
81          # 트윗 멘션을 쉽게 입력할 수 있게 전용 페이지로 이동합니다.
82          self.driver.get("https://twitter.com/intent/tweet")
83          time.sleep(5)
84          # 메시지 입력창 요소를 찾습니다. xpath를 복사합니다.
85          board = self.driver.find_element_by_xpath('//*[@
    id="layers"]/div[2]/div/div/div/div/div/div[2]/div[2]/div/
    div[3]/div/div/div/div[1]/div/div/div/div/div[2]/div[1]/div/div/
    div/div/div/div/div/div/div[1]/div/div/div/div[2]/div/div/
    div/div')
86          # 메시지 입력창에 메시지를 보냅니다.
87          board.send_keys(string)
88          # Ctrl + Enter를 눌러 메시지를 게시합니다.
89          board.send_keys(Keys.CONTROL + Keys.RETURN)
90
91      # self.contents에 저장된 모든 메시지를 하나씩 트윗하는 메소드입니다.
92      def tweet_all(self, interval):
93          # for문을 사용해 모든 메시지를 하나씩 접근합니다.
94          for el in self.contents:
95              # 메시지를 하나씩 트윗합니다.
96              self.tweet(el)
97              # 로딩에 좀 걸릴 수 있으므로 기다려줍니다.
98              time.sleep(interval)
99
100     # 키워드를 입력받아 뉴스를 검색하고, 트위터에도 업로드하는 봇을 만듭니다.
101     def news_go_go(self, keyword, interval=10):
102         # 뉴스 기사를 긁어옵니다.
103         self.prepare_contents(keyword)
104         # 긁어온 모든 자료를 올립니다.
105         self.tweet_all(interval)
106
107     def save_screenshot(self):
108         self.driver.save_screenshot("test.png")
```

라이브러리 import

코드의 7번째 줄부터 10번째 줄에 걸쳐 라이브러리를 불러오고 있다. 셀레늄 구동을 위한 라이브러리들과 time 라이브러리를 사용한다.

클래스 선언

코드의 13번째 줄에서 NewsBot 클래스를 선언하고 있다. 14번째 줄의 __init__() 메소드는 endswith라는 변수를 입력받고 있다. 이 변수는 트윗 게시물 말미에 덧붙이고자 하는 문자열이다. __init__()이 실행되면 크롬 드라이버가 실행된다. endswith는 코드의 28번째 줄에서 self.endswith 변수에 저장된다.

이후 24번째 줄에서 트윗할 메시지를 저장할 self.contents 변수를 만들고 있고, 26번째 줄에서는 구글 뉴스 검색을 수행하기 위한 쿼리 url을 저장하고 있다.

크롤러 종료, 로그인, 게시물 작성, 스크린샷 저장

대부분 코드는 이전 절의 예제 코드와 동일하다. 크롤러를 종료하기 위한 kill() 메소드가 33번째 줄에서 정의되고 있으며, 로그인을 위한 login() 메소드가 37번째 줄에서 정의된다. 트위터에 게시물을 올리기 위한 tweet(), tweet_all() 메소드도 그대로 활용되고 있다. 이 메소드들은 코드의 80번째 줄과 92번째 줄에서 정의되고 있다.

구글 뉴스 긁어오기

코드의 56번째 줄에서 구글 뉴스 검색결과를 긁어오기 위한 메소드를 정의하고 있다. 메소드가 실행되면 59번째 줄에서 구글 뉴스 검색을 실행하고, 62번째 줄에서 앞서 설명한 방법을 활용해 "dbsr"이라는 이름의 클래스를 모두 긁어오고 있다.

이후 앞서 설명한 방법을 활용해 기사의 제목, 기사의 url, 언론사 이름, 보도 날짜, 뉴스 요약문 등의 정보를 뽑아내고 코드의 76번째 줄에서 join() 함수를 활용해 이 콘텐츠를 하나로 합치고 있다.

완성된 콘텐츠 스트링은 77번째 줄에서 self.contents에 삽입한다.

코드 가독성을 높이기 위한 메소드

코드의 101번째 줄에서 코드의 가독성을 높이기 위해 news_go_go() 메소드를 정의하고 있다. 〈main.py〉에서 두 줄에 걸쳐서 수행해도 되었을 작업을 굳이 하나로 합쳐 주고 있다. news_go_go() 덕분에 복잡한 작업이 단 한 줄의 코드로 압축되고 있다.

8. 헤드리스 자동화

코드의 20번째 줄의 주석을 제거하여 아래와 같이 수정하면 코드가 헤드리스 모드로 작동한다.

```
>>> self.options.add_argument("headless")
```

······ 06 ······

매크로 없이 인스타그램에서 특정 태그가 달린 게시물 모조리 캡처하기

1. <README.md>

'5_10_6_매크로 없이 인스타그램에서 특정 태그가 달린 게시물 모조리 캡처하기' 폴더로 이동해 〈README.md〉 파일을 열어보자.

매크로 없이 인스타그램에서 특정 태그가 달린 게시물 모조리 캡처하기

인스타그램을 돌면서, 특정 해시태그가 입력된 게시물을 모조리 캡처하는 자동화입니다.

사용 방법

```
$ python main.py <ID> <PS> <TAG> <DIRECTORY> <NUMBER>
```

〈ID〉 〈PS〉에는 ID와 비밀번호를 입력합니다.
〈TAG〉에는 검색할 태그를 입력합니다.
〈DIRECTORY〉에는 캡처한 내용물을 저장할 폴더 이름을 입력합니다.
〈NUMBER〉에는 반복 횟수를 입력합니다. −1을 입력하면 사용자가 중단할 때까지 작업을 계속합니다.

---

2. 코드 실행하기

'5_10_6_매크로 없이 인스타그램에서 특정 태그가 달린 게시물 모조리 캡처하기' 폴더에 크롬 드라이버를 복사한다. 그리고 〈README.md〉를 참고해 코드를 실행한다.

```
$ python main.py <ID> <PS> <검색할 태그> <캡처 이미지 저장 폴더> <횟수>
```

크롬 드라이버 창이 실행되면서 작업이 수행될 것이다. 이때 〈횟수〉에 -1을 입력하면 사용자가 코드를 종료할 때까지 영원히 작업을 반복하게 된다.

3. 코드 실행 과정

아래 QR코드나 링크를 통해 코드의 실행 과정을 동영상으로 확인할 수 있습니다.

 https://youtu.be/5BpIjMufGbM

작업이 수행되는 동안 인스타그램 게시물이 이미지 형태로 캡처되어 폴더 안에 저장된다.

4. 업무 자동화 코드 설계 과정

목표 정하기
① 인스타그램 로그인
② 인스타그램 태그 검색
③ 게시물 클릭
④ 게시물 스크린샷 캡처
⑤ 다음 게시물로 넘어가기

목표를 달성하는 데 필요한 작업 쪼개기
① 인스타그램 로그인
② 인스타그램 태그 검색
③ 게시물 요소 클릭
④ 게시물 스크린샷 캡처
⑤ 다음 게시물로 넘어가기

쪼개진 작업들을 해결하기 위한 방법 생각하기

① 인스타그램 로그인

인스타그램 로그인 페이지의 요소를 탐색해보자. 파이참 콘솔을 실행해 아래 코드를 실행한다.

```
>>> from selenium import webdriver
>>> driver = webdriver.Chrome(executable_path="chromedriver.exe")
```

크롬 드라이버가 실행되었다면 주소창에 아래 주소를 입력해 로그인 페이지로 이동한다.

https://instagram.com/login

F12 키를 눌러 개발자 도구를 실행하고, '조사' 모드로 아이디 입력창을 클릭해보자.

ID 입력창에서 "input" 태그를 활용하고 있다. 비밀번호 입력창 역시 마찬가지다. 그렇다면 태그 이름이 "input"인 요소를 모두 찾아내면 아이디와 비밀번호를 입력할 수 있을 것이다.

아래 코드를 실행하자.

```
>>> input_tags = driver.find_elements_by_tag_name("input")
>>> len(input_tags)
2
```

화면에서 input 태그가 정확하게 2개만 추출되었다. 한 개는 아이디 입력 필드일 것이고 다른 하나는 비밀번호 입력 필드일 것이다. 테스트를 해보자.

```
>>> id_field = input_tags[0]
>>> ps_field = input_tags[1]
>>> id_field.send_keys("test")
>>> ps_field.send_keys("test")
```

잘 작동한다! id_field에는 아이디를 입력하고 ps_field에는 비밀번호와 엔터키를 입력하면 로그인을 수행할 수 있다.

다음 단계로 넘어가기 위해 로그인을 수행하자.

② 인스타그램 태그 검색

9장에서 사용한 방법을 그대로 활용한다. 인스타그램에서 태그 검색을 수행하기 위해 아래 주소를 주소창에 입력한다.

https://www.instagram.com/explore/tags/고양이

고양이가 아니라 다른 태그를 검색하고 싶다면 맨 뒤의 글자만 바꿔주면 된다.

③ 게시물 요소 클릭

개발자 도구의 '조사' 모드로 게시물을 하나 클릭해보자. 그런데 주의할 점이 있다. 인스타그램에서 태그 검색을 수행하면 최신 게시물이 아니라 인기 게시물이 먼저 화면에 노출된다.

여기서 스크롤을 좀 내려 줘야 최근 사진이 노출된다.

인기 게시물은 딱 9장의 사진만 공개된다. 대량의 사진을 수집하는 데 적합하지 않다. 따라서 인기 게시물이 아니라 최근 사진에 있는 게시물을 하나씩 불러오는 것이 자동화에 있어 훨씬 효율적이다.

그런데 최근 게시물의 맨 위에 있는 사진을 '조사'해보니 태그 이름도 div로 동일하고, 클래스 이름도 예쁘지 않다.

이런 상황일 때는 마음 편하게 xpath를 활용하자. 개발자 도구에서 마우스 오른쪽 버튼으로 저 태그를 클릭한 다음, Copy → XPath를 차례로 클릭한다. 클립보드에 xpath가 복사되었을 것이다. XPath를 적당한 변수에 저장한다.

```
>>> xpath = '//*[@id="react-root"]/section/main/article/div[2]/div/div[1]/div[1]/a/div[1]/div[2]'
```

그리고 요소를 뽑아내 클릭을 시도해보자. 크롬 드라이버에서 어떤 요소를 클릭할 때는 아래와 같이 click() 함수를 활용한다.

```
>>> el = driver.find_element_by_xpath(xpath)
>>> el.click()
```

짜잔! 게시물이 클릭되었다. 간혹 클릭 한 번으로는 게시물이 실행이 안 되는 경우도 있다. 그럴 경우에는 침착하게 click() 함수를 한 번 더 호출하자.

④ 게시물 스크린샷 캡처

이전 장에서는 driver.screenshot() 함수를 이용해 크롬 드라이버의 화면을 통째로 캡처했었다. 이번에는 게시물 영역만 캡처해보자. 개발자 도구의 '조사' 모드를 실행한 뒤 게시물의 사진을 클릭한다. 그리고 주변에 있는 다른 태그들 위에 마우스를 이리저리 옮겨다녀 보자.

마우스가 가리키는 태그가 바뀔 때마다 화면에서 서로 다른 영역이 사진의 좌측과 같이
하이라이트 된다.

이 하이라이트 영역이 게시물을 완전히 덮는 태그가 무엇인지 찾아내 보자. 사진의
〈article〉 태그가 게시물을 커버하는 것 같다. 그런데 find_element_by_tag_name() 함
수를 활용해 태그 이름이 "article"인 요소를 뽑아내려 하면 다른 태그가 먼저 검색된다.
화면에 〈article〉이 하나가 아니므로 생기는 문제다.

이럴 때는 가장 만만한 방법이 XPath 복사다. XPath를 복사한 다음 게시물 영역 요소를
추출하자.

```
>>> xpath = '/html/body/div[4]/div[2]/div/article'
>>> article = driver.find_element_by_xpath(xpath)
>>> article.screenshot("test.png")
```

짜잔! 캡처에 성공했다.

⑤ 다음 게시물로 넘어가기

'조사' 기능을 활용해 다음 게시물로 넘기는 버튼을 조사해보자.

코드를 살펴보니 클래스 이름도 복잡하고, 요소를 추출하기가 상당히 불편할 것으로 보인다. 그런데 한글로 '다음'이라고 적혀 있다. 혹시 이 글자를 활용해 요소를 뽑아낼 수는 없을까? 파이참 콘솔에서 find_element 시리즈를 살펴보자. 아래 코드를 콘솔에 입력하고 팝업창을 기다린다.

```
>>> driver.find_element
```

왠지 find_element_by_link_text() 함수가 신경 쓰인다. text를 기준으로 요소를 뽑아낸 다는 뜻 아닐까?

테스트를 해보자.

```
>>> el = driver.find_element_by_link_text("다음")
>>> el.click()
```

정상적으로 작동한다! 이제 자동화에 필요한 모든 준비 과정이 끝났다.

5. 알고리즘 순서도

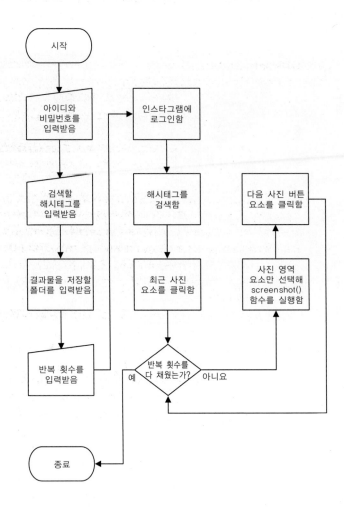

6. 코드 살펴보기 (소스 코드 : main.py)

```
9   import sys
10  import time
11  import insta_bot_capture as ib
12  import os
13
```

```
14
15   # 작업 시작 메시지를 출력합니다.
16   print("Process Start.")
17
18   # 시작 시점의 시간을 기록합니다.
19   start_time = time.time()
20
21   # 아이디를 입력받습니다.
22   id = sys.argv[1]
23
24   # 패스워드를 입력받습니다.
25   ps = sys.argv[2]
26
27   # 검색할 태그를 입력받습니다.
28   tag = sys.argv[3]
29
30   # 결과물을 저장할 폴더 이름을 입력받습니다.
31   directory = sys.argv[4]
32
33   # 결과물을 저장할 폴더를 생성합니다.
34   if directory not in os.listdir():
35       os.mkdir(directory)
36
37   # 반복 횟수를 입력받습니다.
38   NUMBER = int(sys.argv[5].strip())
39
40   # 크롤러를 불러옵니다.
41   BOT = ib.CaptureBot()
42
43   # 인스타그램에 로그인을 합니다.
44   BOT.login(id, ps)
45
46   # 작업을 수행합니다.
47   BOT.insta_jungdok(tag, directory, NUMBER)
48
49   # 크롤러를 닫아줍니다.
50   BOT.kill()
51
52   # 작업 종료 메시지를 출력합니다.
53   print("Process Done.")
54
55   # 작업에 총 몇 초가 걸렸는지 출력합니다.
56   end_time = time.time()
57   print("The Job Took " + str(end_time - start_time) + " seconds.")
```

라이브러리 import

코드의 9번째 줄부터 12번째 줄에 걸쳐 라이브러리를 불러오고 있다. 〈insta_bot_capture.py〉를 불러오는 점을 제외하면 특이 사항은 없다.

결과물을 저장할 폴더 생성

오랜만에 os.mkdir() 함수를 활용하는 것 같다. 이 책의 앞에서 살펴보았던 방법들과 다르지 않다.

크롤러 클래스 불러오기

코드의 41번째 줄에서 CaptureBot 크롤러를 불러오고 있다. 여담인데, 41번째 줄의 코드와 같이 클래스 이름 뒤에 괄호를 붙이면 클래스 내부의 __init__() 함수가 호출되면서 클래스가 새로이 생성된다. 상세한 내용은 굳이 공부하지 않아도 된다.

인스타그램 로그인

코드의 44번째 줄에서 여느 때와 마찬가지로 login() 함수를 활용해 로그인을 수행한다.

작업 수행

이번 예제의 핵심 작업은 코드의 47번째 줄에서 실행된다. insta_jungdok() 메소드를 활용해 한 줄의 코드로 처리하고 있다.

7. 코드 살펴보기 (소스 코드 : insta_bot_capture.py)

```
 8   from selenium import webdriver
 9   from selenium.webdriver.chrome.options import Options
10   from selenium.webdriver.common.keys import Keys
11   import time
12
13
14   class CaptureBot:
15       def __init__(self):
```

```python
16          # 쿼리 베이스를 제작합니다.
17          self.querry ="https://www.instagram.com/explore/tags/"
18          # 셀레늄 웹드라이버에 입력할 옵션을 지정합니다.
19          self.options = Options()
20          # 옵션에 해상도를 입력합니다.
21          self.options.add_argument("--window-size=1024,768")
22          # 옵션에 헤드리스를 명시합니다. 주석을 해제하면 헤드리스로 작업이 수행
   됩니다.
23          # self.options.add_argument("headless")
24          # 크롬 웹드라이버를 불러옵니다.
25          self.driver = webdriver.Chrome(executable_
   path="chromedriver.exe", chrome_options=self.options)
26
27      # 크롤러를 종료하는 메소드입니다.
28      # 굳이 한 줄짜리 코드를 함수로 만든 데는 여러 이유가 있습니다만,
29      # 쉽게 설명하자면 클래스 외부에서 클래스 내부 자료에 너무 깊게 관여하는 상황
   을 원하지 않기 때문입니다.
30      def kill(self):
31          self.driver.quit()
32
33      # 스크린샷을 저장하는 함수입니다.
34      def save_screenshot(self, filename):
35          self.driver.save_screenshot(filename)
36
37      # 인스타그램 로그인 함수입니다.
38      def login(self, id, ps):
39          # 로그인 페이지로 이동합니다.
            self.driver.get("https://www.instagram.com/accounts/
40   login/")
41          time.sleep(5)
42          # ID, PS 입력 요소는 <input> 태그입니다. 요소를 찾아줍시다.
43          input_field = self.driver.find_elements_by_tag_
   name("input")
44          # 첫 번째 요소가 아이디입니다. 아이디를 입력합니다.
45          input_field[0].send_keys(id)
46          # 비밀번호 입력 요소는 두 번째입니다. 비밀번호를 입력합니다.
47          input_field[1].send_keys(ps)
48          # 엔터키를 쳐서 로그인을 마무리합니다.
49          input_field[1].send_keys(Keys.RETURN)
50          time.sleep(5)
51
52      # 인스타그램에서 태그를 검색하는 함수입니다.
53      def search_tag(self, tag):
```

```
54          self.driver.get(self.querry + tag)
55          # 로딩이 오래 걸릴 수 있으니 잠시 대기합니다.
56          time.sleep(5)
57
58      # 태그 검색 화면에서 최근에 게시된 첫 번째 사진을 골라 클릭합니다.
59      def select_picture(self):
60          # 최근 사진의 xpath는 아래와 같습니다.
61          recent_picture_xpath = '//*[@id="react-root"]/section/
main/article/div[2]/div/div[1]/div[1]/a/div[1]/div[2]'
62          # 최근 사진의 요소를 가져옵니다.
63          recent_picture = self.driver.find_element_by_
xpath(recent_picture_xpath)
64          # 최근 사진을 클릭합니다.
65          recent_picture.click()
66          time.sleep(5)
67
68      # 검색결과들을 돌아다니며 모조리 캡처합니다.
69      # num에는 몇 개의 게시물을 캡처할지 입력합니다.
70      # -1을 입력하면 사용자가 직접 종료하기 전까지 무한정 계속합니다.
71      def capture_pictures(self, directory, num):
72          # 반복 횟수를 결정하기 위한 변수입니다.
73          count = num
74          # count가 0이 될 때까지 반복합니다.
75          while count != 0:
76              # 카운트를 한 개씩 깎아내립니다.
77              # num이 -1인 경우 계속 0보다 작아지기만 하고 0이 되지는 않으므
로 영원히 실행됩니다.
78              count -= 1
79              # 화면을 통째로 캡처하는 건 의미가 없으니 사진과 게시물 부분만 캡
처합시다.
80              # 이 영역의 xpath는 '/html/body/div[4]/div[2]/div/
article'입니다.
81              article_xpath = '/html/body/div[4]/div[2]/div/
article'
82              # 요소를 찾아줍니다.
83              article_element = self.driver.find_element_by_
xpath(article_xpath)
84              # 요소별로 스크린샷을 찍을 수 있습니다. 찍어줍니다.
85              article_element.screenshot(directory + "/" +
str(time.time()) + ".png")
86              # 잠시 기다려줍니다.
```

```
87              time.sleep(2)
88                  # 다음 게시물로 넘어갑시다. 다음 버튼에는 link text가 "다음"으
로 기재되어 있습니다. 요소를 찾습니다.
89                  next_button = self.driver.find_element_by_link_text("
다음")
90                  # 클릭합니다.
91                  next_button.click()
92                  # 로딩을 위해 5초 정도 기다려 줍니다.
93                  time.sleep(5)
94
95          # 코드 간소화를 위해 자기가 알아서 인스타그램에 로그인하고, 검색하고, 캡처도
다 하는 메소드를 만듭시다.
96          def insta_jungdok(self, tag, directory, num=100):
97              # 태그도 검색하고
98              self.search_tag(tag)
99              # 사진 한 장을 선택한 다음
100             self.select_picture()
101             # 캡처를 따면서 사진을 한 장씩 넘겨줍니다.
102             self.capture_pictures(directory, num)
```

라이브러리 import

코드의 8번째 줄부터 11번째 줄에 걸쳐 라이브러리를 불러오고 있다. 이번 예제에서도 셀레늄과 time 라이브러리만을 사용한다. 크롤링을 할 때 가장 중요한 부분이 적당한 타이밍에 time.sleep() 함수를 활용해 아무 일도 하지 않고 기다려주는 것이 아닐까 생각된다.

클래스 선언

코드의 14번째 줄에서 CaptureBot 클래스를 선언하고 있다. __init__() 메소드에서는 별다른 작업을 수행하지는 않고, 태그 검색을 쉽게 하기 위한 url을 self.querry에 저장하고 크롬 드라이버를 실행하고 있다.

크롤러 종료, 스크린샷 촬영

코드의 30번째 줄과 34번째 줄에서 kill() 메소드와 save_screenshot() 메소드를 정의하고 있다.

로그인

코드의 38번째 줄에서 인스타그램 로그인을 위한 login() 메소드를 정의하고 있다. 앞서 설명한 방법을 그대로 사용하고 있다. 41번째 줄과 50번째 줄에서 time.sleep() 함수를 이용해 5초 동안 기다려 주고 있다.

눈으로 보기에는 로딩이 다 된 것으로 보여도 내부의 태그가 재정렬이 덜 되는 경우가 있다. 웹 페이지를 만들면서 크롤링을 방지하려고 일부러 그렇게 코딩한 것으로 보인다. 아무 일도 하지 않고 적당히 멈추고 있는 것이 자동화를 달성하는 데 중요한 부분이다.

뛰어난 개발자는 정말 기막힌 타이밍에 time.sleep()을 호출한 뒤 중간중간 대기 시간을 삽입해 서버 측에서 사람인지 크롤러인지 구분할 수 없도록 만든다고 한다. 사람처럼 행동하는 로봇을 만들어야 크롤러 방지 시스템에 감지되지 않는다.

인스타그램 태그 검색

코드의 53번째 줄에서 인스타그램 태그 검색을 수행하기 위한 search_tag() 메소드를 정의하고 있다.

태그 검색 화면에서 첫 번째 사진 클릭

코드의 59번째 줄에서 검색결과 중 첫 번째 게시물을 클릭하기 위한 메소드를 정의하고 있다. 앞서 살펴본 방법을 그대로 활용해 XPath를 통해 게시물의 요소를 추출하고, click() 함수를 활용해 게시물을 클릭하는 방식으로 작동한다.

클릭을 수행한 다음 66번째 줄에서 5초 동안 아무것도 하지 않고 기다려준다.

게시물을 이동하며 캡처하기

코드의 71번째 줄에서 capture_pictures() 메소드를 정의하고 있다. 이 메소드는 여러 개의 게시물을 캡처하는 역할을 수행한다.

75번의 while문이 반복 횟수를 결정한다. 사용자가 입력한 num 값이 양수일 경우 num 값만큼만 작업을 반복하고, num 값이 음수일 경우 사용자가 직접 프로그램을 종료할 때까지 영원히 작업을 수행한다.

81번 줄에서는 "article"이라는 태그 이름을 검색하여 게시물 영역을 추출하고 있고, 83번 줄에서 스크린샷을 저장하고 있다. 이후 85번째 줄에서 2초 동안 기다려준다. 87번 줄에서는 다음 게시물로 넘어가기 위해 find_element_by_link_text() 함수를 활용해 다음 버튼 요소를 뽑아내고 있으며, 89번째 줄에서 버튼을 클릭하고 91번 줄에서 5초간 기다려준다.

가독성을 높이기 위한 메소드

96번째 줄에서 isnta_jungdok() 메소드를 정의하며 세 가지 작업을 하나의 메소드로 압축하고 있다. 〈main.py〉에서는 insta_jungdok() 메소드를 호출하는 것으로 모든 작업을 한 줄의 코드로 압축해 실행할 수 있게 된다.

8. 헤드리스 자동화

코드의 23번째 줄의 주석을 제거하고 아래와 같이 수정하면 코드가 헤드리스 모드로 작동한다.

```
>>> self.options.add_argument("headless")
```

······ 07 ······

매크로 없이 인스타그램에서 특정 태그가 달린 게시물 모조리 '좋아요' 누르기

1. <README.md>

'5_10_7_매크로 없이 인스타그램에서 특정 태그가 달린 게시물 모조리 좋아요 누르기' 폴더로 이동해 〈README.md〉 파일을 열어보자.

매크로 없이 인스타그램에서 특정 태그가 달린 게시물 모조리 '좋아요' 누르기

인스타그램을 돌면서, 특정 해시태그가 입력된 게시물을 모조리 '좋아요'를 누르는 자동화입니다.

사용 방법
```
$ python main.py <ID> <PS> <TAG> <NUMBER>
```

〈ID〉 〈PS〉에는 ID와 비밀번호를 입력합니다.
〈TAG〉에는 검색할 태그를 입력합니다.
〈NUMBER〉에는 반복 횟수를 입력합니다. −1을 입력하면 사용자가 중단할 때까지 작업이 계속됩니다.

---

2. 코드 실행하기

'5_10_7_매크로 없이 인스타그램에서 특정 태그가 달린 게시물 모조리 좋아요 누르기' 폴더에 크롬 드라이버를 복사하고, 〈README.md〉를 참고하여 코드를 실행한다.

```
$ python main.py <ID> <PS> <좋아요 누를 태그> <게시물 개수>
```

코드가 실행되면 해당 해시태그를 가진 게시물을 순서대로 탐색하면서 게시물과 댓글 모두에 '좋아요'를 누른다. 이미 '좋아요'가 눌러진 상태라면 건너뛴다.

3. 코드 실행 과정

아래 QR코드나 링크를 통해 코드의 실행 과정을 동영상으로 확인할 수 있습니다.

 https://youtu.be/TbZMvkGcakU

4. 업무 자동화 코드 설계 과정

목표 정하기

① 인스타그램 로그인

② 해시태그 검색

③ 게시물 클릭하기

④ '좋아요' 누르기

⑤ 다음 게시물로 넘어가기

목표를 달성하는 데 필요한 작업 쪼개기

① 인스타그램 로그인, 태그 검색, 게시물 클릭하기, 다음 게시물로 넘어가기

② '좋아요' 누르기

쪼개진 작업들을 해결하기 위한 방법 생각하기

① 인스타그램 로그인, 태그 검색, 게시물 클릭하기, 다음 게시물로 넘어가기

6절의 예제에서 사용했던 방법을 그대로 재활용한다.

② '좋아요' 누르기

크롬 드라이버를 실행해 '좋아요' 버튼 요소를 뽑아내 보자. 예제 폴더에서 파이참을 실행하고 파이썬 콘솔을 실행한다.

```
>>> from selenium import webdriver
>>> driver = webdriver.Chrome(executable_path="chromedriver.exe")
```

크롬 드라이버가 실행되었다면 인스타그램 사이트로 접속해 로그인하고, 적당한 태그
를 검색해 게시물을 실행한다. F12 키를 눌러 개발자 도구를 실행하고, '조사' 모드로 '좋
아요' 버튼을 클릭해 태그를 분석해보자.

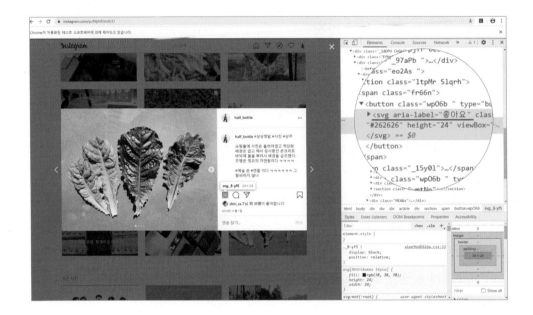

'좋아요' 버튼은 〈svg〉 태그로 만들어져 있다. 이 태그가 어떤 역활을 수행하는지는 모
르겠지만 태그의 이름은 알아냈다. 그런데 페이지에 과연 〈svg〉 태그로 작성된 요소가
'좋아요' 버튼뿐일까? 한번 확인을 해보자.

```
>>> svg = driver.find_elements_by_tag_name("svg")
>>> len(svg)
12
```

이 화면에는 svg라는 태그가 너무 많다. 이럴 때 어떻게 '좋아요' 버튼을 뽑아낼 수 있을까? XPath를 활용하는 방법도 있겠지만 이번에는 조건문을 활용하겠다. 변수 svg 안에는 태그 이름이 "svg"인 요소가 총 12개 저장된 상황이다. 이 상태에서 for문을 활용해요소들을 하나씩 뽑아낸 다음, 속성을 확인할 것이다. 스크린샷을 살펴보니 '좋아요' 버튼은 아래와 같은 정보를 태그 안에 가지고 있다.

aria-label="좋아요"

이미 '좋아요'가 눌러져 빨간색으로 채워진 버튼에는 '좋아요 취소'라고 적혀 있다. 한 번 '좋아요' 버튼을 클릭한 다음 개발자 도구로 확인해보자.

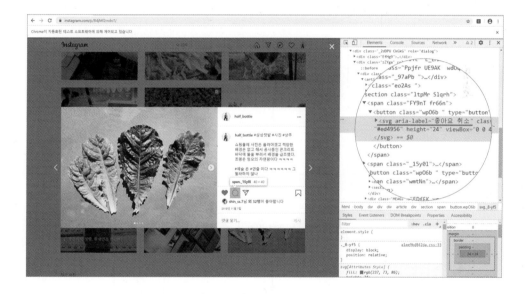

덕분에 우리는 작업을 한결 수월하게 할 수 있게 되었다. 'aria-label'이라는 속성이 '좋아요'인 요소만 골라내고 나머지를 버리면, 이미 '좋아요'가 눌러진 버튼을 건너뛸 수 있기 때문이다. 아래와 같이 반복문을 구성하며 '좋아요' 버튼만 뽑아내어 저장할 수 있다.

```
>>> like_buttons = []
```

```
>>> for el in svg:
>>>     if el.get_attribute('aria-label') == "좋아요":
>>>         like_buttons.append(el)
```

예시 코드에서는 '좋아요' 버튼에 해당할 경우 리스트에 삽입하도록 했는데, if문 내부에서 바로 click() 함수를 호출해도 좋을 것이다.

5. 알고리즘 순서도

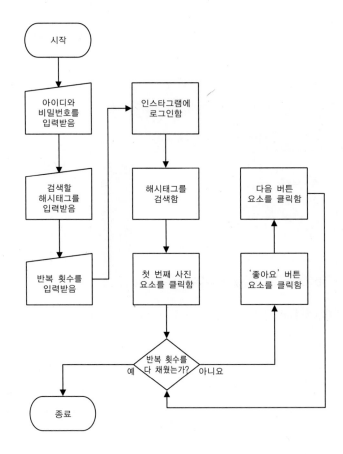

6. 코드 살펴보기 (소스 코드 : main.py)

6절의 예제 코드와 별로 다를 바 없다.

```python
9   import sys
10  import time
11  import insta_bot_like as ib
12
13
14  # 작업 시작 메시지를 출력합니다.
15  print("Process Start.")
16
17  # 시작 시점의 시간을 기록합니다.
18  start_time = time.time()
19
20  # 아이디를 입력받습니다.
21  id = sys.argv[1]
22
23  # 패스워드를 입력받습니다.
24  ps = sys.argv[2]
25
26  # 검색할 태그를 입력받습니다.
27  tag = sys.argv[3]
28
29  # 반복 횟수를 입력받습니다.
30  NUMBER = int(sys.argv[4].strip())
31
32  # 크롤러를 불러옵니다.
33  BOT = ib.LikeBot()
34
35  # 인스타그램에 로그인합니다.
36  BOT.login(id, ps)
37
38  # 작업을 수행합니다.
39  BOT.insta_jungdok(tag, NUMBER)
40
41  # 크롤러를 닫아줍니다.
42  BOT.kill()
43
44  # 작업 종료 메시지를 출력합니다.
45  print("Process Done.")
46
```

```
47   # 작업에 총 몇 초가 걸렸는지 출력합니다.
48   end_time = time.time()
49   print("The Job Took " + str(end_time - start_time) + " seconds.")
```

7. 코드 살펴보기 (소스 코드 : insta_bot_like.py)

'좋아요' 버튼을 누르기 위한 press_like() 메소드가 코드의 73번째 줄에서 정의되고 있으며, 나머지 부분은 6절의 예제 코드와 동일하다.

```
8    from selenium import webdriver
9    from selenium.webdriver.chrome.options import Options
10   from selenium.webdriver.common.keys import Keys
11   import time
12
13
14   class LikeBot:
15       def __init__(self):
16           # 쿼리 베이스를 제작합니다.
17           self.querry ="https://www.instagram.com/explore/tags/"
18           # 셀레늄 웹드라이버에 입력할 옵션을 지정합니다.
19           self.options = Options()
20           # 옵션에 헤드리스를 명시합니다. 주석을 해제하면 헤드리스로 작업이 수행됩니다.
21           # self.options.add_argument("headless")
22           # 옵션에 해상도를 입력합니다.
23           self.options.add_argument("--window-size=1600,900")
24           # 크롬 웹드라이버를 불러옵니다.
25           self.driver = webdriver.Chrome(executable_
     path="chromedriver.exe", chrome_options=self.options)
26
27           # 크롤러를 종료하는 메소드입니다.
28           # 굳이 한 줄짜리 코드를 함수로 만든 데는 여러 이유가 있습니다만,
29           # 쉽게 설명하자면 클래스 외부에서 클래스 내부 자료에 너무 깊게 관여하는 상황을
     원하지 않기 때문입니다.
30       def kill(self):
31           self.driver.quit()
32
33           # 스크린샷을 저장하는 함수입니다.
34       def save_screenshot(self, filename):
```

```
35              self.driver.save_screenshot(filename)
36
37          # 인스타그램 로그인 함수입니다.
38          def login(self, id, ps):
39              # 로그인 페이지로 이동합니다.
40              self.driver.get("https://www.instagram.com/accounts/
    login/")
41              # 로딩을 위해 10초 정도 기다려 줍니다.
42              time.sleep(5)
43              # ID, PS 입력 요소는 <input> 태그입니다. 요소를 찾아줍시다.
44              input_field = self.driver.find_elements_by_tag_
    name("input")
45              # 첫 번째 요소가 아이디입니다. 아이디를 입력합니다.
46              input_field[0].send_keys(id)
47              # 비밀번호 입력 요소는 두 번째입니다. 비밀번호를 입력합니다.
48              input_field[1].send_keys(ps)
49              # 엔터키를 쳐서 로그인을 마무리합니다.
50              input_field[1].send_keys(Keys.RETURN)
51              # 10초 정도 기다려 줍니다.
52              time.sleep(5)
53
54          # 인스타그램에서 태그를 검색하는 함수입니다.
55          def search_tag(self, tag):
56              self.driver.get(self.querry + tag)
57              # 로딩이 오래 걸릴 수 있으니 잠시 대기합니다.
58              time.sleep(5)
59
60          # 태그 검색 화면에서 최근에 게시된 첫 번째 사진을 골라 클릭합니다.
61          def select_picture(self):
62              # 최근 사진의 xpath는 아래와 같습니다.
63              recent_picture_xpath = '//*[@id="react-root"]/section/
    main/article/div[2]/div/div[1]/div[1]'
64              # 최근 사진의 요소를 가져옵니다.
65              recent_picture = self.driver.find_element_by_
    xpath(recent_picture_xpath)
66              # 최근 사진을 클릭합니다.
67              recent_picture.click()
68              time.sleep(5)
69
70          # 검색결과들을 돌아다니며 모조리 '좋아요' 버튼을 누릅니다.
71          # num에는 '좋아요'를 표시할 게시물의 수를 입력합니다.
72          # -1을 입력하면 사용자가 직접 종료하기 전까지 무한정 계속합니다.
73          def press_like(self, num):
```

```
74          # 반복 횟수를 결정하기 위한 변수입니다.
75          count = num
76          # count가 1개씩 깎이면서, 0이 될 때까지 반복합니다.
77          # num이 -1인 경우 계속 0보다 작아지기만 하고 0이 되지는 않으므로 영원히 실행됩
            니다.
78          while count != 0:
79              # '좋아요' 버튼의 태그를 직접 찾기는 힘듭니다. '좋아요' 버튼은 <svg> 태그
                로 만들어져 있는데
80              # 이 화면에 <svg> 태그를 가진 버튼이 한두 개가 아닙니다.
81              # 그러므로 일단 <svg> 태그를 가진 요소를 몽땅 갖고 옵니다.
82              svg = self.driver.find_elements_by_tag_name("svg")
83              # <svg> 태그는 내부에 aria-label이라는 이름의 어트리뷰트를 갖고
                있습니다.
84              # 이 어트리뷰트가 '좋아요'인 svg 요소만 찾아내 클릭합시다.
85              # for 문으로 일단 svg 태그들을 모조리 불러옵니다.
86              for el in svg:
87                  # 태그 내부의 aria-label 어트리뷰트가 '좋아요'인 경우만 잡아냅
                    니다.
88                  # 이미 '좋아요'가 눌러져 있는 경우 어트리뷰트 값이 "좋아요 취소"로 변
                    경됩니다.
89                  # 따라서 이 방법은 이미 '좋아요'를 눌러 둔 게시물은 건너뛸 수 있다는
                    장점도 가집니다.
90                  # 또한 이 과정에서 댓글의 '좋아요'도 모두 클릭합니다.
91                  if el.get_attribute("aria-label") == "좋아요":
92                      # 좋아요 버튼일경우 클릭합니다.
93                      el.click()
94                      time.sleep(1)
95                      # 댓글을 달았으니 for문을 종료합니다.
96                      # 아래 break를 지우면 댓글에도 모두 '좋아요'를 누릅니다.
97                      # 카운트를 한 개씩 깎아내립니다.
98                      count -= 1
99                      break
100             # 다음 게시물로 넘어갑시다. 다음 버튼에는 link text가 "다음"으로 기재되어
                있습니다. 요소를 찾습니다.
101             next_button = self.driver.find_element_by_link_
                text("다음")
102             # 클릭합니다.
103             next_button.click()
104             # 로딩을 위해 5초 정도 기다려줍니다.
105             time.sleep(5)
106
```

```
107      # 코드 간소화를 위해 자기가 알아서 인스타그램에 로그인하고, 검색하고, 캡처도 다 하는 메소
         드를 만듭니다.
108      def insta_jungdok(self, tag, num=100):
109          # 태그도 검색하고
110          self.search_tag(tag)
111          # 사진 한 장을 선택한 다음
112          self.select_picture()
113          # '좋아요'를 누르면서 사진을 한 장씩 넘겨줍니다.
114          self.press_like(num)
```

press_like() 메소드는 while문을 활용하며 작업을 수행한다. 앞 절의 코드와 마찬가지로 숫자 num을 사용자로부터 입력받아 num 횟수만큼 작업을 반복하며, num이 음수일 경우 사용자가 프로그램을 종료할 때까지 작업을 무한정 반복한다.

while문이 실행되면 82번째 줄에서 "svg" 태그들을 모두 뽑아내 리스트로 만들고 있다. 86번째 줄에서는 for문을 활용해 svg 리스트를 탐색하고 있으며, 89번째 줄에서 'aria-label' 속성이 "좋아요"인지 검사하고 있다.

for문에서 뽑아낸 요소가 '좋아요' 버튼일 경우 click() 함수를 활용해 버튼을 클릭하고, 1초가량 기다려준다. 이 for문이 돌아가는 과정에서 게시물의 '좋아요' 버튼을 누르게 된다. 99번째 줄의 break를 없애면 댓글에도 모두 '좋아요'를 누른다.

'좋아요' 버튼 누르기가 끝났다면 101번째 줄에서 '다음' 버튼 요소를 추출하고, 103번째 줄에서 click() 함수를 호출해 다음 게시물로 넘어간다. 로딩을 위해 게시물 하나의 작업이 끝날 때마다 5초씩 기다려준다.

코드의 가독성 향상을 위하여 108번째 줄에서 insta_jungdok() 메소드를 정의해 모든 과정을 한 줄의 코드로 압축하고 있다.

8. 헤드리스 자동화

코드의 21번째 줄의 주석을 제거하여 아래와 같이 수정하면 코드가 헤드리스 모드로 작동한다.

```
>>> self.options.add_argument("headless")
```

····· 08 ·····
매크로 없이 인스타그램에서 특정 태그가 달린 게시물에 모조리 댓글 달기

1. <README.md>

'5_10_8_매크로 없이 인스타그램에서 특정 태그가 달린 게시물 모조리 댓글 달기' 폴더로 이동해 〈README.md〉 파일을 열어보자.

매크로 없이 인스타그램에서 특정 태그가 달린 게시물에 모조리 댓글 달기

인스타그램을 돌면서, 특정 해시태그가 입력된 게시물을 모조리 '좋아요' 버튼을 누르는 자동화입니다.

사용 방법

```
$ python main.py <ID> <PS> <TAG> <REPLYFILE> <NUMBER>
```

〈ID〉 〈PS〉에는 ID와 비밀번호를 입력합니다.
〈TAG〉에는 검색할 태그를 입력합니다.
〈REPLYFILE〉에는 댓글로 달 내용이 기재된 텍스트 파일을 입력합니다. 한 줄에 댓글 하나씩 입력하면 됩니다.
〈NUMBER〉에는 반복 횟수를 입력합니다. −1을 입력하면 사용자가 중단할 때까지 작업이 계속됩니다.

---

2. 코드 실행하기

'5_10_8_매크로 없이 인스타그램에서 특정 태그가 달린 게시물 모조리 댓글 달기' 폴더에 크롬 드라이버를 복사하고, 〈README.md〉를 참고해서 코드를 실행한다.

```
$ python main.py <ID> <PS> <TAG> reply_sample.txt 20
```

코드가 실행되며 작업이 수행된다. 단, 댓글을 하나 달기까지 아무것도 하지 않고 멈춰 있는 시간이 꽤 길다. 댓글을 너무 자주 달면 사람이 아니라 로봇이 작업 중이라는 사실이 금방 들통난다. 댓글 작성이 일시적으로 차단될 수도 있고, 심하면 계정이 정지될 수도 있으므로 시간 간격을 넉넉하게 두었다.

3. 코드 실행 과정

아래 QR코드나 링크를 통해 코드의 실행 과정을 동영상으로 확인할 수 있다.

 https://youtu.be/RTZ_jT4dh_8

4. 업무 자동화 코드 설계 과정

목표 정하기
① 인스타그램 로그인
② 태그 검색
③ 게시물 클릭
④ '좋아요' 버튼 클릭
⑤ 댓글 달기
⑥ 다음 게시물로 넘어가기

목표를 달성하는 데 필요한 작업 쪼개기
① 로그인, 태그 검색, 게시물 클릭, '좋아요' 버튼 클릭, 다음 게시물로 넘어가기
② 댓글 달기

쪼개진 작업들을 해결하기 위한 방법 생각하기

① 로그인, 태그 검색, 게시물 클릭, '좋아요' 버튼 클릭, 다음 게시물로 넘어가기

7절에서 사용한 방식을 그대로 사용한다. 코드 또한 동일하다.

② 댓글 달기

〈reply_sample.txt〉 파일을 열어보자. 댓글로 입력하고 싶은 메시지를 미리 기재해두었다.

reply_sample.txt
좋은 게시물 감사합니다~ 항상 건강 조심하세요! 행복하세요! 즐거운 하루 되세요! 행복한 일만 가득하시길 바라요! 좋은 일만 가득하시기를 바랍니다.

이 파일을 한 줄씩 읽어와 총 5개의 메시지 후보를 만들고, 매번 임의로 하나를 선택해 입력하는 형태다. 댓글 입력창의 요소를 찾기 위해 파이참을 실행하고, 파이썬 콘솔에서 크롬 드라이버를 실행하자.

```
>>> from selenium import webdriver
>>> driver = webdriver.Chrome(executable_path="chromedriver.exe")
```

크롬 드라이버가 실행되었다면 인스타그램으로 접속해 로그인하고, 적당한 태그를 검색한다. 그리고 아무 게시물이나 클릭해서 팝업을 띄우자.

여기까지 준비가 모두 되었다면 F12 키를 눌러 개발자 도구를 실행하고, '조사' 모드를 불러와 댓글 입력창의 태그를 조사한다.

댓글 입력창은 〈textarea〉라는 태그로 구성되어 있으며, 또한 aria-label="댓글 달기..." 라는 속성도 가지고 있다.

태그 이름으로 한 차례 거르고, 그 안에서 속성을 활용해 댓글 입력창의 요소를 찾아낼 수 있게 되었다. 한번 페이지 안에 textarea라는 태그가 몇 개나 등장하는지 세어보자.

```
>>> textarea = driver.find_elements_by_tag_name("textarea")
>>> len(textarea)
1
```

textarea 태그는 단 하나만 있나 보다! 그렇다면 문제를 풀기 쉬워졌다. 아래와 같이 find_element_by_tag_name() 함수를 활용해 댓글 입력창 요소를 뽑아오고, 댓글을 입력해보자.

```
>>> el = driver.find_element_by_tag_name("textarea")
>>> el.send_keys("test")
```

정상적으로 댓글이 입력된다. 댓글 게시까지 한 번에 하려면 엔터키를 눌러주면 된다.

```
>>> from selenium.webdriver.common.keys import Keys
>>> el.send_keys("test" + Keys.RETURN)
```

이로써 우리는 인스타그램에 댓글을 자동으로 입력하는 방법을 모두 터득했다.

5. 알고리즘 순서도

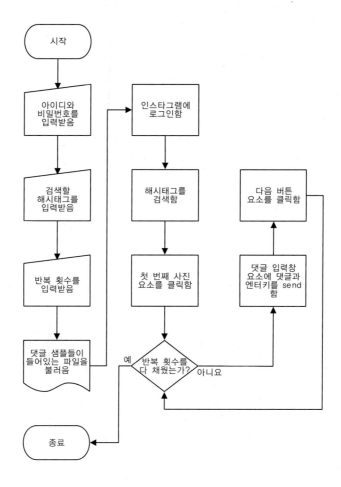

6. 코드 살펴보기 (소스 코드 : main.py)

```
9   import sys
10  import time
11  import insta_bot_reply as ib
12
13
14  # 작업 시작 메시지를 출력합니다.
15  print("Process Start.")
16
17  # 시작 시점의 시간을 기록합니다.
18  start_time = time.time()
19
20  # 아이디를 입력받습니다.
21  id = sys.argv[1]
22
23  # 패스워드를 입력받습니다.
24  ps = sys.argv[2]
25
26  # 검색할 태그를 입력받습니다.
27  tag = sys.argv[3]
28
29  # 입력한 댓글이 저장된 파일을 불러옵니다.
30  replyfile = sys.argv[4]
31
32  # 반복 횟수를 입력받습니다.
33  NUMBER = int(sys.argv[5].strip())
34
35  # 크롤러를 불러옵니다.
36  BOT = ib.ReplyBot(replyfile)
37
38  # 인스타그램에 로그인합니다.
39  BOT.login(id, ps)
40
41  # 작업을 수행합니다.
42  BOT.insta_jungdok(tag, NUMBER)
43
44  # 크롤러를 닫아줍니다.
45  BOT.kill()
46
47  # 작업 종료 메시지를 출력합니다.
48  print("Process Done.")
```

```
49
50    # 작업에 총 몇 초가 걸렸는지 출력합니다.
51    end_time = time.time()
52    print("The Job Took " + str(end_time - start_time) + " seconds.")
```

라이브러리 import

코드의 9번째 줄부터 11번째 줄에 걸쳐서 라이브러리를 불러오고 있다. 〈insta_bot_reply.py〉를 import하고 있는 것을 제외하면 별 특이 사항은 없다.

크롤러 클래스 불러오기

36번째 줄에서 ReplyBot 클래스를 불러오고 있다. 댓글로 적을 답변들이 기재된 파일을 클래스 선언과 동시에 제공하고 있다.

로그인

코드의 39번째 줄에서 login() 함수를 활용해 인스타그램 로그인을 수행하고 있다.

작업 수행

코드의 42번째 줄에서 insta_jungdok() 함수를 활용해 작업을 수행하고 있다. 한 줄의 코드로 간결하게 작업이 수행된다.

7. 코드 살펴보기 (소스 코드 : insta_bot_reply.py)

```
8     from selenium import webdriver
9     from selenium.webdriver.chrome.options import Options
10    from selenium.webdriver.common.keys import Keys
11    import time
12    import random
13
14
15    class ReplyBot:
16        def __init__(self, replyfile):
```

```
17        # 쿼리 베이스를 제작합니다.
18        self.querry ="https://www.instagram.com/explore/tags/"
19        # 셀레늄 웹드라이버에 입력할 옵션을 지정합니다.
20        self.options = Options()
21         # 옵션에 헤드리스를 명시합니다. 주석을 해제하면 헤드리스로 작업이 수행
   됩니다.
22        # self.options.add_argument("headless")
23        # 옵션에 해상도를 입력합니다.
24        self.options.add_argument("--window-size=1600,900")
25        # 크롬 웹드라이버를 불러옵니다.
26        self.driver = webdriver.Chrome(executable_
   path="chromedriver.exe", chrome_options=self.options)
27        # 댓글 내용이 적힌 파일을 불러옵니다. 인코딩이 utf-8이 아니면 바꿔
   주세요.
28        self.replyfile = open(replyfile, encoding="utf-8")
29        # 댓글 내용 리스트를 만듭니다.
30        self.replylist = self.replyfile.read().split("\n")
31
32    # 크롤러를 종료하는 메소드입니다.
33    # 굳이 한 줄짜리 코드를 함수로 만든 데는 여러 이유가 있습니다만,
34    # 쉽게 설명하자면 클래스 외부에서 클래스 내부 자료에 너무 깊게 관여하는 상황
   을 원하지 않기 때문입니다.
35    def kill(self):
36        self.driver.quit()
37
38    # 스크린샷을 저장하는 함수입니다.
39    def save_screenshot(self, filename):
40        self.driver.save_screenshot(filename)
41
42    # 인스타그램 로그인 함수입니다.
43    def login(self, id, ps):
44        # 로그인 페이지로 이동합니다.
45        self.driver.get("https://www.instagram.com/accounts/
   login/?source=auth_switcher")
46        # 로딩을 위해 5초 정도 기다려줍니다.
47        time.sleep(5)
48        # ID, PS 입력 요소는 <input> 태그입니다. 요소를 찾아줍시다.
49        input_field = self.driver.find_elements_by_tag_
   name("input")
50        # 첫 번째 요소가 아이디입니다. 아이디를 입력합니다.
51        input_field[0].send_keys(id)
52        # 비밀번호 입력 요소는 두 번째입니다. 비밀번호를 입력합니다.
```

```python
53          input_field[1].send_keys(ps)
54          # 엔터키를 쳐서 로그인을 마무리합니다.
55          input_field[1].send_keys(Keys.RETURN)
56          # 10초 정도 기다려줍니다.
57          time.sleep(5)
58
59      # 인스타그램에서 태그를 검색하는 함수입니다.
60      def search_tag(self, tag):
61          self.driver.get(self.querry + tag)
62          # 로딩이 오래 걸릴 수 있으니 잠시 대기합니다.
63          time.sleep(5)
64
65      # 태그 검색 화면에서 최근에 게시된 첫 번째 사진을 골라 클릭합니다.
66      def select_picture(self):
67          # 최근 사진의 xpath는 아래와 같습니다.
68          recent_picture_xpath = '//*[@id="react-root"]/section/
main/article/div[2]/div/div[1]/div[1]'
69          # 최근 사진의 요소를 가져옵니다.
70          recent_picture = self.driver.find_element_by_
xpath(recent_picture_xpath)
71          # 최근 사진을 클릭합니다.
72          recent_picture.click()
73
74      # 검색결과들을 돌아다니며 모조리 '좋아요'를 누르고 댓글도 답니다.
75      # num에는 '좋아요'를 표시할 게시물의 수를 입력합니다.
76      # -1을 입력하면 사용자가 직접 종료하기 전까지 무한정 계속합니다.
77      def press_like_and_reply(self, num):
78          # 반복 횟수를 결정하기 위한 변수입니다.
79          count = num
80          # count가 1개씩 깎이면서, 0이 될 때까지 반복합니다.
81          # num이 -1인 경우 계속 0보다 작아지기만 하고 0이 되지는 않으므로 영원
히 실행됩니다.
82          while count != 0:
83              # '좋아요' 버튼의 태그를 직접 찾기는 힘듭니다. '좋아요' 버튼은
<svg> 태그로 만들어져 있는데
84              # 이 화면에 <svg> 태그를 가진 버튼이 한두 개가 아닙니다.
85              # 그러므로 일단 <svg> 태그를 가진 요소를 몽땅 갖고 옵니다.
86              svg = self.driver.find_elements_by_tag_name("svg")
87              # <svg> 태그는 내부에 aria-label이라는 이름의 어트리뷰트를 갖
고 있습니다.
88              # 이 어트리뷰트가 '좋아요'인 svg 요소만 찾아내 클릭합니다.
89              # for문으로 일단 svg 태그들을 모조리 불러옵니다.
```

```
90              for el in svg:
91                  # 태그 내부의 aria-label 어트리뷰트가 '좋아요'인 경우만
    잡아냅니다.
92                  # 이미 '좋아요'가 눌려져 있는 경우 어트리뷰트 값이 "좋아요
    취소"로 변경됩니다.
93                  # 따라서 이 방법은 이미 '좋아요'를 눌러둔 게시물은 건너뛸 수
    있다는 장점도 가집니다.
94                  # 이미 '좋아요' 버튼을 누른 게시물은 건너뜁니다.
95                  if el.get_attribute("aria-label") == "좋아요 취소":
96                      break
97                  # '좋아요' 버튼을 찾습니다.
98                  if el.get_attribute("aria-label") == "좋아요":
99                      # '좋아요' 버튼을 클릭합니다.
100                     el.click()
101                     # 적당히 오래 기다려줍니다.
102                     time.sleep(5)
103                     # 댓글 파일 중 랜덤으로 하나를 뽑아서 댓글을 달아줍시다.
104                     # 에러가 나면 두 번 더 시도합니다.
105                     # 어지간해선 3번이면 됩니다.
106                     # 이렇게 try except문을 겹쳐 쓰는 건 원래는 절대 하지
    말아야 할 코딩 방법입니다.
107                     try:
108                         self.send_reply(random.choice(self.
    replylist))
109                     except:
110                         time.sleep(5)
111                         try:
112                             self.send_reply(random.choice(self.
    replylist))
113                         except:
114                             time.sleep(5)
115                             self.send_reply(random.choice(self.
    replylist))
116                     # 카운트를 한 개씩 깎아내립니다.
117                     count -= 1
118                     break
119             # 다음 게시물로 넘어갑시다. 다음 버튼에는 link text가 "다음"으
    로 기재되어 있습니다. 요소를 찾습니다.
120             next_button = self.driver.find_element_by_link_
    text("다음")
121             # 클릭합니다.
122             next_button.click()
```

```
123                   # 댓글은 좀 긴 텀을 두고 달아야 합니다. 안 그러면 인스타그램 운영
       진들이 댓글 게재 중단 제재를 줍니다.
124                   time.sleep(30)
125
126           # 댓글을 남기는 함수입니다.
127           def send_reply(self, text):
128                   # 댓글 입력창은 <textarea>라는 태그로 되어 있습니다.
129                   textarea = self.driver.find_element_by_tag_
       name("textarea")
130                   textarea.send_keys(text + Keys.RETURN)
131
132           # 코드 간소화를 위해 자기가 알아서 인스타그램에 로그인하고, 검색하고, 댓글도
       다 달아주는 메소드를 만듭시다.
133           def insta_jungdok(self, tag, num=100):
134                   # 태그도 검색하고
135                   self.search_tag(tag)
136                   # 사진 한 장을 선택한 다음
137                   self.select_picture()
138                   # '좋아요' 버튼을 누르고, 댓글을 달면서 사진을 한 장씩 넘겨줍니다.
139                   self.press_like_and_reply(num)
```

라이브러리 import

코드의 8번째 줄부터 12번째 줄에 걸쳐서 라이브러리를 불러오고 있다. 셀레늄과 time 외에도 댓글을 임의로 선택하기 위해 random 라이브러리를 불러오고 있다.

클래스 선언

코드의 15번째 줄에서 ReplyBot 클래스를 선언하고 있다. __init__() 메소드에서 호출 시 댓글로 작성할 내용이 기재된 파일 이름을 입력받는다. 이후 무난하게 크롬 드라이 버를 실행한다.

28번째 줄에서 댓글이 기재된 파일을 불러오고 있으며, 30번째 줄에서 이 파일을 개행 문자("\n")를 대상으로 split()해 한 줄씩 쪼개고 있다. 쪼개진 결과물은 self.replylist에 저장된다.

앞 절의 코드를 재활용한 부분

코드의 35번째 줄부터 72번째 줄까지는 앞 절에서 사용된 예제 코드와 완전히 동일한 내용물이다. 크롤러를 종료해주는 kill() 메소드, 스크린샷을 저장해주는 save_screenshot() 메소드, 로그인을 위한 login() 메소드, 태그 검색을 수행하는 search_tag() 메소드, 그리고 마지막으로 게시물을 클릭해주는 select_picture() 메소드가 그대로 재활용되고 있다.

'좋아요' 버튼을 누르고 댓글도 입력하는 함수

코드의 77번째 줄에서 게시물을 돌아가면서 '좋아요' 버튼도 누르고 댓글도 입력해주는 press_like_and_reply() 메소드를 정의하고 있다. 7절 예제 코드에 있었던 '좋아요 누르기' 기능을 수행하는 메소드를 그대로 재활용하면서, 댓글을 입력하는 기능만 추가한 것이다.

다른 부분은 완전히 동일하며 댓글을 입력하는 과정은 107번째 줄부터 115번째 줄에 걸쳐서 수행하고 있다. 코드의 107번째 줄부터 113번째 줄은 try-except 문을 2중으로 겹쳐서 사용하고 있다. 원래는 이렇게 코딩하면 안 된다. 교수님이나 상사에게 혼나기 좋은 스타일이다.

그런데 어차피 우리는 우리가 필요한 기능만 빠르게 사용하면 되는 게 아닌가? 간혹 댓글 입력 페이지가 로딩이 덜 되어 오류가 나는 경우가 있다. 오류가 발생하면 5초 정도 기다렸다가 다시 댓글 입력을 시도하기 위해 try-except 문을 사용했었다. 댓글 입력을 총 세 번에 걸쳐 시도하기 위해 2중으로 try-except 문을 활용한 것이다.

사실 이렇게 코딩하는 것보다는 코드의 100번째 줄에서 5초보다 훨씬 오랜 시간을 기다려주는 것이 좋은 코딩 방법이긴 하다. 이번 절에서는, '급하면 이런 방법도 있다'는 것을 알려주기 위해 다른 책이나 수업에서 절대로 가르쳐주지 않는 방식을 택해 보았다. 완벽한 프로그램을 출시해야 하는 전문가도 아니고, 일반인이 자기 업무를 자동화하기 위해 사용하는 코드에서는 이 정도면 족하다.

댓글 입력이 완료되면 120번째 줄에서 다음 게시물로 넘어가는 명령을 수행한다.

댓글을 입력하기 위한 메소드

코드의 127번째 줄에서 댓글을 입력하는 역할을 수행하는 send_reply() 메소드를 정의하고 있다. 앞서 살펴본 바와 같이 "textarea" 태그를 찾아낸 다음, 댓글 내용을 send하는 형태로 작동한다.

가독성을 위한 메소드

코드의 133번째 줄에서 여러 작업을 한 덩어리로 묶어주는 insta_jungdok() 메소드를 정의하고 있다. 여기서 세 종류의 작업을 하나로 묶어주는 덕분에 〈main.py〉에서는 한 줄의 코드만으로도 작업을 수행할 수 있다.

8. 헤드리스 자동화

코드의 22번째 줄의 주석을 제거한 후 아래와 같이 수정하면 코드가 헤드리스 모드로 작동한다.

```
>>> self.options.add_argument("headless")
```

인터넷 자동화 고급 - 비즈니스에 바로 투입 가능한 자동화

이번 장에서는 실전 비즈니스에 활용할 수 있는 인터넷 자동화 예제들을 살펴볼 것이다. 지금까지 배워왔던 개념들을 차곡차곡 쌓아올리며 재활용한 것이라 그렇게 갑작스럽게 난도가 올라가지는 않았지만, 그래도 넘기 힘든 산이었다.

HTML 자동화는 예제 코드에도 수명이 있다. 예를 들어 구글 이미지 크롤링 예제의 경우, 구글에서 태그의 이름이나 클래스의 이름을 바꿔버리면 기능이 정상적으로 작동하지 않는다. 이럴 경우 책에서 소개된 '요소 찾아내기' 과정을 참고하여 최신 실정에 맞는 방식으로 태그 이름이나 XPath 등을 추출해 예제 코드를 수정한 후 사용하기 바란다.

이 책의 마지막 페이지가 벌써 코앞까지 다가왔다. 지금까지 힘들고 어려운 학습 과정을 묵묵히 따라와 준 독자 여러분께 진심으로 감사의 말씀을 드린다. 마지막으로 조금만 더 고생해주기를 바란다.

자, 이제 대단원을 향한 마지막 여정을 떠나보자.

01

컴퓨터는 하나를 배우면 하나를 알지만 사람은 아니다

인간이 만물의 영장이라 불리는 이유는 바로 어떤 방법에 대한 학습능력 때문일 것이다. 우리는 하나를 배우면 하나만 깨닫는 데서 그치지 않는다.

우리는 10장에서 여러 예제를 통해 트위터에 게시물도 올려봤고, 뉴스 기사도 스크랩해 봤으며, 인스타그램 자동화도 정복했다. 하지만 트위터가 어떻고 인스타그램이 어떻고 가 중요한 것이 아니다.

개발자 도구를 어떻게 사용하고, 화면에 보이는 요소를 어떻게 추출할 것이며, 그 요소를 셀레늄으로 어떻게 제어할 것인지 고민해본 경험이 중요하고 소중하다. 사실 이 과정들이 인터넷 자동화에서 전부라고 해도 과언이 아니다.

이번 절에서 다루어 볼 예제들은 비즈니스에 도움이 되는 예제들이다. 기술적으로는 앞서 살펴본 예제들과 크게 다를 바 없지만, 실전에서 활용하기 좋은 예제들로 구성해 보았다.

광고, 여론조작에 유용한 멀티 계정 SNS봇과 구글 이미지 크롤링은 돈을 주고 의뢰하기 도 하는 업무로 알고 있다. 지금부터 직접 만들어보자.

02

마케팅 및 SNS 여론 형성 - 멀티 계정 트위터 봇

1. <README.md>

'5_11_2_마케팅 및 SNS 여론 형성 - 멀티 계정 트위터 봇' 폴더로 이동해 〈README. md〉 파일을 열어보자.

마케팅 및 SNS 여론형성 - 멀티 계정 트위터 봇

사용 방법

```
$ python main.py <IDFILES> <CONTENTS>
```

〈IDFILES〉에는 아이디와 비밀번호가 기재된 파일을 입력하세요. 아이디와 비밀번호가 콤마로 구분되고, 한 줄에 아이디가 하나씩 기재되면 됩니다. 예시는 책을 참고해주세요.
〈CONTENTS〉에는 트위터에 업로드할 내용물이 기록된 파일을 입력합니다.

---

2. 코드 실행하기

예제 코드를 실행하고자 한다면 준비할 것이 몇 가지 있다. 첫째로 '5_11_2_마케팅 및 SNS 여론 형성 - 멀티 계정 트위터 봇' 폴더에 크롬 드라이버를 복사해야 한다. 그리고 트위터 ID와 비밀번호가 여러 개 기재된 CSV 파일을 만들어야 한다. 모든 준비가 끝났다면 〈README.md〉를 참고하여 코드를 실행한다.

```
$ python main.py <id 파일> contents.txt
```

3. 예제 코드의 의의

이번 예제는 기존에 만들었던 라이브러리의 재활용 방법을 전달하는 데 의의가 있으므로 굳이 실행해볼 필요는 없다. 하지만 비즈니스에 활용하면 강력한 무기가 될 수 있다.

대량의 트위터 계정으로 비슷한 내용의 메시지를 대량으로 살포할 수 있기에 광고용으로 활용하기 용이하다. 트위터에 해시태그를 검색할 경우 인기 게시물과 최신 게시물 두 검색결과가 별도로 분리되어 제공된다. 이번 예제 코드를 잘 활용하면 '최신 게시물'의 검색결과에 비슷한 게시물을 대량으로, 다양한 아이디로 게시할 수 있다.

해시태그나 키워드를 잘 선택하면 검색결과를 독점할 수 있게 되는 것이다.

이를테면 '안동맛집'이라는 키워드를 활용하면 트위터를 통해 안동의 맛집을 검색하려는 사람들의 이목을 모두 사로잡을 수 있는 식이다. 단순한 광고 노출뿐 아니라 여론형성, 여론조작을 위한 용도로도 활용할 수 있다.

하지만 트위터는 바보가 아니다. 도를 지나친 게시물 살포는 서버 단에서 몽땅 잡아내 관련 계정을 통째로 정지시키고, 모든 게시물을 삭제하기도 한다. 이번 예제 코드를 너무 남용하지는 않기 바란다. 아니면 트위터 본사에 절대 안 걸릴 정도로 멘션 내용을 계속 바꿔가며 업로드해야 한다.

4. 업무 자동화 코드 설계 과정

목표 정하기
① 여러 아이디로 번갈아가며 로그인하기
② 여러 개의 게시물 작성하기

목표를 달성하는 데 필요한 작업 쪼개기
① 로그인과 여러 개의 게시물 작성
② 로그아웃하고 다른 아이디로 로그인하기

쪼개진 작업들을 해결하기 위한 방법 생각하기
① 로그인과 여러 개의 게시물 작성
앞서 사용했던 방법을 그대로 재활용한다.

② 로그아웃하고 다른 아이디로 로그인하기

굳이 로그아웃 메뉴를 찾아내 클릭하고 다른 아이디로 로그인할 필요는 없다. 크롬 드라이버를 종료했다가 재시작하면 모든 로그인 정보와 접속 기록이 소멸한다. 기존 크롤러 클래스의 reload_browser() 메소드를 활용한다.

5. 알고리즘 순서도

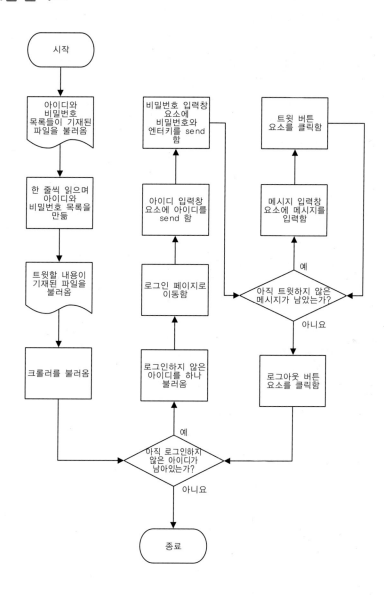

6. 코드 살펴보기 (소스 코드 : main.py)

```python
import sys
import time
import twitter_bot_tweet as tb


# 작업 시작 메시지를 출력합니다.
print("Process Start.")

# 시작 시점의 시간을 기록합니다.
start_time = time.time()

# 아이디가 기록된 파일을 입력받습니다.
idfile = sys.argv[1]

# 트윗할 콘텐츠가 저장된 파일을 입력받습니다.
filename = sys.argv[2]

# 크롤러를 불러옵니다.
BOT = tb.TwitterBot()

# id가 기록된 파일을 열어옵니다.
IDS = open(idfile)

# 파일을 한 줄씩 읽으며 작업을 수행합니다.
for line in IDS:
    # 읽어온 파일을 한 줄씩 읽어와, 콤마를 기준으로 쪼개줍니다.
    splt = line.split(",")
    # 콤마를 기준으로 쪼갠 결과물이 2조각이 아니면 다음 줄로 넘어갑니다.
    if len(splt) != 2:
        continue
    # 콤마를 기준으로 쪼갠 결과물 중 첫 번째 값을 아이디, 두 번째 값을 비밀번호
로 지정합니다.
    id = splt[0].strip()
    ps = splt[1].strip()
    # 로그인을 시도합니다.
    BOT.login(id, ps)
    # 작업을 수행합니다.
    BOT.twitter_jungdok(filename)
    # 브라우저를 껐다가 켭니다.
```

```
47        # 사실 이렇게 코드를 짜면 불필요한 리로드(reload)가 발생합니다.
48        # 작업이 끝나면 창을 바로 닫으면 되는데, 이렇게 코딩하면 마지막 순서가 끝난
      뒤 창을 한 번 껐다가 켠 다음 다시 끕니다.
49        # 그런데 똑똑하게 코딩하는 것도 좋지만, 빨리 만드는 게 더 중요하잖아요.
50        # 그러니 그냥 내버려둡시다.
51        # 효율적인 코드가 좋긴 하지만, 업무를 자동화할 때의 효율이란 '제작 과정의 효
      율'을 의미합니다.
52        # 단기간에 자동화 코드를 만들 수 있다면, 작동 방식이 조금 어설퍼도 효율적인
      것입니다.
53        # 잘 짠 코드보다 좀 느리면 어때요. 퇴근할때 돌려두고 집에 가면 되지.
54        BOT.reload_browser()
55        # 10초 정도 대기합니다.
56        time.sleep(10)
57
58    # 크롤러를 닫아줍니다.
59    BOT.kill()
60
61    # 작업 종료 메시지를 출력합니다.
62    print("Process Done.")
63
64    # 작업에 총 몇 초가 걸렸는지 출력합니다.
65    end_time = time.time()
66    print("The Job Took " + str(end_time - start_time) + " seconds.")
```

라이브러리 import

코드의 9번째 줄부터 11번째 줄에 걸쳐 라이브러리를 불러오고 있다. argv를 활용하기 위해 sys 모듈을 코드의 실행 시간을 측정하기 위해 time 모듈을 불러오고 있다. 마지막으로 〈twitter_bot_tweet.py〉를 불러오고 있다.

크롤러 불러오기

코드의 27번째 줄에서 TwitterBot 클래스를 불러오고 있다.

여러 개의 계정을 하나씩 읽어오기

계정의 정보가 기록된 파일을 불러와 30번째 줄에서 열고 있다. for문을 활용해 파일을 1줄씩 불러오면서 작업을 수행한다.

for문에서 매번 불러온 데이터는 아이디와 비밀번호가 한 줄에 입력된 CSV 라인이다. 아이디와 비밀번호가 콤마로 구분되어 있으므로 콤마(,)를 대상으로 split() 함수를 활용하면 아이디와 비밀번호를 분리할 수 있다.

만약 파일에 문제가 있어서 split()의 결과물이 2개가 아닐 경우 코드의 37번째 줄에서 확인하고, 아무 작업도 하지 않고 건너뛴다.

코드의 40번째 줄과 41번째 줄에서 인덱싱을 통해 아이디와 비밀번호를 분리하고 있으며, 공백을 제거하기 위해 strip() 함수를 적용하고 있다.

로그인-작업-로그아웃
코드의 43번째 줄에서 로그인을 수행하고 있으며, 바로 다음 코드인 45번째 줄에서 트위터에 게시물을 올리는 작업을 수행한다.

바로 다음 코드인 54번째 줄에서는 reload_browser() 메소드를 호출하고 있다. 크롬 드라이버가 종료되었다가 새로이 재시작되며, 이 과정에서 로그인 정보가 모두 지워져 새로운 아이디로 로그인할 수 있게 된다.

7. 코드 살펴보기 (소스 코드 : twitter_bot_tweet.py)]
Part 5의 10장 4절에서 제작한 코드를 그대로 활용한다.

8. 헤드리스 자동화
코드의 20번째 줄의 주석을 제거한 후 아래와 같이 수정하면 코드가 헤드리스 모드로 작동한다.

```
>>> self.options.add_argument("headless")
```

03

마케팅 및 SNS 여론 형성 – 트위터 뉴스 봇

1. <README.md>

'5_11_3_마케팅 및 SNS 여론 형성 - 트위터 뉴스 봇' 폴더로 이동해 〈README.md〉를
열어보자.

마케팅 및 SNS 여론 형성 – 트위터 뉴스 봇

여러 계정을 번갈아 로그인해 가면서 뉴스 기사를 긁어와 트윗합니다.
사용자가 작업을 중단할 때까지 작업을 멈추지 않습니다.

사용 방법

```
$ python main.py <IDs> <KEYWORD>
```

〈IDs〉에는 트위터 계정 정보가 기재된 파일 이름을 입력합니다. 아이디와 비밀번호가 콤마로 구분되고, 한
줄당 한 계정씩 적힌 CSV 파일이면 됩니다.
〈KEYWORD〉에는 뉴스 검색할 키워드들이 입력된 파일 이름을 입력합니다. 한 줄에 키워드 한 개씩 입력
합니다.

---

2. 코드 실행하기

예제 코드의 실행을 원한다면 '5_11_3_마케팅 및 SNS 여론 형성 - 트위터 뉴스 봇' 폴더
에 크롬 드라이버를 복사하고, 2절과 마찬가지로 계정 정보가 저장된 CSV 파일을 준비
해야 한다. 모든 준비가 끝났다면 〈README.md〉를 참고하여 코드를 실행하자.

```
$ python main.py <ID 파일> <뉴스 검색 키워드>
```

3. 예제 코드의 의의

이번 예제는 기존에 만들었던 라이브러리의 재활용 방법을 전달하는 데 의의가 있으므로 굳이 실행해 볼 필요는 없다. 비즈니스에 활용할 경우 소상공인보다는 규모가 있는 기업이나 정당 등이 활용하기가 쉽다.

특정 제품 런칭 관련 뉴스 기사를 죄다 긁어오며, 적절한 해시태그를 활용해 트위터의 '최신 게시물' 검색결과를 독점해버릴 수 있기 때문이다. 정당이 이를 어떻게 활용하면 좋을지는 굳이 설명하지 않아도 모두가 잘 알 것이라 생각한다. 그 외에는 특정 이슈를 자동으로 긁어다 주는 매크로처럼 사용하는 방법도 있다. **핵심은 멀티 계정 게시가 아니라 해시태그 독점**이다.

4. 업무 자동화 코드 설계 과정

9장에서 제작한 코드를 재활용하며 2절에서 활용한 방식으로 여러 계정을 번갈아 로그인하는 것이 핵심 전략이다.

5. 알고리즘 순서도

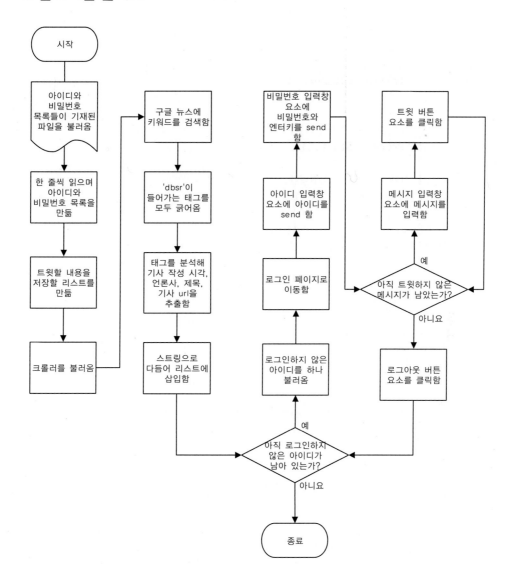

6. 코드 살펴보기 (소스 코드 : main.py)

```
9    import sys
10   import time
11   import twitter_bot_news as tb
12
13
14   # 작업 시작 메시지를 출력합니다.
15   print("Process Start.")
16
17   # 시작 시점의 시간을 기록합니다.
18   start_time = time.time()
19
20   # 계정 정보가 입력된 파일 이름을 입력받습니다.
21   id_filename = sys.argv[1]
22
23   # 뉴스 검색을 할 키워드를 입력받는다.
24   keyword = sys.argv[2]
25
26   # 트윗 말미에 입력할 문구를 작성합니다.
27   # 너무 길면 트윗이 입력이 안 됩니다. 짧게 입력합시다.
28   endswith = "#뉴스 #수집 #봇"
29
30   # 크롤러를 불러옵니다.
31   BOT = tb.TwitterBot(endswith)
32
33   # id가 기록된 파일을 열어 옵니다.
34   IDS = open(id_filename)
35
36   # 파일을 한 줄씩 읽으며 작업을 수행합니다.
37   for line in IDS:
38       # 읽어온 파일을 한 줄씩 읽어와, 콤마를 기준으로 쪼개줍니다.
39       splt = line.split(",")
40       # 콤마를 기준으로 쪼갠 결과물이 2조각이 아니면 다음 줄로 넘어갑니다.
41       if len(splt) != 2:
42           continue
43       # 콤마를 기준으로 쪼갠 결과물 중 첫 번째 값을 아이디, 두 번째 값을 비밀번호
     로 지정합니다.
44       id = splt[0].strip()
45       ps = splt[1].strip()
46       # 로그인을 시도합니다.
```

```
47    BOT.login(id, ps)
48    # 작업을 수행합니다.
49    BOT.news_go_go(keyword)
50    # 브라우저를 껐다가 켭니다.
51    # 사실 이렇게 코드를 짜면 불필요한 리로드(reload)가 발생합니다.
52    # 작업이 끝나면 창을 바로 닫으면 되는데, 이렇게 코딩하면 마지막 순서가 끝난
      뒤 창을 한 번 껐다가 켠 다음 다시 끕니다.
53    # 그런데 똑똑하게 코딩하는 것도 좋지만, 빨리 만드는 게 더 중요하잖아요.
54    # 그러니 그냥 내버려 둡시다.
55    # 효율적인 코드가 좋긴 하지만, 업무를 자동화하는 데 있어서 효율이란 '제작 과
      정의 효율'입니다.
56    # 단기간에 자동화 코드를 만들 수 있다면, 작동 방식이 조금 어설퍼도 효율적인
      것입니다.
57    # 잘 짠 코드보다 좀 느리면 어때요. 퇴근할 때 돌려 두고 집에 가면 되지.
58    BOT.reload_browser()
59    # 10초 정도 대기합니다.
60    time.sleep(10)
61
62  # 크롤러를 닫아줍니다.
63  BOT.kill()
64
65  # 작업 종료 메시지를 출력합니다.
66  print("Process Done.")
67
68  # 작업에 총 몇 초가 걸렸는지 출력합니다.
69  end_time = time.time()
70  print("The Job Took " + str(end_time - start_time) + " seconds.")
```

라이브러리 import

코드의 9번째 줄부터 11번째 줄에 걸쳐 라이브러리를 불러오고 있다. 11번째 줄에서
⟨twitter_bot_tweet.py⟩를 불러오고 있다.

해시태그 입력

코드의 28번째 줄에서 트윗 말미에 입력할 해시태그를 정의하고 있다. '최신 게시물' 검
색결과의 독점 효과를 보고 싶다면 여기 입력할 해시태그가 가장 중요한 부분이 될 것이
다. 후에 헤드리스 자동화를 배운 뒤에는 크롤러를 동시에 수십 개를 돌리면서 각기 다
른 해시태그를 작성하는 작업을 시킬 수도 있다.

크롤러 클래스 불러오기

코드의 31번째 줄에서 TwitterBot 크롤러 클래스를 불러오고 있다. 말미에 입력할 해시 태그를 클래스를 불러오며 함께 제공해주고 있다.

멀티 계정 로그인 처리

2절의 예제에서 활용했던 방법을 그대로 활용한다.

구글 뉴스 크롤링 및 트위터 게시

코드의 49번째 줄에서 news_go_go() 메소드를 이용해 한 줄의 코드로 크롤링과 트위터 게시를 모두 처리하고 있다. 사실 여기에서 코드의 비효율성이 발생한다.

크롤링을 한 번만 한 다음, 그 게시물을 여러 계정에 돌려가며 업로드하는 것이 아니라 로그인된 계정이 바뀔 때마다 크롤링을 새로 수행해야 한다. 이 정도 비효율을 감수하는 것이 코드를 대폭 수정하는 것에 비하면 낫기 때문에 그대로 안고 갈 만하다.

반면 순기능도 있는데, 계정을 바꿀 때마다 '최신 뉴스'를 긁어올 수 있으므로 모든 계정이 약간씩 다른 뉴스를 게재한다. 덕분에 트위터 서버 측의 감시를 약간 피해갈 수 있게 된다.

7. 코드 살펴보기 (소스 코드 : twitter_bot_news.py)

10장 5절 예제에서 제작한 〈twitter_bot_news.py〉를 그대로 재활용했다.

8. 헤드리스 자동화

코드의 20번째 줄의 주석을 제거한 후 아래와 같이 수정하면 코드가 헤드리스 모드로 작동한다.

```
>>> self.options.add_argument("headless")
```

····· **04** ·····

고객관리 및 팔로워 늘리기 - 인스타그램 '좋아요' 봇

1. <README.md>

'5_11_4_고객관리 및 팔로워 늘리기 - 인스타그램 좋아요 봇' 폴더로 이동해 〈README. md〉 파일을 열어보자.

고객관리 및 팔로워 늘리기 – 인스타그램 '좋아요' 봇

인스타그램을 돌면서, 특정 해시태그가 입력된 게시물을 모조리 '좋아요' 누르는 자동화입니다. 여러 계정으로 번갈아 가며 작업합니다. 사용자가 작업을 중단할 때까지 작업을 멈추지 않습니다.

사용 방법

```
$ python main.py <IDs> <TAGs>
```

〈IDs〉에는 계정 정보가 기재된 파일 이름을 입력합니다. 아이디와 비밀번호가 콤마로 구분되고, 한 줄당 한 계정씩 적힌 CSV 파일이면 됩니다.
〈TAGs〉에는 검색할 태그가 입력된 파일을 입력받습니다.

---

2. 코드 실행하기

예제를 실행해보고 싶다면 '5_11_4_고객관리 및 팔로워 늘리기 – 인스타그램 좋아요 봇' 폴더에 크롬 드라이버를 복사하고, 3절에서와 마찬가지로 계정과 비밀번호가 기재된 CSV 파일을 제작해야 한다. 추가로 검색하고자 하는 해시태그가 입력된 텍스트 파일도 준비해야 한다. 한 줄에 하나씩 태그를 입력하면 된다. 모든 준비가 끝났다면 〈README.md〉를 참고해서 코드를 실행하자.

```
$ python main.py <id 파일> <태그 파일>
```

3. 예제 코드의 의의

이번 예제는 기존에 만들었던 라이브러리의 재활용 방법을 전달하는 데 의의가 있으므로 굳이 실행해볼 필요는 없다.

SNS 입소문은 모든 자영업자의 꿈일 것이다. 'SNS에 식당 홍보 게시물을 올리면 음료수 서비스' 따위의 문구가 붙은 식당을 심심찮게 만나볼 수 있다. 이번 절과 다음 절의 예제는 SNS 입소문을 도와주는 역할을 할 수 있다.

SNS 홍보 이벤트는 고객의 인맥에 노출되는 것을 목표로 하는 이벤트다. 고객의 지인들이 SNS에 올라온 게시물을 보고 매장을 방문하도록 하는 것이 일차적인 목표고, 검색결과 등의 페이지에서 업체 게시물이 노출되는 것이 두 번째 목표다.

첫 번째 목표인 지인 영업부터 살펴보자. 우리 매장 해시태그를 검색해서 검색결과에 여러 계정으로 '좋아요'를 누른다면, 우리 매장과 관련된 게시물은 모두 일정 수준 이상 높은 '좋아요'를 확보하게 된다. 대부분 사람은 지인이 올린 이벤트성 게시물을 별로 눈여겨보지 않는다. 하지만 '좋아요' 개수가 많다면 다르다. **SNS상에서 '좋아요' 개수는 일종의 신뢰를 담보하는 보증**으로서 역할도 수행하기 때문이다.

두 번째 목표인 검색 노출의 경우 장기적인 목표이긴 하나, 이번 예제가 도움이 될 수 있다. '인스타에 올리기 좋은 식당'이라는 이미지가 형성되면 많은 사람이 식당을 방문해 인스타그램 포스팅을 올린다. 인스타그램 사용자 입장에서 '인스타에 올리기 좋은 식당'은 '좋아요가 많이 찍히는 식당'이다. 이들의 심리적 지지선을 형성해 노출 빈도를 높이고, 결과적으로 **입소문 형성까지 걸리는 노력을 단축시키는 용도**로 이번 예제를 활용할 수 있다.

4. 업무 자동화 코드 설계 과정

앞 절의 예제 코드와 기본적인 철학은 동일하다. 9장에서 만들었던 라이브러리를 활용하며, 〈main.py〉를 수정해 여러 계정으로 번갈아가며 로그인하는 기능을 추가한다.

추가적으로, while문을 활용해 사용자가 프로그램을 종료하기까지 영원히 작업을 멈추지 않도록 기능을 구현했다.

5. 알고리즘 순서도

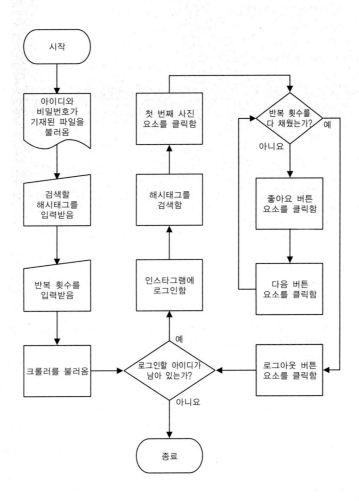

6. 코드 살펴보기 (소스 코드 : main.py)

```
 9   import sys
10   import time
11   import insta_bot_like as ib
12
13
14   # 작업 시작 메시지를 출력합니다.
15   print("Process Start.")
16
17   # 시작 시점의 시간을 기록합니다.
18   start_time = time.time()
19
20   # 계정 정보가 입력된 파일 이름을 입력받습니다.
21   id_filename = sys.argv[1]
22
23   # 검색할 태그가 기록된 파일을 입력받습니다.
24   tag_filename = sys.argv[2]
25
26   # 크롤러를 불러옵니다.
27   BOT = ib.LikeBot()
28
29   # id 파일을 불러옵니다.
30   id_file = open(id_filename)
31   # 리스트로 만들어줍니다.
32   IDs = []
33   for line in id_file:
34       splt = line.split(",")
35       if len(splt) != 2:
36           continue
37       IDs.append((splt[0].strip(), splt[1].strip()))
38
39   # 태그 파일도 불러옵니다.
40   tag_file = open(tag_filename)
41
42   # 리스트로 만들어줍니다.
43   Tags = tag_file.read().split("\n")
44
45   # 무한반복 할 때는 while True가 최고입니다.
46   while True:
47       # 계정을 하나씩 불러옵니다.
```

```
48        for account in IDs:
49            # 계정이 바뀌었으니 드라이버를 껐다가 켜줍니다.
50            BOT.driver_refresh()
51            # 로그인합시다.
52            BOT.login(account)
53            # 태그를 하나씩 불러옵니다.
54            for tag in Tags:
55                # 불러온 태그를 대상으로 탐색하며 '좋아요'를 누릅니다. 게시물은 한
   번에 100개씩만 '좋아요'를 누릅니다.
56                BOT.insta_jungdok(tag, num=100)
57            # 계정이 바뀔 때마다 1분씩 기다려줍니다.
58            # 동일한 멘션을 너무 자주 입력하면 밴을 당하기 때문입니다.
59            time.sleep(60)
60
61    # 크롤러를 닫아줍니다.
62    BOT.kill()
63
64    # 작업 종료 메시지를 출력합니다.
65    print("Process Done.")
66
67    # 작업에 총 몇 초가 걸렸는지 출력합니다.
68    end_time = time.time()
69    print("The Job Took " + str(end_time - start_time) + " seconds.")
```

라이브러리 import

코드의 9번째 줄부터 11번째 줄에 걸쳐 라이브러리를 불러오고 있다.

크롤러 클래스 불러오기

코드의 27번째 줄에서 LikeBot 클래스를 불러오고 있다.

계정 정보 처리하기

코드의 21번째 줄에서 sys.argv[1]을 통해 계정이 입력된 파일 이름을 입력받고 있다. 이 파일을 코드의 30번째 줄에서 읽어와 처리한다.

코드의 32번째 줄에서 계정 정보를 기재할 IDs 리스트를 만든다. 이어서 코드의 33번째 줄에서 파일을 한 줄씩 불러오며 split()으로 아이디와 비밀번호를 분리하고 있다.

아이디와 비밀번호를 각각 인덱싱으로 분리하고, 이를 하나의 튜플로 묶어서 37번째 줄에서 IDs 리스트에 집어넣고 있다. 이제 IDs 리스트의 원소를 하나씩 추출하는 것으로 아이디와 비밀번호를 한 세트씩 불러올 수 있게 되었다.

해시태그 처리

코드의 24번째 줄에서 태그가 입력된 텍스트 파일 이름을 입력받아와 이 파일을 코드의 40번째 줄에서 열어오고 있다. 코드의 43번째 줄에서 split()을 통해 해시태그를 모두 쪼개 리스트로 만들어준다. 이 해시태그를 하나씩 돌아가며 검색할 것이다.

작업 수행

코드의 46번째 줄에서 while True를 활용하고 있다. 사용자가 프로그램을 종료할 때까지 영원히 반복 작업이 수행된다.

while문이 도는 동안 for문이 하나씩 돌면서 계정을 하나씩 불러오게 된다. 한 번에 계정을 하나씩 불러온 다음 driver_refresh() 메소드를 활용해 로그아웃하고, 52번째 줄에서 로그인을 수행한다.

로그인이 완료되면 해시태그를 하나씩 돌아가며 검색해 몽땅 '좋아요'를 누른다. 코드의 54번째 줄의 for문을 코드의 56번째 줄의 insta_jungdok() 메소드와 결합한 부분에 주목하면 된다. insta_jungdok() 메소드에서 num에 기재된 숫자를 변경하면 한 번의 작업으로 '좋아요'를 누를 게시물의 개수를 지정할 수 있다. 계정 하나로 작업을 종료하면 다른 계정으로 로그인하여 같은 작업을 다시 수행한다.

실전 비즈니스 활용 노하우

코드의 수행 과정에서 time.sleep()으로 쉬어가는 구간이 많기 때문에 계정 수가 충분하다면 이 코드를 24시간 내내 돌려두고 사용하기 용이해진다. 계정이 여러 개이므로 한 번 작업이 끝난 계정의 순번이 다시 돌아오기까지 시간이 오래 걸릴 것이고, 그 사이에 다양한 게시물이 새로이 게시되었을 것이다.

또한 이미 '좋아요'가 눌러진 게시물은 건너뛰는 기능까지 구현되어 있으므로, 구형 컴퓨터나 저렴한 클라우드에서 이 예제를 돌려두면 된다.

나중에 다룰 헤드리스 예제까지 배운다면 조금 더 활용 폭이 증가한다. 요즘은 매장에 음악을 틀기 위한 용도나 개인적인 용무를 처리하기 위해 노트북을 한 대씩 두는 분들도 많던데, 헤드리스 자동화를 하는 중에는 다른 작업을 얼마든지 수행할 수 있으므로 출근해서 노트북으로 코드를 돌려두고 평소처럼 할 일을 하면 된다.

7. 코드 살펴보기 (소스 코드 : insta_bot_like.py)

10장 7절 예제에서 제작한 〈insta_bot_like.py〉 코드를 그대로 재활용한다.

8. 헤드리스 자동화

코드의 21번째 줄의 주석을 제거해 아래와 같이 수정하면 코드가 헤드리스 모드로 작동한다.

```
>>> self.options.add_argument("headless")
```

······ 05 ······

고객관리 및 팔로워 늘리기 – 인스타그램 댓글 봇

1. <README.md>

'5_11_5_고객관리 및 팔로워 늘리기' 폴더로 이동해 〈README.md〉 파일을 열어보자.

고객관리 및 팔로워 늘리기 – 인스타그램 댓글 봇

인스타그램을 돌면서, 특정 해시태그가 입력된 게시물을 모조리 '좋아요' 버튼을 누르는 자동화입니다.

사용 방법

$ python main.py <IDs> <TAG> <REPLYFILE>

〈IDs〉에는 계정 정보가 기재된 파일 이름을 입력합니다. 아이디와 비밀번호가 콤마로 구분되고, 한 줄당 한 계정씩 적힌 CSV 파일이면 됩니다.
〈TAG〉에는 검색할 태그가 입력된 파일을 입력받습니다.
〈REPLYFILE〉에는 댓글로 달 내용이 기재된 텍스트 파일을 입력합니다. 한 줄에 댓글 하나씩 입력하시면 됩니다.

---

2. 코드 실행하기

이번 절의 예제를 실행하고 싶다면 준비해야 할 사항들이 몇 가지가 있다. 우선 4절과 마찬가지로 ID와 비밀번호들이 기재된 CSV 파일이 있어야 하고, 검색할 태그들이 입력된 텍스트 파일이 필요하다. 마지막으로 댓글로 입력할 예시문들이 저장된 파일이 있어야 한다. 이 파일은 코드의 예제와 함께 제공된다.

마지막으로 크롬 드라이버까지 예제 폴더 안에 복사했다면 〈README.md〉를 참고해 아래와 같이 코드를 실행하자.

```
$ python main.py <IDs> <태그 파일> reply_sample.txt
```

3. 예제 코드의 의의

이번 예제는 기존에 만들었던 라이브러리의 재활용 방법을 전달하는 데 의의가 있으므로 군이 실행해볼 필요는 없다.

이번 절의 코드는 고객관리와 팔로워 늘리기 두 가지 목적으로 활용할 수 있다.

우리 매장을 방문해 게시물을 올려주신 고객에게 감사의 의미로 댓글을 입력할 수도 있고, **여러 계정으로 돌아가면서 "어느 매장인지 알려달라" 혹은 "너무 맛있어 보인다"는 등의 댓글을 대량으로 살포하는 용도**로도 사용할 수 있다.

또한 인스타그램 팔로워를 늘리기 위한 용도로도 사용하기 좋다. 본인이 주로 업로드하는 해시태그를 활용해 게시물들을 검색하고, 그 게시물들에 칭찬과 함께 "맞팔해요~" 등의 메시지를 남기면 맞팔 유입을 유도할 수 있다. 다만, 예제 코드를 약간 수정한 후 실제로 팔로우 버튼을 누르는 기능도 추가해야 한다. 이 정도는 이제 여러분들도 충분히 하실 수 있다.

4. 업무 자동화 코드 설계 과정

4절과 마찬가지로 while문과 for문을 섞어 여러 계정으로 번갈아 로그인하는 기능을 구현한다. 그 외에는 별달리 새로운 개념이 등장하지 않는다.

5. 알고리즘 순서도

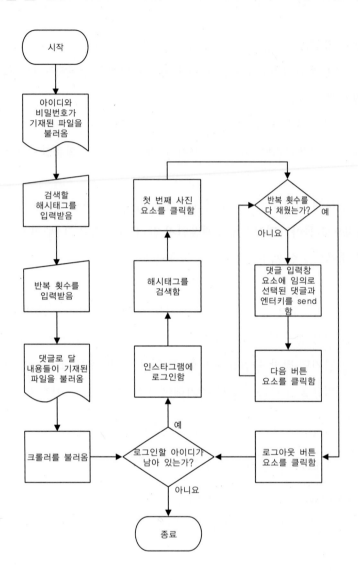

6. 코드 살펴보기 (소스 코드 : main.py)

앞서 〈insta_bot_like.py〉를 제작할 때 insta_jungdok() 메소드 한 줄로 모든 작업을 수행할 수 있도록 코드를 설계한 덕분에 이번 절의 〈main.py〉 예제 코드는 4절의 예제 코드와 비교해 크게 다른 부분이 없다.

코드의 27번째 줄에서 댓글 예시 파일을 입력받고 있는 부분과 코드의 30번째 줄에서 크롤러 클래스를 불러오면서 파일 이름을 제공해주는 부분만 차이가 있으며, 나머지 코드는 모두 동일하다.

```
 9   import sys
10   import time
11   import insta_bot_reply as ib
12
13
14   # 작업 시작 메시지를 출력합니다.
15   print("Process Start.")
16
17   # 시작 시점의 시간을 기록합니다.
18   start_time = time.time()
19
20   # 계정 정보가 입력된 파일 이름을 입력받습니다.
21   id_filename = sys.argv[1]
22
23   # 검색할 태그가 기록된 파일을 입력받습니다.
24   tag_filename = sys.argv[2]
25
26   # 댓글 예시들이 입력된 파일 이름을 입력받습니다.
27   rep_filename = sys.argv[3]
28
29   # 크롤러를 불러옵니다.
30   BOT = ib.ReplyBot(rep_filename)
31
32   # id 파일을 불러옵니다.
33   id_file = open(id_filename)
34   # 리스트로 만들어줍니다.
35   IDs = []
36   for line in id_file:
```

```
37          splt = line.split(",")
38          if len(splt) != 2:
39              continue
40          IDs.append((splt[0].strip(), splt[1].strip()))
41
42  # 태그 파일도 불러옵니다.
43  tag_file = open(tag_filename)
44
45  # 리스트로 만들어줍니다.
46  Tags = tag_file.read().split("\n")
47
48  # 무한반복 할 때에는 while True가 최고입니다.
49  while True:
50      # 계정을 하나씩 불러옵니다.
51      for account in IDs:
52          # 계정이 바뀌었으니 드라이버를 껐다가 켜줍니다.
53          BOT.driver_refresh()
54          # 로그인합시다.
55          BOT.login(account)
56          # 태그를 하나씩 불러옵니다.
57          for tag in Tags:
58              # 불러온 태그를 대상으로 탐색하며 '좋아요' 버튼를 누릅니다. 게시물
    은 한 번에 100개씩만 '좋아요' 누르고 댓글을 답니다.
59              BOT.insta_jungdok(tag, num=100)
60              # 계정이 바뀔 때마다 1분씩 기다려줍니다.
61              # 동일한 멘션을 너무 자주 입력하면 밴을 당하기 때문입니다.
62              time.sleep(60)
63
64  # 크롤러를 닫아줍니다.
65  BOT.kill()
66
67  # 작업 종료 메시지를 출력합니다.
68  print("Process Done.")
69
70  # 작업에 총 몇 초가 걸렸는지 출력합니다.
71  end_time = time.time()
72  print("The Job Took " + str(end_time - start_time) + " seconds.")
```

7. 코드 살펴보기 (소스 코드 : insta_bot_reply.py)

10장 8절 예제에서 제작한 코드를 그대로 재활용한다.

8. 헤드리스 자동화

코드의 22번째 줄의 주석을 제거한 후 아래와 같이 수정하면 코드가 헤드리스 모드로 작동한다.

```
>>> self.options.add_argument("headless")
```

06

구글 이미지 크롤링 초급 – 섬네일 수집

1. <README.md>

'5_11_6_구글 이미지 크롤링 초급 - 섬네일 수집' 폴더로 이동해 〈README.md〉 파일을 열어보자.

구글 이미지 크롤링 초급 – 섬네일 수집

구글에서 이미지를 대량으로 수집하는 스크립트입니다. 알고리즘 상으로는 이 코드가 맞지만, 현실에서는 인터넷 속도가 매우 빠르지 않은 이상 로딩이 덜 된 이미지들이 저장되는 현상이 발생합니다.

셀레늄의 캡처 방식 때문에 발생하는 문제입니다. 이 문제를 극복한 예제들이 뒤에서 소개됩니다. 일단 이 예제는 자동화를 설계하는 논리를 학습하는 용도 정도로 받아들이면 되겠습니다.

굳이 이 스크립트를 사용하고 싶다면 〈NUMBER〉에 80 이하의 숫자를 입력하여 사용하세요.

```
$ python main.py <OUT_DIR> <KEYWORD> <NUMBER>
```

〈OUT_DIR〉에는 결과물을 저장할 폴더 이름을 적어줍니다.
〈KEYWORD〉에는 검색어를 입력합니다.
〈NUMBER〉에는 몇 장의 사진을 수집할 것인지 입력합니다.

---

2. 코드 실행하기

'5_11_6_구글 이미지 크롤링 초급 - 섬네일 수집' 폴더에 크롬 드라이버를 복사한다. 어? 이제 준비가 대충 끝났다. 크롤러로 검색하고 싶은 이미지를 정한 다음 예제 코드를 실행하자.

```
$ python main.py result 고양이 100
```

크롬 드라이버가 실행되며 구글 이미지 크롤링이 시작된다. 코드가 실행되는 동안 result 폴더를 열어보자. 1초에도 여러 장씩 사진이 자동으로 저장되고 있을 것이다.

3. 코드 실행 과정

아래 QR코드나 링크를 통해 코드의 실행 과정을 동영상으로 확인할 수 있습니다.

https://youtu.be/N4uYo-ikd40

4. 업무 자동화 코드 설계 과정

목표 정하기

① 구글에서 이미지 검색하기

② 로딩이 덜 된 이미지들 강제로 로딩시키기

③ 섬네일 하나씩 수집하기

목표를 달성하는 데 필요한 작업 쪼개기

① 구글에서 이미지 검색하기

② 스크롤을 조작해 이미지를 강제로 로딩시키기

③ 섬네일 요소 탐색하기

쪼개진 작업들을 해결하기 위한 방법 생각하기

① 구글에서 이미지 검색하기

인터넷 창을 켜서 구글로 접속하자. 그리고 적당한 키워드를 검색한 다음 이미지 검색 결과 탭으로 이동해 주소창을 복사한다. 구글 이미지 검색에서 'cat'을 검색한 결과는 아래와 같다.

```
https://www.google.com/search?q=cat&tbm=isch&ved=2ahUKEwjYjpr-
tKPqAhVdzIsBHVCWDQAQ2-cCegQIABAA&oq=cat&gs_lcp=CgNpbWcQAzIFCAAQs
QMyBQgAELEDMgIIADIFCAAQsQMyAggAMgIIADICCAAyAggAMgIIADICCAA6BwgjE
OoCECc6BAgjECdQie8CWNr4AmC4-QJoAnAAeAGAAb4CiAHFBpIBBzEuNC4wLjGYA
QCgAQGqAQtnd3Mtd2l6LWltZ7ABCg&sclient=img&ei=O_n3XpjZCt2Yr7wPOKw
2&bih=829&biw=1463
```

URL이 상당히 복잡하다.

10장 5절에서 뉴스 크롤링을 하던 경험을 살려, 검색 키워드를 입력받는 "q" 필드와 검색 탭 정보를 입력받는 "tbm" 필드만 남겨놓고 모두 지워버리자.

```
https://www.google.com/search?q=cat&tbm=isch
```

위 주소를 인터넷 창에 입력해보자. 잘 작동한다. 코딩하기 편하게 물음표 뒤의 요소 위치를 살짝 수정해보자.

```
https://www.google.com/search?tbm=isch&q=cat
```

마찬가지로 잘 작동한다. url 쿼리를 아래와 같은 변수에 저장하자.

```
>>> querry = "https://www.google.com/search?tbm=isch&q="
```

이제 쿼리 뒤에 +를 이용해 검색하고 싶은 대상을 스트링으로 이어 붙이면 손쉽게 구글 검색을 수행할 수 있게 된다.

```
>>> driver.get(querry + ⟨검색어⟩)
```

② 스크롤을 조작해 이미지를 강제로 로딩시키기

아직 구글 이미지 검색결과 창을 종료하지 말자. 그 상태에서 스크롤을 아래로 쭉쭉 내려보자.

스크롤을 빠르게 내리다 보면 이미지가 추가로 조금씩 로딩된다. 이 한계는 어디일까? 더 이상 이미지가 로딩되지 않을 때까지 스크롤을 내려보자.

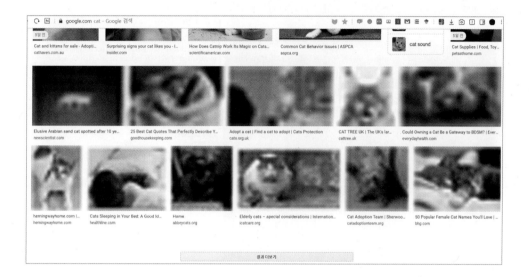

어느 정도 스크롤을 내리다 보면 '결과 더보기'라는 메뉴와 함께 로딩이 중단된다. 셀레늄을 활용해 웹페이지에서 요소를 뽑아내려면, 일단 그 요소가 화면에 표시되어 있어야 한다. 화면에 로딩조차 덜 된 이미지를 긁어올 수는 없는 노릇이므로 일단 스크롤을 끝까지 내려 모든 이미지를 한 차례 강제로 로딩시킬 필요가 있다.

그렇다면 셀레늄에서 스크롤은 어떻게 내릴 수 있을까? Git Bash에서 IPython을 실행하거나 파이참에서 파이썬 콘솔을 실행해 아래 코드를 입력하자.

```
>>> from selenium import webdriver
>>> driver = webdriver.Chrome(executable_path="chromedriver.exe")
>>> driver.get("https://www.google.com/search?tbm=isch&q=cat")
```

셀레늄에는 send_keys()라는 함수가 있다. 그리고 키보드에는 스크롤을 내려주는 [Page Down] 키와 스크롤을 끝까지 내려주는 [End] 키가 있다. 한 번 크롬 드라이버에서 [End] 키를 눌러보자. 스크롤이 휙 하고 내려갈 것이다. send_keys() 함수로 End 키를 보내면 스크롤을 내릴 수 있다. 어떤 요소에 send_keys()를 수행하면 좋을까? 개발자 모드를 실행하자.

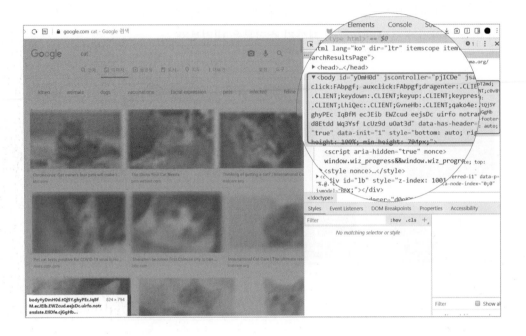

코드를 맨 위에서부터 살펴보니 〈body〉라는 태그가 보인다. Body는 '본문'이라는 뜻의 영어 단어다. 몸통이라는 뜻도 있다. 〈body〉 태그에 마우스를 올려보면 검색결과 화면 전체가 다른 색으로 표기된다. 〈body〉 태그가 가장 큰 단위의 요소이므로 여기에 send_keys()를 실행하면 스크롤이 작동할 것 같은 느낌이 든다. 테스트해보자.

```
>>> from selenium.webdriver.common.keys import Keys
>>> body = driver.find_element_by_tag_name("body")
>>> body.send_keys(Keys.END)
```

스크롤이 정상적으로 내려간다! 스크롤을 내리고, 잠시 기다리고. 다시 스크롤을 내리고, 잠시 기다리고. 이 과정을 여러 차례 반복하면 스크롤을 바닥까지 내릴 수 있다. for 문을 활용해 스크롤을 바닥까지 내리는 기능을 구현하면 아래와 같다.

```
>>> import time
>>> for i in range(50):
>>>     body.send_keys(Keys.END)
>>>     time.sleep(0.5)
```

숫자 50은 대충 정한 숫자다. 대충 많이 스크롤을 내리면 바닥까지 도달할 것이다.

크롤링에 앞서 이런 방식으로 로딩이 덜 된 섬네일을 강제로 로딩시킬 수 있다.

③ 섬네일 요소 탐색하기

개발자 모드의 '조사' 기능을 실행해 사진을 한 장 클릭해보자.

이럴수가! 대놓고 태그 이름 〈img〉를 사용하고 있다. img는 image의 요약일 것이다. 태그 이름도 알려졌겠다, find_elements_by_tag_name() 함수를 활용해 〈img〉 태그를 모조리 긁어온 다음, for문을 돌면서 하나씩 스크린샷을 저장하면 손쉽게 크롤링을 할 수 있을 것이다.

5. 알고리즘 순서도

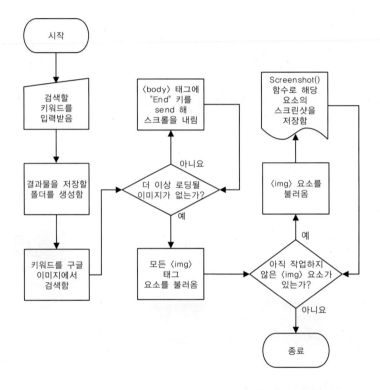

6. 코드 살펴보기 (소스 코드 : main.py)

```python
import sys
import os
import time
import google_image_crawler as ic


# 작업 시작 메시지를 출력합니다.
print("Process Start.")

# 시작 시점의 시간을 기록합니다.
start_time = time.time()

# 수집된 사진을 저장할 디렉터리를 입력받습니다.
out_dir = sys.argv[1]

# 검색할 키워드를 입력받습니다.
keyword = sys.argv[2]

# 수집할 이미지 개수를 입력받습니다.
number = int(sys.argv[3])

# 결과물을 저장할 폴더를 생성합니다.
if out_dir not in os.listdir():
    os.mkdir(out_dir)

# 크롤러를 불러옵니다.
BOT = ic.ImgCrawler(out_dir)

# 크롤러에게 이미지 크롤링을 시킵니다.
BOT.crawl_images(keyword, number)

# 크롤러를 닫아줍니다.
BOT.kill()

# 작업 종료 메시지를 출력합니다.
print("Process Done.")

# 작업에 총 몇 초가 걸렸는지 출력합니다.
end_time = time.time()
print("The Job Took " + str(end_time - start_time) + " seconds.")
```

라이브러리 import

코드의 9번째 줄부터 12번째 줄에 걸쳐 라이브러리를 불러오고 있다. 12번째 줄에서 이번 예제의 핵심인 〈google_image_crawler.py〉를 불러오고 있다.

선행 작업

코드 실행에 앞서 sys.argv를 이용해 여러 정보를 사용자로부터 입력받고, 결과물을 저장할 폴더가 이미 있는지 31번째 줄에서 확인하고 있다. 만약 결과물을 저장할 폴더가 없다면 32번째 줄에서 폴더를 생성한다.

작업 수행

코드의 35번째 줄에서 단 한 줄의 코드로 모든 작업을 수행한다.

7. 코드 살펴보기 (소스 코드 : google_image_crawler.py)

```
8    from selenium import webdriver
9    from selenium.webdriver.chrome.options import Options
10   from selenium.webdriver.common.keys import Keys
11   import time
12
13
14   class ImgCrawler:
15       def __init__(self, out_dir):
16           # 쿼리 베이스를 제작합니다.
17           self.querry ="https://www.google.co.in/search?tbm=isch&q="
18           # 셀레늄 웹드라이버에 입력할 옵션을 지정합니다.
19           self.options = Options()
20            # 옵션에 헤드리스를 명시합니다. 주석을 해제하면 헤드리스로 작업이 수행
     됩니다.
21           # self.options.add_argument("headless")
22           # 옵션에 해상도를 입력합니다.
23           self.options.add_argument("--window-size=1024,768")
24           # 크롬 웹드라이버를 불러옵니다.
25           self.driver = webdriver.Chrome(executable_
     path="chromedriver.exe", chrome_options=self.options)
26           # 결과물을 저장할 디렉터리를 기록합니다.
27           self.out_dir = out_dir
```

```
28
29          # 크롤러를 종료하는 메소드입니다.
30          # 굳이 한 줄짜리 코드를 함수로 만든 데에는 여러 이유가 있습니다만,
31          # 쉽게 설명하자면 클래스 외부에서 클래스 내부 자료에 너무 깊게 관여하는 상황
     을 원하지 않기 때문입니다.
32          def kill(self):
33              self.driver.quit()
34
35          # 스크린샷을 저장하는 함수입니다.
36          def save_screenshot(self, filename):
37              self.driver.save_screenshot(filename)
38
39          # 키워드를 구글 이미지에서 검색하는 함수입니다.
40          def search_image(self, keyword):
41              self.driver.get(self.querry + keyword)
42              # 로딩이 오래 걸릴 수 있으니 잠시 대기합니다.
43              time.sleep(5)
44
45          # 이미지 검색 화면을 스크롤 다운하는 함수입니다.
46          def scroll_down(self):
47              # 사이트의 뼈대인 <body> 태그를 찾습니다.
48              body = self.driver.find_element_by_tag_name("body")
49              # 대충 많이 스크롤질 합시다.
50              for i in range(50):
51                  body.send_keys(Keys.END)
52                  time.sleep(0.5)
53              # 다시 맨 위로 올라갑시다. 기분 좋아지라고 넣는 겁니다. 없어도 됩니다.
54              body.send_keys(Keys.HOME)
55
56          # 이미지 검색 결과창의 모든 이미지를 긁어오는 함수입니다.
57          def crawl_pictures(self, num):
58              # 구글 검색은 초기에 이미지 검색 결과를 일부만 표기합니다.
59              # 스크롤을 맨 아래까지 내려서 사진을 추가로 로드합니다.
60              # 저자의 컴퓨터 기준으로 총 400개의 사진이 표기됩니다.
61              self.scroll_down()
62              # <img> 태그를 가진 모든 요소를 불러옵시다.
63              img_elements = self.driver.find_elements_by_tag_
     name("img")
64              # for 문을 이용해 위 요소들을 하나하나 다운받습니다.
65              for i, el in enumerate(img_elements):
66                  # 초기 세팅한 개수만큼 사진을 다운받았다면 루프를 끝내줍니다.
67                  if i == num:
```

```
68                    break
69                    # 화면이 신나게 번쩍이면서 다운로드됩니다.
70                    el.screenshot(self.out_dir + "/" + str(i) + ".png")
71                    time.sleep(0.1)
72                # 요청받은 개수보다 사진을 더 적게 다운받았다면
73                if i < num:
74                    # 키워드를 바꿔서 다시 검색해 달라는 메시지를 출력합니다.
75                    print("Not enough search result. Please change the
     keyword and try again.")
76
77        # 코드 간소화를 위해 자기가 알아서 구글 검색하고, 이미지 크롤링하는 함수를
     만듭니다.
78        def crawl_images(self, keyword, num):
79            # 이미지 검색을 수행합니다.
80            self.search_image(keyword)
81            # 작업을 수행합니다.
82            self.crawl_pictures(num)
```

라이브러리 import

코드의 8번째 줄부터 11번째 줄에 걸쳐서 라이브러리를 불러온다. 셀레늄과 time 모듈이면 충분하다.

클래스 선언

코드의 14번째 줄에서 ImgCrawler 클래스를 선언하고 있다. 15번째 줄에서 __init__() 메소드를 정의하는데, 이 클래스는 호출하면서 out_dir 변수를 제공해야 한다. 이 변수는 크롤링이 된 결과물 이미지를 저장하기 위한 폴더 이름이다. 이 폴더 이름은 self.out_dir에 저장한다.

클래스 호출 이후에는 무난하게 쿼리 url을 저장하며 크롬 드라이버를 실행한다.

크롤러 종료, 스크린샷 촬영

여느 예제와 마찬가지로 32번째 줄부터 37번째 줄에 걸쳐 kill(), save_screenshot() 메소드를 정의하고 있다.

구글 이미지 검색

코드의 40번째 줄에서 구글 이미지 검색을 위한 search_image() 메소드를 정의하고 있다. 쿼리 url 뒤에 스트링 + 연산으로 키워드를 이어붙여 검색을 수행한다.

스크롤 내리기

코드의 46번째 줄에서 스크롤을 내려 이미지를 강제로 로딩시키기 위한 함수를 정의하고 있다. 앞서 설명한 방식을 그대로 활용하고 있다.

48번째 줄에서는 find_element_by_tagname() 함수를 활용해 〈body〉 태그 요소를 불러오고 있으며, 이후 50번째 줄부터 52번째 줄에 걸쳐서 End 키를 반복적으로 〈body〉 요소에 보내서 스크롤을 내리고 로딩을 기다리는 행위를 50회 반복한다.

로딩이 모두 끝났다면 54번째 줄에서 Home 키를 보내서 다시 페이지의 맨 위로 스크롤을 올린다. 기능상 굳이 필요한 코드는 아닌데, 작동 과정을 지켜보는 과정이 조금 더 즐거워지게 하려고 삽입한 코드다.

이미지 크롤링

코드의 57번째 줄에서 이미지 크롤링을 위한 crawl_picture() 메소드를 정의한다. 메소드가 호출되면 일단 scroll_down() 메소드를 호출해 모든 이미지를 강제로 로딩시킨다.

이후 코드의 63번째 줄에서 find_element_by_tag_name() 함수를 이용해 〈img〉 태그를 가진 요소를 모두 불러오고 있으며, 65번째 줄에서 for문으로 〈img〉 요소를 하나씩 불러온다.

사용자가 입력한 개수만큼의 사진을 크롤링하기 위해 enumerate를 활용하고 있다.

코드의 70번째 줄에서 각각의 요소에 screenshot() 함수를 실행해 이미지를 저장하고 있으며, 이미지 저장이 1회 완료될 때마다 0.1초씩 기다려주고 있다.

그런데 간혹 구글 이미지 검색결과가 사용자의 요청에 비해 모자라는 경우가 있다. 별로 유명하지 않은 대상에 대해 검색을 시도할 경우 발생 가능한 오류다. 이런 사례를 코드의 73번째 줄에서 감지하고, 사용자에게 경고 메시지를 전달한다.

가독성 향상을 위한 코드

코드의 78번째 줄에서 가독성 향상을 위해 여러 작업을 하나로 묶어주는 crawl_images() 메소드를 정의하고 있다. 덕분에 ⟨main.py⟩에서는 단 한 줄의 코드로 크롤링 작업을 완수할 수 있게 되었다.

8. 헤드리스 자동화

코드의 21번째 줄의 주석을 제거한 뒤 아래와 같이 수정하면 코드가 헤드리스 모드로 작동한다.

```
>>> self.options.add_argument("headless")
```

9. 이번 예제의 특징과 한계

이번 예제는 앞으로 살펴볼 예제들에 비해서 짧은 시간에 많은 사진을 수집할 수 있다. 하지만 몇 가지 문제가 있다.

첫째, 결과물 이미지의 사이즈가 너무 작다. 섬네일이기 때문이다.

둘째, 간혹 이미지와 글자가 겹쳐져서 한 번에 다운로드된다. 이미지 요소만 순수하게 뽑혀 나오는 것이 아니라, 이미지 태그가 커버하는 영역이 통째로 캡처되기 때문이다. 설명이 어렵긴 한데, ⟨img⟩ 태그 기반 구글 이미지 크롤링의 한계라고 생각하면 되겠다.

다음 절에서는 이 두 문제를 해결하는 방법을 소개하겠다.

여담인데, 여기까지의 과정을 블로그에 정리해 업로드한 적이 있었다. 그 블로그 게시물을 보고 학창 시절 같은 동아리였던 후배에게 연락이 왔다.

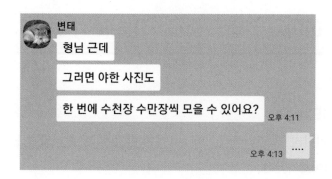

어? 강한 힘을 원하는 후배다. 물론 가능하기는 한데….

······ 07 ······

구글 이미지 크롤링 중급 – 미리보기 이미지 수집

1. <README.md>

'5_11_7_구글 이미지 크롤링 중급 - 미리보기 이미지 수집' 폴더로 이동해 〈README. md〉 파일을 열어보자.

구글 이미지 크롤링 중급 – 미리보기 이미지 수집

구글에서 이미지를 대량으로 수집하는 스크립트입니다.
```
$ python main.py <OUT_DIR> <KEYWORD> <NUMBER>
```

〈OUT_DIR〉에는 결과물을 저장할 폴더 이름을 적어줍니다.
〈KEYWORD〉에는 검색어를 입력합니다.
〈NUMBER〉에는 몇 장의 사진을 수집할 것인지 입력합니다.

---

2. 코드 실행하기

'5_11_7_구글 이미지 크롤링 중급 - 미리보기 이미지 수집' 폴더에 크롬 드라이버를 복사하고, 〈README.md〉를 참고해 코드를 실행한다.

```
$ python main.py result 고양이 100
```

위 명령은 고양이 사진 100장을 수집하라는 명령이다.

3. 코드 실행 과정

아래 QR코드나 링크를 통해 코드의 실행 과정을 동영상으로 확인할 수 있다.

https://youtu.be/nlmBxBok3GM

4. 업무 자동화 코드 설계 과정

목표 정하기

① 구글에서 이미지 검색하기

② 미리보기 창 띄우기

③ 미리보기 이미지 스크린샷 저장하기

④ 다음 이미지로 넘어가기

목표를 달성하는 데 필요한 작업 쪼개기

① 구글에서 이미지 검색하기

② 미리보기 창 띄우기

③ 미리보기 창에서 이미지를 저장하기

④ 이미지 미리보기 창 다음 이미지로 넘기기

쪼개진 작업들을 해결하기 위한 방법 생각하기

① 구글에서 이미지 검색하기

6절에서 활용한 방법을 그대로 활용한다.

② 미리보기 창 띄우기

Git Bash에서 IPython을 실행하거나 파이참에서 파이썬 콘솔을 실행하자.

```
>>> from selenium import webdriver
>>> driver = webdriver.Chrome(executable_path="chromedriver.exe")
```

크롬 창이 실행되었다면 구글에서 이미지를 검색하자. 6절에서 우리는 검색결과 화면에서 〈img〉 태그를 하나씩 뽑아서 저장했다. 그리고 그때 섬네일 이미지 외에 다른 데이터는 다운로드되지 않았다. 그렇다면 혹시 〈img〉 태그 요소를 대충 하나 뽑아내서 클릭하면 미리보기 창을 띄울 수 있지 않을까? 아래 코드를 실행해보자.

```
>>> el = driver.find_element_by_tag_name("img")
>>> el.click()
```

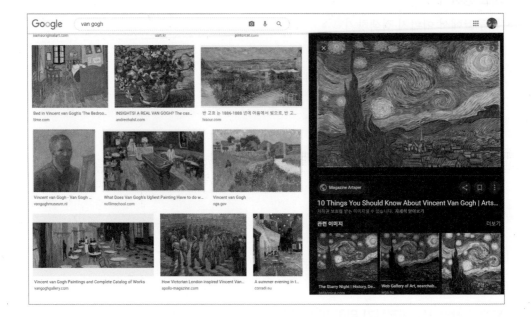

좋다. 잘 작동한다.

③ 미리보기 창에서 이미지를 저장하기

개발자 도구를 실행해 이미지 미리보기 영역의 코드를 검색해보자.

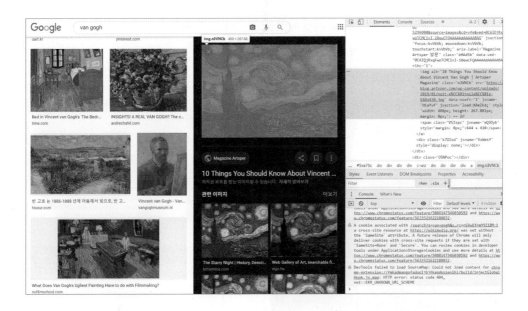

대충 〈img〉 태그에 위쪽으로 〈div〉들이 많이 산재한 것을 보니 이 요소만 뽑아오기도 힘들어 보인다. 이럴 때 XPath를 활용하면 좋다. XPath가 뭔지는 모르겠지만 열심히 사용하자.

```
//*[@id="Sva75c"]/div/div/div[3]/div[2]/c-wiz/div[1]/div[1]/div/
div[2]/a/img
```

작성일 현재 구글의 미리보기 이미지 XPath는 위와 같다. 몇 달 새 약간 바뀌었다. 독자 여러분이 이 책을 공부하고 있는 시점이 되면 또 XPath가 바뀔 것이다. 당황하지 말고 코드의 XPath를 수정하면 정상적으로 작동한다. 여하튼, XPath를 알아냈으니 테스트를 할 시간이다.

```
>>> img = driver.find_element_by_xpath('//*[@id="Sva75c"]/div/
div/div[3]/div[2]/c-wiz/div[1]/div[1]/div/div[2]/a/img')
>>> img.screenshot("test.png")
```

어떤가? 스크린샷이 정상적으로 저장되었을 것이다.

④ 이미지 미리보기 창 다음 이미지로 넘기기

이미지 미리보기 창의 우측 상단에 마우스를 올리면 동그란 회색 버튼이 생긴다. 이 영역을 '조사' 모드로 살펴보자.

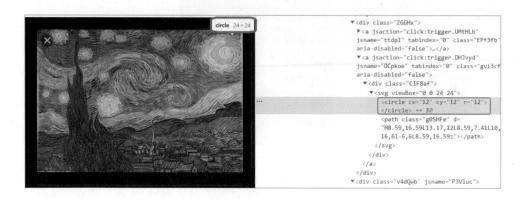

〈circle〉이라는 태그도 등장하고 이래저래 복잡하다. 귀찮으니까 그냥 XPath를 뽑아내자.

//*[@id="Sva75c"]/div/div/div[3]/div[2]/c-wiz/div[1]/div[1]/div/div[1]/a[2]/div

현 시점의 XPath는 위와 같다. 테스트를 해보자.

```
>>> next_button = driver.find_element_by_xpath('//*[@id="Sva75c"]/div/div/div[3]/div[2]/c-wiz/div[1]/div[1]/div/div[1]/a[2]/div')
>>> next_button.click()
```

다음 이미지로 넘어가는 데 성공했다!

5. 알고리즘 순서도

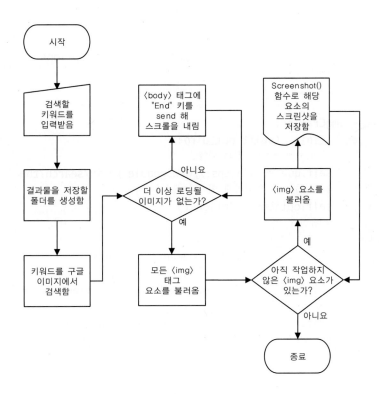

6. 코드 살펴보기 (소스 코드 : main.py)

6절의 코드와 완전히 동일하다.

7. 코드 살펴보기 (소스 코드 : google_image_crawler.py)

```python
from selenium import webdriver
from selenium.webdriver.chrome.options import Options
import time


class ImgCrawler:
    def __init__(self, out_dir):
        # 쿼리 베이스를 제작합니다.
        self.querry ="https://www.google.co.in/search?tbm=isch&q="
        # 셀레늄 웹드라이버에 입력할 옵션을 지정합니다.
        self.options = Options()
        # 옵션에 헤드리스를 명시합니다. 주석을 해제하면 헤드리스로 작업이 수행
됩니다.
        # self.options.add_argument("headless")
        # 옵션에 해상도를 입력합니다.
        self.options.add_argument("--window-size=1024,768")
        # 크롬 웹드라이버를 불러옵니다.
        self.driver = webdriver.Chrome(executable_
path="chromedriver.exe", chrome_options=self.options)
        # 결과물을 저장할 디렉터리를 기록합니다.
        self.out_dir = out_dir

    # 크롤러를 종료하는 메소드입니다.
    # 군이 한 줄짜리 코드를 함수로 만든 데에는 여러 이유가 있습니다만,
    # 쉽게 설명하자면 클래스 외부에서 클래스 내부 자료에 너무 깊게 관여하는 상황
을 원하지 않기 때문입니다.
    def kill(self):
        self.driver.quit()

    # 스크린샷을 저장하는 함수입니다.
    def save_screenshot(self, filename):
        self.driver.save_screenshot(filename)

    # 키워드를 구글 이미지에서 검색하는 함수입니다.
    def search_image(self, keyword):
        self.driver.get(self.querry + keyword)
        # 로딩이 오래 걸릴 수 있으니 잠시 대기합니다.
        time.sleep(5)
```

```python
43
44          # 이미지 검색 화면에서 첫 번째 이미지를 클릭해 미리보기 창을 띄우는 함수입니다.
45      def select_picture(self):
46          # 구글 검색의 이미지들은 <img> 태그로 감싸져 있습니다. 이 중 맨 위의
태그를 골라버립시다.
47          picture_element = self.driver.find_element_by_tag_
name("img")
48          # 클릭합니다. 확대 이미지 창이 뜰겁니다.
49          picture_element.click()
50          # 5초 기다립니다.
51          time.sleep(5)
52
53          # 이미지 검색창의 확대샷이 열린 상태에서 이미지를 저장하고, 다음 사진으로 넘
어가는 함수입니다.
54      def crawl_one_image(self):
55          # 확대된 이미지에서 이미지 요소를 뽑아옵니다.
56          # 이 요소의 xpath는 '//*[@id="Sva75c"]/div/div/div[3]/
div[2]/c-wiz/div[1]/div[1]/div/div[2]/a/img'입니다.
57          img_xpath = '//*[@id="Sva75c"]/div/div/div[3]/div[2]/
c-wiz/div[1]/div[1]/div/div[2]/a/img'
58          # 이미지 요소를 가져옵니다.
59          image_element = self.driver.find_element_by_xpath(img_
xpath)
60          # 이미지를 저장합니다.
61          image_element.screenshot(self.out_dir + "/" + str(time.
time()) + ".png")
62
63          # 다음 이미지로 넘어가는 함수입니다.
64      def next_image(self):
65          # 다음 이미지로 넘어가기 위해 다음 버튼을 찾습니다.
66          # 이 버튼의 xpath는 '//*[@id="Sva75c"]/div/div/div[3]/
div[2]/c-wiz/div[1]/div[1]/div/div[1]/a[2]/div'입니다.
67          button_xpath = '//*[@id="Sva75c"]/div/div/div[3]/div[2]/
c-wiz/div[1]/div[1]/div/div[1]/a[2]/div'
68
69          # 버튼 요소를 가져옵시다.
70          next_button = self.driver.find_element_by_xpath(button_
xpath)
71          # 버튼을 눌러 다음 이미지로 넘어갑니다.
72          next_button.click()
73          # 로딩을 위해 잠시 기다립니다.
74          time.sleep(3)
```

```
75        # 코드 간소화를 위해 자기가 알아서 구글 검색하고, 이미지 크롤링하는 함수를
          만듭니다.
76      def crawl_images(self, keyword, num=100):
77          # 이미지 검색을 수행합니다.
78          self.search_image(keyword)
79          # 첫 번째 이미지를 눌러 확대창을 켭니다.
80          self.select_picture()
81          # num 번 만큼 반복하며 이미지를 저장합니다.
82          for i in range(num):
83              # 이미지를 저장하고
84              self.crawl_one_image()
85              # 다음 이미지로 넘어갑니다.
86              self.next_image()
```

라이브러리 import

코드의 9줄부터 10줄에 걸쳐서 라이브러리를 불러오고 있다. 이번 예제에서는 Keys 모듈을 활용하지 않을 것이기에 앞 절의 예제에 비해 import 구역이 1줄 짧다.

코드의 재활용

코드의 13번째 줄에서 ImgCrawler 크롤러를 선언하고 있다. __init__(), kill(), save_screenshot(), search_image() 메소드들은 모두 6절과 동일하다.

첫 번째 이미지 클릭하기

코드의 45번째 줄에서 select_picture() 메소드를 정의하고 있다. 이 메소드는 〈img〉 태그 요소를 하나 불러와 단순히 클릭을 수행한다.

미리보기 이미지 저장하기

코드의 54번째 줄에서 미리보기 창의 이미지를 저장하기 위해 crawl_one_image() 메소드를 정의하고 있다. 이 메소드는 XPath를 이용해 미리보기 이미지 요소를 뽑아오고, 61번째 줄에서 스크린샷으로 저장한다.

다음 이미지로 넘어가기

코드의 64번째 줄에서 next_image() 메소드를 정의하고 있다. 이 메소드는 XPath를 이용해 다음 이미지로 넘어가는 버튼을 찾아내고, 클릭한다.

코드 간소화를 위한 메소드

코드의 76번째 줄에서 코드 간소화를 위한 crawl_images() 메소드를 정의하고 있다. 이미지 검색, 미리보기 창 열기를 차례로 수행한 뒤 for문을 활용해 이미지들을 긁어온다.

8. 헤드리스 자동화

코드의 20번째 줄의 주석을 제거한 후 아래와 같이 수정하면 코드가 헤드리스 모드로 작동한다.

```
>>> self.options.add_argument("headless")
```

9. 이번 예제의 특징과 한계

6절의 예제의 경우 수백 장의 이미지를 일단 한 차례 강제로 로딩시켜둔 다음, 그걸 하나씩 긁어오는 형태였기 때문에 매우 짧은 시간에 대량의 이미지를 뽑아올 수 있었다. 반면 이번 절의 예제는 한 번에 한 장씩 미리보기 이미지를 불러와 저장하는 형태이기 때문에 로딩을 기다리기 위해 소요해야 하는 시간이 길다. 하지만 이미지의 크기가 훨씬 크고, 글자가 섞여서 저장되는 등의 문제는 없다.

또한, 구글 이미지 검색결과의 미리보기 창은 크기가 제한되어 있다. 모니터 화면의 절반 이상 크기를 넘어가는 경우가 많지 않다. 아무리 고화질의 큰 이미지를 업로드해도 구글 이미지 검색 미리보기 창에서 보면 너비나 높이가 1000픽셀을 넘어가는 경우가 잘 없다.

다음 절에서는 고화질 원본 이미지를 긁어오는 방법을 소개하겠다.

08

구글 이미지 크롤링 상급 – 고화질 원본 이미지 수집

1. <README.md>

'5_11_8_구글 이미지 크롤링 상급 – 고화질 원본 이미지 수집' 폴더로 이동해 〈README.md〉 파일을 열어보자.

구글 이미지 크롤링 상급 – 고화질 원본 이미지 수집

구글에서 이미지를 대량으로 수집하는 스크립트입니다.
```
$ python main.py <OUT_DIR> <KEYWORD> <NUMBER>
```

〈OUT_DIR〉에는 결과물을 저장할 폴더 이름을 적어줍니다.
〈KEYWORD〉에는 검색어를 입력합니다.
〈NUMBER〉에는 몇 장의 사진을 수집할 것인지 입력합니다.

---

2. 코드 실행하기

'5_11_8_구글 이미지 크롤링 상급 - 고화질 원본 이미지 수집' 폴더에 크롬 드라이버를 복사하고, 〈README.md〉를 참고해 코드를 실행하자.

```
$ python main.py result 고양이 100
```

위 명령은 고양이 사진 100장을 수집하라는 명령이다.

3. 코드 실행 과정

아래 QR코드나 링크를 통해 코드의 실행 과정을 동영상으로 확인할 수 있다.

https://youtu.be/FL4iIWgUTDI

4. 업무 자동화 코드 설계 과정

목표 정하기
① 구글에서 이미지 검색하기

② 미리보기 창 켜기

③ 고화질 원본 이미지 찾아내기

④ 캡처하기

⑤ 다음 이미지로 넘어가기

목표를 달성하는 데 필요한 작업 쪼개기
① 구글 이미지 검색, 미리보기 창 띄우기, 다음 이미지로 넘어가기

② 숨어 있는 고화질 원본 이미지 정보 찾아내기

③ 고화질 원본 이미지 캡처하기

④ 새 탭에서 링크 열기

⑤ 탭 닫기

쪼개진 작업들을 해결하기 위한 방법 생각하기
① 구글 이미지 검색, 미리보기 창 띄우기, 다음 이미지로 넘어가기

6절, 7절에서 활용한 방법들을 그대로 활용한다.

② 숨어 있는 고화질 원본 이미지 정보 찾아내기

Git Bash에서 IPython을 실행하거나 파이참에서 파이썬 콘솔을 실행하여 코드를 실행하자.

```
>>> from selenium import webdriver
>>> driver = webdriver.Chrome(executable_path="chromedriver.exe")
```

능숙하게 구글에 이미지를 하나 검색하여 미리보기 창을 띄우자.

개발자 도구의 조사 모드로 이미지를 조사해보면 우측 태그에서 url을 하나 발견할 수 있다. 이 url이 바로 고화질 원본 이미지가 숨어있는 장소다! url을 더블 클릭하면 주소를 선택할 수 있는데, 이 상태에서 Ctrl + C를 눌러 주소를 복사하자. 그리고 새 탭을 열어 주소를 붙여 넣는다.

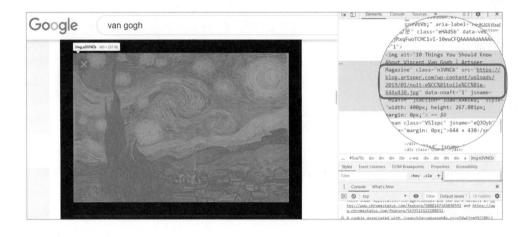

짜잔, 모니터 화면을 거의 가득 채울 정도로 커다란 이미지가 등장했다!

다시 코드 창으로 돌아오자. 이 이미지의 XPath를 활용하여 요소를 뽑아오고, 이 요소가 가지고 있는 src 속성을 뽑아오면 url만 뽑아낼 수 있다.

```
>>>   img_xpath = '//*[@id="Sva75c"]/div/div/div[3]/div[2]/c-wiz/
div[1]/div[1]/div/div[2]/a/img'
>>> image_element = driver.find_element_by_xpath(img_xpath)
>>> url = image_element.get_attribute("src")
```

③ 고화질 원본 이미지 캡처하기

개발자 도구를 활용해 고화질 원본 이미지가 있는 페이지를 조사해보자. 별다른 정보는 없고, 〈img〉 태그가 하나 있을 뿐이다.

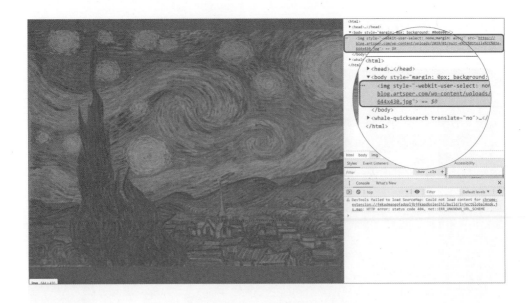

아주 쉽게 이미지 요소를 뽑아낼 수 있게 되었다. 아래와 같은 방식으로 말이다.

```
>>> el = driver.find_element_by_tag_name("img")
>>> el.screenshot("test.png")
```

어떤가? 고화질 원본 이미지의 스크린샷이 정상적으로 저장되었을 것이다.

④ 새 탭에서 링크 열기

하나의 창에서 매번 작업하다 보면 검색결과 창이 흐트러지기 때문에 이미지만 새 탭에서 불러와 작업할 것이다. 크롬 드라이버에서 여러 개의 탭을 실행하려면 아래 함수를 호출하면 된다.

```
>>> driver.execute_script("window.open('');")
```

새 탭은 driver.window_handles라는 리스트 안에 차곡차곡 저장되며 나중에 추가된 탭일수록 리스트의 뒤에 추가된다. 최초로 크롬 드라이버를 실행할 때 떠 있었던 탭은 driver.window_handles[0]으로 뽑아올 수 있다.

하여튼. 새 탭을 불러왔으니 이 탭을 불러오자.

```
>>> new_tab = driver.window_handles[-1]
>>> driver.switch_to.window(new_tab)
```

크롬 드라이버에서 탭을 전환할 때는 switch_to.window() 함수를 활용한다.
이제 새 탭에서 고화질 원본 이미지를 불러오자.

```
>>> driver.get(url)
```

짜잔! 앞에서 열어봤던 그 이미지의 고화질 원본 버전이 새 탭에 떴다. 이 상태에서
〈img〉 태그를 긁어서 스크린샷을 저장하고 탭을 닫아주면 작업을 수월하게 끝낼 수 있다.

⑤ 탭 닫기
크롬 드라이버에서 탭을 닫으려면 단순히 close() 함수를 사용하면 된다.

```
>>> driver.close()
```

탭을 닫아줬으니 원래 탭으로 되돌아가자. switch_to.window() 함수를 활용하면 된다.

```
>>> original_tab = driver.window_handles[0]
>>> driver.switch_to.window(original_tab)
```

5. 알고리즘 순서도

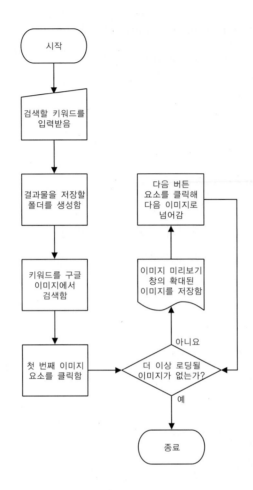

6. 코드 살펴보기 (소스 코드 : main.py)

6절, 7절의 코드와 동일하다.

7. 코드 살펴보기 (소스 코드 : google_image_crawler.py)

코드의 상당 부분은 7절의 코드와 동일하다. 이미지 캡처 과정이 7절과 다르므로, 이미지 캡처 과정을 담당하는 코드 부분만 큰 차이가 있다.

```python
8   from selenium import webdriver
9   from selenium.webdriver.chrome.options import Options
10  import time
11
12
13  class ImgCrawler:
14      def __init__(self, out_dir):
15          # 쿼리 베이스를 제작합니다.
16          self.querry ="https://www.google.co.in/
    search?tbm=isch&q="
17          # 셀레늄 웹드라이버에 입력할 옵션을 지정합니다.
18          self.options = Options()
19          # 옵션에 헤드리스를 명시합니다. 주석을 해제하면 헤드리스로 작업이 수행
    됩니다.
20          # self.options.add_argument("headless")
21          # 옵션에 해상도를 입력합니다.
22          self.options.add_argument("--window-size=1024,768")
23          # 크롬 웹드라이버를 불러옵니다.
24          self.driver = webdriver.Chrome(executable_
    path="chromedriver.exe", chrome_options=self.options)
25          # 결과물을 저장할 디렉터리를 기록합니다.
26          self.out_dir = out_dir
27
28      # 크롤러를 종료하는 메소드입니다.
29      # 굳이 한 줄짜리 코드를 함수로 만든 데에는 여러 이유가 있습니다만,
30      # 쉽게 설명하자면 클래스 외부에서 클래스 내부 자료에 너무 깊게 관여하는 상황
    을 원하지 않기 때문입니다.
31      def kill(self):
32          self.driver.quit()
33
34      # 스크린샷을 저장하는 함수입니다.
35      def save_screenshot(self, filename):
36          self.driver.save_screenshot(filename)
37
38      # 키워드를 구글 이미지에서 검색하는 함수입니다.
39      def search_image(self, keyword):
40          self.driver.get(self.querry + keyword)
41          # 로딩이 오래 걸릴 수 있으니 잠시 대기합니다.
42          time.sleep(5)
43
44      # 이미지 검색 화면에서 첫 번째 이미지를 클릭해 미리보기 창을 띄우는 함수입니다.
```

```
45    def select_picture(self):
46        # 구글 검색의 이미지들은 <img> 태그로 감싸져 있습니다. 이 중 맨 위의
      태그를 골라버립시다.
47        picture_element = self.driver.find_element_by_tag_
      name("img")
48        # 클릭합니다. 확대 이미지 창이 뜹겁니다.
49        picture_element.click()
50        # 5초 기다립니다.
51        time.sleep(5)
52
53    # 이미지 검색창의 확대 샷이 열린 상태에서 이미지를 저장하고, 다음 사진으로 넘
      어가는 함수입니다.
54    def crawl_one_image(self):
55        # 확대된 이미지에서 이미지 요소를 뽑아옵니다.
56        # 이 요소의 xpath는 '//*[@id="Sva75c"]/div/div/div[3]/
      div[2]/c-wiz/div[1]/div[1]/div/div[2]/a/img' 입니다.
57        img_xpath = '//*[@id="Sva75c"]/div/div/div[3]/div[2]/
      c-wiz/div[1]/div[1]/div/div[2]/a/img'
58        # 이미지 요소를 가져옵니다.
59        image_element = self.driver.find_element_by_xpath(img_
      xpath)
60        # 이미지에서 원본 출처 링크를 뽑아냅니다.
61        image_url = image_element.get_attribute("src")
62        # 이미지만 새 창에 따로 불러와서 작업합시다.
63        # 드라이버 새 탭을 엽니다.
64        self.driver.execute_script("window.open('');")
65        # 새 탭은 driver.window_handles 안에 리스트로 저장됩니다.
66        # 나중에 추가된 탭일수록 리스트의 뒤에 추가됩니다.
67        # 리스트의 맨 뒤의 탭을 가져옵니다.
68        new_tab = self.driver.window_handles[-1]
69        # 새 탭으로 이동합니다.
70        self.driver.switch_to.window(new_tab)
71        # 이미지 링크로 이동합니다.
72        self.driver.get(image_url)
73        # 로딩 되기까지 좀 기다립니다.
74        time.sleep(5)
75        # 큰 이미지가 창에 떠 있습니다. 이 창에서 이미지 태그만 긁어옵니다.
76        image = self.driver.find_element_by_tag_name("img")
77        # 이미지를 저장합니다.
```

```
78          image.screenshot(self.out_dir + "/" + str(time.time()) +
    ".png")
79              # 볼 일이 끝났으니 이 탭은 닫아줍니다.
80              self.driver.close()
81              # 원래 탭으로 돌아옵니다.
82              self.driver.switch_to.window(self.driver.window_
    handles[0])
83
84      # 다음 이미지로 넘어가는 함수입니다.
85      def next_image(self):
86          # 다음 이미지로 넘어가기 위해 다음 버튼을 찾습니다.
87          # 이 버튼의 xpath는 '//*[@id="Sva75c"]/div/div/div[3]/
    div[2]/c-wiz/div[1]/div[1]/div/div[1]/a[2]/div'입니다.
88          button_xpath = '//*[@id="Sva75c"]/div/div/div[3]/div[2]/
    c-wiz/div[1]/div[1]/div/div[1]/a[2]/div'
89          # 버튼 요소를 가져옵시다.
90          next_button = self.driver.find_element_by_xpath(button_
    xpath)
91          # 버튼을 눌러 다음 이미지로 넘어갑니다.
92          next_button.click()
93          # 로딩을 위해 잠시 기다립니다.
94          time.sleep(2)
95
96      # 코드 간소화를 위해 자기가 알아서 구글 검색하고, 이미지 크롤링하는 함수를
    만듭니다.
97      def crawl_images(self, keyword, num=100):
98          # 이미지 검색을 수행합니다.
99          self.search_image(keyword)
100         # 첫 번째 이미지를 눌러 확대창을 켭니다.
101         self.select_picture()
102         # num번 만큼 반복하며 이미지를 저장합니다.
103         for i in range(num):
104             # 이미지를 저장하고
105             self.crawl_one_image()
106             # 다음 이미지로 넘어갑니다.
107             self.next_image()
```

54번째 줄의 crawl_one_image() 메소드를 살펴보자.

7절과 마찬가지로 XPath를 활용해 이미지 요소를 가져오고 있고, 61번째 줄에서 get_attribute() 함수를 이용하여 고화질 원본 이미지의 url을 추출하고 있다.

코드의 64번째 줄에서 새 탭을 열고 있으며, 68번째 줄과 70번째 줄에 걸쳐서 탭을 전환하고 있다. 72번째 줄에서는 새 탭에서 원본 이미지의 url을 실행한다.

잠시 로딩을 기다렸다가 76번째 줄에서 〈img〉 태그를 긁어오고 있고, 78번째 줄에서 스크린샷을 저장하는 것으로 깔끔하게 한 차례를 마무리하고 있다.

이후 80번째 줄에서 새 탭을 닫아주고 있고, 82번째 줄에서 원래 탭으로 화면을 전환한다.

8. 헤드리스 자동화
코드의 20번째 줄의 주석을 제거한 후 아래와 같이 수정하면 코드가 헤드리스 모드로 작동한다.

```
>>> self.options.add_argument("headless")
```

9. 이번 예제의 특징과 한계
이번 예제는 7절의 예제 코드보다도 더욱 실행 속도가 느리다. 대신 가장 고화질 이미지를 확보할 수 있다. 이미지의 화질이 중요한지, 빠르게 대량의 이미지를 확보하는 것이 중요한지를 잘 따져 보고 6절, 7절, 8절의 예제 중 하나의 방식을 택하도록 하자.

8절의 예제 코드의 실행 결과물이 가장 상업성이 뛰어나겠지만 아무래도 속도도 중요한 문제이다 보니 6절과 7절의 코드 역시 실용성이 있다.

부록

업무 자동화를 위한 꿀팁

...... 01 ......

더블 클릭으로 코드 실행! bat 파일

지금까지 우리가 파이썬 코드를 실행하기 위해서 어떤 과정을 거쳤는지 기억해보자. Git Bash 또는 cmd창을 실행한 뒤 아래와 같이 코드 실행 명령을 기재했다.

```
$ python main.py
```

솔직히 이마저도 귀찮지 않은가? 한글이나 인터넷 같은 다른 프로그램은 더블 클릭으로 실행할 수 있는데, 파이썬으로 짠 코드는 이렇게 불편하게 실행해야 하다니, 불합리하다. 이걸 쉽게 만들어주는 방법이 있으니 이름하야 배치 파일.

적당한 예제를 아무거나 실행해보자. 그래, '5_11_8_구글 이미지 크롤링 상급 – 고화질 원본 이미지 수집' 폴더가 적당하겠다. 이 폴더에 크롬 드라이버를 복사하자. 이 예제를 활용해 고양이 사진을 수집하려면 아래와 같은 코드를 Git Bash에 입력해야 한다.

```
$ python main.py result 고양이 100
```

예제 폴더 안에서 마우스 오른쪽 버튼을 클릭하고, 새로 만들기(N) 탭에서 '텍스트 문서'를 클릭한다.

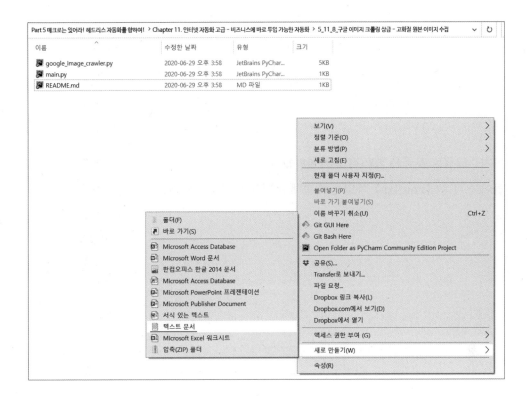

그러면 새로운 텍스트 파일이 하나 생성될 것인데, 이름을 〈start.bat〉라고 변경한다. 주의할 점이 있는데 파일의 확장자까지 변환해야 한다.

변환하고 나면 파일의 아이콘이 변경될 것이다. 〈start.bat〉 파일을 마우스 오른쪽 버튼으로 클릭하고 '편집'을 클릭한다. 그리고 그 안에 아래 그림에 있는 코드를 입력한다. 그리고 파일을 저장한 다음 종료하자.

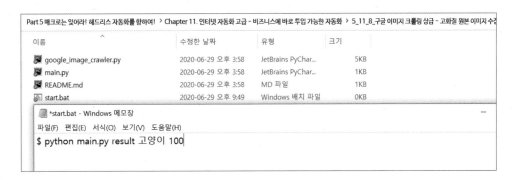

이제 〈start.bat〉을 더블 클릭한다. 짜잔. 코드가 정상적으로 실행될 것이다.

확장자가 '.bat'인 파일을 '배치 파일(batch file)'이라고 부른다. 배치 파일 내부에 코드를 입력하고 저장한 다음, 배치 파일을 더블 클릭해 실행하면 저절로 코드가 실행된다.

배치스크립트 가공은 헤드리스 자동화를 할 때 정말로 유용하다. 배치 파일을 한 개 만들어둔 다음, 〈start.bat〉 파일을 계속해서 더블 클릭하면서 빠르게 여러 개의 창을 띄울 수 있다.

드디어 깃허브 활용법을 여러분께 알려드리게 되었다. 깃허브(https://github.com)에 접속하자. 로그인도 하자.

모든 준비가 끝났다면 좌측 'Repositories' 메뉴 우측의 'New' 버튼을 클릭하자.

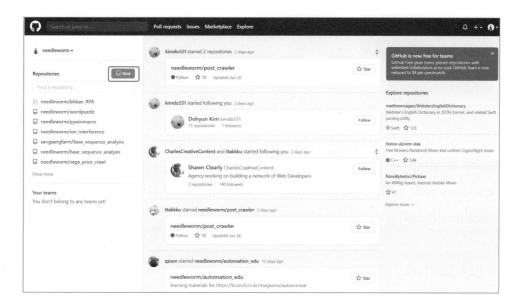

'Create a new repository'라는 메뉴가 새롭게 생겼을 것이다. Repository name에 리포지토리 이름을 지정하자. 이름은 적당히 지으면 좋지만, 자동화 코드를 만들다 보면 점점 리포지토리가 늘어나기 때문에 이름을 잘 정하는 것이 중요하다. 출석부 관련 자동화 코드를 만들어 저장하려던 차였으므로 'chulsukbu'라는 이름을 지정하겠다.

하단에서 리포지토리 옵션을 지정할 수 있다. public을 고르면 전 세계 사람들이 모두이 코드를 열어볼 수 있으며, private으로 해두면 본인과 본인이 초대한 소수의 인원만 코드를 열람할 수 있다. 마음에 드는 것으로 선택하자. 그리고 가급적 'initialize this repository with a README'는 체크하는 것이 좋다. 준비가 끝났다면 하단의 'Create repository'를 클릭하자.

짜잔! 리포지토리가 만들어졌다. 이제 이 리포지토리를 컴퓨터에 설치해보겠다.

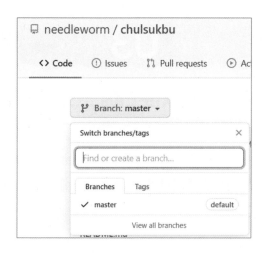

리포지토리를 설치하고 싶은 폴더로 이동해 Git Bash를 실행하자. 저자는 귀찮은 것을 싫어해 바탕화면에서 주로 작업을 한다. Git Bash가 실행되었다면 아래 명령어를 실행한다.

```
$ git clone https://github.com/<깃허브 닉네임>/<리포지토리 이름>
```

위의 사진을 보자. 리포지토리 이름에 "needleworm/chulsukbu"라고 기재되어 있다. needleworm은 저자의 깃허브 닉네임이고 chulsukbu는 리포지토리의 이름이다. 리포지토리 제목에 기재된 정보를 참고하여 적당히 위 코드에 정보를 채워 넣자. 위 사진의 리포지토리의 경우 코드를 아래와 같이 수정하면 된다.

```
$ git clone https://github.com/needleworm/chulsukbu
```

Git Bash 창에 이런저런 알파벳이 표기되고, 잠시 뒤 리포지토리 다운로드가 완료된다. 이제 여기에 코드를 올려보겠다.

03

깃허브 리포지토리에 코드 올리기

리포지토리 폴더에 코드 파일을 추가하자. 그리고 폴더에서 Git Bash를 실행해 아래 명령어를 입력한다.

```
$ git add .
$ git commit -m "〈메시지〉"
$ git push origin master
```

메시지에는 아무 메시지나 입력하면 된다. 저자는 거의 대부분 귀찮음을 참지 못하고 "."을 입력한다.

git add는 깃에 연동시키고자 하는 파일을 추가할 때 사용한다. 원래는 아래와 같이 파일 이름을 하나하나 적어주는 것이 맞다.

```
$ git add main.py README.md
```

그러나 파일명을 언제 하나씩 적고 있겠는가. 그냥 점을 하나 찍으면 폴더 안의 모든 파일이 자동으로 깃에 추가된다.

commit은 한국말로 '저지르다'라고 번역되는 영어 단어인데, '재판 등에 회부하다' 또는 '공적으로 의사를 밝히다' 등의 의미도 있다. git commit은 '여기 있는 파일들은 공식적으로 수정이 완료된 파일임을 밝힌다' 따위의 의미라고 생각하면 얼추 맞다. commit은 add가 된 파일을 대상으로만 수행할 수 있다.

git push는 파일을 밀어 넣는다는 뜻이다. 어디에 밀어 넣냐면 origin이라는 장소의 master라는 브랜치에 밀어 넣는다.

깃허브 리포지토리 페이지에서 'Branch'를 클릭하면 아래에 master라는 이름이 기재되어 있다.

master 외에도 여러 개의 브랜치를 추가할 수 있다. 너무 상세하게는 지금 알 필요 없고, origin이라는 장소의 master가 무슨 의미인지 설명하고 싶었다.

Origin은 깃허브의 리포지토리를 의미한다. 따라서 git push origin master는 이런 의미가 있다.

"여기 있는 코드들을 origin(깃허브 리포지토리)의 master(브랜치)에 push해!"

어쨌든 인터넷에서 깃허브 리포지토리를 열어보자. 코드가 추가되어 있을 것이다. 이번에는 방금 올린 코드를 열어 아무 곳이나 적당히 수정해보자. 중간에 엔터키를 쳐서 공백을 삽입해도 좋고, 이미 입력된 부분을 일부 삭제해도 좋다. 기존과 다른 부분만 있으면 된다. 수정이 완료되었다면 아래 코드를 실행하자.

```
$ git add .
$ git commit -m "."
$ git push origin master
```

깃허브 리포지토리 코드 수정이 완료되었다. 인터넷으로 깃허브 리포지토리에 접속해 변화된 코드를 확인해보자.

이 외에도 깃허브에는 정말 다양한 기능들이 많지만 지금 단계에서는 이 정도로만 활용할 수 있어도 충분하다. 조금 더 배워보고 싶다면 구글 검색을 활용해보자.

여러분이 만든 업무 자동화 코드를 깃허브 리포지토리에 저장하는 습관을 들이자. 다른 컴퓨터에 코드를 배포하기도 쉬울 뿐 아니라, 개발자를 채용할 때 보통 깃허브를 검토하기 때문이다. 깃허브에 차곡차곡 쌓은 리포지토리들은 언젠가 여러분의 취직이나 이직, 연봉 협상을 도와줄 비장의 무기가 될 것이다.